# 強權即公理

## 這就是美國

MIGHT
IS RIGHT !

關中 ⓐ著

「我們製造的世界是我們思想的過程，不改變我們的思想，不可能改變這個世界。」

「我們應該消滅人類？還是人類應該捨棄戰爭？」

「我不知道第三次世界大戰會用什麼武器，但我知道第四次世界大戰將用棍子和石頭。」

——愛因斯坦

"The world as we have created it is a process of our thinking. It cannot be changed without changing our thinking."

"Shall we put an end to the human race, or shall mankind renounce war?"

"I know not with what weapons World War III will be fought, but World War IV will be fought with sticks and stones."

——Albert Einstein

# 目 錄

## ── ★★★ ──
# 前 言

在認知戰和假新聞充斥的時代，要了解真相，似乎愈來愈難。我們熟悉的美國一直告訴我們，它是一個善良的國家，擁有民主自由平等的普世價值，追求的是世界的安定與和平，為了人道和正義，付出了很大的代價。拜登總統最近還說：「美國只做好的事情。」事實是如此嗎？真相是什麼呢？我不「疑美」，也不「反美」，但我希望我們的同胞要「知美」，了解和認識美國到底是一個什麼樣的國家。

美國是世界上最幸運、最富裕、最強大和最安全的國家，但也是最好戰、最殘暴、最霸道和最虛偽的國家。從二十世紀初走上帝國主義之後，它認為它有義務和責任去教化其他的國家，去干涉它認為不符合它期望的國家，去反對和打壓和它理念不合、制度不同的國家。在第二次世界大戰結束後，它建立了新的國際秩序，不容其他國家挑戰，否則就會被它制裁或打擊。美國所謂的「現狀」（status quo）就是符合美國利益的結構和狀況，不允許其他國家挑戰和改變。

二戰後，美國曾與蘇聯在歐洲劃分勢力範圍，不久後在全世界對蘇聯進行圍堵。美蘇彼此敵視，但均為核武國家，避免直接對抗。這一冷戰時代維持了 45 年，到蘇聯於 1990 年解體而結束。從此之後，世界進入美國單一強權時代，美國認為「歷史已經終結」，自由主義戰勝了社會主義；美國要「注定」領導這個世界，即使「勉為其難」也要當世界的警察。同時，美國認為它已無所不能，它可以否定

其他國家的主權，可以違反國際法和聯合國憲章的規定，對其他國家採取「制先攻擊」，甚至認為美國的法律可以超越國際法和國際公約。2001 年的九一一事件給了美國一個藉口，以反恐為名，對全世界全力和強力推動霸權主義，強調「不是朋友，便是敵人」。但也因為如此，陷入中東戰爭 20 年，除了製造戰爭、混亂、死亡和大批的難民外，一無所成，一無所得，還在 2021 年羞辱的自阿富汗撤軍。

美國一些學者認為 2001-2021 年的中東戰爭、2008-2009 年的美國金融風暴和 2020-2022 年的新冠疫情（COVID-19），提前結束了美國的單一霸權。

美國在冷戰結束之後，本有一個大好的機會去強化和健全美國主導的世界秩序。美國戰略家布里辛斯基（Zbigniew Brzezinski）曾建議美國要做兩件大事，便可維持美國的盛世。一是歐洲大團結，把俄國納入西方體系；二是東方大和解，與中國合作，維持亞洲的安定。杭廷頓（Samuel Huntington）也提醒美國要尊重不同的文明和制度，不能堅持美國的「例外主義」，因為這與美國推動的普世價值是矛盾的，他還警告美國不要成為一個「孤獨的強權」。

但美國的領導菁英不但不接受這些真知灼見，反而變本加厲，全力追求對世界的控制。布里辛斯基說，過於追求控制，就容易失控。美國不尊重其他國家的文明和制度，只會把這些國家團結起來對付美國。布里辛斯基警告，美國最大的夢魘便是中國、俄國和伊朗結合。更危險的是，為了追求絕對的安全，美國將破壞它一手建立的國際秩序。如果美國自己不遵守國際法、國際組織和國際秩序，它有何立場去要求其他國家去遵守。

美國曾經美好，為世界的希望，但在冷戰後，它的所作所為已辜

負了大多數國家和人民對它的期望。美國已不再是過去的美國，世界也不再是原來的世界。但美國認為它可以改變世界，但不可以被世界改變。美國的傲慢和自大，使美國無法認清世界的變化，也找不到自己應扮演的角色。

美國是一個生活在幻想和恐懼之中的國家。美國的幻想是認為它擁有這個世界，美國的恐懼是擔心它會失去對這個世界的控制。

美國是一個充滿了矛盾的國家，最簡單的一個例子是，美國對自己國內主張小政府，政府管的愈少愈好；但對國外卻堅持大政府，對其他國家管的愈多愈好。結果便是不斷的戰爭、干涉內政，和經濟制裁。即使成效不彰，美國仍不改其志。

美國永遠為自己辯護，說美國是為了世界的和平、安全和穩定，但美國的手段是暴力、霸凌和欺騙。最可恥的是居然以上帝的名義去正當化自己的罪行，天下有什麼比假上帝之名去殺害無辜平民更惡毒的事？

美國當前的困局是為了維護自己的霸權，不斷追求自己利益的極大化、權力極大化和安全的極大化，如此必然犧牲其他國家的利益、權力和安全。這種狀況不僅是危險的，而且是不可能長久的。

教宗方濟各（Pope Francis）說：「人類因彼此需要而存在，要讓自己與他人在相同的立足點上。」賽局理論大師納許（John Nash）也說「最好的配置」（pareto optionality）是追求雙贏，而非零和。美國資訊發達，人才濟濟，難道不明瞭這個道理嗎？

問題可能是美國的「唯我獨尊」（solipsism）使美國得了不治的「自戀」（narcissism）症。愛因斯坦（Albert Einstein）早就提醒人類：「我們創造的世界是我們思想的過程，不改變我們的思想，不可

能改變這個世界。」美國何時才能有這個體會？

在當前的國際關係中，世界的權力正在分散和轉移，美國的力量和影響力在下降，美國的野心和企圖已超過了它的能力。美國製造的問題比解決的問題多，但美國仍在虛張聲勢，自欺欺人。

一生為美國外交政策辯護的杭廷頓（Samuel Huntington）教授曾坦言，美國的權力必須在黑暗中才能發揮最大的力量。揭發美國對全世界非法監聽的史諾登（Edward Snowden）說，看一個國家不是它說了什麼，而是它做了什麼。

我撰寫此書的目的是希望幫助國人多了解和認識美國的作為，從而在世局變化中能夠趨吉避凶，掌握自己國家的命運。本書內容均是根據美國的出版品整理而成，所有的論述均有所本和依據。個人能力有限，不周和錯誤之處在所難免，尚祈學界朋友不吝指教。

關中謹識 2024.4.4

★ ★ ★

# 導 論

　　不論美國喜不喜歡，它的確是一個不折不扣的帝國主義國家，並且在野心和規模上，已遠遠超過它建國時期最崇拜的羅馬帝國，它羨慕羅馬帝國的光榮，也擔心會走上它衰亡的後果。由於美國是一個不重視歷史，也沒有文化底蘊的國家，而且還是個不知反省和記取教訓的國家，它可能正在加速走向羅馬帝國衰敗的過程。

　　無論它承不承認，美國的確是一個千真萬確的意識型態國家，凡事以上帝為名，以好人自居，行統治世界之實。由於它神化自己，以道德語言合理化自己的野心和欺騙，它對這個世界充滿了幻想。但幻想和現實之間的差距愈來愈大，一個曾經認為自己是世界主人的國家，已經成了自己編織謊言的囚徒。

　　美國是個充滿矛盾的國家，它主張人類生而平等，但又極端種族主義；它鼓吹普世價值，但又堅持例外主義；它以追求和平為口號，但只相信武力和戰爭；它強調公平正義，但做盡了見不得人的壞事；它聲言要維持世界秩序，但只重視自己的利益和安全，無視其他國家的利益和安全，甚至否定它們的生存權利。

　　根據美國學者的論述，我把美國的特性，歸納為下列七點：

# 一、以神話來美化自己，正當化自己的作為

美國先民以基督教新教徒為主的屯民到美洲新大陸移民開疆闢土，始終以上帝為名來理想化它們的使命，正當化它們的作為。這原本是一件值得肯定的事情，畢竟在艱難的環境中生存和發展，需要精神上的支持和慰藉。由此而產生的意識型態（例外主義）也可解釋為彌補它們的不足之處──缺少歷史和文化。但在走上帝國主義之後，居然竟以上帝之名，美化對外的干預和侵略，義正辭嚴地聲稱自己是善的力量，代表民主、自由，追求正義、和平，把自己的價值當作普世價值，強行對世界各地推銷；並把不接受者視為異端、野蠻，不遵守國際秩序，破壞和平與安全，而予以打壓、干預、制裁或戰爭相向。

作為個人的修持，篤信上帝行善去惡並無不當，但在政治和外交上，神話國家的作為，否定和醜化其他文明就不是理性的言行了。不但是製造不公正和不道德的根源，甚至會擴大對立和衝突，因為其他國家的文明也有自己的信仰和理念。在現實國際關係中，德行雖好，但自認高人一等的德行卻是危險的；過度的自負和虛榮會使人目盲，會失去與他國合作和妥協的機會。

學者米德（Walter R. Mead）說美國善於製造神話。例如 1823 年的門羅主義，不是孤立主義，而是對美洲的控制；1920-1930 年代的中立政策，不是真正的中立，而是在幫助英國；1950-1990 年代的冷戰不是為了捍衛民主，而是在打造美國的世界秩序。

美國人對神話的立場是，他們認為神話也是歷史的一種形式，是一種觀念，不受時空的影響，它可以憑藉想像產生。因為人的夢想有時需要，甚至必須，從歷史轉變為神話。

新教徒（Protestants）有別於天主教的地方，在於認為個人可以直接與上帝溝通，美國總統的言論中充滿了神話，例如小布希說攻打伊拉克是「上帝和魔鬼的戰爭」，並說「他是從上帝那裡得到的使命」，使人感覺到好像是教皇在講話。

## 二、製造恐懼，威脅和欺騙自己的人民

美國是世界上最安全的國家，但為了追求安全的極大化，刻意以製造恐懼來威脅自己的人民，使人民由於恐懼而支持美國龐大的軍力來威脅其他國家。這種「恐懼—威脅」的組合已成為美國推動其軍國主義和霸權主義的特定方式。

為了製造恐懼，美國似乎得到一種「威脅通膨症」，即不斷誇大外在對美國的威脅，尤其政客和軍方經常發表不實的言論，激發人民的恐懼。例如在九一一事件後對恐怖主義的反應，美國政府一年的反恐經費高達上兆美元，比整個軍事預算還多。又例如在冷戰時代，一再渲染蘇聯在軍事上的優勢，用來爭取更多的經費在海外廣設基地。又例如當前把中國形容為對美國最大的威脅，目的只在維護美國的霸權地位。

美國窮兵黷武、內政不修，是對美國人民最大的傷害，但美國偏偏以製造外來威脅來恐嚇美國人民，在爭取經費之後，再來威脅其他國家。這種不理性的散布恐懼造成的惡性循環，是符合美國人民的利益嗎？是誰從中得利？不就是美國的政治菁英、資本家和軍火工業嗎？

更重要的因素是當前美國真正的問題不在國外，而在國內，美國今日國內政治上社會的對立和兩極化是南北戰爭以來最嚴峻的時刻。

2022 年 1 月 7 日，美國前總統卡特（Jimmy Carter）在《紐約時報》撰文，指出美國的政治分化已使美國瀕臨深淵的邊緣，可能面對內部衝突的危險。幾乎同時間，福山（Francis Fukuyama）也撰文指出美國最大的弱點在國內。所以美國當前的挑戰是：無法安內，何以攘外？

## 三、美國的好戰成癮和侵略成性

美國是一個極為好戰的國家，根據杭廷頓（Samuel Huntington）的說法：「美國誕生於戰爭（獨立戰爭），成長於戰爭（美墨戰爭、南北戰爭），壯大於戰爭（美西戰爭、兩次世界大戰）。」歷史學者史都特（Harry S. Stout）說，美國對印第安人的種族滅絕有 291 次的戰役，在海外有超過 280 次的戰爭和軍事干預。塔夫斯（Tufts）大學的「軍事干預專案」記錄了美國在全球 400 次的軍事干預。美國國會研究處的統計是 368 次軍事行動。卡特（Jimmy Carter）總統 2018 年說，在美國 242 年的歷史上，只有 16 年沒打過仗。

美國的戰爭從來不是保家衛國，均是為了擴張和侵略，展現它的野心和力量。美國在十九世紀末完成了本土的擴張，二十世紀初走上帝國主義，第二次世界大戰上後為第一強國。冷戰後成為唯一超強，決心不允許任何國家挑戰美國的霸權地位。

美國的好戰憑藉的是它無與倫比的軍事力量。美國在第二次世界大戰時，成為同盟國的兵工廠，從此之後美國的軍事預算一直維持在排在其後 10-15 個國家軍事預算的總和，約占全世界所有國家軍事預算的一半。除了在核子武力與俄國大致相等外，海空軍均是世界第一。更重要的是美國的軍事基地遍及全球，一般說法是 800 多個，是

指主要基地；根據 2018 年國防部的資料，包括大型、中型和小型基地共有 4,775 個。

根據《美國侵略》（America Invades）一書的統計，在 194 個國家中，美國侵略了 84 個國家，軍事介入了 191 個國家，這個紀錄可能只有美國能夠永久保持。

有人稱美國已對戰爭「成癮」（addiction），除了戰爭，美國似乎沒有其他方法可以貫徹其意志和施展其抱負。但在核武時代，過於迷信戰爭是極其危險的。1960 年代美國未來學大師凱恩（Herman Kahn）稱，在核武戰爭中，美國有能力毀滅其對手，但在第一次相互打擊後，美國也會有 4,000-5,000 萬人死亡。同時代的國防部長麥納馬拉（Robert McNamara）則稱，美國死亡人數將超過一億人。美國能承受這種損失嗎？所以二戰之後，美國只打有限戰爭和傳統戰爭，甚至最好是代理戰爭。美國不怕打仗，也不怕花錢，但最怕死人。在 1990 年代干預巴爾幹內戰時，美國為避免傷亡只用高空轟炸，造成平民巨大傷亡，但毫不介意。2006 年擔任國防部長的蓋茨（Robert Gates）說，今後如果美國有任何一位軍事首長要主張派兵出國打仗，一定是頭腦出了問題。

更大的問題是美國為維持其霸權地位，不斷以製造戰爭去削弱其對手，但在核子時代打有限戰爭，一如 1960 年代國務卿魯斯克（Dean Rusk）對越戰失敗的解釋：「用冷血去完成一件需要用熱血才能達到的工作是不可能的。」這是為什麼儘管美國有最強大的軍力，卻不能在韓戰、越戰和中東戰爭中取勝的原因。

布里辛斯基（Zbigniew Brzezinski）在冷戰結束後曾提醒美國要確保「大美和平」（Pax Americana），必須要在歐洲納入俄國，在亞

洲與中國合作。但美國卻反其道而行，同時與俄國和中國為敵，在歐洲製造了烏克蘭戰爭，同時在亞洲以臺灣問題挑戰中國的主權和領土完整，美國真的準備打核子大戰嗎？

愛因斯坦（Albert Einstein）早就講過：「我不知道第三次世界大戰會用什麼武器，但我知道第四次世界大戰將用棍子和石頭。」季辛吉（Henry Kissinger）生前最擔心的事，便是美國與中國不加節制的競爭會造成災難性的結果以及「世界末日決戰」（Armageddon）的風險。美國最溫和的學者奈伊（Joseph Nye, Jr.）也擔心美國會成為「戰爭的夢遊者」（war dreamwalker）。

## 四、美國已成為「流氓國家」

小布希（George W. Bush）總統在九一一事件後，於 2003 年 1 月在國情咨文中把伊拉克、伊朗和北韓三國列為「邪惡軸心」（Axis of Evil）並稱為「流氓國家」（Rogue States）。

由於強烈的宗教信仰和美化自己的傳統，美國一向稱自己是善良的國家，代表美德、奉獻和無私，不但肯定自己的純潔、正義和無辜，還強調美國是世界的模範，美國的價值是普世價值，只有全世界和美國一樣，才有真正的民主、自由與和平。對於美國人這種誇張、沾沾自喜的「神話」，美國人早已習以為常，世界也見怪不怪。但令人費解的是美國在抬高自己之餘，卻以貶低和醜化他人為能事。

美國的傲慢和自大固然令人反感，但身為國際社會的一分子，介入國際事務如此之深，理應對國際關係有基本的常識。世界由不同的國家組成，有不同的文明、種族和信仰；也有不同的歷史、經驗和傳承；因而有不同的制度、價值和生活方式，理應相互尊重，彼此包

容、無須以善惡來區分敵友，更不應在沒有被攻擊的情況下，去干預或侵略其他國家。但美國卻反其道而行，不但積極干預他國的內政，並且動輒以武力相向，侵犯他國的主權和領土。

美國以善惡去區別他國是以自己的價值和利益為標準，是一種「絕對主義」（absolutism），是破壞性的和災難性的；以不平等和「妖魔化」（demonizing）對待其他國家、民族和人民是「非人性的」（de-humanizing）。

美國太強大、太富裕、太自私，它認為可以無需理會其他國家對它的批評和反感。美國不會反省也無需負責，它不能理性的看待世界，只能造成世界對美國的反感、敵視和仇恨。九一一事件後，小布希總統說仇恨美國的人是嫉妒美國的自由，又說沒有任何力量可以阻止美國去推廣自由。

事實上，美國的作為是否定其他國家生存的（existential）權利。在美國指稱伊拉克、伊朗和北韓為「流氓國家」之前，美國政治學會會長傑維斯（Robert Jervis）便已指稱在大多數國家心目中，美國已經是「超級流氓大國」。英國《金融時報》的主筆伍爾夫（Martin Wolf）也稱美國為流氓國家。美國學者杭士基（Noam Chomsky）在2000年便寫了一本《流氓國家》（Rogue States），指稱美國是世界上最大的流氓國家。美國黑人民權運動的領袖金恩（Martin Luther King, Jr.）說，美國是世界上最大的暴力供應者（The world greatest purvey of violence）。

美國是不是流氓國家？布魯姆（William Blum）在其2005年《流氓國家》一書中，詳細列舉了美國的八項暴行：干預；包庇和訓練恐怖分子；刑求；謀殺；使用不人道武器；監聽；戰爭犯罪及綁

架，還加上美國在二戰後，對世界的「貢獻」：

1. 以政變推翻 50 個以上的政府。
2. 介入 30 個以上國家的選舉。
3. 策劃謀殺 50 多個國家的領袖。
4. 在 30 多個國家投下炸彈。
5. 在 20 多個國家鎮壓民族主義運動。

美國從 1999 年杭廷頓所稱的「孤獨的強權」（The Lonely Superpower）到 2001 年傑維斯所稱的「超級流氓大國」，最主要的背景是「美國的心態」（American mind），因為美國認為它擁有這個世界，它必須要控制和主宰這個世界。在冷戰後，美國認為它已強大到可以為所欲為，不但不准許任何國家挑戰美國的地位，甚至無視國際法和國際組織，並對它一手打造的聯合國不屑一顧，其狂妄和出言無狀，令人難以置信。

我認為美國是不是個流氓國家可從美國對弱小國家的霸凌來認定，我在本書以三個國家為例。其一是古巴（Cuba），一個面積僅 11 萬平方公里，人口 1,100 萬的小國，位於加勒比海，距美國佛羅里達州不到 100 海浬。自 1898 年美西戰爭後，被美國殖民了 61 年，1959 年美國支持的政權被推翻後，又被美國制裁了 55 年。在這 55 年中，美國用盡一切辦法去破壞摧毀這個國家，甚至企圖暗殺其領袖卡斯楚（Fidel Castro）多達 638 次未遂，創下世界金氏紀錄。1962 年因蘇聯企圖在古巴建造飛彈基地，差點爆發美蘇核子大戰，經祕密外交談判，美國以保證不進攻古巴換取蘇聯不在古巴建造飛彈基地，結束古巴危機。古巴因禍得福，苟全生命迄今，在拉丁美洲 33 個國家中，古巴的命運是最悲慘的，是遭受美國最不人道干預的國家。

其二是越南（Vietnam），一個二戰後去殖民化，希望擺脫法國重新殖民的國家。美國與越南毫無淵源，卻以「反共」和「骨牌理論」（Domino theory）為由，軍事介入阻止南北越南的統一。美國企圖以轟炸迫使北越屈服，投下 700 萬噸的炸彈，為二戰的 3 倍；使用軍火 1,500 萬噸，為二戰的 2 倍；並使用生化武器，遺害越南人民 300 多萬。但這種空前的殘暴，非但未能阻止越南的統一，反而造成美國國內的分裂。美國人民的反戰力量，迫使詹森（Lyndon Johnson）總統放棄連任，和尋求與中國改善關係，促成結束越戰。越戰是美國歷史上最大失敗的戰爭，也是道德上最不堪的干預，包括謀殺越南總統、「無差別轟炸」（Bomb-0-gram）屠殺平民和背棄越南。有人調侃說越戰從「牙痛」變成「絕症」，是先後美國 5 位總統的集體傑作。越戰的慘敗重創美國，但美國不知記取教訓，26 年後又在中東故技重施。

其三，便是我在下一點特別介紹的伊拉克——最足以代表美國是一個流氓國家的戰爭。

## 五、向世界宣示「強權即公理」：以謊言侵略伊拉克為例

在美國歷史上，最大的錯誤、罪惡和災難是在 2003 年公然以謊言侵略伊拉克。2011 年的九一一事件給美國製造一個機會，以反恐為名去實現其霸權目標——控制全世界。美國在沒有任何理由和證據的情況下，公然侵略伊拉克，成為全世界譴責的對象，並使美國陷入中東泥淖長達 20 年。結果非但一事無成，一無所獲，反而提前結束了美國在冷戰後享有的單極時代。

美國宣稱入侵伊拉克的理由有四：

1. 指稱伊拉克擁有大規模毀滅性武器（WMD）。
2. 指稱伊拉克包庇恐怖主義分子。
3. 指責伊拉克在「禁航區」攻擊美國軍機。
4. 要消滅海珊政權，為伊拉克建立民主。

前三點均無證據，最後一點，完全不是事實，摧毀了伊拉克，留下的只有混亂和災難。

美國攻打伊拉克不但公然違反國際法和聯合國憲章，而且破壞了國際共識，使世界重回叢林法則：

1. 否定國家主權，違反聯合國有關自衛權的規定。
2. 違反戰爭規則，採取制先攻擊，觸犯戰爭罪。
3. 非法使用武力，成為恐怖主義國家。
4. 破壞同盟關係，「任務決定聯盟，而非聯盟決定任務」。

更嚴重的是美國公然說謊和造假：

1. 國防部和中央情報局都不認為伊拉克構成對中東的威脅，何況對美國。
2. 指稱伊拉克包庇恐怖分子，國務卿賴斯（Condoleezza Rice）和 CIA 都說這不是事實。
3. 伊拉克和聯合國都已證明沒有「大規模毀滅性武器」（WMD）的事實，但美國不予理會。在伊拉克向聯合國提交的報告中，美國竟在 11,800 頁報告中，竊取了 8,000 頁，為了掩飾美國在 1980 年代兩伊戰爭時，美國對伊拉克提供的生化武器資料。
4. 攻打伊拉克後並沒有發現任何大規模毀滅性武器時，國防部長倫斯斐（Donald Rumsfeld）竟說：「沒有證據，不能證明

沒有大規模毀滅性武器。」

5. 在攻打伊拉克之前，美國聯參主席鮑爾（Colin Powell）奉命在聯合國拿出一小瓶液體，作為伊拉克擁有生化武器的證明，事後證明只是清潔劑，鮑爾引為終身憾事。

6. 媒體人賀許（Seymour Hersh）說，小布希不滿意情治機關未能配合政府的政策，只好下令造假。

美國真正的目的是：

1. 向世界宣告「強權即公理」，美國擁有這個世界，有權做它想做的事。

2. 警告全世界，對威脅美國安全的國家將全面報復。「不是朋友，便是敵人」，必須支持美國。

3. 為了控制中東，必須先剷除伊拉克。小布希說，在伊拉克之後其他的恐怖主義國家將一一處理 （We'll pick them off one at a time）。

結果，美國的公然侵略和謊言招致全世界的反彈和反感，除了英國和澳大利亞，沒有任何盟國和其他國家支持美國。即使美國的前政府官員也難以苟同美國的作法，季辛吉（Henry Kissinger）說，美國這種「革命性」的作法，下不為例。小史勒辛吉（Arthur Schlesinger, Jr.）說，美國使全世界對美國在九一一事件之後的同情變成對美國的仇恨，美國將活在世人的罵名（infamy）中。學者更是嚴詞批判，伊肯伯里（John Ikenberry）說，此舉使世界危險和分裂，美國將更不安全。霍夫曼（Stanley Hoffman）說，美國的行為之不切實際令人難以置信，道德上更站不住腳。華勒斯坦（Immanuel Wallerstein）說，美國已把盟友和敵人結合在一起，將失去中東，重創美國。福克（Richard Falk）直指美國犯了戰爭罪。國務院法律顧問索佛（Abraham Sofer）

稱，美國已成為國際恐怖主義。

美國名學者詹鶼（Charles Johnson）2004 年寫了一本《帝國的悲哀》（The Sorrows of Empire），總結美國伊拉克戰爭的「成果」為：

1. 陷於中東泥淖，進退兩難。
2. 美國民主弱化，美國成為「警備國家」（garrison state）。
3. 欺騙國人，製造假新聞，人民對政府失去信心。
4. 窮兵黷武、債臺高築，國內基建凋敝。

伊拉克戰爭成為美國最失敗的戰爭，不但使美國結束了冷戰後的單極霸權，也使美國在歷史上蒙羞，留下最不堪的紀錄。美國以謊言侵略伊拉克也重創美國人民對政府的信任，從 2004-2007 年下降了 30%，到 2023 年只剩下了 26%。

## 六、一個虛偽和欺騙的國家

英國史學家卡爾（Edward Carr）稱盎格魯薩克遜人的特點是虛偽（hypocrisy），美國是名副其實，當之無愧。

研究美國歷史的學者多同意，美國是建立在一個矛盾上的國家，一方面有極高的理想，另一方面又極為務實。在對外關係上，有理想主義和現實主義、有孤立主義和世界主義；在內政上，有自由主義和保守主義；在意識型態上，有左派和右派；在歷史上，有正統主義和修正主義……。總之，美國人民永遠在矛盾、對立和衝突之間拉扯和擺盪。一般而言，通常在國內政治上較易達成共識，在國際政治上較難達成共識。但當前似乎情況有變，在國內政治上反而分歧、對立嚴重，甚至有還有分裂或內戰的說法。

美國的政治菁英必須以「利他主義」（altruism）來包裝自私自利（self-interest），他們不得不告訴美國人民在海外打仗都是不得已的，不是為了權力和財富，更不是為了土地和資源，而是為了民主和自由，為了解放被壓迫的人民。甚至強調其他國家只有利益，美國卻負有責任。

為了掩飾美國對外的野心和霸道，美國經常以欺騙和謊言來為自己辯護。美國立國以尊重法律和保障人權自居，但如今在國際社會上，美國卻是最不重視法律和人權的國家。尤其在冷戰後，美國認為世界上已沒有任何國家可以威脅美國，更加肆無忌憚，不但否定它國主權，而且還可制先攻擊，完全無視國際法和聯合國憲章的規定，甚至採取單邊主義，不顧同盟和條約的義務。事實上，美國已把國內法凌越國際法、國際公約和條約之上。

為了把美國的利益極大化，美國早已不顧法律和輿論，全力投入對全世界的情報工作，包括監聽、網路攻擊、策動政變、政治謀殺和虐囚。即使被揭發，如史諾登事件和維基解密，美國均一律否認，但照做不誤。

為了美國安全的極大化，美國毫不在意其他國家的安全，在全世界布滿軍事基地，在 153 個國家有駐軍，以空軍在他國領空高空偵察，以海軍在他國領海邊緣自由航行。美國在世界扮演「警備國家」（garrison state）的角色，對全世界管控。

代表美國偽善或虛偽最具體的一個例子，是美國人最不喜歡「意識型態」和「帝國主義」這兩個名詞，但這兩者偏偏是最能代表美國的兩個特性。美國歷史學者豪佛斯達特（Richard Hofstadter）說：「作為一個國家，美國命運中沒有意識型態，但卻成為一個意識型態

的國家。」美國大文豪愛默生（Ralph Waldo Emerson）明言：「其他國家由歷史建國，美國卻由意識型態建國。」

美國成為帝國主義，但又認為自己很無辜，甘迺迪有兩句名言足以代表這種心態：「美國不是選擇成為強權，而是變成了強權」（America did not choose to be a great power, she became a great power），「在一個不是我們製造的世界中，從事一個不是我們挑起的鬥爭」（With a struggle we did not start, in a world we did not make）。

在冷戰後，美國一方面說自己要「注定領導」（bond to lead）這個世界，另一方面又說自己是一個「勉為其難的警長」（a reluctant sheriff）。問題是沒有人強迫美國去領導，也沒有人喜歡美國這個壞警察。

美國當前最常講的一句話是「以規則為基礎的國際秩序」（rule-based international order），這是拜登政府國務卿布林肯（Antony Blinken）的口頭禪。尤其在中美關係上，暗指中國不遵守國際秩序，看看他的前任是怎麼說的：

艾其遜（Dean Acheson）：「任何對美國權力、地位和尊嚴的挑戰，都不是法律問題。」

奧布萊特（Madeleine Albright）：「為了維護美國的利益，美國將堅持片面使用武力。」

舒茲（George Shultz）：「如果權力不放在桌上，談判只是投降的代名詞而已。」

問題是美國什麼時候尊重過「以規則為基礎的國際秩序」？自

1994 年迄今，美國未接受過任何一項聯合國通過的公約，包括 1982 年的聯合國海洋法公約，只是為了不承認 12 海浬的領海規定，美國的軍艦才能在靠近其他國家 3 海浬外進行「自由航行」。

## 七、一個製造世界對美國仇恨的國家

2001 年 9 月 11 日「九一一事件」後，小布希總統的第一個反應是「為什麼他們仇恨我們」（Why do they hate us）？不到 10 天，9 月 20 日小布希總統給出了答案。他說：「他們仇恨我們的自由——宗教自由、言論自由、選舉自由、集合自由、彼此不同意見的自由。」他也說：「美國被攻擊是因為美國是世界上自由和機會最明亮的燈塔，沒有任何力量可以阻止它發光發亮。」

2001 年 12 月的一份民調，58% 的非美國人認為九一一事件是美國政策造成的，但只有 18% 的美國人認為是美國的錯；90% 的美國人認為是世界忌妒美國的成就，但同樣比例的非美國人認為美國要為世界的貧富不均負責。

為什麼美國人和非美國人認知相差這麼大？這才是我們值得注意的事。一般來說，美國人不太了解外在的世界，也不關心世界的事。美國何其幸運，在地理上享有幾乎絕對的安全，在歷史上，從建國迄今 248 年，享有長期的繁榮和安定。美國人不重視其他國家也因為它認為沒有這個必要。身為世界上最富裕、最強大的國家，美國認為它可以無所不能，甚至為所欲為，或許這是美國的神話和幻想，但這就是美國的信念。

美國人的特質是樂觀、積極、進取。他們認為過去的錯誤可以用未來的成功來彌補，並說美國夠強大，可以容忍犯錯的空間，甚至認

為美國的動機是善良的，失敗或錯誤只是方法不對。美國人堅信自己是善良的、清白的和無辜的，一如拜登（Joe Biden）最近講過的一句話：「美國只做好的事。」

但美國神話自己的歷史，誇大自己的理念，吹噓自己的成就，使美國愈來愈傲慢和自大，使美國無法認清世界的變化，也拿捏不定自己的角色。美國最大的缺點是以不平等對待其他國家、民族和人民。美國自負到認為自己是世界上最理想的國家，是世界的模範，是唯一具有理想的國家，其他國家只有利益，美國卻負有責任，美國是生來偉大，得到偉大，被賦予偉大，美國必須是永遠「例外的」，因為美國擁有這個世界，它有權做它想做的事。但美國忘記了林肯（Abraham Lincoln）的名言：「沒有人好到可以不需要他人的同意，就可以去統治他人。」（No man is good enough to govern another man without other's consent）

中國人說「前事不忘，後事之師」，美國人似乎壓根沒有這種思維，美國從不認真檢討自己的錯誤，即使檢討也很快忘記。舉例來說，在 1950 年初期韓戰失利後，聯參主席布萊德雷（Omar Bradley）檢討韓戰是「錯誤的時間、錯誤的地點、錯誤的敵人和錯誤的戰爭」，但不到 10 年，美國在越南又打了一次更大錯誤的戰爭，不但損失慘重，未能阻止北越統一越南，反而幾乎造成美國的分裂。到了二十一世紀積習難改，在中東再打了 20 年的混仗，一無所得、一事無成，非但未能解決中東的問題，反而結束了冷戰之後美國的單極霸權。當前為了打壓和削弱俄國，又在烏克蘭製造戰爭，美國會有勝算嗎？

為什麼美國一再犯錯而不知悔改？原因可能是：

1. 迷信武力，認為只有戰爭才能解決問題。
2. 為了維持美國超強的地位，對可能形成對美國的威脅和挑戰，先下手為強。
3. 由於美國軍力強大，不擔心會招致報復。
4. 低估其他國家的意志和韌性，尤其是民族主義。一位中東學者說，美國在和「萬有引力」對抗，當然必敗無疑。

但美國的好戰和濫用其權力，必然造成世界上大多數國家對美國的反感，被美國打壓和霸凌的國家和人民，怎麼可能不仇恨美國呢？

美國兩位學者沙德和戴維斯（Ziauddin Sardar & Merryl Wyn Davies）在《為什麼人們仇恨美國》（Why Do People Hate America?）一書中，歸納主要的原因是：美國干涉他國內政、支持專制政權和在中東偏袒以色列壓迫伊斯蘭人。他們指出根本的問題在於美國否定其他國家自由生存的權利，沒有限制的擴張美國的權力，以自己的利益來界定世界，以及以上帝為名從事暴力和屠殺平民。他們說美國對世界壓迫愈大，反抗的力量就愈大，美國是世界仇恨的來源，也是被仇恨的目標。

我建議美國應看看中國的電視劇《瑯琊榜》，其中有句話對美國應有所啟發，「皇權不等於天下」。這個世界永遠不會被一個國家統治，不論它有多強大！

美國這麼信仰上帝，在「天佑美國」（God bless America）和「天譴美國」（God damn America）之間，只有美國自己才能做出選擇！

# 第一章

# 美國是一個
# 什麼樣的國家

# ● 一、誇大建國的神話

1492 年哥倫布（Christopher Columbus）受西班牙國王派遣，帶著給印度君王和中國皇帝的國書，橫渡大西洋，到達巴哈馬群島中的薩爾瓦多島、古巴和海地。1493 年、1498 年、1502 年又 3 次西航，到了牙買加、波多黎各等島嶼、中美、南美洲大陸沿岸等地方。當時哥倫布誤認為自己到了印度，所以加勒比海一些島嶼被稱為「西印度群島」，偌大的美洲在當時還不為人知。所以，人們稱哥倫布發現「新大陸」。由於哥倫布堅信自己到達印度，因此他就將當地原住民稱為印第安人，意即印度人。繼哥倫布發現新大陸之後，英、法、西、葡萄牙等國開始對美洲的殖民。在哥倫布第一次返回西班牙時，認識了一位義大利的同鄉亞美利哥韋斯普奇（Amerigo Vespucci），隨後追隨哥倫布遠航美洲。1507 年，這塊新發現的大陸，就被哥倫布命名為亞美利加（America）。[1]

1607 年 4 月 26 日，英國人建立了英國在北美的第一個殖民地詹姆斯鎮（Jamestown）。1620 年一批清教徒乘坐五月花號，到達北美東北部的鱈魚角（Cap Cod），約定上岸後建立公民治理的政治團體，這是「五月花號公約」的由來。登岸後，清教徒們建立起普利茅斯（Plymouth）殖民地。在印第安人的幫助下，清教徒學會種植玉米和捕魚的技術，並度過嚴寒，艱難地生存下來。1621 年清教徒邀請附近的印第安人一起共慶豐收，這就是感恩節的由來（每年 11 月最後一個星期四）。[2]

1　Howard Zinn, A People's History of the United States (New York: Harper Collins, 1980), pp.1-22.中譯本見霍華德津恩，《美國人民的歷史》（臺北：五南，2013）。Bartolomé, de las Casas, History of the Indies (New York: Harper & Row, 1971).
2　Nathaniel Philbrick, Mayflower: A Story of Courage, Community, and War (New York: Viking, 2006).

　　1630 年以溫斯羅普（John Winthrop）為首的另一批清教徒在普利茅斯以北建立麻薩諸塞（Massachusetts）殖民地，首府為波斯頓（Boston），1630-1642 年約有 13,000 名英格蘭人前往麻薩諸塞。到了 1733 年，歷經幾代人的殖民，英國人在北美已經建立 13 個殖民地。[3]

　　英屬北美各殖民地建立與發展之時，正逢歐洲戰亂頻仍、瘟疫橫行之際。北美遼闊富饒的土地就像磁石一樣吸引著每一個在貧苦中掙扎、在戰亂中求生存的歐洲人。隨著各殖民地的建立，歐洲人如潮水般湧進北美。他們在北美以驚人的速度生兒育女，每對父母平均生養 6-10 名子女。如此高的出生率大幅增加殖民地的人口，從 1620 年英屬北美殖民地的 2,000 多名白人，到了 1720 年增至近 40 萬人，1780 年已高達 200 多萬人。

　　在十七世紀末，英國移民已占殖民地白人人口的 90%以上。為了彌補勞動力的不足，殖民地的莊園主人們大肆購買黑人奴隸，約有 40 萬到 60 萬的黑人被販賣至北美。到 1770 年，黑人已占殖民地居民的 1/5。[4]

———●———

　　隨著殖民地社會、經濟、政治的發展，脫離母國統治的離心思潮日漸增長。1756-1763 年，英國、法國等國，在歐洲、北美洲、印度進行爭奪殖民地和領土的戰爭，史稱「七年戰爭」。經過長期的戰

3　Francis J. Bremer, John Winthrop: America's Forgotten Founding Father (Oxford: Oxford University Press, 2003).

4　Daniel Immerwahr, How to Hide an Empire: A History of the Greater United States (New York: Farrar, Straus and Giroux, 2019).

爭，英國政府面臨著嚴重的財政困難。為了籌措資金，英國政府決定向殖民地增稅，於十八世紀 60 年代，頒布諸多徵稅法令，其中影響最大的是印花稅法。

為了不滿英國增稅，北美 13 個殖民地於 1775 年 7 月 4 日發表「獨立宣言」，宣布成立自由獨立的國家，殖民地的叛亂轉變為捍衛新生政權的獨立戰爭。法國不僅向美國提供巨額財政資助，還派出遠征軍奔赴北美，與美軍並肩作戰。結果英國戰敗，1783 年英美簽訂「巴黎條約」，美國取得獨立。[5]

獨立戰爭結束後，美國的領土由 80 萬平方公里擴張到將近原來的 3 倍，達到 230 萬平方公里。自建國以來，伴隨著鐵與血、謊言與欺詐、金錢與戰爭，美國人成功將領土從大西洋沿岸擴展到大半北美地區，以及海外的部分地區，面積達到如今的 937 萬平方公里。就領土上的自然條件和資源來看，美國是遠超過原有大量凍土、冰川、雪山的俄國、加拿大、中國等國家。在此基礎上，美國經濟迅速發展，到二十世紀初成為富甲天下的經濟強國。[6]

———— ● ————

美國建國先賢認為在從事一個偉大的事業——建立一個共和國，他們崇拜古羅馬帝國，他們也擔心美國會重蹈羅馬帝國從偉大走向淪亡的歷史，他們開始時並沒有太大的信心，經過 50 年的時間，才對它們建立的制度有了自信。[7]

---

5　Edward Countryman, The American Revolution (London: Tauris, 1982).

6　Ibid.

7　Gordon S. Wood, The Idea of America: Reflections on the Brith of the United States (New York: Penguin, 2011), pp.189-212.

美國人自始便自大和傲慢，認為美國的革命是世界的標竿，並認為美國是自由世界的領導者。這背後的原因是美國人對「共和主義」的信仰，對美國人來說「共和主義」代表美德、奉獻、無私。[8]

美國早期的移民（屯民）自認是「上帝的選民」（chosen people），不僅要建立一個新國家，一個模範的政府，還負有救世的使命，這是美國天定的命運。由於美國本身缺乏歷史，必須以使命感來填補歷史的真空，美國文化只有未來，沒有過去。美國的性格充滿了矛盾和弔詭，永遠在實用主義和意識型態之中擺盪。美國一方面是非常務實的民族，它唯一的本土哲學就是實用主義（pragmatism）。但另方面，它又是宗教性極強的民族，始終離不開「上帝選民」、「天佑之國」、「明示命運」、「福音」和「聖戰」這些理念。[9]

美國建國的成就肯定了自己的純潔性，強化了自我的正義感，充滿了理想主義。但也有人認為美國的建國者是建設性的悲觀主義者，他們創造出來的道德標準，無非是為了調合自己的不足之處。

事實上，美國經驗的特殊性多是一種主觀上的認知。美國人「神化」其先民的歷史，只不過是在荒野中的自由而已。美國清教徒吹噓在美國新大陸首先實現了宗教的自由，事實上，在此之前，歐洲的「三十年戰爭」，就是新教徒和天主教徒之間，爭取宗教自由的戰爭，在美國屯民到達美洲之前 12 年才結束的。

美國的獨立戰爭不但是歐洲文明的延續，也深受當時歐洲政治的影響，就這個背景而言，美國的經驗並不獨特。為了政治的目的把美

---

8　Bernard Bailyn, The Ideological Origins of the American Revolution (Cambridge: Harvard University Press, 1992).

9　Wood, pp.273-290.

國的歷史「特殊化」不是真正的歷史和正確的歷史。

　　幻想和事實不同，美國開國元勳們不是沒有他們的「幻想」。他們討厭政黨，他們認為美國不久會變成歐洲的社會，他們相信奴隸制度會自然消失，他們也認為印第安人會得到保障，甚至傑佛遜還認為美國的宗教很快會成為「一元論者」（Unitarianism），但沒有一件成為「事實」。[10]

　　美國歷史學家伍德（Gordon Wood）說：「美國的革命使十九世紀的反奴隸和婦女權利運動成為可能，革命不但徹底改變了個人和社會的關係，包括婦女地位和摧毀貴族政治。使一般人民的利益和繁榮——包括追求幸福——成為社會和政府的目的。簡言之，革命是美國歷史上最激烈和影響最大的事件。」[11]伍德教授的說法是對美國革命的正統觀點，較為誇張。事實上，在美國革命之前，英國便有了反奴隸的運動。在十九世紀前，英國和法國便有了婦女權利運動，對一般人民的利益和繁榮的促進是十九世紀主要的政治議題，至於指美國革命的偉大成就顯然是太過狹隘的論述。[12]

　　十九世紀是歐洲自由、進步思想的時代。誠然，美國革命建立的共和政體是一個成就，英國曾有過短暫的共和——克倫維爾（Oliver Cromwell）時期，但未竟全功。美國特殊的條件是在革命之前擁有相當安適和安全的環境，但美國的理念不是獨創的，基本上是「歐洲啟蒙運動」（European Enlightenment）的產物。美國的法治也是英國

10　Ibid., pp.251-272.

11　Ibid., pp.319-335.

12　Godfrey Hodgson, The Myth of American Exceptionalism (New Haven: Yale University Press, 2009), Chapter 2: Myth and Reality in the Birth of a Nation, pp.30-61.

普通法的延伸和精簡版。[13]

美國的特殊環境創造了美國的成就，美國沒有歐洲國家的外在壓力——戰爭頻繁，土地廣大又便宜，當時一英畝土地只賣 1.25 元。當時的選舉權只限男性白人且有財產權的限制，即使如此，仍有60%的人有選舉權。美國真正特殊的是沒有社會主義的政治主張和力量，社會上有階級意識，但沒有階級鬥爭。美國重視教育和宗教熱誠有關，傳教士貢獻至大。新英格蘭地區推動公立學校不遺餘力，但基本上還是採取歐洲模式。

但美國早期的若干重大政策往往被簡化或扭曲，例如華盛頓（George Washington）的告別演說被簡化為「不捲入歐洲的糾結」。他的原文是「避免長期結盟」（to steer clear of permanent alliances），華盛頓當時真正的原因是避免美國在英國和法國相爭中選邊。當時共和黨的傑佛遜（Thomas Jefferson）傾向支持法國，聯邦黨的漢彌爾頓（Alexander Hamilton）傾向支持英國，華盛頓深怕黨爭影響美國的總統選舉。

美國歷史最大的特點之一是美國人充滿了誇張、渲染和沾沾自喜的「神話」；美國人是上帝的選民，在建立在山頂上的燈塔之國，有使命和責任去教化世界，只有美國是純潔的、無私的。美國的成就是世界的模範，美國的價值是普世價值，只有全世界「美國化」，才有真正的民主、自由、和平。[14]

美國哈佛大學教授，知名歷史學者波柯維區（Sacvan Bercovitch）指出美國社會的基本文化單位是「自我」（self），清教徒的想法是

13　Hodgson, pp. 52-53.
14　Ibid.

把美國不同觀點以「美國的神話」（the myth of America）予以融合。[15]由於革命和獨立的成功，清教徒認為他們已創造了「美國的神話」。美國的知名作家如艾默生（Ralph Waldo Emerson）和惠特曼（Walt Whitman）均視美國是一個理想國。[16]

## ● 二、無止境的擴張主義

美國價值最具體的表現是在北美洲大陸的擴張主義，「擴張主義」在自由、平等、民主、人權概念的包裝下，縱橫於整個美國歷史之中，在美國人汲汲追求疆域擴張的同時，賦予擴張行為正當化、合理化，甚至加以美化的美國價值也就應運而生。

美國不若歐洲各國般動亂頻仍，甚至發生社會革命，一方面在於美國社會缺乏歐洲傳統社會的弊病與沉痾；另一方面，就是美國領土向西擴張過程中所創造出龐大的生存空間，能不斷吸納其他開發較早且幾近飽和地區內部所產生的衝突與不穩定。向西拓殖的過程中，必須在邊疆的無政府狀態裡，靠自己的力量找出一條生存之道，強化了美國的個人主義。個人先於政府的的觀念成為美國民主的最大特點。

殖民者認為自由來自於擴張，而土地的取得則是實踐自由的成

---

15　Sacvan Bercovitch, The Puritan Origins of the American Self (New Havan: Yale University Press, 2011).

16　愛默生（Ralph Waldo Emerson, 1803-1882），美國思想家、散文家，為美國文化精神代表性人物，主要的著作有 Self-reliance 和 Society and Solitude 等，主張怎樣思想，就有怎樣的生活。惠特曼（Walt Whitman, 1819-1892），美國詩人、作家，被認為是美國最有影響力的詩人，主要詩集為《自我之歌》（Song of Myself）、《聽到美國》（I Hear America）、《草葉集》（Leaves of Grass）。他的名言是沒有信仰就沒有品行和生命。

果。美國人也更加確信自由與擴張互為因果，缺一不可。西部擴張可保護人民免於因社會階級相互傾軋所帶來的亂象與危害。對北方人或南方人而言，南北社會內部問題能否解決，端賴於西部擴張的持續與否，而這也是聯邦政府首要的工作。

這種擴張行為也逐漸發展成帶有白人至上主義色彩的霸權式自由主義。美國人聲稱追求生存空間可以保障自由，但在西部邊疆擴張的過程中，藉由掠奪與暴行，驅逐美洲印第安人以及墨西哥人，他們成為美國自由主義下的犧牲品，他們被美國視為異端與進步的絆腳石，必須除之而後快。[17]

當美國境內再無新的領土可供擴張之用時，拓展海外邊疆成為國家發展的必然結果，這種思潮及動機下所產生的帝國主義，誠如威爾遜（Woodrow Wilson）總統所言：「我們在大洋之外為自己開闢了一道新的邊疆。」[18]

西部邊疆擴張的過程中，自由主義被賦予新意，白人至上主義與種族主義也伴隨產生，成為美國歷史發展過程中揮之不去的魔咒。

美國政府告訴墾殖者們，西進運動不僅是自由的果實，也是自由的源泉，所有人都應有「足夠的空間」以倖免於歐洲那種「毀滅性浩劫」。擴張成為了每個問題的答案，所有疑難的解方，尤其那些由擴張所導致的難題。美國是沒有極限的，美國歷史的形成時期並不存在任何地理限制。安全意味著商業，商業意味著繁榮，繁榮意味著權力，權力培育美德，美德即自由，自由必須拓展才得確保。擴展領域

---

17　Greg Grandin, The End of the Myth: From the Frontier to the Border Wall in the Mind of America (New York: Holt, 2019), p.198.

18　Woodrow Wilson, "The ideals of America," Atlantic Monthly (December 1902). Cited in Grandin, p.173.

將能確保個人自由，這是文明的體現與化身。

美國人以個人主義和冒險犯難精神自豪。1898 年參議員洛奇（Henry Cabot Lodge）說：「美國征服、殖民和領土擴張的紀錄，是十九世紀任何民族都不可企及的。」他還說，美國不能停止，因為古巴人正在懇求美國去拯救他們。[19]果然古巴人的請求，得到上帝的恩准，美國在打敗西班牙之後，殖民了古巴 61 年（1998-1959）。

當物理邊疆被限制時，其意義可以容易的被應用在其他領域的擴張上，包括市場、戰爭、文化、技術、科學、心理與政治。也可不斷擴大自由的領域和政治效益，如此可以調和利益衝突，也可轉移國內的極端主義，美國自建國以來就不斷以道德語言合理化這種擴張行為。擴張的概念「從心理學和哲學的角度來說是十分令人振奮的」，因為它能夠「無限延伸」。

1812 年美英戰爭是要阻止英國干涉美國（美國想併吞加拿大，英國想阻止美國跨過密西西比河以西），但經此戰爭後，美國與歐洲劃清了界線，也促進了國內的團結。1823 年 12 月 2 日的門羅主義是總結美國建國先賢外交政策理念的正式宣告：不允許歐洲國家介入美洲事務，確立美國在西半球的勢力範圍。從 1840 年代到第一次世界大戰，為美國擴張的全盛時期。1846 年的美墨戰爭，美國取得近 1/3 的美國今日領土，並以「明示命運」（manifest destiny）將美國的擴張「道德化」。

美國的擴張一開始便是有排除性的性質，如購買路易斯安娜是排除法國，併吞奧立岡是排除英國，取得西南部大片土地（經由 1846

---

19　Cited in Lars Schoultz, That Infernal Little Cuban Republic: The United States and the Cuban Revolution (Chapel Hill: University of North Carolina Press, 2009), p.4.

年美墨戰爭）是排除西班牙，購買阿拉斯加是排除俄國。事實上，1823 年的門羅主義就已經宣告了美洲是美國的勢力範圍，這些合併和擴張只是完成了美國的既定政策而已。美國建國後 200 年，領土已增加了四倍。

美國在本土的擴張——對內消滅印第安人，對外避免歐洲的干涉——一直到十九世紀末期才完成，接下來就是開始對外擴張。

當一個國家的邊界不再移動時會如何？美國並不受這些問題所困。作為一個特殊的國家，這些問題為它注入了活力，為其歷史賦予了生命。在進步時代，美國媒體人和小說家諾里斯（Frank Norris）在 1902 年說領土擴張將導向某種新的普世主義，也就是「全人類的兄弟情誼」，屆時美國人將明白：「全世界都是我們的國家，而全人類都是我們的同胞。」[20]

在美國不介入歐洲事務，主宰西半球事務之時，並不排斥介入亞洲事務。美國把亞洲看作一個機會，國務卿西華德（William H. Seward）甚至認為亞洲將成為世界的主要舞臺。事實上，這是美國要向太平洋西岸擴張的張本。

二戰結束後，美國的勢力範圍擴張到令人驚奇的地步。冷戰時期美國的邊疆範圍，由阿拉斯加延伸至日本、南韓與臺灣，然後南下東南亞，抵達澳洲、紐西蘭，連接拉丁美洲、非洲後，再一路往上至波斯灣、土耳其、巴基斯坦，跨越易北河至斯堪地那維亞半島，最後連結到加拿大。美國不但獲得鉅額的經濟與政治利益，一種由美國主導，以美國邊疆擴張為基礎的全球化也儼然成影。這些海外擴張，難

---

20　Frank Norris, "The frontier gone at last," The Responsibility of the Novelist (1903). Cited in Grey Grandin, p.30.

道只是為了解除美國內部社會的壓力，或者是美國宣稱的要捍衛它的普世價值？

1893 年威斯康辛大學歷史教授特納（Frederick Jackson Turner）在美國歷史學會發表一篇論文——《論美國歷史上邊界的意義》（On the significance of the frontier in American history），指出美國歷史大部分是大西部的殖民史，由於大片土地的開發，形成了美國的發展，這是移民與大自然和野蠻的印第安人不斷鬥爭的歷史。他強調美國的邊界是獨特的，和歐洲的邊界不同。歐洲的邊界是靜止的，是世界的終點；美國的邊界是有生命的，是世界的起點，給美國新大陸無限的機會，代表可以不斷追求創新和樸實的生活。[21]

特納是美國公認的邊界理論大師，他的理論大意是：美國是野荒和文明、野蠻和文明的交會點。經驗型塑意識（awareness），美國的民主來自美國的蠻荒（wildness），和新土地的森林；隨著邊界的拓展，民主愈來愈強化。美國的「拓荒精神」（pioneering spirit）不但不會由於邊界的結束而消逝，反而會尋找新的目標。

美國人和歐洲人的主要區別在於美國人長達三個世紀的拓展邊疆的歷史過程。由於邊疆地區有豐富的自然資源，缺少社會控制，培養出強烈的個人主義和自立自強的精神。邊疆的特殊環境使得美國人有了自己的價值觀。

對美國社會，邊疆還起著「安全閥」的作用，每當東部勞動力出現過剩，產生巨大壓力的時候，這個安全閥就會發生調劑的作用，使大批剩餘勞力流向西部，如此不僅充實了西部開發的力量，也避免了

---

21 Frederick Jackson Turner, The Frontier in American History (New York: Henry Holt, 1921).

東部的社會壓力，使得許多人獲得了改善自己命運的機會。[22]

特納認為美國的邊疆對美國重大的影響為：

1. 形成了美國的民族性。
2. 減少了美國對外的依賴。
3. 促成了美國民族主義的興起和美國政治制度的演變。
4. 產生了美國人獨特的思想。[23]

## ● 三、國家認同的追求

美國早期是由「屯民」（setters）組成的，移民是 1830 年後才大量湧入美國的。美國在獨立時是一個高度同質性（homogeneous）的國家，但如今已成為一種多民族的國家。

美國的革命（獨立戰爭）本質上是一場意識型態上的鬥爭，是一個誕生在矛盾中的民族。美國是先有國家，才有民族，甚至是先有軍隊才有國家，所以美國一直在界定自己國家的性格。美國歷史學者，曾任美國國會圖書館館長的布爾斯汀（Daniel Boorstin）指出，美國獨立後的 50 多年期間，並沒有國家的歷史，只有各州的歷史，一直到南北戰爭之後；才有真正的美國歷史。[24]

南北戰爭是兩種民族主義的鬥爭，北部是自由的公民民族主義，南部是非自由的種族民族主義。從逃亡黑奴成為知名的評論家道格拉斯（Frederick Douglass）曾在 1869 年提出「合成民族」（composite

---

22　Grandin, Chap. 4.

23　Turner, ibid.

24　Daniel J. Boorstin, et al, A History of the United States (Lexington: Ginn, 1981).

nation）的說法，主張美國是建立在不同種族上的民族。這種「新美國主義」一直是美國自由派歷史學者追求的理想。[25]最近被哈佛大學歷史學教授蕾波（Jill Lepore）予以重申和肯定，並明確定位為「新美國主義」（New Americanism）。[26]

美國人自認是上帝的選民，是有道德、平等、純潔的民族，更有責任感要幫助其他國家實現民主、爭取自由。諷刺的是美國的道德是建立在種族主義上，美國以「達爾文主義」（Darwinism）強調盎格魯－薩克遜（Anglo-Saxon）種族優於其他種族，並注定有責任要教化世界。美國歷史學家小史勒辛吉（Arthur Schlesinger, Jr.）說，美國在歷史上，多數時間是種族主義國家——對印第安的種族滅絕、對黑人的奴役和壓迫、對非白人的排斥和歧視。[27]

美國歷史學者為定義美國的民族努力不懈，但美國政治的現實必須面對國家認同的危機。2004 年杭廷頓（Samuel Huntington）便警告美國應面對國家認同的挑戰，因為國家認同決定國家利益。他說國家認同的要素有二，一是美國信條，二是移民。[28]問題是美國信條是美國人同質性極高時代的產物，在當前多元民族的時代，只靠美國信條是不夠的，但非白人的人種在人口上逐漸追平或超過白人的時候，美國人的認同就會不同，也會造成國家的分裂。川普不就是利用

25　Frederick Douglass, Narrative of the Life of Frederick Douglass: an American Slave (Anti-Slavery Office, 1845).

26　Jill Lepore, "A new Americanism: why a nation needs a national story," Foreign Affairs (March/April 2019), pp.10-13.

27　Arthur M. Schlesinger, Jr., The Cycles of American History (Boston: Houghton Mifflin, 1986).

28　Samuel P. Huntington, Who Are We?: The Challenges to America's National Identity (New York: Simon & Schuster, 2004).

白人的憂慮和恐懼在擴大美國的分裂嗎？1986 年史坦福大學歷史學教授戴格勒（Carl Degler）在美國歷史學會上，批評美國歷史學者不重視研究美國的歷史。在全球化的時代，民族主義已被疏忽甚至被放棄，代之而起的是民粹主義。[29]

民族國家（nation-states）在形成時是想像過去。美國歷史學者如班克羅夫（George Bancroft）、小史勒辛吉（Arthur Schlesinger, Jr.）和豪佛史達特（Richard Hofstadter），莫不以研究美國歷史就是研究美國民族為己任。[30]歷史學者班德（Thomas Bender）總結，民族是為共同未來，認同共同歷史的一個集體協定。[31]另一歷史學者希格漢（John Higham）指出，從十九世紀中葉到二十世紀 1960 年代，美國歷史的研究，民族始終是主要命題。[32]但到了 1970 年代，在美國歷史學界，民族的研究被社會學和全球主義研究取代了。一個沒有記憶的民族會失去對國家的認同，這是美國當前的危機。

美國建國先賢是以民族代替封建制度。因為美國是先有國家，才有民族，所以美國是「國家民族」（state-nation）不是「民族國家」（nation-state）。班克羅夫在 1834-1874 年，以 40 年的時間寫了 10 卷的美國歷史（History of the United States: From the Discovery of the American Continent）。他不僅是位歷史學者，也是位政治家，曾在三位總統任內服務，並擔任過戰爭部長。他是一位「明示命運」的信

---

29　Carl Degler, Out of Our Past: The Forces That Shaped Modern America (New York: Haper & Row, 1962).

30　Richard Hofstadter, The American Political Tradition and the Men Who Made It (New York: Vintage, 1989).

31　Thomas Bender, A Nation Among Nations: America's Place in World History (New York: Hill and Wang, 2006).

32　John Higham, History: Professional Scholarship in America (New York: Harper, 1973).

仰者和執行者。他寫美國歷史的重點在「去英國化」，美國的祖先是多元化，來自全世界。他說美國的語言來自印度，宗教來自巴勒斯坦，聖詩（hymns）來自義大利、阿拉伯和幼發拉底（Euphrates），藝術來自希臘，法律來自羅馬。[33]

美國十九世紀的民族主義是自由主義的，源自歐洲的「啟蒙運動」（Enlightenment），介於個人主義和集體主義之間。美國重視政治權利和民族性格。南北戰爭是兩種民族主義的鬥爭，這一鬥爭在美國歷史上從未結束，它是北方的自由主義的民族主義和南方的非自由主義（illiberal）的民族主義的鬥爭。南方的民族主義是「白人至上主義」，主張黑人和白人不能相等，奴隸是一種自然和道德的狀況。北方以林肯總統為代表，反對種族主義。結果，北方贏得了戰爭，但並未能阻止南方的種族主義。美國的黑人認為南北戰爭是為了國家的團結，而不是解放黑奴，指責北方政府為了和平，掩飾了真相。

事實上，在 1880 年代，美國的民族主義已從自由主義走向非自由主義。南方通過一系列歧視黑人的法律（Jim Crow laws），美國政府通過「排華法案」（Chinese Exclusion Act, 1882）。美國歷史學者很少去討論種族隔離、剝奪黑人的投票權和對移民的限制等問題，反而去探討論美國的邊界問題，如特納的邊界理論。

從 1910-1930 年代，美國的民族主義走上保護主義和孤立主義。美國媒體大亨赫斯特（William R. Hearst）在 1917 年反對美國介入第一次世界大戰，提出「美國第一」（America first）的口號，他的主張得到了第一個飛越大西洋的英雄林白（Charles Lindbergh）的支持。[34]

---

33　George Bancroft, The History of the United States: From the Discovery of the American Continent (New York: Appleton, 1882).

34　Lepore, "A New Americanism," pp.17-18.

在美國參加第二次世界大戰之前，一位牧師高格林（Charles Coughlin），是一位非常受歡迎的布道家，曾在 1939 年號召群眾支持德國納粹，宣稱要成立「真正美國主義的群眾示威」（Mass Demonstration for True Americanism）。他批評小羅斯福的「新政」（New Deal）是一個猶太人的交易（Jew Deal），他支持南方邦聯的種族政策。[35]

二戰後，歷史學者哈茨（Louis Hartz）認為美國自由主義的傳統已成為共識，小史勒辛吉也支持這種論點。固然保守主義和基本教義主義仍有其基礎，但自由主義的確在擴大其影響力。[36]1959 年歷史學者戴格勒（Carl N. Degler）的大作《來自我們的過去：形塑現代美國的力量》（Out of Our Past: The Forces That Shaped Modern America），他把種族、奴隸、隔離、民權列為美國力量的中心；自由、權利、革命、平等只是陪襯。[37]

戴格勒的說法不是沒有根據的，美國對民族主義的論述一向比較薄弱。有人認為民族主義只是一個設計、欺騙和虛構，有人說在原子時代，民族和民族國家是過時的觀念。1960 年代越戰在國外的屠殺和國內的反戰，使歷史學者不再討論民族國家的問題。1986 年美國歷史學會討論的是世界主義。1990 年代由於巴爾幹內戰，部落主義又成了歷史學者新的話題。

冷戰後，有人說美國的試驗已經勝利和結束，因為美國已成為整個世界。但事實上，美國的試驗並未結束。因為，如果美國歷史學者不嚴肅面對美國的歷史，人們將只會記得美國對印第安人的種族滅

---

35　Ibid.

36　Louis Hartz, The Liberal Tradition in America (New York: Harcourt Brace, 1955).

37　Degler, Out of Our Past.

絕，對黑人的奴役和壓迫，對移民的歧視，在戰爭中對平民的屠殺，把其他國家稱之為「糞坑」（shithole），只會說「美國第一」、「美國再偉大」……。

美國自由主義的學者主張重建美國的歷史，指出「新美國主義」應建立在「合成民族主義」（composite nationalism）上，美國政府應建立在正義和平等上，拒絕暴力和金錢，只為宗教或家族服務。

哈佛大學歷史學者蕾波（Jill Lepore）大聲疾呼說，一個建立在革命和普世價值上的國家將不斷為反對混亂和特殊主義而奮鬥，一個誕生在矛盾中的國家也將永遠為它的歷史意義而戰。[38]

問題是這種理想會實現嗎？至少當前的美國距離這個理想是很遙遠的！

## ● 四、強調與眾不同的意識型態

### （一）美國信條──美國人的核心價值

「美國信條」（American Creed）是指美國人的核心價值，內容包括：個人主義、財產權、權利至上、自由和平等、民主。[39]

---

38　Lepore, ibid.
39　杭廷頓強調這些基本的觀念並不構成一個有系統的意識型態，也不必然有任何邏輯上的一致性。Samuel P. Huntington, American Politics: The Promise of Disharmony(Cambridge, Mass.: Harvard University Press, 1981), p.33. 杭廷頓說美國信條是「沒有上帝的新教文化」（Protestantism without God），他指出「美國信條」的特點為：持久不變、普遍被美國人接受、來自新教文化以及為其他國家所無。Huntington, Who Are We?, pp.67-69.
　　美國的獨立宣言設定了美國的目標，美國的憲法制定了實現美國目標的辦法，這就

### 1. 個人主義

美國的個人主義是一種典型的西方資本主義政治和社會哲學，認為個人價值至高無上，強調自我支配和自我控制，反對權威、宗教、國家、社會以及其他外在因素以任何方式干涉和阻擾個人的發展。

早期的美國移民大部分是為了擺脫歐洲封建傳統的束縛和各種權勢的壓迫來到北美大陸尋找新生活的，這就決定了他們的性格中具有反抗束縛、追求自由的因素。

西進運動和邊疆生活使美國的個人主義價值觀得到了重大發展。西部廣闊富饒的土地使人們真正體會到了個人的自由，也由此帶來了影響到生活各個領域的個人主義。

### 2. 財產權（包括放任經濟）

擁有財產的權利、安全的保持財產，以及個人自由的運用被認為是個人的自然權利，和至高的生命權和自由權是相等的。

在美國，財產所有權的觀念一直非常強大，以美國人擁有自己的房屋為例就是一個最明顯的象徵。美國政府也以補助和減稅來鼓勵美國人擁有自己的房子。美國人反對社會主義，主要是怕影響他們的私有財產權，任何破壞私有財產的主張對多數美國人來說都是「非美國的」。財產所有權對美國人來說，不僅只是追求物質上的成就而已，

是「美國的信念」（American Creed）。學校裡教這些，教會宣揚這些，法院以這些信念作出判決。信念和現實的衝突成為美國追求正義的強大動機。對美國核心價值宣揚最力的是瑞典學者米德爾（Gunner Myrdal），在他 1944 年出版的《美國的困惑》（An American Dilemma: The Negro Problem and Modern Democracy (New York: Harper, 1962).）中指出美國雖然有種族、區域和經濟上的異質性，但美國人卻有一些共同的特質，一種社會氣質，一種政治信條。他把美國信條用大寫表示，並被廣泛引用為美國認同的一個重要因素。信念和現實的衝突成為美國追求正義的強大動機，米德爾稱之為「美國不斷的為其靈魂而奮鬥」。

它也是支持美國民主的有力工具。

美國是一個相信擁有才是福的國家，在 1950 年代，美國家庭平均有一輛車並準備存錢買第二輛車；到了 2000 年時，1/5 的家庭擁有三輛或三輛以上的車。當別的國家以勤儉自豪之時，美國人卻以花錢為榮。在全世界 210 個國家中，美國人花在購買垃圾袋上的錢比 90 個國家全部的花費還要多。美國人去購物中心的人數為上中學人數的兩倍。[40]

### 3. 權利至上

在美國人的思想中，從殖民地時代的經驗到憲法的制定，都是經由人民以契約的方式產生的。不僅政治生活是如此，商業行為也是如此。

憲法是一個「社會契約」（social contract），憲法和法院是美國公民社會的基石。政府的權力來自與人民的契約，而人民的這種權利則來自自然法。這種更高的法律觀念並不是新的觀念，但是在憲法中明示這一觀念則是第一次。美國憲法刻意設計一個弱的和互相牽制的政治制度，在美國只有法律才是主權（only law is sovereign）。國家的弱勢、個人人權的重視、憲政上分權的設計，使得律師擁有獨特有力的角色，也使得美國人民特別喜歡打官司。美國人喜歡打官司，已經被認為是美國政府的基本型式（basic form of government），美國有世界上最多的律師，最多的不當行為（malpractice），最多的訴訟（suit）。這是美國人重視法律和法治的背景，加上過分強調個人權利的追求和保障，形成了美國人好訟的性格。

---

40  Linda Kulman, "Materialism: our consuming interest," in "Defining America: why the U.S. is unique," U.S. News & World Report (June 28-July 5, 2004), p58-60.

## 4. 自由和平等

自由和平等是美國社會秩序基礎的兩大支柱，兩者互為補充，但有時兩者有衝突時，其中之一就要退讓。人們通常不願在兩者之中被迫做一選擇，但往往又不能兩全其美。

為什麼自由和平等有時會有衝突呢？自由的定義較為直接，所以在衝突時，較易被肯定。一般而言，自由是指個人不受限制；具體而言，自由是指個人生活或經濟活動不受政府的干涉。在美國人權法案中，自由得到最強力的表達，任何情況下，政府對個人生命、自由或財產可能受到影響時都必須遵守法律的正當程序。

相反的，平等的定義從一開始便比較複雜，而且還日益複雜。很少有人會辯稱人在體力上、智識上、人格上或才能上是生來平等的。平等的觀念，就是說人生而平等，是指社會生活中的資格；至於這種資格應該是什麼則缺少共識。

## 5. 民主

民主是美國的超級價值，它是美國意識型態的絕對中心思想。民主的概念包括上述的四大信條——個人主義、財產權、契約和法律、自由和平等——當這四大支柱穩定了，就會有了民主的結果。民主也代表在政治中好的一面，尤其在美國的政治體系中。

但最重要的乃是民主本身是一個爭議的概念，因為民主的重要性，對民主意義的爭議便影響重大，誰能講的出道理便會爭取到多數美國人的支持。民主之為善是鮮少爭議的，但要採取什麼行動去實現這個善便會有不同的看法或意見。這種爭議一直存在，大多數的時間是就其他的價值、制度和政策以不明顯的或暗示性的方式在進行。

美國民主思想中對異議的尊重也是其特色之一，十九世紀中葉一

位傳奇性人物梭羅（Henry David Thoreau）以拒絕繳人頭稅（poll tax）來抗議政府的奴隸制度和對墨西哥的戰爭，並出版了美國歷史上最重要的政治哲學之一的《論公民不服從的責任》（On The Duty of Civil Disobedience）。[41]

## （二）美國的「例外主義」

意識型態是對自己和世界是什麼和應該是什麼的一套有系統的價值、信仰和期望，也包括討厭和恐懼。它的主要根源是這個國家或民族的歷史和文化。由於美國一開始便自認與眾不同，所以很排斥意識型態。相反的，美國深信自己是一個獨特的、沒有意識型態的社會，所以美國以「例外主義」來代替意識型態，結果「例外主義」反而成為美國最強烈的意識型態。

美國人深信美國的「例外主義」是命運，也是天意。「例外主義」給了美國人民一種努力和完成使命的強烈感。他們認為美國這個新國家優於其他國家，注定要超越舊的世界。這種想法鼓舞了美國人民，包括新來的移民。十九世紀是民族主義高漲的時代，但在美國，民族主義理想化的程度超過其他國家。美國被認為是「國中之國」（a nation of nations），是被壓迫者的自由庇護所，是世界窮人的機會之土，這些願景形成美國認同的主要成分。[42]

美國的「例外主義」是一個制度化而且不斷演進的價值與戰略的

---

41 Henry Daivd Thoreau, On the Duty of Civil Disobedience (Chicago: Charles H. Kerr, 1980). Abe Forbes, Concerning Dissent and Civil Disobedience (New York: New American Library, 1968).

42 McClosky and Zaller, The American Ethos (Cambridge: Harvard University Press, 1984), pp.292-302.

合成品或者等同的意識型態。在美國外交政策的言辭中，它的功能是爭取國內外的同情和支持，如此可以使美國權力的運用更為順暢。它也在獨特的意識和領導的權力的基礎上，反映、合理化和延續美國的國家認同。這是一種信念──美國的道德優越和善意、對世界秩序和穩定的關心，以及希望處理好國際事務和傳播美國的價值。

為什麼美國人認為自己是與眾不同、高人一等，堪曼（Michael Kammen）教授歸納幾位學者的看法為：

1. 因為美國的條件太好了。
2. 因為美國是沒有前例的，其他國家想學都不可能。
3. 因為美國的共和傳統。
4. 因為美國是第一個文明社會，經由尊重不同文化，自由參與而建設成為一個新的國家。
5. 因為美國不會重蹈歐洲的覆轍。[43]

───── ● ─────

## 形成美國「例外主義」的背景

### 1. 基督教文化

美國為世界上宗教性最強的國家，這是美國意識型態的基礎，也是美國理想主義和道德主義的根源。美國是以上帝為名建立的國家，自認為是天佑之國（The Providential Nation），所以美國人熱心於傳播福音（evangelical），有強烈的救世主義（messianism）和人道主義

---

43　Michael Kammen, "The problem of American exceptionalism: a reconsideration," American Quarterly (March 1993), pp.1-43. Also his book, People of Paradox: An Inquiry Concerning the Origins of American Civilization (New York: Knopf, 1972).

（humanitarianism），美國對世界的使命感和聖戰（crusade）思想便是基於對基督教文化的強烈認同。[44]

## 2. 移民社會

除原住民印第安人之外，美國為移民組成的國家，美國也以民族大鎔爐（the melting pot）自豪。透過民主制度和公民社會，美國成功的把不同的種族，轉化成為一個新的民族。美國的社會和文化展現了迅速同化外來移民的驚人能力。移民社會的特點為多元化，因而強化了美國的多元文化。歷史學者韓德林（Oscar Handlin）說：「移民就是美國的歷史。」[45]美國的歷史證明不同種族的人，不分先後成為美國人後，不但傳承了美國早期自立自強、樂觀進取的精神，而且都能對美國產生強烈的認同，以美國為榮，擁有強烈的愛國精神。美國專欄作者布魯克斯（David Brooks）指出，在整體而言，美國是多元的，但就制度而言，美國已相當的同質性了。[46]

## 3. 自由主義

自由主義是近代西方文明的精髓，而美國無疑的又是最具傳統自由主義的國家。歷史學者小史勒辛吉說：「自由主義代表了美國的全部經歷。」[47]對自由主義有深入研究的哈茲教授指出，「美國自由主

44　James G. Moseley, A Cultural History of Religion in America (New Haven, Conn.: Yale University Press, 1981); Richard Niebuhr, The Kingdom of God in America (New York: Harper, 1959).

45　Oscar Handlin, The Americans: A New History of the People of the United States (Boston: Little, Brown, 1963).

46　David Brooks, On Paradise Drive: How We Live Now (And Always Have)in the Future Tense(New York: Simon＆Schuster, 2004).

47　Arthur M. Schlesinger Jr., The Crisis of Confidence: Ideas, Power, and Violence in America (Boston.: Houghton Mifflin, 1969).

義的傳統是解釋美國例外主義的關鍵所在。」[48]

　　由於美國是一個生來平等的國家，對自由的信仰可說超過一般人的想像，加上美國的富裕、多元和開放，社會主義或任何偏激的思想在美國始終沒有生存的空間，因此形成了美國自由主義的絕對論。美國自由主義的激進派比歐洲少，但反對激進派的力量比歐洲，甚至比任何社會都要大。所以，在美國，只要被貼上「社會主義」或「非美國主義」（un-Americanism），便會受到排斥。[49]可能就是因為對自己自由主義的高度肯定，所以美國人不但不能容忍其他國家的不自由，並且幾乎完全以自己的標準去要求和批評他人。

### 4. 個人主義

　　美國自由主義的思想深受洛克（John Locke）的影響，他認為人的權利是與生俱來的，是不可被剝奪的。[50]所以美國憲法以保障人民的權利為第一要務，美國不僅重視人權，也有對政府權威不順從的思想。[51]艾默生說：「我只有一個主義，那就是個人的無限。」[52]美國是一個由個人選擇並對自己負責組成的國家，所以傑佛遜說：「管的最少的政府才是最好的政府。」[53]美國人認為自由是建立在個人的經

---

48　Hartz, The Liberal Tradition in America.

49　Murray B. Levin, Political Hysteria in America (New York: Basic Books, 1971).

50　John Dunn, The Political Thought of John Locke：An Historical Account of the Argument of the Two Treaties of Government (Cambridge: Cambridge University Press, 1969); John Locke, An Essay Concerning Human Understanding (Cambridge: Cambridge University Press, 1970).

51　Thoreau, ibid. Abe Fortas, ibid.

52　"I have only one doctrine, the infinitude of the private men." Cited in David Reisman, Reuel Denney and Nathan Glazer, The Lonely Crowd: A Study of the Changing American Character (New Haven, Conn: Yale University Press, 1950).

53　Edward Dumbauld, ed., The Political Writings of Thomas Jefferson, Representative Selections (New York: Bobbs-Merrill, 1955).

濟條件上，所以不但重視成就取向，而且極具功利思想。[54]移民社會
對個人主義也有強化的作用，因為每個人都企圖突顯其特性。

### 5. 市場經濟

從鼓勵個人賺錢，保障私人財產，到重商主義，再到發展資本主
義，美國從一開始便是一個小資產階級的社會。[55]到了十九世紀，美
國已經是世界上最大的中產階級社會了。[56]美國人想到經濟時，首先
把個人當做一個主要的生產單位，然後再當做一個必然的消費者。美
國在傳統上不希望政府干涉太多，所以使市場經濟有充分的空間去發
展。不論是布魯克斯（David Brooks）所稱的「能量」（energy）或
麥克杜構（Walter McDougall）所說的「拼命工作」（hustle），美國
人經由市場經濟的運作，業已打造了世界上最具生產力和創造力的經
濟體系。

## （三）意識型態在美國外交政策上的角色

### 1. 創造民族認同

一個國家的開始往往就決定了它的性格，美國從一開始便決定了
它將是一個全新的美國文化。在殖民地時代，美國就是一個自由的、
平等的和開放的社會。在獨立建國之後，更以強調與歐洲舊世界之不
同，以及建立一個真正民主的政府來突顯美國的特殊。在美國發展過
程中，它的分權主義、保障人權、重商主義和拓荒精神使得美國不斷

---

54　John Cawelti, Apostles of the Self-Made Man (Chicago: University of Chicago Press, 1965).

55　Louis Hartz 稱之為「小資產階級」（petit-bourgeois）的混血兒（hybrid）, ibid., p.19.

56　Peter Temin, Causal Factors in American Economic Growth in the Nineteenth Century (New York: Macmillan, 1975).

成長、擴張和強大。

　　清教徒他們自己命定成為一個新的民族。按照主的旨意，他們要將荒野變為文明，使之成為伊甸園，成為樂園。在上帝創造並安置在地球上的所有人類中，他們是上帝的選民，他們是新世界。正如基督給世界帶來了新啟示錄，代替了舊啟示錄，也給這些上帝的選民帶來了新的使命。

　　清教徒的宗教觀深深地影響了美國民族的形成，在思想意識上成為美國文化的「靈魂」。有些美國人說：「如果我們不理解清教徒，可以說就不理解美國。」[57]「無論我們來自什麼種族，我們都是美國人」這句話已成為美國的一個傳統，也有人強調把美國人結合在一起的是對民主制度的共同信仰。威爾遜（Woodrow Wilson）總統曾說：「如果在美國還有人認為他屬於其他民族時，他就還沒有成為美國人。」[58]老羅斯福（Theodore Roosevelt）總統也說：「一個人不認為自己是純粹的美國人，就根本不是美國人。」[59]

　　由於美國成功的歷史經驗，使美國人不但養成了「根深蒂固的大國沙文主義」，也有了非常強烈的「種族優越感」。這種例子已不勝枚舉，被認為最有人道主義色彩的威爾遜總統，說美國擁有完成其使命和拯救世界的無限特權。雷根（Ronald Reagan）總統也一再宣稱美國是世界上最崇高的國家，也是最熱愛自由的人民。

---

57　Bercovitch, ibid.

58　"You cannot become thorough Americans if you think of yourselves in groups. America does not consist of groups. A man who thinks of himself as belonging to a particular national group in America has not yet become an American." Cited in Schlesinger, The Disuniting of America, p.35.

59　"We can have no fifty-fifty allegiance in this county. Either a man is an American and nothing else, or he is not an American at all." Ibid.

## 2. 界定美國是什麼國家

美國應該是一個什麼樣的國家？一個偉大的國家應該追求什麼？在美國革命時期，潘恩（Thomas Paine）便說：「我們有力量去重新規劃世界。」[60]這是他的雄心大志，也可能只是政治語言。事實上，美國要經歷一個世紀，經歷了三次全國性的大辯論，才決定了美國在世界上的角色，在這一過程中，決定的重要因素便是意識型態。

首先對國家強大的看法，經過對法國大革命（1789-1793）、美墨戰爭（1846-1848）和美西戰爭（1898）三次的全國性大辯論，始確定了美國走向世界，向全世界推銷美國民主和自由的政策。[61]因為美國人自認已站在人類歷史的轉折點上，這是「明示的命運」（manifest destiny）。[62]美國是一個「偉大的未來之國」（The great nation of futurity），美國不僅對鄰國有強大的吸引力，也無法拒絕其他國家投入美國的懷抱。[63]

學者們對美國這種自大和自負的心理也多予以肯定：如美國歷史學家海德（Morrell Heald）和凱普藍（Lawrence S. Kaplan）在《文化與外交》一書的導言中寫道：「美國外交事務的出發點是這樣一種信仰，即美國在對外世界關係中享有一種任何其他國家都不能享有的特殊使命。」[64]

---

60　Thomas Paine, Common Sense, ed., by Isaac Kramnick(Baltimore, Md.: Penguin Books, 1976).

61　Michael H. Hunt, Ideology and U.S. Foreign Policy (New Haven, Conn.: Yale University Press, 1987), p.21.

62　Fredrick Merk, Manifest Destiny and Mission in American History: A Reinterpretation (New York: Knopf, 1966).

63　John L. O'Sullivan, "The great nation of futurity," Democratic Review (Nov. 1983).

64　Morrell Heald and Lawrence S. Kaplan, Culture and Diplomacy: The American Experience (Westport, Conn.: Greenwood Press, 1977), p.4.

　　美國政治學者湯普森（Kenneth W. Thompson）指出，美國似乎從一開始就超越了國家的「自我利益」。這固然不足信，但美國決策者孜孜以求地樹立美國這種「形象」的確反映出了在這塊大陸上形成的一種文化價值觀。原來北美是「上帝選擇的新世界」轉變成美國是「上帝選擇的國家」，以其自身的發展和「完善」成為「照亮人類命運之路的燈塔」。[65]瑞典歷史學者隆德斯達特（Geir Lundestad）說，美國人傳統上視自己為世界上負有特殊使命的一個獨特民族，其他國家只有利益，而美國卻肩負責任。[66]

　　對自由，美國人也有了新的定義，自由需要美國不斷的發展，美國在海外的強大將使國內的自由更為發達。美國人確信自己有了自由，便可在世界各地按照自己的模式去塑造其他的國家。美國向海外發展非但不會危害自由，反而會有利自由的發展。換言之，美國可以改變世界，但自己不會被世界改變。

　　美國這種自大自負的心理在十九世紀末期更加露骨的表現出來，美西戰爭之前，麥金萊（William McKinley）總統說：「美國有權利也有責任去建立殖民地，去幫助受壓迫的人民。」[67]當時的參議員比佛里奇（Albert Beveridge）也說：「美國的力量強大使之英勇剛毅，體制完善使之真理在握，天定目標賦予神聖的權威。」[68]到了二十世

65　Kenneth W. Thompson, Traditions and Values in Politics and Diplomacy: Theory and Practice (Baton Rouge, Louisiana: Louisiana State University Press, 1992).

66　Geir Lundestad, The American Empire and Other Studies of US Foreign Policy in a Comparative Perspective (Oxford.: Oxford University Press, 1990).

67　Cited in Robert C. Hilderbrand, Power and the People: Executive Management of Public Opinion in Foreign Affairs, 1897-1921 (Chapel Hill, N.C.: University of North Carolina Press, 1981), p.40.

68　Albert Beveridge, The Meaning of the Times and Other Speeches (Indianapolis: Bobbs-Merrill, 1908), p.47.

紀的「美國世紀」，美國政治人物之吹噓美國的偉大已經成了家常便飯，從威爾遜（Woodrow Wilson）總統的「美國是世界上唯一理想主義的國家」，[69]到卡特（Jimmy Carter）總統的「美國之人權立國為世界上獨一無二」，[70]柯林頓（Bill Clinton）總統的說法可能是最溫和的了，他說美國在世界上的角色是「樹立榜樣、給予希望、提供激勵」。[71]最強烈的莫過於保守派大將布坎南（Patrick Buchanan）的「美國第一論」，[72]如將這些言論整理出來可以編一大本「美國萬歲」的百科全書。[73]

問題是美國人要如何解釋美國由一個反殖民、反帝國主義的國家，自己卻變成了一個最大的帝國主義國家？由一個同情和支持革命的國家，自己卻變成了一個最反對革命的國家？由一個人權立國、關心全世界自由的國家，自己卻出售78%的武器給侵犯人權的國家？[74]

美國自己成了帝國主義者但卻不願承認自己是帝國主義的國家，他們用盡了字典上的名詞──保護、擴張、安全、圍堵──就是不用

69　Cited in Walt W. Rostow, The Views from the Seventh Floor (New York: Harper & Row, 1964), p.53.

70　Robert A. Strong, Working in the World: Jimmy Carter and the Making of American Foreign Policy (Baton Rouge: Louisiana State University Press, 2000); Jimmy Carter, Keeping Faith: Memoirs of a President (London: Collins, 1982); Gaddis Smith, Morality, Reason and Power: American Diplomacy in the Carter Years (New York: Hill & Wang, 1986).

71　John Dumbrell, American Foreign Policy: Carter to Clinton (New York: St. Martin's, 1997).

72　Patrick J. Buchanan, "America First, and Second and Third," National Interest (Spring 1990), pp. 77-82.

73　G. H. Bennett, The American Presidency 1945-2000: Illusions of Grandeur (Stroud, Gloucestershire, England: Sutton, 2000).

74　Andrew J. Pierre, The Global Politics of Arms Sales (Princeton, N.J.: Princeton University Press, 1981).

帝國主義的名詞。美國人自我安慰說，只要不用這個名詞，就不是帝國主義。

　　美國從不公開承認干涉主義、帝國主義和對革命的敵視是美國外交政策的內容，所以美國的政界和學界要花很長的時間去研究如何將這些矛盾予以合理化。總而言之，美國的態度是既不放棄，也不承認。但這種言行不一，既接受又否認的態度不僅使得其他國家混淆，也使美國人民緊張。至於美國究竟要為此付出多少代價，美國人民可能仍在學習之中。

　　美國對自己成為強權和帝國主義或許感到很無辜，因為這可能不是美國的本意，甘迺迪（John F. Kennedy）總統有兩句名言頗為傳神，他說：「美國不是選擇去成為強權，而是變成了強權。」（America did not choose to be a great power; she became a great power）他形容美國的處境為「在一個不是我們製造的世界中，從事一項不是我們挑起的鬥爭」（With a struggle we did not start in a world we did not make）。[75]但誠如史蒂爾（Ronald Steel）教授所言，帝國主義可能是無意造成的，但只有靠金錢、權力和鮮血才能維持。[76]但美國當前，尤其在冷戰後，卻一心要製造一個屬於自己的世界，並以武力去維持這個世界。

## 3. 設定外交政策目標

　　在歷史上，美國的外交政策目標是隨著美國的強大以及介入國際事務的程度而不斷的改變和調整。從早期的孤立主義，到有限度的擴

---

75　John F. Kennedy, The Strategy of Peace (New York: Harper, 1960).

76　Ronald Steel, Pax Americana (New York: Viking, 1967); Temptations of A Superpower (Cambridge, Mass.: Harvard University Press, 1995).

張主義，到全面的擴張主義，到帝國主義，再到霸權主義，在每次政策目標調整的過程中，意識型態均扮演了關鍵性的角色。

孤立主義的理論基礎在於美國與歐洲舊世界的不同，美國不捲入歐洲的政治紛爭。有限度的擴張主義是建立在美國認為有義務向其他落後地區去傳播文明，幫助他們擺脫其他帝國主義的壓迫。全面的擴張主義是兩次世界大戰的自然結果，美國兩次「被迫」為保衛民主而戰，而將美國的勢力遍及全世界。更進一步的，美國成為世界秩序的創造者和維護者，保持現狀——和平、民主、法治——成為美國外交政策中主要的目標。為了達到此一莊嚴的目標，對任何可能破壞世界秩序和打破現狀的主張和行動，美國不得不採取干涉和制裁的行動。美國人不承認自己為帝國主義者，主要的理由是強調與過去的帝國主義有所不同，但強行他國接受美國的主張或者公然干涉他國內政就是帝國主義。冷戰結束後，美國成為世界唯一超強，在國際事務上，美國更趨向於「片面主義」（unilateralism），「霸權主義」（hegemonism）的表現日益明顯。[77]

基本上，美國人對擴張主義認為是一種積極、進取的精神。布肯南（James Buchanan）總統 1858 年曾對國會宣稱：「美國的生存法則就是擴張，即使我們要違背，也不可能。」[78]老羅斯福總統則說一個強大的國家對落後地區有強制傳播文明和宣揚正義的責任，所以：

---

77 William Pfaff, "The question of hegemony," Foreign Affairs (Jan. / Feb. 2001), pp.221-232; C. Layne and B. Schwarz, "American hegemony without an enemy," Foreign Policy (Fall 1993), pp. 5-23; Samuel P. Huntington, "Why international primacy matters," International Security, (Spring 1993), pp. 68-83.

78 Thomas G. Paterson, ed., Major Problems in American Foreign Policy: Documents and Essays, 2 vols. (Lexington, Mass.: Heath, 1984), vol.1, p.36.

「一個文明大國的每次擴張都意味著法律、秩序和正義的勝利。」[79]

支持美國走向擴張主義和帝國主義的意識型態為：

一是「天定命運」，因為美國是上帝賜予美國人民的恩典，美國的民主和政體是世界上最好的制度，所以美國人民有向外擴張，協助弱小民族的使命。[80]

二是「邊疆理論」，帶動美國發展的是向西部的開拓精神，雖然在 1890 年代美國的西部開發已經完成，但這股力量是不會停止的。向海外開拓是符合美國歷史發展的基本規律。[81]

三是「種族優越感」，對美國人民來說，種族主義等於國家利益加上個人利益。美國文化中的種族優越感根深蒂固，大多數美國人民幾乎不承認其他國家生活方式的存在。意識型態理論大師杭特（Michael Hunt）指出「種族歧視形成了有力對付其他民族的方法」。[82]美國文化中的種族優越感影響美國人對他國人的看法與態度，並在美國處理與其他文化不同的國家的關係上充分表現。

79　William H. Harbaugh, ed., The Writings of Theodore Roosevelt (Indianapolis: Bobbs-Merrill, 1967), p.359.

80　Weinberg, Manifest Destiny; Norman A. Graebner, ed., Manifest Destiny (Indianapolis: Bobbs-Merrill, 1968); and Frederick Merk, Manifest Destiny and Mission in American History: A Reinterpretation (Cambridge: Harvard University Press, 1995).

81　Turner, ibid.; Henry Nash Smith, Virgin Land: The American West As Symbol and Myth (Cambridge, Mass: Harvard University Press, 1950); Martin Ridge and Ray A. Billington, eds., America's Frontier Story, A Documentary History of Westward Expansion (New York: Holt, Rhinehart and Winston, 1969).

82　Hunt, Ideology and U.S. Foreign Policy, p.90; Zeev Sternhell, Mario Sznajder and Maia Asheri, The Birth of Racist Ideology (Princeton, N.J.: Princeton University Press, 1994).

## 4. 形成具體外交政策

一旦有了明確的國家目標——戰爭、和平或中立——便要推動具體和有效的外交政策。對法國大革命究竟是支持還是觀望；為了古巴，對西班牙是談判還是宣戰；對俄國共產主義革命是承認還是不承認；對中國是圍堵還是交往；對中東談判是公正還是偏袒（以色列）；對南斯拉夫內戰是干涉還是不予理會。包括美國參加兩次世界大戰，打了韓戰和越戰，以及與蘇聯進行了長達 40 多年的冷戰。在每個重大政策形成的過程和執行的過程中，必然有意識型態的因素。

美國的政治菁英們反映了美國社會的價值觀念，每當他們在執行國家的外交政策中似乎要漠視這些價值觀念時，他們總會受到政府行政部門、國會、反對派以及新聞界人士的批評。

在對其他國家的政策上，對革命的看法是一項關鍵性的因素，美國本身是經由革命而產生的國家，但美國對其他國家的革命卻有非常嚴格的標準和要求。美國一方面認為美國的革命是歷史進步的典範，其他國家應接受這份政治遺產；另方面又強調通往自由的道路是狹窄的，只有很少的國家才能通過。美國也指出不同民族在爭取與維護自由能力上是有差異性的。美國接受的革命要符合三個條件：一是適當的手段；二是好的憲法，以美國憲法為範本；三是避免革命的不良效應。[83]

基於以上的理論，美國對法國大革命從一開始的同情到最後的反對，對十九世紀初拉丁美洲國家的革命認為尚未作好準備，對十九世紀中期歐洲的革命不僅失望而且反感。對十九世紀末期到二十世紀初期的革命，則認為是「誤入歧途」而採取不承認的政策，如塔夫脫

---

83　Hunt, ibid., p.116.

（William H. Taft）對中國，威爾遜對俄國；或採取直接干涉的手段，如麥金萊對古巴和菲律賓。[84]

由於美國厭惡社會主義運動，為了反對和防止社會主義革命的「傳染性」，美國甚至扶植右派的獨裁政權去對抗左派的革命勢力，在拉丁美洲、在西班牙、希臘和中東，都是如此。

在二十世紀，美國最重大的一項外交政策便是與蘇聯的冷戰。為了進行冷戰，美國不但放棄了長期以來的「不結盟政策」，並且也接受了美國一向不喜歡的「權力平衡」和「勢力範圍」等思想。「圍堵」（containment）政策便是這種環境下的產物。[85]

### 5. 解釋國家利益

無人能否認決定一個國家對外政策最重要的考慮是國家利益，所以一些反對或不重視意識型態的人士便反對以意識型態來解釋外交政策。在美國對外關係上，一直有理想主義和現實主義的爭論，前者被認為係以意識型態來看待世界，後者則被認為以歷史觀和地緣政治來看待世界。前者把美國視為一個幸運的國家，不但人傑地靈、美德兼備，而且還負有拯救人類的使命；後者則視美國為一正常的國家，有其缺點，也有能力的限制。

美國早期由於環境較為單純，開國先賢們固然有偉大的理想，但

---

84　Ibid., pp.127-135.

85　Lloyd C. Gardner, Arthur Schlesinger, Jr., and Hans Morgenthau, The Origins of the Cold War (William, Mass.: Ginn, Blaisdell, 1970); John L. Gaddis, The United States and the Origins of the Cold War: 1941-1947 (New York: Columbia University Press, 1972); The United States and the End of the Cold War: Implications, Reconsiderations, Provocations (New York: Oxford University Press, 1992); We Now Know: Rethinking Cold War History (New York: Oxford University Press, 1997); Richard Crockatt, The Fifty Years War (London: Routledge, 1995).

在治國上都傾向較為實際和現實的態度。托克維爾（Alexis de Tocqueville）就曾指出，在文明世界裡沒有一個國家像美國那樣最不重視哲學了。[86]但隨著美國的強大和涉及國際事務日深，美國勢必要有一些「哲學」來解釋為什麼美國不能像過去一樣的孤芳自賞，以及「出淤泥而不染」。對領導國家的人來說，他們重要的工作便是如何讓美國人民相信他們做的是對的，以及美國的對外政策是符合美國的利益。

我們可以這樣認定，美國在對外政策上是現實主義取向的，但卻必須要有理想主義的說法。換言之，美國在外交上的作法必須要在國內有其正當性，其說法要能被美國人民理解或接受。美國名外交史學者白利（Thomas A. Bailey）曾說：「在外交中，追求的目標並不總是公開承認的目標。」[87]尼克森（Richard Nixon）總統有一句名言：「沒有現實主義的理想主義是無所作為的，而沒有理想主義的現實主義是沒有意義的。」[88]

所以我們可以看到，只要美國對外採取軍事行動，不論是正式宣戰，或不宣而戰，或武力干涉，一定是宣稱為了保衛和平、捍衛民主、保護自由、維護人權，不僅是為了美國的利益，也必然是為了其他國家，甚至全世界的利益。「九一一事件」之後，美國號召全世界進行反恐怖主義戰爭，因為這是「上帝和魔鬼的戰爭」，因為這也是

---

86　Alexis de Tocqueville, Democracy in America, ed. by Philips Bradley, 2 vols. (New York: Knopf, 1945).

87　Thomas A. Bailey, A Diplomatic History of the American People, 8th ed. (New York: Appleton-Century-Croft, 1969).

88　Richard Nixon, Seize the Moment (New York: Simon & Schuster, 1992).

「文明世界的戰鬥」。[89]美國出兵攻打伊拉克，也是為了民主、自由和人權，因為海珊（Saddam Hussein）已被貼上暴君、屠夫和隱藏毀滅性武器的罪名——雖然迄今還沒有找到證據。

在美國歷史上最被推崇的理想主義者，如傑佛遜總統、林肯（Abraham Lincoln）總統和威爾遜總統，他們最大的成就是把美國的利益得到了最大的實現。這樣的理想主義，對美國有什麼不好？二十世紀末期，美國偉大的理想主義者雷根不僅結束了冷戰，也埋葬了蘇聯的共產主義，他的貢獻還不夠大嗎？在美國近代歷史中，雷根毫無疑問的是意識型態色彩最濃厚的總統。

批評意識型態不當影響美國外交的現實主義者，如李普曼（Walter Lippmann）、肯楠（George Kennan）、小史勒辛吉（Arthur Schlesinger, Jr.）等。事實上，他們自己也是意識型態的俘虜，只因為他們的意識型態與他人不同而已。「沒有意識型態，便沒有政治」（no ideology, no politics），何況是外交政策。國家利益必然受意識型態的影響，意識型態也是構成國家利益的重要成分。

## ● 五、極端的種族主義

### （一）對印第安人的種族滅絕

印第安人在大約 25,000 年前經過白令海峽的大陸橋，從亞洲到達阿拉斯加，他們一路向南遷徙，到了北美、中美和南美。在哥倫布

---

89　George Bush's Address to a Joint Session of Congress and the American People (September 20, 2001), U.S. Department of State. Cf. Bob Woodward, *Bush at War* (New York: Simon & Schuster, 2002).

到達美洲大陸的時候，在這廣闊的土地上約有 7,500 萬各族人民，北美洲大約有 2,500 萬，大部分是印第安人。[90]

根據哥倫布的描述，「凡是親眼所見之人，無不認為印第安人心地純樸，在各自的領地裡無拘無束地生活。若有人向其索求物品，從來不予回絕，反而拿出來與大家分享……」[91]

在上述《印第安人史》一書中指出：他們動作敏捷，尤其是婦女，能在水裡游得很遠。他們也並非徹底的和平主義者，因為他們不時地想要和其他部落作戰。他們往往都是在感到自己遭受不公的時候才去打上一仗。

在印第安人部落中，婦女享有的優越地位令西班牙人吃驚。印第安人沒有宗教。印第安人以平等的方式生活在一起，男人、女人、兒童和大自然相互之間維持和諧的關係。[92]

美國學者柯立爾（John Collier）說：「如果我們也能過這樣的生活，那這個世界就將是一個永遠也不會衰竭的世外桃源，就會出現一個永恆持久的太平盛世。」[93]布蘭登（William Brandon）說：「在那個時代裡，人類的進步為什麼要以種族的滅絕為代價？在陳述歷史

---

90　Howard Zinn, ibid. Claudio Saunt, Unworthy Republic: The Dispossession of Native Americans and the Road to Indian Territory (New York: Norton, 2020).中譯本，克勞迪奧桑特，《不講理的共和國：國家暴力與帝國利益下的犧牲品，一部原住民族對抗美國西拓的血淚哀歌》（臺北：商務，2022）。Angie Debo, A History of the Indians of the United States (Norman: University of Oklahoma, 2021).馬全忠，印第安民族運動史（臺北：聯經，2008）。

91　Bartolomé de las Casas, History of the Indies (New York: Harper, 1971). Cited in Zinn, p.20.

92　Zinn, pp.8-9.

93　John Collier 曾在 1920-1930 年間擔任印第安事務局長。Zinn, pp.21-22.

時，又為什麼總要站在西方文明統治者和征服者的思想立場上？」[94]

500 年前，歐洲人侵略美洲大陸印第安土著居民的歷史就這樣開始了。500 年前開始的這個歷史，是一部征服史，一部奴役史，也是一部死亡史。但在美國兒童的歷史教科書裡，它卻被美化成一次不流血的英雄冒險活動，並把它一代又一代地灌輸給孩子們。[95]

當清教徒們到達新英格蘭的時候，他們踏上的也不是什麼處女地，是屬於印第安部落的領地。溫斯羅普（John Winthrop）說，法律支配「荒地」，印第安人只對這塊土地擁有「自然權利」，而沒有「公民權利」，而「自然權利」在法律上是沒有意義的。「所以，抗拒掌權的就是抗拒神的命令；抗拒的必自取刑罰。」[96]

美國的印第安政策史是一個漫長的故事，實際上是當英國人殖民地時代就已經開始的，400 年來經過許多階段，從歐洲白人與印第安人間的和平相處的小衝突，短暫的戰鬥，大規模的戰爭，土地的割讓，部落主權問題，簽訂條約。印第安人從最早的完全自由的遊牧生活，經過被一步一步地逼迫，最後被限制生活於幾處面積小又貧困的保留區內。十九世紀可以說是印第安人最不幸的時代，尤其是十九世紀的下期，是他們瀕臨被滅種的時期。

美國最殘忍的事是對北美洲原住民印第安人的種族滅絕。這個以自由民主為傲的共和國，其強大的背後，卻是原住民印第安人的斑斑血跡。那些白人毫無羞恥地策劃了一場世紀陰謀，對印第安人種族滅絕（genocide）並在原住民族的土地上建立一個壓榨奴隸的血腥帝國。

94　William Brandon 美國詩人，著有 The Last Americans。Zinn, p.533.

95　還被冠上「哥倫布日」予以慶祝。Zinn, p.7.

96　Francis J. Bremer, John Winthrop: America's Forgotten Founding Father (Oxford: Oxford University Press, 2003).

　　美國人為了擴張領土，向西部發展，一路屠殺美洲的原住民印第安人，有紀錄的戰爭是 291 次，是人類歷史上最大的種族滅絕。近 2,000 萬人的印第安人，如今只剩下 30 萬人。[97]

　　美國人有強烈的宗教信仰，自稱是上帝的選民，把屠殺美洲原住民印第安人說成是解除他們身為異教徒的痛苦，是人道主義。美國第一位戰爭部長諾克斯（Henry Knox）說要徹底消滅所有印第安人。[98]另一種比較仁慈的說法是大法官史多瑞（Joseph Story）說：「即使殖民者不斷地尊重原住民，但上天的智慧使他們像秋天的枯葉消失。」[99]對待印第安人最殘暴的第七任總統傑克森（Andrew Jackson）說，他見過最好的印第安人是死去的印第安人。[100]

　　印第安人在 1600-1700 年之間人數減半，1700-1800 年之間又減少了 1/3。在十九世紀的前 20 年，原住民族的土地縮減了 60 萬平方英里，相當於阿拉斯加（Alaska）的大小。1800-1830 年間，原住民一共被迫割讓 14 萬平方英里的領土，相當於俄亥俄州、印第安納州和伊利諾伊州的面積總和。

　　美國革命初期，13 州裡有 11 州的印第安人幾乎完全消失。這些無辜卻受欺壓的印第安人受到「清白無瑕」清教徒殘忍的屠殺，因為

---

97　Jeffrey Sachs, A New Foreign Policy: Beyond American Exceptionalism (New York: Columbia University Press, 2018).參考馬全忠，第五章，「印第安戰爭與慘案」，頁 139-144。

98　Cited by Reginald Horsman, Expansion and American Indian Policy, 1783-1812 (Norman: University of Oklahoma, 1992), p.64.

99　Ibid.

100　美國政治家克萊（Henry Glay）說，在人類歷史上，沒有比傑克森更狠毒的對待印第安人了。「傑克森主義」就是驅逐印第安人，發動對墨西哥戰爭以及擴大和鞏固奴隸制度。Grandin, ibid., pp.54-56.

「印第安人的頭」可以換取獎金。

在南北戰爭時，南方白人指稱北方人都是偽君子，因為北方白人早已「殲滅了」原住民，卻反過來要求南方要接納有色民族。

美國白人說：「文明」不可避免要向前進，因此驅逐「難以同化」的族群是「必要」的。他們用的名詞是：「強制遷徙」（forced migration）、「種族清洗」（ethnic cleansing）、「種族滅絕」（genocide）、「驅逐出境」（deportation）、「驅離」（expulsion）、「殲滅」（extermination）。[101]

1830 年「印第安人遷移法案」（The Indian Removal Act），是南方喬治亞、阿拉巴馬、密西西比等州設計把印第安人驅逐到密西西比河以西的計劃。傑克森（Andrew Jackson）總統透過施壓和威嚇的方式，逼迫國會投票通過法案，把印第安擁有的數十萬英畝的肥沃土地，變成奴隸勞動帝國的一部分。密西西比河成為美國人的貪婪與印第安人的滅絕之間的界線。[102]

這是史無前例的由政府執行的原住民族大規模驅離事件，透過人口普查、財產清單、地籍圖、驅離登記、交通票證等正式的國家行政文件，迫使美國原住民族就範。南方白人以虔誠基督徒之姿，強調自己是慈愛的父親，把原住民壓榨到「極度貧窮困苦的狀態」，來逼迫他們放棄自己的家園。原住民踏上「血淚之路」（Trail of Tears），任何一個原住民不允許留在美國南方。印第安人「遭這個國家」欺騙，被送去密西西比河以西，剝奪到「一絲不掛」，並祝他們「哀嚎

---

101 桑特，導言，頁 22-23；第九章，頁 288-319。Grant Foreman, Indian Removal (Norman: University of Oklahoma Press, 1953). Zinn, Chap 7, "As long as grass grows and or water runs."

102 Zinn, Chap 7, pp.125-169.桑特，第三章，頁 122-124，387。

進入西部荒野時能夠一路順風」。[103]

以每英畝 1.25 美元的價格買下的印第安人土地，很快就賣到每英畝 30 或 40 美元的價格。長久居住在南方的印第安人被不斷增加的詐騙、欺瞞與暴力的風暴給吞噬了。印第安農夫陳情自己的土地被冒名頂替者賣掉時，法官卻叫他們帶「白人證人」來，因為法院不允許「有色人種」作證控告白人。

在阿拉巴馬州，印第安人靠啃樹皮和吃腐敗的動物骸骨維生。一名目擊者指稱，「任何垃圾他們都貪心地狼吞虎嚥吃下肚。」在 1830 年代，整個南方的美國士兵、州義勇軍和白人自衛隊，他們都認為自己應當殺死印第安人。他們以行動驗證了傑克森主義者（Jacksonian）的決心：留在東部的印第安人都會遭到殲滅。

國會授權總統徵召 1 萬名志願兵消滅「印第安敵人」，「驅趕入侵者」。國會通過建造一堵「防禦遠西的牆」，這條長達 1,200 英里的軍事線，從今天的明尼亞波里斯（Minneapolis）延伸到墨西哥沿岸地帶，讓士兵能「持續不斷地堅守」邊界，阻止印第安人回到密西西比河東岸。

這些組成義勇軍的「人民」為了追趕難民，「獵殺還在沼澤中孳生的印第安人」，「這些野蠻人再也不該被允許用他們的腳玷污我們的土地。」一些印第安孩童因為飢餓而沒有體力，或純粹太過年幼而跟不上逃亡的速度，他們的母親便將他們悶死。有時，婦女把自己哭泣的孩子悶到窒息而亡，以免洩露他們的行蹤。他們被抓到時，會殺了孩子，然後自盡。[104]

---

103 桑特，第十章，頁 320-346。
104 桑特，第十章，頁 347-370。

一位同情印第安人的牧師艾培斯（Apess）說：「我的紅孩兒們，我們的先父實現了把你們的土地作為己用的計劃，因此我們現在變得有錢有勢，有權利隨心所欲處置你們，我們想幫你們一個大忙，將你們趕走，遠離我們那些文明人的手掌心，因為他們在欺騙你們，而我們沒有法律可以制止，你們不用哭，你們一定要走，就算獅子吃掉你們也一樣，我們沒有經過你們的同意就這麼做了，你們將不會得到我們的保護。」[105]

被強迫驅離的印第安人說：「我們的前途黑暗可怕；我們的心充滿哀怨。難道我們要像野獸般在山谷之間遭到獵殺，我們的婦女、孩童、長者、病患，他們要像犯罪者一樣從家裡被拖出來，推上可鄙的船隻，運送到致病的地區嗎？」

到了 1838 年，南方白人已經奪走了印第安人所有在南方的土地。南方政府集結的士兵強大到「可以把印第安人烤熟、灑上胡椒後吃掉」。他們說，殺害印第安人不是罪，因為「命運已經把怪物從我們的土地上剷除」，「對他們仁慈，就是對白人殘忍」。[106]

將印第安人區與白人區分隔開的是所謂「永久的印第安邊界」。1846 年簽訂的俄勒岡邊界條約，與墨西哥戰爭（1846-1848）美國勝利的結果，使美國西部邊界擴展到太平洋海岸，摧毀了「永久的印第安邊界」。

1850 年代政府又制定了「印第安人保留區」（Indian Reservation）制度，把印第安人集中於面積有限的小地區內，保護他們不受白人的「感染」（欺壓），教導他們成為自給自足的農民，這是號稱的「同

---

105 桑特，頁 318。
106 桑特，第十一章，頁 364-370。

化政策」。條件是印第安人必須將他們在保留區以外的一切土地的產權移轉給政府。1871 年以後，政府與印第安人簽訂的條約一律改稱為「協議」。

驅離活動為南方政府帶來了額外的利益。1850 年產出了將近 16,000 萬磅的棉花，等於是全美棉花總產值的 16%。土地產出的作物，占了密西西比州和阿拉巴馬州農業生產總值的 40%，全國農業生產總值的 6%。

美國白人喜歡把 1830 年代的大規模驅離活動，以及其創造出來的那條不斷往西移的界線，視為是不可避免的結果。因為印第安太過落後，幫不了自己；美國太過貪婪；資本的力量太過強大無情；聯邦政府力量太弱，無法遏止殘暴的南方各州。[107]

傑佛遜（Thomas Jefferson）總統說，原住民人口衰退是公認的「自然法則」。「我們讓那個種族的人消失，幾乎沒有保留他們歷史的任何蹤跡，真是很大的憾事，也確實丟人。」他也說：「我們必須拿走一切，這個共和國才能實現它的最終整合。」[108]小亞當斯（John Quincy Adams）總統在 1841 年的日記中寫到：「這是這個國家令人髮指的罪孽之一，我相信神有一天必會加以審判。」[109]

---

107 桑特，後記，頁 389。在 1836 年，聯邦政府每一塊錢有 40%用來實行「印第安人遷移法」。

108 "We had to take all so we could be all, so the republic could realize its final consolidation." Cited in Grandin, p.46.傑佛遜是種族主義者，他認為美洲大陸只有在全面白人占有後，自由才能實現。他也說過美洲原住民衰退是公認的「自然法則」。

109 John Quincy Adams, Memoirs of John Quince Adams (Pliladelphia:1876) 10:492. Cited in Saunt, Introduction.小亞當斯是最反對驅逐和消滅印第安人的總統，在傑克森當選總統後，他以眾議員的身分，仍大力反對傑克森的政策，他稱之為「惡性循環」（The cause of the cause），認為會造成美國的分裂。Grandin, pp.83-89.

在南北戰爭結束後，美國政府的印第安政策則轉向所謂的「以仁慈征服」政策。事實上，在保留區內一切都是和平的，但在保留區以外則為敵對的。印第安人以放棄他們的自由來交換對他們的「仁慈」。格蘭丁（Greg Grandin）在《神話的終結》（The End of the Myth）一書中曾記錄美國以戰爭為名的謊言，例如在南北戰爭後，北軍和南軍被送往西部打印第安人，名為平亂（pacify），事實上是把南軍整編到北軍作為「南方重建」（rehabilitation）計劃的一部分。

1887 年的「戴維斯法案」（Daves Act of 1887），再次把殘留的印第安人趕離自己的家園，讓他們屈服在掠奪成性的投機商人手中。1850 年「逃奴追緝法」（Fugitive Slave Act），在北方各州建立起聯邦政府的捕捉奴隸系統，務求滴水不漏。

當 1850 年代十多年期間，由於白人殖民的快速擴張，使印第安戰爭幾乎蔓延到美國西部的大部分地區。南北戰爭於 1865 年結束後，正規陸軍開始從事對印第安人的戰爭，到 1890 年「傷膝河大屠殺」（Wounded Knee Massacre）事件後，印第安戰爭接近尾聲。[110]

印第安人始終擺脫不了被迫害、被驅逐、被屠殺、被欺騙、被遺棄的命運，而美國歷屆政府則背信棄義，先後撕毀的同印第安人各部落所簽訂的條約有四百多條。[111]

---

110 美國以「南方重建」為名，以南北軍隊到西部對印第安人「平亂」，從 1865 年到 1891 年，經過十三次大的戰役和一千多次的軍事衝突，終於把印第安人消滅殆盡。Grandin, pp.133-134.

111 Zinn, p.526.美國人以簽訂條約和契約的方式，騙取印第安人的土地和財產，但這只是一種手法，完全沒有執行的意圖。事實上，驅逐印第安人最常用的方法是通過各州的法律，法律是消滅印第安人最有效的工具。桑特，頁 113。

───●───

2021 年 5 月新聞報導，加拿大卑詩省甘露市（Kamloops）一所印第安寄宿學校舊址發現 215 具孩童遺骸，最小的只有 3 歲。初步調查是屬於當地「第一民族」（First Nation）的部落，該原住民寄宿學校建於 1890 年，1969 年由政府從天主教會接管，到 1978 年關閉。根據加拿大官方紀錄，從十九世紀到 1996 年，加拿大有超過 15 萬名原住民兒童就讀寄宿學校，至少有 4,000 名兒童在校內死亡。

加拿大政府對原住民的強制同化，包括種族文化滅絕，一直到 1984 年才停止，並表示道歉。2007 年並提出約 15 億美元的賠償計劃，2016 年杜魯道政府加快處理，成立調查委員會、和解委員會等。2017 年杜魯道函請天主教會表示意見，但教皇方濟各拒絕回應。

加拿大的原住民包括第一民族即印第安人、愛斯基摩人和歐洲移民與原住民的混血兒。人數分別為 97 萬人、6 萬人和 58 萬人，總數為 167 萬多人。[112]

至於美國對原住民的種族滅絕和文化滅絕比加拿大更為嚴重，美國的印第安人從 2,000 萬人被殺到只剩下 30 萬人，一直到 1924 年印第安人才享有美國公民權。美國從未對印第安人的殘暴行為表示過道歉。

根據對印第安人的研究，摩根（Lewis Henry Morgan）在 1877 年寫了一本《古代社會》（Ancient Society），指出簡單的結社形式——家庭和部落——已被城市取代。印第安人的不幸是文明的過

112 New York Times, 2021.5.30.

程，只是因為遇到了白人，而加速了這一過程。[113]

他的觀點受到廣泛的重視，包括達爾文（Charles Darwin）和馬克思（Karl Marx）。美國「史密森學會」（Smithsonian Society）把他的作品作為其研究人員必讀的書，認為是美國同化印第安人的理論基礎。

## （二）對黑人的奴隸制度

### 1. 黑人奴隸制度的歷史

在英屬殖民地中，奴隸制度很快發展成了一整套規則完備的體系，一種黑人與白人之間正規的勞工僱傭關係。伴隨著此後美國黑人在社會中的卑賤地位達 350 多年。

摩根（Edmund Morgan）在他的著作《美國的奴隸制與美國的自由制度》中指出，黑人奴隸成為美國最佳的選擇，把黑人當作奴隸販運進來，在當時被認為是最自然不過的事情。到 1619 年，已經有 100 萬黑人從非洲被運到美洲的殖民地上。[114]

因為北美的奴隸制是終身不變的，既給本人帶來極大的精神傷害，也有損於家庭關係，而且未來也沒有任何指望。美洲的奴隸制度之所以比非洲的奴隸制度殘暴，主要是因為：一是瘋狂追求資本主義農業發展初期所帶來的無限利潤；二是製造種族仇恨，剝奪了黑人作為人類最起碼的尊嚴。從非洲到美洲這一死亡之旅的過程中，每 5 個人就有 2 個人死去。在到達沿海地區後和在被賣掉之前，黑人們一直被關在籠子裡。

---

113 Lewis Henry Morgan, Ancient Society (Chicago: Charles H. Kerr, 1877).
114 Edward S. Morgan, American Slavery, American Freedom (New York: Norton, 1975).

販奴貿易最初興起於荷蘭，後來英國人取得了販奴的專利權。不久，新英格蘭地區的美國人也加入了奴隸買賣的行列。1637 年，第一艘美國販奴船「希望號」從麻賽諸塞駛出。到 1800 年，大約有 500 萬至 1,000 萬黑人奴隸販賣到了美洲，非洲失去了 5,000 萬人口，他們不是死亡，就是淪為奴隸。

1700 年，維吉尼亞有 6,000 名奴隸，占當地人口數量的 1/12，而到了 1763 年，奴隸的數量已多達 17 萬人，占當時人口數量的一半左右。擁有 300 萬黑人的奴隸制度也在南部建立起來，每位黑人每年可以為僱主創造 257 美元的利潤，而養活一位黑人卻只需花費 12-13 美元就足夠了。[115]

「獨立宣言」又把這個神話發展到了極致。「獨立宣言」所畫出的統一利益圈明顯地漏掉了一部分美國人，就是印第安人、黑人奴隸和婦女。黑人地位卑微，印第安人被逐出新社會之外，富人和掌權人物在新國家裡確立起優越地位。所有這一切，早在革命時期的殖民地就已全部安排妥當。趕跑了英國人，可以白紙黑字把這種安排記錄在案，並使之具體化、規範化、合法化。它就寫在由大革命領袖在費城會議上起草並簽署的美國憲法之中。

美國政府之所以支持奴隸制度，是因為奴隸制度的利益太大。1790 年，南部每年可產 1,000 噸棉花。到 1860 年，這個數字已達 100 萬噸。奴隸人數也從 50 萬人增加到 400 萬人。[116]

1850 年通過「逃亡奴隸法」（Fugitive Slave Act of 1850），讓廢奴人士幫助或掩護逃脫的黑奴成為犯罪行為。南方各州實質上是警察

---

115 Zinn, p.41, pp.45-48.
116 Zinn, p.51, pp.171-172.

國家，沒有言論自由，更沒有結社、抗議的自由，反脫離聯邦的言論是犯罪行為，暴民滋事與官方集體處決聯邦分子處處可見。南方成為奴隸主鞭打黑奴、地主與暴民械鬥的血汗農場。

林肯公開反對奴隸制，1860 年贏得總統選舉，他並沒有得到南部 10 個蓄奴州的任何選票。對許多南方人來說，林肯執政將意味著奴隸制的終結。1861 年 2 月，南方退出聯邦並正式建立「美利堅聯盟國」，稱為「美利堅邦聯」、「南部聯盟」。

「解放黑奴宣言」於 1863 年 1 月 1 日正式頒布，與聯邦交戰的地區（詳細地列舉出來），其奴隸可以獲得自由，這些地區之外的奴隸隻字未提。其原則不在於「人是否可以奴役別人，而在於他是否忠於美國」。1865 年，內戰結束，南方政府失敗。

在美國當時 3,000 萬的人口中，雙方死亡 62 萬人。有 20 萬黑人加入了聯邦軍隊，3.8 萬黑人戰死。歷史學家麥克弗森（James McPherson）指出：「沒有他們的幫助，北方不會這麼快就贏得這場戰爭，或許它根本就贏不了。」[117]

1965 年，憲法第 13 條修正案宣布奴隸制為非法。第 14 條修正案宣布「任何在合眾國出生或歸化合眾國而受其管轄者」，均為合眾國的公民。憲法第 15 條修正案規定：「合眾國及其諸州不得因種族、膚色和以前的奴隸身分，而否認或剝奪合眾國公民之選舉權。」

林肯被刺身亡，其繼任者詹森（Andrew Johnson）為了維持政局的穩定，一味維護南方的權利，數度否決國會通過的黑人平權法案，甚至主張解放後的黑奴，應由黑人奴隸主來決定他們的權利。事實

117 Cited in Zinn, p.94.

上，詹森為南方民主黨人，是林肯為了政治上的平衡和爭取南方支持的選擇。林肯死後不久，他便恢復了同情南方反對廢奴的立場，引起國會共和黨議員的不滿，發動對他的罷免，但僅差一票未能成功。[118]

聯邦政府為了怕南方生事，在解放黑奴政策上一再讓步，甚至默認南方各州通過「黑人法令」（Black Codes）來安撫南方。這是新一部約束黑人的教條，對沒有工作的、到處遊蕩的、賊眉鼠眼的、文盲的黑人，一概認為有罪，要被抓起來送到私人僱主那裡做工代替刑責或刑罰；有些州，黑人不能擁有或者租賃農場；有些州，黑人不能從事種養殖或是家僕以外的工作；黑人與白人絕對不能通婚。

1876 年總統大選出現嚴重爭議，共和黨的海斯（Rutherford B. Hayes）為了當選，以撤回駐紮在南方的聯邦軍隊作為交換條件，被稱之為「腐敗交易」（corrupt bargains）。此後南方更肆無忌憚，視聯邦的法律如無物，「重建時期」形同結束。[119]

憲法第 13、14、15 修正條文形同具文，重建時期的「黑人法令」演變成「吉姆克勞法」（Jim Crow Laws）。所謂「吉姆克勞法」是指南方在 1960 年代之前種族隔離的法律，例如黑白分校、不得通婚、黑人禁入等等。吉姆克勞（Jim Crow）為南北戰爭前一齣鬧劇裡的黑奴名字。他具備所有歧視者對黑人的想像——愚蠢、懶惰、不潔、才智低下、能力不足。「吉姆克勞法」成為美國種族隔離法律的通稱。聯邦最高法院在 1954 年做出學校種族隔離法違憲的判決（Brown v. Board of Education），南方各州從此失去制定「吉姆克勞法」的合法性，但各州政府宣稱礙於現實，無法一時改變，於是紛紛

---

118 Zinn, p.199.
119 Zinn, pp.214-215.

訂出落日條款。聯邦政府為了息事寧人和政治紛擾，也儘量遷就。[120]

南方被解放的黑奴，迎接他們的不是美國憲法，而是將伴隨他們與他們的子孫 100 年的種族隔離法律。要再等 100 年，黑人的平權問題才會再度回到美國政治的進程，但這浪費掉的 100 年，讓黑人族群沒有搭上現代化的列車，仍然躺在底層，族群問題至今依然無解。所謂南方的傳統就是白人至上的傳統。

但邦聯有被真的打敗嗎？邦聯投降後無一人以叛國罪起訴，10 年內所有的邦聯官員回到原職位，叛軍的將領成為參議員，至今南方將領的雕像處處可見，邦聯旗（Blood-Stained Banner）四處飄揚。

波拉德（Edward Pollard）1866 年出版《敗局命定：邦聯戰爭的一個新南方歷史》（The Lost Cause: A New Southern History of the War of the Confederates），1868 年出版《敗局復得》（The Lost Cause Required）。指稱南方各州雖然在南北戰爭中戰敗，但在維持黑人奴隸制度上得到勝利。[121]

## 2. 結構性的種族主義

美國歷史學者小史勒辛吉（Arthur Schlesinger, Jr.）稱美國就是一部種族壓迫的歷史，這種「結構性的種族主義」是無解的。[122]1964

---

120 南方被迫解放了黑奴，只好改變僱傭關係，以黑人法典（Jim Crow）來約束黑人，主要內容為：1.沒有工作的、文盲的，一概有罪，可做工代罰或罰款。2.不能擁有農場。3.不能從事家僕以外的工作。4.不能與白人通婚。

121 「敗局命運」是南方在南北戰爭後興起的一種史觀，認為邦聯（南方）雖然戰敗，但其參戰（發動戰爭）的動機是正確的、是正義的。奴隸制度也不是真正的原因，主要還是南北在國家發展上不同的觀點和利益之爭，這一史觀使南方在維持奴隸制度上有了相當的正當性。1989 年美國發動對西班牙的戰爭，南方人成為美國共同為自由而戰的夥伴，黑人也有了參戰的地位。

122 Schlesinger, ibid.

年詹森（Lyndon Johnson）總統任內完成的「民權法案」，使黑人享有完整的公民權利，被認為是美國最進步、最開明的法律。但徒法不足以自行，白人對黑人的歧視仍然普遍存在。

論述美國種族主義的書籍和文章不可勝計，但無助白人至上主義者對黑人的成見。美國有色種族（黑人、拉丁民族、亞裔等）預估在2050 年左右可能會超過白人，這是美國白人的夢魘，也是川普煽動族群分裂的策略。

美國是一個建立在奴隸制度，實施種族隔離的國家。美國黑人從來沒有「美好的往日」這種事。美國人認為黑人與白人天生不平等，這是真理。白人的平等也是建立在黑人的奴隸制度上，美國人自稱這是美國民主的基礎。奴隸制度的特色之一是摧毀黑人的家庭。美國從未為奴隸制度道歉，因為美國不能讓白人至上主義受到傷害。美國是靠謊言維持其社會制度。

美國的奴隸制度是美國政府刻意打造出來的，還經常以「白種人的無辜為自己卸責」。美國也講族群融合，但是有條件的。一是黑人的表現要比白人「優秀兩倍」，二是膚色要半黑，三是舉止優雅、禮貌周到，四是在任何情況中不能動怒。[123]

美國環保學家格蘭特（Madison Grant）在 1916 年初出版的《偉大種族的消逝》（The Passing of the Great Race）一書中，說到「在美國已經摧毀了出生的特權，一個好的人種與生俱來擁有的智慧和道德」。他認為生物種族是不可改變的。他說，將選舉權給美國黑人是「對權力無止無休地哀嚎，在美國政治中造成『平庸規則』（rule of

---

123 Ta-Nehisi Coates, We Were Eight Years in Power: An American Tragedy (New York: One World, 2019).

average）」。他說：「美國花了 50 年的時間，才讓黑人學會說英語、穿好衣服、上學和去教堂，但不能把黑人變成白人。」他還警告：「更嚴重的是，美國真正的政治正受到種族污穢的威脅，特別是在 1890 年代以來湧入的南歐和東歐的移民。」他說：「白人和印第安人的雜交是印第安人，白人和黑人是黑人，白人和印度人是印度人，與猶太人是猶太人。」[124]

格蘭特信奉的世界觀——遺傳種族的深刻現實，世界社區按種族地位排名，不相容的種族類型之間的生存鬥爭——重塑美國的思想和實踐。他的思想促成了美國優生學的運動，在他的遊說下，1924 年「詹森—瑞德法案」（Johnson-Reed Act）把種族優惠移民政策維持了 40 年之久。[125]

### 3. 美國如何歧視和壓迫黑人

美國是個徹頭徹尾種族主義和白人至上主義的國家。以下是一些基本統計的數字：[126]

黑人占美國人口 13%。

---

124 Madison Grant, The Passing of the Great Race: Or The Racial Basis of European History (New York: Charles Scribner's Sons, 1916).有關此一遺傳種族的理論可參考：Charles King, "The Real Washington Consensus Modernization Theory and the Delusions of American Strategy," Foreign Affairs (Nov/Dec, 2023), pp.90-92.作者的專書為 Gods of the Upper Air: How a Circle of Renegade Anthropologists Reinvented Race, Sex, and Gender in the Twentieth Century (New York: Anchor Books, 2020)。美國最早的種族優異理論來自 Herbert Baxter Adams 的「菌原理論」（germ theory），指由於血液基因，撒克遜條頓（Saxon-Teutonic）人種是最優秀的民族。W.H. Stowell and D. Wilson, History of the Puritans in England and the Pilgrim Fathers (New York: Robert Carter & Brothers, 1849). Cited in Grandin, p.114.

125 1924 年 5 月 26 日通過的此一法案，以出生地限制移民數額，為一歧視性的法律。

126 Coates, ibid.

黑人被謀殺的比例是 49%。

黑人被關在監獄中的比例是 41%。

黑人男性被警方擊斃是白人的 21 倍。

持有大麻（Marijuana）黑人被捕的比例為白人的 4 倍。

認為黑人受到司法上不公平待遇的白人為 51%，黑人為 78%。

黑人的失業率是白人的 2 倍。

黑人的工資比白人少 30%。

白人的財富為黑人的 20 倍。

1/4 的黑人家庭沒有財富或負債。

26% 的黑人生活貧困，12% 極度貧困。

黑人占美國最貧窮的比例是 45%。

有人說，在美國黑人的工作量是白人的 2 倍，白人對黑人的掠奪是 3 倍。美國白人對黑人的剝削：（1）侵占土地。（2）剝削勞力（南北戰爭前南方種植棉花一磅 50 分，只給黑人 5 分）。（3）不公正的司法。（4）限制房屋貸款（芝加哥高達 85%）。

從地方政府到聯邦最高法院的司法立場始終一致——阻止和妨礙有利於黑人的法律。拆散黑人家庭也是壓迫黑人重要的方式之一，在南方有超過 50% 的黑人家庭被強迫拆散——對黑人來說，這是他們最重要的資產。

1935 年小羅斯福總統的「新政」（New Deal），其中全國 65%，南方 70-80% 的人口不具備申請的資格，主要的便是針對黑人。

1960 年，美國人擁有房屋的比例為 60%，但不包括黑人。事實上在法律上，美國以種種方法阻止黑人擁有自己的房子。在黑人群聚

較多的地區，如紐約、芝加哥，美國將黑人集中在貧窮的地區，貫徹種族隔離和種族暴力。至今美國黑人仍是被隔離的族群。

美國還有一個傳統，即是懲罰黑人的成功，將不會影響白人的特權，白人必須要享有比黑人高出很多的特權。換言之，如改善黑人的貧窮生活，會減少白人至上主義。甚至極端的白人主義者，如 3K 黨享受「追逐和宰殺黑人的快感」。

南北戰爭後，南方「私刑」（lynching）氾濫。美國白人認為黑人的性犯罪為其本質。美國最大的基建就是「擴建監獄」。美國南方黑人是生活在一個警察國家之中。哈佛大學教授戈丁蕾德（Annette Gordeon-Reed）說，非裔美人從來不是完整的公民（full citizen）。[127]

### 4. 美國種族問題的探討

2021 年 6 月，佛羅里達州教育局通過不准在公立學校教授有關重要種族理論的內容，如今已有 6 個州跟進，還有 20 多個州正在考慮中。這一行動，從何而來？它主要的爭議是什麼？

對重要種族主義理論的熱烈討論來自魯夫（Christopher Rufo）在 2020 年佛洛依德（George Floyd）案之後，他動員了數百萬的美國人，其中不少是白人，去參加要求種族正義的抗議，高喊種族不平等，並在網路上宣導如何去教養反對種族主義的兒童。

許多人感到白人優越（white supremacy）造成 400 年的不正義，可以得到伸張了，但美國人勢必要願意面對強大的挑戰。巴伯二世（William Barber II）、西奧哈里斯（Liz Theoharis）、泰森

---

127 Annette Gordon-Reed, The Hemingses of Monticello: An American Family (New York: Norton, 2009).

（Timothy B. Tyson）和韋斯特（Cornel West）指出：「遊行和抗議，國會是聽不到的，我們國家的歷史和性格在我們實體政治中留下了這些疤痕，政策上的吵鬧不會治癒的。」

魯夫認為對批評種族主義理論的諒解容易成為反對種族主義有關的名詞。有人想打這張牌來出氣，有人希望在文化戰爭中另闢條路。在一次反對種族主義的討論會上，一位白人給了魯夫一個紙條，上面寫著白人至上主義內容是完美主義、客觀和個人主義。

2020 年 9 月，魯夫曾在福斯（FOX）電視《Tucker Carlson Tonight》節目上，指稱批評種族主義理論已侵入了聯邦政府的每個部門，對美國已構成了存在的威脅。第二天白宮便請他幫助起草一個行政命令，取消了政府一些敏感的訓練合約。

接著，魯夫集中力量在「教育上批判種族主義理論」，一旦進入了研究所層次，批判種族主義便成了智識傳統（自 1970 年代開始）的質問，他們會提出，當初法律是如何制定的，以及維持種族的統治集團。[128]

UCLA 和 Columbia 大學法律教授克倫蕭（Kimberlé Crenshaw）在發展這項訓練上扮演領導者的角色，他說自從解放黑奴（emancipation）這麼多年來，這種不平等的方式一直存在。它們是頑強的、關鍵的種族理論，最初是想如何把法律能對低層次

---

128 Christopher F. Rufo 主持 Manhattan Institute 和 Discovery Institute's Center on Wealth、Poverty & Morality。為一保守派學者和政治運動家，支持批鬥種族理論，反對左派意識型態，著有 America's Cultural Revolution: How the Radical Left Conquered Everything (Northampton: Broadside Books, 2023)。關於種族主義的論述可參考：Heather MacDonald, The Diversity Delusion: How Race and Gender Pandering Corrupt the University and Undermine Our Culture (New York: Stuart, 2018).

（subordinate）的美國黑人、原住民和亞洲來的移民有所貢獻。[129]

　　關鍵的種族理論者，如 Georgetown 大學法律教授喬芝（Janel George）有幾項重要假設指出：（1）種族不是生物學的事實，而是社會結構。（2）種族主義不是脫軌，而是社會傳承和一般的特性。（3）種族階級主要是體制的產物，而不是個人的偏見。（4）種族進步是與白人利益結合的程度並適應。（5）生活的經驗，而非資料，才能建構學術相關的證據。[130]

　　一如其他學術傳統，關鍵種族理論也有一些偏差，在與對憲法第一條修正案的爭論中，尤其明顯。關鍵種族理論家德爾加多（Richard Delgado）就辯稱，對使用種族主義字眼的人可以追訴。

　　這種爭論始自 1990 年代，哈佛歷史學者蓋茨（Henry Louis Gates, Jr.）曾說：「第一條修正案不會保證我們實質的自由，但廢止它也不會。」但他稱讚批評種族理論者對表達自由的強力立場。[131]《紐約時報》專欄作家杜特（Ross Douthat）稱魯夫的批判種族理論不是針對制度性的種族主義，而是如何解除它。

　　當代反種族主義者的論述對左派和右派均予以公正的批評，《紐約時報》專欄作家戈德寶（Michelle Goldberg）寫到：「批判關鍵種

---

129　Kimberle Crenshaw, On Intersectionality: Essential Writings (New York: Perseus Distribution Services, 2014).

130　Richard Delgado and Jean Stefancic, Critical Race Theory: An Introduction (New York: New York University Press, 2017).

131　Henry Louis Gates, Jr., "After American Lives 1 &2", Faces of America (2012).他的主要論點為："No matter how different we look on the surface--skin color, hair texture, shape of nose, ect.—at the level of the genome we're 99.99% the same." "Our ancestors over all living in Africa 50,000 years ago." "School shape our subjectivity and our sense of being as citizens. We learn how to be an American."

族主義有一些資料令我感到荒唐和有害，我曾看到一些學校號召崇拜『白人優越』文化（white supremacy culture）。有一種反種族主義的方式建立在白人的自戀（narcissistic）式的自我鞭打（self-flagellation）上，對我來說，這種效果是極其有限的。」[132]新聞學者伊格萊西亞斯（Matt Yglesias）認為進步派人士對他們認為當前過分的反種族主義，應挺身而出予以反駁。

也有人認為這種限制已席捲全國是危險的，反對這種趨勢是當務之急。耶魯大學歷史學者史奈德（Timothy Snyder）把它與俄國的「記憶法律」（memory laws）相比，政府行動為了去指導公眾對過去的屠殺的解釋來保護當權者。他說，如果佛羅里達州對有關制度性種族主義認為是非法的，那麼美國的年輕人就不會知道相關的歷史悲劇了。[133]《紐約時報》的一群作者討論現實存在的威脅。他們說，在一個自由民主社會中，這些法律對歷史教育的基本目標構成了威脅……他們拒絕把「反感」或「憎惡」（antipathy）以立法方式呈現。[134]

民主黨和自由派人士一向支持「批判性種族理論」，帶有左派思想色彩，針對美國的種族歧視和白人至上主義主張反省和檢討，涉及到社會、文化和政治層面。但在川普執政 4 年中，已成為共和黨反對的一項主張。川普曾在 2020 年 9 月以行政命令，禁止在學校推動此

132 Michelle Goldberg 為《紐約時報》專欄作家，著有：The Means of Reproduction: Sex, Power, and the Future of the World、Kingdom Coming: The Rise of Christian Nationalism、The Goddess Pose: The Audacious Life of Indra Devi, the Woman Who Helped Bring Yoga to the West。

133 Timothy Snyder, The Road to Unfreedom: Russia, Europe, America (New York: Vintage, 2018).

134 Spencer Bokat-Lindel, "Why is the country panicking about critical race theory," New York Times, 2021.7.19.

種教學，但拜登就任後，取消了這一行政命令。但共和黨在其執政的州繼續反對此類教學，可見兩黨在這一問題上的對立多麼嚴重，雙方均在凝聚力量，在未來的選舉中鞏固自己的支持者。

批判性種族理論一直在擴大，幾乎成為主流的社會文化運動，但共和黨和保守派堅決反對，認為在分裂美國社會，尤其使白人產生危機感。川普就是靠這股力量當選，上次雖敗選，但仍獲得 7,400 萬選民支持，下次大選，這兩股力量仍將對決，其趨勢和發展，值得密切注意。

## 5. 分析和評論

在美國反黑人的觀點，民主黨人為 30%，共和黨人為 79%。聯邦和各州之間在遏制奴隸制度和歧視黑人（Jim Crow）法律上，在利益分配上都有既成的偏見。2015 年的一份民調，54%的共和黨選民認為歐巴馬是穆斯林，相信他在美國出生的只有 29%。從 2011-2012 年，有 19 個州通過限制投票的規定，均不利黑人投票。[135]

皮優（Pew Research Center）在 2018 年 2 月 22 報告，81%的黑人認為種族主義是社會一大問題，這個比例比 2009 年增加 37%。NBC 在 2018 年 5 月 29 日的民調，64%的人民認為種族主義嚴重，45%認為種族關係還會更壞。[136]

2018 年 5 月 12 日《紐約時報》報導，美國對非洲移民採取「零容忍」（zero tolerance）政策。被拘留的父母必須交出他們的孩子，

---

135 Charles M. Blow, "U.S. voter suppression and the legacy of Jim Crow," New York Times, 2021.7.16.

136 PEW, 2018.2.22.

結果有超過 2,000 名移民的孩子被迫離開他們的父母。[137]

美國對黑人的壓迫和歧視是無人不知的，各種對黑人不公不義的事情也經常發生。2020 年 5 月 25 日黑人佛洛伊德（George Floyd）被白人警察用膝蓋壓死的事件引發了「黑人生命不容忽視」（Black Lives Matter）大規模的抗議和暴動。

但事件發生後，川普總統對鎮壓抗議比關心黑人的感受還要重視。當時訪談他的記者作家伍華德（Bob Woodward）希望他表達一些對黑人的同情，但他抵死不從，主要的原因他是個種族主義者，怕失去白人的支持。[138]

歷史上，美國不少的有識之士曾嚴厲批評美國對黑人的壓迫。1858 年民主黨參議員（白人）道格拉斯（Stephen Douglas）曾說，美國政府的建立是以白人為基礎。萊特（Jeremiah Wright）（黑人牧師）曾講「天譴美國」（God Damn America），他說我渴望美國儘快被推翻，美國憲法化成無數的碎片。黑人社會學者杜波依斯（W.E.B. Du Bois）說：「奴隸制度對當代文明是一場災難。」黑人作家鮑德溫（James Baldwin）說：「白人將人類帶領到滅絕的邊緣。」「美國原住民被屠殺，非洲黑人被奴役，均是『戰爭資本主義』（war capitalism）。」在越戰時，黑人民權運動領袖馬丁路德金（Martin Luther King, Jr.）指稱美國是全世界最惡劣的暴力販子。黑人名歌手貝拉方提（Harry Belafonte）在 2006 年指稱美國小布希總統是全世界頭號恐怖分子。[139]

---

137 New York Times, 2018.5.12.

138 Bob Woodward, Fear: Trump in the White House（New York: Simon & Schuster, 2019）.

139 Stephen Douglas 為民主黨參議員，曾在 1860 年參選總統，敗於林肯。Jeremiah

　　十九世紀從逃亡黑奴轉變成公眾知識分子，畢生為黑人爭取權利的政治家和種族評論家的道格拉斯（Frederick Douglass），曾指出地理如何塑造黑人和原住民的命運。「黑人沒有像印第安人那樣被殺光的唯一原因，就是他們太靠近你們的手臂內側，所以你們傷不到他們。」「倘若我們建立起獨立的國族，前往你們文明的外緣地區，就在你們刀劍的正前方，我們肯定會像印第安人那樣被趕走。」他在 1852 年 7 月 4 日美國獨立日演講說：「此時此刻，地球上還沒有一個國家像美國這樣犯下如此駭人聽聞、慘無人道的罪行。就其令人髮指的殘忍和無恥的虛偽而言，美國政府是舉世無匹的⋯⋯。」[140]

　　美國前調查局（FBI）局長柯米（James Comey）2019 年 8 月 7 日在《紐約時報》撰文呼籲川普不要為了自己的政治利益挑撥種族主義，因為這是很危險的事，是傷害美國的行為。他說美國文化中一直有一個放射性種族主義的湯，在美國過去歷史中曾一再被攪動、擴散，造成奴隸的恐怖主義，以及對非裔美國人的壓迫。要想了解這段歷史，他建議可以參觀一下「非裔美國人歷史和文化博物館」（National Museum of African American History and Culture），便可發現暴力和虐待不是超出想像，而是無法計數的。[141]

---

Wright 為美國當代知名黑人牧師，馬克思主義者，為歐巴馬總統在芝加哥的教區主持，他指責以色列為種族主義國家，並稱耶穌是巴勒斯坦人。W.E.B. Du Bois 為社會學和歷史學者、民權運動者，其作品 The Souls of Black Falk（New York: Fawcett, 1961）指稱美國的奴隸制度是一座「教導殘酷暴行和人類苦難的學校」，其教學方法是「理性的墮落、輪姦和精神性死亡」，以上資料參考 Grandin, p.104. Edmund Morgan, ibid. 桑特，頁 388。Zinn, pp.182-183.。Martin Luthe King, Jr. 為 1960 年代黑人民權運動的領袖。

140 Frederick Douglass, Narrative of the Life of Frederick Douglass: An American Slave (Cambridge: Harvard University Press, 1960).

141 New York Times, 2019.8.7. James Comey, A Higher Loyalty: Truth, Lies, and Leadership (New York: Flatiron Books, 2018).

# 第二章

# 從孤立主義
# 走上帝國主義
# 和霸權主義

# ● 一、孤立主義

## （一）孤立主義的背景

### 1. 理想主義的因素

在美國的歷史上，大多數美國人認為美國是人類自由的榜樣，是被壓迫人民的庇護所，是世界走向民主的道德領袖。事實上，孤立主義和帝國主義兩個思想就是這種理想主義的表現。老亞當斯（John Adams）就曾說過，「我們純潔的、道德的、有朝氣的，聯邦共和的制度將永遠存在，統治全世界、創造人類的完美……」[1]

美國這種早期的理想主義並不需要其他國家的配合，但擔心會被歐洲的戰爭和陰謀污染。美國在二十世紀後的帝國主義者並不反對與世界合作，但重要的是要由美國主導和掌控。

美國的理想主義有消極的和積極的兩種表現的方式。美國這種消極因素是重視美國在世界上道德的角色並強調美國政府體制的優越性，以及如何避免戰爭，並在美國國內健全自由和民主。

美國開國先賢強調美國在外交上自行其是，是為了強化自己的傳統、經濟和資源。同時，他們認為美國如此強大，如此在道德上高人一等，可以根本無需理會其他國家，起碼在政治上可以如此。所以，美國不願理會歐洲舊世界的事務，包括政治和戰爭。美國人認為歐洲的衰退和腐化是不可避免的，但對自己的前途和展望具有無比的信心。這種對歐洲的分離和冷漠產生了對歐洲的優越感和自卑感，這種思想也產生了「種族中心主義」和「明示命運」的理論。

---

1　Cited in Albert K. Weinberg, Manifest Destiny: A Study of Nationalist Expansionism in American History (Chicago: Quadrangle, 1963), pp.460-461.

認為美國是世界上道德榜樣的觀念基本上是理想主義的。對舊世界的恐懼和不信任使美國認為追求完美的自由是美國的「明示命運」，只有避免使自己污染才能維持自己的理想，這是孤立主義最早的理論。

美國在世界上理想主義的積極因素是以傳教士的精神去傳播民主，它的理論是為了避免美國自由被污染或被破壞，所以美國必須到全世界去促進自由。「傳教」被解釋為倫理的和宗教的，可以推廣西方文明，也可以鼓勵其他的人追求自由。向全世界推銷民主是反對暴政和進行干涉的主要理由，美國人認為人類不喜歡戰爭，只是因為不民主才會引起戰爭。所以，只要有了民主，戰爭就不會發生了。

當面對戰爭時，美國是被迫捲入，但美國的介入是在「理想主義」的外衣下進行的。兩次世界大戰，美國介入是為了使世界維持民主，美國的民主是具有普世價值的。冷戰時代，美國視為民主和共產主義的鬥爭。美國對其他國家的干涉，無一不是為了民主，因為民主是普世的價值。

孤立主義思想另一特點是「和平主義」（pacifism）——恐懼和痛恨戰爭，無論是保守主義分子和自由主義分子都反對戰爭，這種態度受宗教、經濟和政治關係的影響。宗教和道德上的反戰出現在十九世紀末期，他們認為戰爭會造成浪費、社會負擔以及對民主的破壞。許多「和平主義者」憧憬世界主義的理想，但他們最反對介入戰爭，這是傳統孤立主義者主張中立和不介入的依據。

「和平主義者」對增加國際合作的理想經常因介入的方式和程度而混淆，他們支持國際政治的改革，但只限道德手段，所以他們也不接受集體安全制度。保守主義者反對過多的軍費是因為怕造成財政的

破產，自由主義則是怕減少國內社會改革的經費，他們也都擔心軍事主義會影響美國的民主制度和個人的自由。

## 2. 政治的因素

在美國歷史上，孤立主義在政治上是非常成功的，它使美國完成在美洲大陸的擴張，並將其經濟和政治的影響力伸張到拉丁美洲和亞洲。事實上，避免捲入歐洲有助於美國本身的擴張。然而，由於美國日益強大的力量，美國開始陷於孤立主義和世界主義的意識型態之爭，這一問題不是與其他國家接觸的多少問題；而是與世界關係的性質問題，即是在什麼條件和形式上和世界發生關係。不止於此，外來威脅的性質也會決定支持或反對對外的介入行動。在 1945 年前，美國主要的威脅來自右派的力量，所以支持世界主義者多來自左派；冷戰時代，美國主要的威脅來自左派力量，所以支持美國介入海外行動的多來自右派。所以，美國孤立主義意識型態是由國內外許多因素所決定的，換言之，政治環境的改變會影響孤立主義和世界主義的內容。

在相當大程度上，孤立主義也是一種情緒，它包括反戰和反對軍國主義，對外國的不信任以及自認在道德上和物質上的優越感。由於這種心態，所以美國人必須以道德和理想主義掩飾其對外的干涉行動。

這種意識型態上的混淆是因為美國的政治是「結盟的政治」（politics of coalition）。[2]在第一次世界大戰時，農村偏激主義者與反對英國支持德國的族群合作主張美國中立。孤立主義的意識型態有抗

---

2　Herbert McClosky, "Personality and Attitude Correlates of Foreign Policy," in James N. Rosenau, ed., Domestic Sources of Foreign Policy (New York: Free, 1967), p.91.

議的成分，所以在共和黨執政時，他們是經濟上的左派；在民主黨執政時，他們又是經濟上的右派。[3]這種混淆在爭論外交政策問題時往往會加深國內政治上的對立。[4]

在戰爭時期，美國的外交政策較為不穩定，因為政治上少數的一方（在野政黨）要利用政策上的錯誤來製造使執政者難堪的問題。孤立主義就經常扮演這種角色。

在政治上，孤立主義是較為重視內政問題的，美國的「進步主義運動」（progressive movements）幾乎完全是對內的。美國主張國內改革的力量在本質上認為外交政策是被動的或防禦性的。他們強調一個國家的偉大不在外交而在國內的改革和發展。換言之，只有在國內的成就才能贏得世界的尊敬。他們更進一步指出，不能因為外交問題而耽誤國內的改革，因為外交問題是永遠不能完全解決的，危機是一個接一個發生的。尤其在冷戰結束後，他們認為美國應該把重點轉移到國內，繼續推動傳統的進步主義運動。

## 3. 經濟的因素

經濟利益一直是強化政治上孤立主義的重要因素，美國在十九世紀的擴張，無論是國內和國外，基本上都是在追求經濟的利益。對經濟不景氣和通貨膨脹的恐懼強化了孤立主義的力量，對保守派來說，通貨膨脹會傷害國家的財政和貨幣制度，過多的介入國際糾紛會耗盡國家的資源。對自由派來說，他們經常批評資本主義的經濟政策會導向帝國主義和戰爭，他們傾向把國際政治視為利益和資源的爭奪。在

---

3　Samuel Lubell, The Future of American Politics (Garden City, N.Y.: Doubleday, 1956), p.217.

4　Roger D. Masters, The Nation is Burdened: American Foreign Policy in a Changing World (New York: Knopf, 1967), p.285.

冷戰時代，他們對美國軍工複合體的批評便是基於這種認識。

　　無論是保守派或自由派都重視美國人民生活水準的提升，所以他們很關心美國是否因介入國際政治而影響了美國本身的進步和發展。由於關心國際關係的多為美國的菁英分子，所以美國的中下階層，也就是一般社會大眾，比較有較強的孤立主義意識型態。

### 4. 心理的因素

　　形成孤立主義情緒有很多心理上的原因，如不安全感、優越感、仇外主義、厭惡傳統的國際政治以及對美國政治制度的珍惜等。

　　大多數美國人民看待外交是從不穩定的情緒出發的，他們多以美國自己的經驗和個人的態度來把外交政策簡單化。由於外交問題遠較國內問題為複雜且不易掌握，所以更容易把個人感受摻雜其中。美國人民對自己的國家有「常識」（common sense），也容易形成「共識」（consensus），但對國際問題是既缺乏「常識」也難以形成「共識」。所以，他們寧願相信簡單易懂的理論，如不介入和中立等。

　　另一個心理作用便是對外敵視可以證明愛國，也可轉移他們對國內問題不滿的情緒。第二次世界大戰後，美國走上了世界主義，被認為是美國「政治社會化」（political socialization）的失敗。

　　對外希望保持孤立或冷漠可能也是人類的天性，以政治術語來說，就是希望維持獨立或維護主權的意思。大多數美國人民不希望過分介入國外事務，因為如此會減少他們行動的自由。此外，在美國歷史上，美國人一直有自給自足的感受和想法。美國人民自認美國是一個理想國（utopia）的想法造成兩種極端的觀點，一是完全與世隔絕，二是徹底改造世界。

種族中心主義（ethnocentrism）是一種偏見，它把美國和其他國家形成內外有別（in-group vs. out-group）。美國立國的理想主義，發展過程中的擴張主義，加上移民社會的特性，使美國形成非常穩固的孤立主義意識型態。

美國人民傾向相信任何問題總會有一合理的解決，否則一定是其他非美國自己可以負責的因素所造成，這種尋找替罪羔羊的心態也是助長孤立主義的原因之一。

### 5. 種族的因素

美國是一個移民社會，幾次大的移民潮，使美國社會更加多元化。移民的心情是複雜的，他們既認同美國又不願排斥自己的母國，解決這個矛盾最好的方法便是支持孤立主義的政策。第一次世界大戰大多數時間和第二次世界大戰的初期，他們都是美國中立主義的堅定支持者。在兩次世界大戰中，德裔美人和愛爾蘭裔美人都面對困難的抉擇，德裔美人不願美國直接與德國作戰，愛爾蘭裔美人反對美國大力援助英國，所以他們都寧願美國保持中立。

亞洲後裔的美國人不會有這種困擾，因為亞裔美人的政治力量很小。在冷戰時代，這種種族壓力已大為減輕，一方面是移民的減少，另方面是反共成為一個強力的意識型態。

### 6. 區域的因素

區域本身不是造成孤立主義的主要因素。基本上，區域上的特性是開發的程度、種族背景、政黨認同和教育水準等因素所造成的。在美國，傳統上中西部是被認為偏向孤立主義的，因為它不直接與國外接觸，所以對國防和外交等問題興趣不大；因為它以農業和中小企業為主，所以反對大企業的壟斷；因為它以英國之外的歐洲移民為主，

所以不喜歡美國與英國太接近；因為它的教會以鼓吹和平為主，所以反戰並以經濟因素來看待戰爭。

另一個傳統上有其特性的地區是南部，因為以農業為主，所以他們反對高關稅政策，因為居民多為盎格魯─撒克遜（Anglo─Saxon）後代，所以不會構成種族上的壓力。他們在傳統上為國際主義者，支持強大國防政策，也支持美國在國際上扮演積極角色。第二次世界大戰後，南部已大為工業化和都市化，在貿易上傾向保護主義，在外交上支持片面主義。一般而言，南部在政治上比較偏激，在 1960 年代，南部對美國的種族平等政策和經濟政策是相當的不滿，過去傳統上是民主黨大本營的南方如今已轉變為保守陣營的重要基地了。

### 7. 建國先賢的外交政策理念

#### (1)「美國制度」（American system）的概念

美國建國先賢首先強調美國與歐洲是兩個完全不同的政治制度，美國有別於歐洲是因為美國是一個民主的獨特試驗。他們心目中的歐洲是一個階級的社會、專制的政府，以帝國主義從事戰爭和外交，同時由於人口集中於城市造成貪污和腐化。[5]相反的，美國是建立在民主、理性和自然權利上的新的國家，所以美國在道德上是無比優越的，這種思想形成了在外交上自我正義感和不妥協的精神。[6]

不止於此，他們相信這種道德性可以轉化成為實際的政治制度，只有美國才可以平衡權力和自由。他們指出，沒有自由的權力是暴

---

5　Writhing of Thomas Jefferson (Washington, D.C.: Thomas Jefferson Memorial Association of the U.S., 1903-04), vol. 15, pp.435-36.

6　Reinhold Niebuhr and Alan Heimert, A Nation So Conceived: Reflections on the History of America from Its Early Visions to Its Present Power (New York: Scribner's Sons, 1963), p.125.

政，沒有權力的自由是混亂。一個民主的政府既可以保障人民的自由，又可以幫助人民充分發揮他們的能力。

美國可以作為其他國家的榜樣，因為美國的事業就是人類的事業。[7]美國是世界的燈塔，它可以幫助被壓迫的人民得到自由。美國的重責大任是要讓全世界都知道，一個以理性為基礎的政府勝過一個以武力為基礎的政府。[8]

美國的使命感和孤立主義是並存的，美國人民同情被壓迫的人民，但並不完全支持美國的過分介入國際事務，他們認為最好的方法是美國以修明內政來向全世界證明美國制度的優點。

### (2)「不捲入」（nonentanglement）的概念

要了解「不捲入」概念的來源和演進要從美國本身殖民地的歷史談起。由於美洲曾為歐洲國家的殖民地，所以美國人民認為他們是歐洲外交政策的犧牲品。英國、法國和西班牙都曾在美洲大陸角逐權力，所以他們一開始對歐洲的外交是極為反感的。早在 1775 年，老亞當斯就明白表示，美國獨立的首要和最高原則便是對歐洲的戰爭完全保持中立。[9]

「不捲入」概念建立在幾個基本前提上：

① 地理上的隔離。美國和當時國際政治的中心——歐洲——有大西洋可以保持距離，對美國是極為有利的環境。一方面，

---

7　Nelson F. Adkins, ed., *Common Sense and Other Political Writings* (New York: Liberal Arts, 1953), p.3.

8　Adrienne Koch, *Power, Morals, and the Founding Fathers: Essays in the Interpretation of the American Enlightenment* (Ithaca, N.Y.: Great Seal Books, 1961), p.45.

9　Charles F. Adams, ed., *The Works of John Adams* (Boston: Little, Brown, 1850-56), vol. II, p.505.

美國當時還不是大國，另方面美國需要時間去發展。這種地理上的優勢可以讓美國避開歐洲的紛擾和戰爭。

② 國家利益的不同。美國先賢堅信美國的利益和歐洲是完全不同的，美國當時的利益是建立民主體系以及在美洲大陸的擴張。這種利益只能在不捲入歐洲事務上才能順利推動，美國需要這個空間來確保其行動的自由。

③ 自給自足的信念。美國自然資源的豐富和廣大的土地有待開發使美國人民產生了「明示命運」的願景和信念。如果因介入歐洲事務而影響了美國的這種命運，將是極其愚蠢的事。

④ 道德上的優越。捲入歐洲事務將不可避免的將被「舊世界」污染。美國是歐洲人民逃避壓迫，追求民主的庇護所。美國的建立有其道德上的意義，不僅在制度上優於歐洲，而且追求的目標——民主和自由——也與歐洲不同。只有盡量避免與歐洲發生政治上的關係才能確保美國的純潔。

事實上，美國「不捲入」的概念大部分是學習英國在十八世紀的經驗。十八世紀的英國便是以權力平衡來面對歐洲大陸的權力政治；同時，以強大的海軍來保護其國家利益和地位，包括海外的擴張和資源的爭取。所謂大英帝國的「光榮孤立」便是這種避免直接捲入歐洲大陸紛爭的結果。

但「不捲入」主義基本上是指政治上的不介入，而非經濟上和文化上的與歐洲不來往。這點美國與當時若干亞洲國家——如日本、韓國、泰國——的「鎖國」（hermit nations）是不同的。相反的，美國先賢還鼓勵美國人民在商業和知識上與歐洲交往。嚴格來說，「不捲入」主要是指在外交政策上不介入歐洲的事務。由於強調美國政治制度與歐洲在實質上的不同，小亞當斯（John Quince Adams）指出，

只有美國儘量把這兩種制度予以分開和區別才能有利於和平。[10]

「不捲入」主義較為積極的方面為：集中力量增進與歐洲的貿易關係，全力向美國西部開發，擴大西半球的影響力，以及強大美國的政府體制。美國先賢也了解完全不與歐洲政治接觸是不可能的事，他們只是希望美國能夠強大到可以保衛美國的價值。漢彌爾頓（Alexander Hamilton）認為獨立後的美國最需要的便是資本，他把外交視為促進經濟利益的手段。美國早期把外交和經濟利益是結合在一起的。[11]

美國本土的擴張的過程——對內要消滅印第安人，對外要避免歐洲國家的干涉——一直到十九世紀末才宣告完成。在這一過程中，美國了解歐洲對美國是不友善的，所以堅持「不捲入」主義，也是針對歐洲國家可能介入美國擴張的一個交換條件。但同樣是擴張主義，美國人民卻解釋歐洲是為了貪婪、權力和地位；而美國是為了民主和文明。

美國之重視領土擴張也是表示美國將在西半球建立主宰地位。既然美國已宣布不介入歐洲的事務，歐洲也就沒有藉口來干涉西半球的事務。所以，「不捲入」主義，無論就意向和目的而言，已成了美國的責任。[12]這代表了如果美國不能阻止外國力量干涉美國的利益，或者美國被迫浪費它的資源在歐洲無謂和邪惡的戰爭上，美國建國的理

---

10　Worthington Chauncey Ford, ed., *Writings of John Quincy Adams* (New York: Macmillan, 1913-1917), vol. Ⅶ, pp.49-50.

11　Paul A. Varg, *Foreign Policies of the Founding Fathers* (East Lansing, Michigan: Michigan State University Press, 1963), p.77.

12　Albert K. Weinberg, "The Historical Meaning of the American Doctrine of Isolation," *American Political Science Review*, 3, (June 1940), pp.542-543.

想將失去其意義。在這種情況下，「不捲入」本身成為目的，因為它已與美國的道德、偉大、傳統和主權結合在一起；「不捲入」和愛國變成了同義字。孤立主義已被視為美國自然注定和永遠存在的狀況，而不只是地理上和權力平衡的因素而已了。

不可否認的，在十八世紀和十九世紀，美國的「不涉入」主義是相當成功的。大多數美國人民並不了解力量在這個成功中所扮演的角色。他們觀念中的力量和政治只是孤立主義意識型態中的主要成分。「不涉入」成為外交政策形成的條件，任何在歐洲和亞洲政治作為的討論和行動都會被指責為違反了建國先賢們的高瞻遠矚。

當然美國不可能完全避免歐洲的紛擾和戰爭的影響，就是因為有這種影響，「不涉入」概念的正當性不斷被彰顯。在 1783 年後，美國已大致排除了英國、法國、西班牙和墨西哥對美國領土的影響。美國的成功是快速而廉價的，使得美國在行動自由上有了極大化的傾向。

與美國保留行動自由有關的想法便是美國必須在追求彈性外交時擁有一個強大的政府和經濟力量。傑氏（John Jay）曾說：「在國外受到尊敬，一定要先在國內受到尊敬，但除非我們人民更有信心，政府更有力量，否則不可能做到這一點。」[13]

基於對不涉入概念的信仰，建國先賢們也大力推動在外交上的「不干涉」（nonintervention）和「中立」（neutrality）政策。由於美國政治上分權主義的設計，地方政府在經費和民兵（militias）上有自己的權力，因此在獨立戰爭時以及 1812 年與英國的衝突中使美國

---

13　Arthur A. Ekirch, Jr., Ideas, Ideals, and American Diplomacy: A History of Their Growth and Interaction (New York: Appleton-Century-Crofts, 1966), p.9.

倍受困擾。這也是美國孤立主義的內部結構因素，所以美國人民認為戰爭只是為了自衛——保家衛國，而不是為了政治的目的和聯盟的義務。

中立之所以重要是因為只有如此才能在和平的狀況下擴大商業，強化國家團結。即使經濟和貿易也會產生與其他國家的衝突，但美國傾向以經濟手段來處理此種問題，如切斷貿易關係，類似今日的經濟制裁。美國同時強調中立是國際法的原則，有利人類的福祉。

美國的獨立是利用了英國和法國的衝突，十九世紀在北美洲大陸的擴張和鞏固國力是占了歐洲列強彼此競爭的便宜。美國國內的政治也隨歐洲的動亂而起伏，1789 年法國大革命，美國國內有人同情，並希望援引 1778 年美法條約，支援法國；但也有人反對，恐怕介入英國與法國的衝突。美國最後決定宣布中立（1793 年），在嗣後與英國的「傑氏條約」（the Jay Treaty of 1794）和法國廢止同盟的條約（1800 年），終於解除了美國可能介入歐洲事務的約束。

### （3）對商業的重視

十八世紀是殖民主義盛行和經濟相互依存快速成長的時代，將人類結合在一起的主要活動是商業行為。美國的建國是在這種環境下產生的，當時流行的兩個主要觀念，一是重商主義（mercantilism），一是自由貿易。重商主義是指以國家的力量去推動貿易壟斷和爭取貿易順差，自由貿易則是主張開放市場、公平競爭、並以民營企業為主。早期的美國便深受這兩種思想的影響。

十八世紀的「新外交」（new diplomacy）強調自由市場、理性規則和國際社會的和諧，與重商主義的強調戰爭和權力平衡是相反

的。[14]美國建國先賢受「新外交」的影響較大。由於美國殖民地的背景，美國早期移民的動機就是追求物質生活的改善。在英國統治時代受重商主義的控制，獲得獨立後，追求對外自由貿易成為新國家獨立自主的象徵。對當時的美國人民來說，不但自由貿易比安全和權力平衡重要，而且他們還相信貿易可促進經濟合作和互賴，因此可以避免戰爭。

美國在革命戰爭時便強調立國之後首要目的便是商業，以商業來維持與歐洲的和平與友誼。老亞當斯曾說，美國與歐洲的事業就是商業，不是政治或戰爭。美國雖然因為爭取獨立的需要與法國結盟，但十八世紀「聯盟」的意義並不是表示長期的和有約束力的關係，它的重心在於商業上的合作。法國之所以支持美國獨立，除了反對英國的因素外，也是著眼於美國獨立後的商業利益。

建國先賢們把貿易視為外交上的政治工具，在這方面他們深受歐洲啟蒙運動（Enlightenment）的影響。與重商主義不同的是，啟蒙運動的哲學認為在國際社會上，人類的利益可以協調和諧，國家追求自己的利益不必然就是犧牲其他國家的利益。他們把外交視為內政的延長，只有內政的改革才是對外和平的保障，衝突和戰爭都是不自然和不理性的行為。在建國先賢中，反對這種哲學的是漢彌爾頓，他不認為商業關係可以避免衝突和戰爭，他認為衝突是國際關係的本質。[15]

---

14  Felix Gilbert, The Beginnings of American Foreign Policy: To the Farewell Address (New York: Harper Torchbooks, 1981), pp.56-69.

15  Alexander Hamilton, James Madison, John Jay and Robert Scigliano, eds., The Federalist: A Commentary on the Constitution of the United States (New York: Modern Library, 2000), pp.30, 32-33.

### （4）華盛頓的告別演說

1793 年法國對英國宣戰，使美國面對極為尷尬的處境。儘管有美法同盟條約，美國還是正式宣布中立。建國先賢們認為美國必須要維持獨立自主的外交，這種行動的自由不應受到任何條約的約束。1796 年華盛頓（George Washington）的告別演說代表了美國一致的立場，雖然在演說中沒有否認美法的聯盟，但華盛頓明白表明美國今後將避免任何條約和戰爭。[16]在此篇演說中所確立的原則成為美國在十九世紀和二十世紀孤立主義的基本信條，並視同為美國憲政原則之一。

## （二）孤立主義的演進過程

### 1. 十九世紀

### （1）1812 年戰爭

美國和英國 1812 年戰爭的主要原因為：

① 英國破壞美國的中立，虐待美國船員。
② 美國希望取得加拿大和佛羅里達的領土。
③ 英國反對美國跨越密西西比河以西。
④ 美國認為英國協助印第安人對抗美國的驅離。

1812 年的戰爭只是美國要阻止英國干涉美國，而不是美國捲入歐洲的戰爭。在形成美國孤立主義的過程中，此一戰爭是一重要的里程碑，因為它不僅確認美國獨立之不可侵犯，而且強化了美國早期的

---

16　"Washington's Farewell Address" (September 17, 1796), in James D. Richardson, ed., Messages and Papers of the Presidents (Washington, D.C.: U.S. Government Printing Office, 1896-1899), vol. 1, pp.221-223.

民族主義。老亞當斯說，1815 年後美國才開始確信美國已步上了正途，美國有了真正的團結，與歐洲也劃清了界線。[17]

### (2) 門羅主義

1823 年 12 月 2 日宣布的門羅主義代表了美國建國先賢外交政策理念的結晶。[18]其意義是：

① 「不捲入」歐洲紛爭。

② 全力西向擴張和發展。

③ 確立在西半球的領導地位。

④ 阻止歐洲國家介入西半球事務。

1820 年代美國對俄國和西班牙可能在西半球的發展極為擔心，在這方面，英國和美國有共同的利益，這是門羅主義成功的主要原因。對拉丁美洲國家而言，門羅主義只是美國利益的宣示，美國對這些國家的自由並未作出任何的承諾。

### (3) 十九世紀外交政策的趨勢

美國在 1815 年後已擺脫了來自外界的威脅。在 1800 年終止美法同盟條約後，美國已決定不再與其他國家簽訂這類條約，但這不表示美國不參加國際上的重要活動。美國在 1826 年曾參加「美洲國家會議」（the Congress of American States），在 1863-1864 年參加日內瓦（Geneva）有關戰時傷害的會議，在 1880 年和 1885 年分別參加在摩洛哥（Moroco）和柏林（Berlin）舉行的有關非洲殖民地的會議，在 1890 年參加有關非洲奴隸和酒類買賣的「布魯塞爾會議」

---

17 Ekirch, Ideas, Ideals and American Diplomacy, p.16.

18 Richardson, Messages and Papers of the President, vol. II , pp.209, 217-219.

（Brussels Convention）。但美國均明確表示美國無意在非洲取得領土或利益。美國也參加了 1899 年和平解決衝突的「海牙會議」（the Hague Conference），由於美國明確表示這不代表美國背離其「不捲入」的政策，所以美國參院對四次海牙會議的協定均予以批准。

相對於歐洲事務的不介入，美國對拉丁美洲的事務卻日益介入。美國自 1854 年起，便把古巴（Cuba）視為美國的被保護國。1895-1898 年，美國強力介入委內瑞拉（Venezuela）的邊界糾紛。

(4)「明示命運」

從 1840 年代中期到第一次世界大戰，「明示命運」在美國的領土擴張上扮演了一個重要的角色。「明示命運」把美國的擴張道德化，因為美國的制度，尤其是「共和主義」（republicanism），是優於君主制為主的其他國家的政治制度的。所以美國即使對外擴張也是與歐洲的帝國主義不同的，美國有道德的目標，歐洲國家只有利益和野心。

但是美國的道德目的在相當大程度上是基於種族主義。[19]十九世紀的擴張主義是建立在達爾文主義（Darwinism），由於深信盎格魯撒克遜（Anglo-Saxon）種族優於其他種族，注定要教化和影響世界。1885 年史壯（Joseph Strong）牧師寫書指出美國人民掌握了人類的命運。[20]

美國早期在美洲的擴張被視為是孤立主義的先決條件，因為只有

---

19　Frederick Merk, Manifest Destiny and Mission in American History: A Reinterpretation (New York: Knopf, 1963), p.237.

20　Russel B. Nye, This Almost Chosen People: Essays in the History of American Ideas (East Lansing, Michigan: Michigan State University Press, 1966), pp.80-81.

美國本身不斷成長和壯大才能阻止歐洲國家在美洲的擴張和對美國的干涉。美國的領導者認定歐洲國家是對美國安全最大的威脅，所以只有擴大美國的安全範圍，才能有效阻止這種威脅。

美國西部的擴張並不是根據事前的計劃來進行的，它是一個意外的結果。由於南北沒有強大的鄰國，土著的印第安人又不是美國軍隊的對手，所以西部的開發十分快速和順利。由於美國集中力量在西部的開發，有形的和無形的與孤立主義產生了相輔相成的效果。

十九世紀在進行美洲大陸擴張的同時，美國對拉丁美洲國家的關切也日益增加。到了十九世紀末期，門羅主義已被解釋為可以干涉拉丁美洲的事務。

美國面對太平洋對岸的亞洲，和面對大西洋對岸的歐洲，有完全不同的看法。美國非但不怕捲入亞洲的事務，而且把亞洲當作機會。國務卿西華德（William H. Seward）指出，太平洋今後將成為世界的主要舞臺。[21]

在十九世紀末期，領土擴張已成為美國外交政策中的一項重要因素。它的好處是：

① 保護西半球不受外來的侵略。
② 使美國無需捲入與其他國家的結盟。
③ 為了保護美國的利益，美國可以採取片面行動。

在取得太平洋和亞洲的領土上，如夏威夷、菲律賓，美國的說法是如果美國不去占領，其他國家也會去占領。為了美國的商業利益，

---

21　Foster Rhea Dulles, America's Rise to World Power, 1898-1954, (New York: Harper and Brothers, 1954), pp.15-16.

美國必須要取得這些「據點」（outposts）。

在十九世紀，孤立主義加上「明示命運」成為擴張主義。在南北戰爭之前，民主黨是擴張主義者，在南北戰爭後共和黨成為擴張主義者。到了十九世紀末期，美國全國都變成了擴張主義者，這是美西戰爭的真正背景。

### (5) 美西戰爭（Spanish-American War）

美西戰爭和其結果的領土併吞是「明示命運」的具體表現。美西戰爭後美國成為一個小型的帝國。美國干涉古巴可能有許多理由，從人道主義到理想主義，但在十九世紀末期美國已走向帝國主義則是最主要的原因。

十九世紀末期，美國國內的進步主義固然強調國內的改革，但大多數的進步主義者也支持美西戰爭背後的軍國主義（jingoism）。[22]他們對美國民主的使命感有幾近宗教的狂熱，甚至認為可以為達目的，不擇手段。擴張領土等於擴張民主，他們希望美國成為強國領導世界。

美國企業界本來並不熱衷過分的擴張主義，尤其是擔心產生衝突和戰爭。但在美西戰爭後，他們不但接受了現實而且更加熱衷於向海外開闢市場。美西戰爭對擴張主義者是一大鼓舞，他們有人要在西半球消滅西班牙，有人要發展一個兩洋海軍，有人要建造中美洲的運河，以及加強對拉丁美洲政治上和經濟上的控制。[23]

---

22　William E. Leuchtenbury, "Progressivism and Imperialism: The Progressive Movement and American Foreign Policy, 1898-1916," Mississippi Valley Historical Review (December 1952), pp.483-504.

23　Julius W. Pratt, Expansionists of 1989: The Acquisition of Hawaii and the Spanish Islands (New York: Peter Smith, 1951).

　　美西戰爭的勝利是美國走向世界強權的重大一步，它未必改變了美國的孤立主義思想，但的確改變了美國孤立主義的政策。由於在亞洲獲得了土地，為了保護美國的海軍基地和商業利益，美國不但捲入了亞洲的事務，也不可避免的與歐洲國家在亞洲的活動發生關係。儘管美國已有了擴大防禦的需要，但大多數美國人民仍不放棄孤立主義思想中的片面主義。換言之，美國仍然可以在不理會歐洲的情況下，在亞洲和拉丁美洲進行干涉。

### (6) 門戶開放政策

　　由於在太平洋取得了領土，美國自然對亞洲大陸產生利益。在1899-1900 年美國提出的門戶開放政策，要求歐洲有關國家接受對中國的貿易機會均等和保持中國的主權和領土完整。美國主要的目的是商業的利益，它不願被歐洲國家排擠在外，美國也不願意看到歐洲國家瓜分中國，因為如此必然對美國未來在亞洲的地位不利。

　　門戶開放政策是經濟利益和道德理念的結合。美國不僅可以無需付出太大代價可以得到其他歐洲國家在中國經由不平等條約所得到的特權，也可以保護中國免於歐洲帝國主義的瓜分而提高了美國的道德優越性。不僅如此，此一政策可演變為一種國際合作，用來穩定亞洲的情勢，防止戰爭的爆發。

　　但美國對門戶開放政策的執行只限於政治上、經濟上和道德上的訴求，其重要性尚不足以為它而戰。美國政府和人民視門戶開放政策為一重大勝利，因為此一政策並未要求美國付出太大經濟和軍事的代價，美國仍然維持「不捲入」的理念。何況，此一政策有相當的模糊性，美國無需擔心受其約束。也正因為其模糊性，門戶開放政策才得到高度的支持。

## 2. 第一次世界大戰時代

### (1) 第一次世界大戰之前的美國

在第一次世界大戰之前，由於歐洲的權力平衡和英國的海上霸權，美國享受了相當廉價的安全。美國人則認為這是孤立主義的貢獻。第一次世界大戰終於讓美國付出了維護美國安全的代價，因為美國已無法逃避戰爭對美國的影響。

美西戰爭後，美國成為一小型帝國，但美國人民顯然並未了解此一小型帝國帶來的責任。在 1989-1914 年之間，美國在加勒比海、中美洲和太平洋地區已增強了政治上、經濟上和軍事上的影響力。對拉丁美洲，美國主要的利益是巴拿馬運河的經營和保護，其次是此一地區國家的政治安定，美國已經以西半球的領袖自居。在拉丁美洲，美國完全不理會歐洲的權力平衡，對拉丁美洲的片面主義和干涉就等於維護美國的孤立主義。

固然在此期間，美國出現了像馬漢（Alfred Mahan）和老羅斯福（Theodore Roosevelt）總統這種權力至上的帝國主義者，但他們在外交政策上畢竟是少數。事實上，在美西戰爭後，多數美國的民意是反對過分的帝國主義的，他們只希望美國擁有行動的自由，不願太過於介入國際的權力競爭。

在第一次世界大戰之前，美國在外交上的主要活動是推動國際和平運動。美國的和平主義者認為美國應與其他國家合作來阻止侵略，任何國際糾紛應經由國際仲裁來解決。美國的作法有如一位開明的旁觀者，而不是一個受到國際權力政治變化影響的當事人。

### (2) 中立（neutrality）

美國人民對中立的概念是建立在美國人民對國家安全是理所當然

的認知上，他們不擔心會受到外國的干涉，他們只相信美國注定要成長，壯大並走向完美。加上美國的國力不斷提升，美國人民認為美國是不可能被侵犯的。

在美國「不捲入」和「孤立主義」思想的背後，還有一種自大的心理，那就是美國的偉大和高尚，不屑於和那些自私的國家為伍。威爾遜總統曾說：「我們無法與我們走不同路的人們結盟；以我們的力量和偉大，以及對我們目標的信心和肯定，我們不需要也不應該與世界上任何國家結盟。」

話雖然如此說，但威爾遜（Woodrow Wilson）總統在堅持美國的自己理想之時，認為也應該準備協助戰後的秩序。他說美國中立的精神是對全人類的公正不倚和真正的同情。[24]美國中立的其他主要原因還包括兩個連帶的假定，一是第一次世界大戰是歐洲長期權力鬥爭的一場戰爭，二是這一戰爭的原因和目標與美國沒有重大的利害關係。

儘管對第一次世界大戰的看法不盡相同，但絕大多數美國人民不希望美國參戰。他們爭論的重點是如何維持有效的中立，美國國內多在理想主義上討論如何避免介入戰爭的問題。麥金萊總統的國務卿路特（Elihu Root）主張以國際組織來維持世界和平，必要時可使用武力。[25]威爾遜總統的國務卿布賴安（William Jennings Bryan）從根本上反對戰爭，反對美國出售武器給交戰的任何一方，進步主義者則以經濟的理由反對美國的介入。

24　Edward McNall Burns, The American Idea of Mission: Concepts of National Purpose and Destiny (New Brunswick, N.J.: Rutgers University Press, 1957), pp.282-283.

25　Robert H. Puckett, America Faces the World: Isolationist Ideology in American Foreign Policy (New York: MSS Information, 1972), p.51.

### (3) 參加第一次世界大戰

威爾遜曾說過美國不會為了自己的利益而參戰，美國參戰一定要有值得美國一戰的理由。美國在這場戰爭中不是為了領土、商業利潤和政治利益，而是為了拯救人類，因為美國是世界上唯一具有理想的國家。[26]美國參加第一次世界大戰對美國人民來說是一場民主的聖戰，因為這個世界必須為民主而存在，美國是「以戰止戰」。[27]

在整個參戰和戰爭的過程中，威爾遜總統一直以理想主義來向美國人民訴求。但事實上，他是利用理想主義來實現他世界主義的目的。許多歷史學者認為，如果威爾遜總統不過分強調抽象的目標，而強調一個穩定的戰後國際社會對美國的重要，美國人民就不會對戰爭的結果這麼失望了。

美國真正參戰的原因不是美國中立之被破壞，也不是德國無限制的潛艇政策，而是德國之可能勝利將大為影響美國的安全和利益。美國在英國的海軍保護下，可以維持其政治孤立和安全，但德國如果取代了英國的地位，美國必將面臨極大的威脅。

### (4) 凡爾賽和約

「巴黎和會」給了威爾遜總統一個實現他的理想的最好機會，但一如他把美國參戰的過分理想化，他把和會的成就，尤其是國際聯盟的過分理想化，終於造成了他的失敗。

戰爭結束後，威爾遜總統說，因為美國已成為人類歷史上一個決

---

26　Cited in Richard Hofstadter, The Age of Reform: From Bryan to F. D.R. (New York: Knopf, 1963), p.277.

27　Cited in Weinberg, Manifest Destiny, p.469.

定性的因素，所以孤立主義已不存在。[28]他說國際聯盟代表了聯盟和權力平衡政治的結束，因為「國聯」的構想就是「不捲入」（disentanglement）的偉大過程。[29]但他的這些說法很難說服美國的人民。

對大多數美國人民來說，他們對戰爭的結果是失望的。他們對戰爭的過程反感，也不認為美國的民主有什麼進展，他們看到的仍然是透過祕密外交的權力平衡政治。他們認為美國參戰的目的並沒有達成，所以美國的參戰也失去了正當性。對他們而言，外交只是在極大危機中才需要關心，他們還是希望集中力量關心國內的經濟和社會問題。對戰後的國際社會，他們寧願選擇冷漠以對。反對「凡爾賽和約」的人士幾乎包括了美國政治上的各種力量。[30]

自由主義者認為「和約」違反了美國的理想主義和利他主義，這是美國參戰的主要理由。保守主義者認為「和約」出賣了美國的利益，限制了美國片面行動的權利。大多數美國人民不認為國際聯盟可以保障美國的利益，共和黨為了黨派利益全力在參議院杯葛，而威爾遜總統又拒絕任何妥協，結果美國終於拒絕了「國聯」，使美國又進入了 20 年的孤立主義時代。

### 3. 第二次世界大戰時代

#### （1）兩次大戰中間時期的「修正主義」
兩次大戰中間時期的「修正主義」建立在對美國參加第一次世界

28　Dulles, America's Rise to World Power, p.115.

29　Graebner, Ideas and Destiny, p.460.

30　William Appleman Williams, The Shaping of American Diplomacy: Readings and Documents in American Foreign Relations, vol. II , 1900-1955 (Chicago: Rand McNally, 1956), pp.612-613.

大戰的陰謀論上，他們認為美國是為了經濟的利益，尤其是軍火商人的利益而參戰。由於對美國參戰目的之爭論不休，使美國人民容易接受這種說法，這種情緒導致美國人民決心要避免重蹈覆轍。

1930 年代初的經濟大蕭條也給了孤立主義者一個機會來反對美國參戰，他們認為戰爭和蕭條不可分。曾經支持參戰的進步主義者也對美國的企業界不滿，孤立主義者認為美國參加第一次世界大戰是一嚴重的錯誤。

小羅斯福（Franklin D. Roosevelt）總統的「新政」（the New Deal）以國內改革為主，使得美國可以減少介入國際事務。由於比國際主義較有民意基礎，孤立主義得以發揮較大的影響力。大多數美國人民認為戰爭不應作為政策的工具，可以經由法治促進世界和平，以及所有國家應一致反對侵略。基於這種想法，美國在外交上推動了一系列的和平運動，如裁軍、國際仲裁和戰爭非法化。1928 年的巴黎「非戰公約」是一大成就，但 1930 年後歐洲局勢的演變再一次粉碎了美國的理想。

（2）中立法

由於美國人民認為孤立主義是一種「自然的狀態」（nature state），它的好處是美國可以片面行動，而且可以避免捲入歐洲的戰爭。但 1930 年代的情況卻造成上述兩種好處的矛盾，美國對其利益的片面保護必然會造成美國介入與其他國家的衝突；如果要防止介入衝突就必須要放棄這些利益。

1930 年代政治和經濟的情勢使得孤立主義大行其道，不僅保守主義者和自由主義者立場一致，國際主義者和民族主義者也能攜手合

作。1939 年歐洲爆發戰爭之後，美國堅持的中立政策有四個理由：[31]

① 美國的重大利益並未捲入。

② 美國沒有意識型態或道德上的理由介入。

③ 即使上述兩項前提不正確，美國對解決該一戰爭也無能為力。

④ 歐洲衝突的結果對西半球將不會造成傷害。

美國的孤立主義者認為美國或許可以協助交戰國達成和談，甚至認為即使德國戰勝也比美國參戰要好。他們也不認為軸心國（the Axis）和同盟國（the Allies）有什麼不同；畢竟歐洲的戰爭只是邪惡國家彼此之間的鬥爭而已。[32]

美國在 1935 年、1936 年和 1937 年相繼通過了中立法，希望確保美國在公海上的貿易權利以及避免捲入歐洲的衝突。中立法規定美國不能對交戰國出售武器、貸款以及通航，但對於非戰略物資可以在「現金現運」（cash and carry）的條件下，外銷給交戰國。在這種情況下，美國成了戰爭中的一個重要角色，而明顯的美國的政策是有利於同盟國的。

歐洲爆發戰爭後，多數美國人民是同情同盟國的，雖然他們仍希望維持美國的中立，但對如何協助同盟國則意見紛紜。而對歐洲嚴峻的情勢，美國也不得不增加軍備。同情同盟國的人士組成了一些團體要求美國政府採取更積極的政策，如「保衛美國委員會」（the Committee to Defend America）和「為自由而戰委員會」（the Fight

---

31 Puckett, America Faces the World, p.64.

32 Manfred Jonas, Isolationism in America, 1935-1941 (Ithaca, N.Y.: Cornell University Press, 1966), pp.15, 275.

for Freedom Committee）。這些活動得到小羅斯福總統的肯定，甚至被認為是來自他的鼓勵和支持。

1937 年 10 月，小羅斯福總統的「隔離演說」（quarantine speech）便已暗示了美國將不會坐視歐洲可能發生戰爭的危險，因為美國將不允許目無法紀的侵略擴張，正如保護病人不受疾病感染一樣。[33]

### (3) 戰爭和戰後

軸心國早期的勝利使美國人民憂心和擔心，但粉碎美國人民保持中立避免戰爭的關鍵在日本偷襲珍珠港事件，美國由不可侵犯到全力投入戰爭，並決定了第二次世界大戰的結果。

美國在戰時追求的目標是：敵人的無條件投降、反帝國主義和反殖民主義，以及真正有效的國際組織來維護戰後的和平。美國對戰後和平的構想是建立在戰時同盟國的繼續合作上，也就是小羅斯福總統的「四大警察」論，由美、英、蘇、中共同維持世界的秩序。在戰爭結束之時，美國不但要積極協助歐洲重建，也寄希望於聯合國來重建世界秩序。[34]

## 4. 冷戰時代

### (1) 圍堵政策

戰後美國與西方盟國和蘇聯的爭執主要是勢力範圍和國際組織的結構。蘇聯在戰後的表現使得戰時的合作破滅，美國當時有些人主張

---

33　Jonathan Daniels, The Time Between the Wars: Armistice to Pearl Harbor (Garden City, N.Y.: Doubleday, 1966), p.296.

34　Gaddis Smith, American Diplomacy During the Second World War, 1941-1945 (New York: John Wiley and Sons, 1965), pp.13-14.

與蘇聯妥協，他們認為如此可以減少美國許多負擔。如民主黨左派人士小羅斯福總統的副總統華萊士（Henry Wallace）和參議員泰勒（Glen Taylor），以及保守主義的參議員塔虎脫（Robert A. Taft）和參議員拜德（Harry F. Byrd）。但美國終於作出了巨大的決定，決定以實力對抗蘇聯的擴張。

1947 年 3 月杜魯門（Harry S. Truman）總統正式提出「杜魯門主義」，這是對蘇聯共產主義思想上和軍事上的宣戰，為了阻止蘇聯的擴張和共產主義的蔓延，美國作出了幾無限制的承諾。「杜魯門主義」的宣布等於宣告孤立主義的死亡，它遠比威爾遜和小羅斯福的改變美國外交傳統還要徹底。「杜魯門主義」告訴美國人民和全世界，美國和蘇聯的對抗是民主和極權的鬥爭，美國不但要用自己的力量，也要與其他國家結盟，美國進行的是一場對抗共產主義的全球聖戰。

第二次世界大戰後美國的作為是取代英國過去的角色，不僅以權力平衡來保衛歐洲，也要在亞洲和中東阻止共產主義的滲透和擴張。美國本來希望經由聯合國來維持和平，但因蘇聯在安理會擁有否決權，使聯合國的作用大減，美國轉向以強化軍力和擴大結盟來對抗蘇聯和共產主義國家。

美國人民為什麼會接受這麼重大外交政策的改變呢？主要是兩個原因：一是美國國家利益的普遍化和全球化，二是重建世界秩序的重要性。在冷戰時代，美國政府經常提醒美國人民，美國追求的是他們的理想。詹森（Lyndon B. Johnson）總統曾在越戰高潮時，講過這麼一段感人的話：「我們有一個很老的夢想，如今我們有能力，也有機會去實現這個夢想。幾世紀來，國家間一直相互鬥爭。我們的夢想是

世界中的爭執可以經由法律和理想來解決，我們將做到這一點。」[35]

「圍堵政策」始自歐洲，但韓戰爆發後，又擴大至亞洲。由於戰後的去殖民地化，亞洲國家在政治上並不穩定，但美國對亞洲一向較為放心。麥克阿瑟（Douglas McArthur）將軍曾說：「太平洋是和平之湖，也是美國的自然防線。在亞洲實施圍堵可以最少的代價，獲致最大的成果。」[36]

與歐洲不同的，由於亞洲國家仍為發展中國家（日本例外，但在美國保護下），政治結構參差不齊，不能建立如同「北約」一樣的聯盟，美國只能與個別國家建立雙邊聯盟，反而容易被迫直接介入地方衝突，韓戰和越戰便是兩個具體的例子。

冷戰進入僵持局面之後，美國人民的耐心開始動搖，對冷戰和「圍堵政策」的批評日益嚴厲。當美國陷入越戰，師老無功之後，要求美國自冷戰撤退的力量便開始發生作用了。

### (2) 越戰

越戰代表了「圍堵政策」的必然結果，從為美國政策辯護的立場，越戰沒有什麼不對，阻止共產主義的擴張是美國既定的政策。越南要求美國支援，如不能在越南阻止「人民解放戰爭」，美國將何以面對其他的盟國？

問題出在美國未能打贏越戰，美國不但被指責為權力的傲慢，不了解越南戰爭的本質——民族主義而非共產主義的鬥爭——而且是濫

---

35　Cited by Gary Porter in Marcus G. Raskin and Bernard B. Fall, eds., The Vietnam Reader: Articles and Documents on American Foreign Policy and the Vietnam Crisis (New York: Random House, 1965), pp.323-324.

36　Cited in Graebner, Ideas and Diplomacy, p.777.

用了「圍堵政策」，犧牲了美國的重大利益。

## （三）孤立主義的檢討

### 1. 權力和政治

孤立主義思想的主要特性涉及權力的性質、政治和國家利益。就權力而言，他們認為和平是正常的，但當美國不得不戰時，美國會全力為一個道德目標而戰。這種態度產生了兩個極端——政治孤立和全面戰爭。美國參加戰爭是為了消滅戰爭，以及懲罰發動戰爭者。

這兩種極端行動都是美國片面決定的，它建立在清教徒的樂觀和自信的傳統上，以及因此養成美國人民自信、自大和無所不能的觀念。[37]美國的實力加上美國的道德使美國相信它有責任來改造世界。[38]

美國的國家性格基本上是不相信國際政治的，美國人民不願接受其他國家長期的衝突和權力的競爭。他們把和平與戰爭視為完全的對立，但對介於和平與戰爭的中間地帶，如冷戰，美國人民便難以理解。在美國歷史上，只有在危機發生時，美國人民才會重視外交，所以外交是一時的，內政才是長久的。若不是有專制政府的不合作，美國人民相信他們會經由法治來促進世界和平。他們認為國家一如個人，應有相同的道德標準，所以他們傾向以法律和道德的方式來處理外交。

基於這種對國際關係的認知，美國一直希望改造國際體系，以法

---

37　David L. Larson, ed., The Puritan Ethic in United States Foreign Policy (Princeton, N.J.: Van Nostrand, 1966), p.15.

38　J. William Fulbright, The Arrogance of Power (New York: Vintage Books, 1966), pp.3-4.

律和國際組織來代替國際政治中的權力鬥爭。美國參加兩次世界大戰都以實現這一目標為職志。但經由戰爭來實現這一目標證明是行不通的。事實上，正是因為美國有這種想法，不但未能減少國際上的暴力，而且還增加了國際社會的混亂和不穩定。[39]

在冷戰時代，美國並未放棄其改造世界的目標，美國一方面以軍事力量壓制對抗美國的威脅，另方面則在國際政治上追求其道德目標。在美國歷史上，面對道德和政治的矛盾時，通常便以政治上的孤立來化解這種兩難。

孤立主義被認為是實現美國制度的最有效的方法，外交政策只是輔助性的工具而已。這點與美國歷史上外患很少有關係，使得美國得以專心集中力量於國內的建設與發展。大多美國人民認為外交與他們無關，所以反應也十分冷淡。美國人民甚至認為美國政府過分重視外交，就會減少對國內問題的關心。[40]

### 2. 美國國家利益的範圍

由於美國的制度導致美國人民的理想主義，美國在外交上便不可避免的帶有理想主義的色彩。與其他傳統強權相比，美國外交政策便比較不穩定和不可預測。

從歷史發展來看，美國的國家利益是一直在擴張，從美國大陸到加勒比海、到整個西半球、到西歐、到太平洋，一直到全世界非共產國家的地區。美國傳統上把西半球視為美國的重大利益（vital interest），第二次世界大戰後又加上了西歐，亞洲和非洲僅為次要利

---

39　George F. Kennan, American Diplomacy: 1900-1950 (New York: Mentor, 1951), pp.82-83.

40　Fulbright, The Arrogance of Power, p.20.

益，這是為什麼越戰不受美國人民歡迎的原因之一。

越戰之後，美國自由主義者主張美國應減少在亞洲的介入，他們被稱之為「新孤立主義」（neo-isolationism）。他們批評「全球主義」（globalism）把全世界的穩定和自由視為美國的國家利益之不當。支持冷戰的人士則辯稱只有美國有能力阻止蘇聯的擴張，才能保衛世界的和平。他們認為自由與和平是不可分的。

冷戰得到美國保守主義者與自由主義者的支持，但他們各自的重點不同，保守主義者強調軍事的圍堵，反對和解；自由主義者強調以干涉進行圍堵，甚至為了美國的理想也可以干涉其他國家的內政。

問題是美國並非無所不知，也並非無所不能。美國必須在使用其權力時有所選擇，美國的國家利益也應有其優先順序。但美國以世界警察自居，以維持世界現狀為己任，它為了自己的利益使用武力，目的在填補任何地區出現的政治真空（political vacuum）。

所以，美國冷戰時代的外交政策在本質上是意識型態的。它與美國傳統上的孤立主義、使命感和道德至上主義是一致的。這種態度可以產生孤立主義，也可以造成干涉主義，美國的目的便是依照美國的想法來改造世界。

對美國在冷戰時代外交政策的主要批評是認為美國忽略了國內的需要，美國應在國外承諾和國內需要之間取得平衡。

## 3. 孤立主義的多面向

在美國歷史上，孤立主義思想的特性是多面向的。它可從三個面向來討論，即基本立場、地理上和政治上的因素。就基本立場來說，孤立主義者不希望派兵到國外，不願意對其他國家提供經濟援助，不

願參加國際組織，以及任何可能限制美國在外交上行動自由或對國內有不利影響的承諾。就地理上的因素來說，孤立主義者拒絕超出西半球之外的任何國際承諾。就政治上的因素來說，孤立主義者包括整個政治光譜上的各種勢力、保守的、自由的、偏激的、和平主義的。[41]

## ● 二、帝國主義

### （一）美國帝國主義的傳統理論

　　美國帝國主義的傳統理論有四派：一是辯護派（apologias），二是經濟解釋派（economic interpretations），三是社會學解釋派（sociological interpretations），四是地緣政治解釋派（geopolitical interpretations）。[42]

　　1. 辯護派的主要論點為帝國主義是文明的使命，他們認為這是「白人的負擔」（the white man's burden），把西方的文明、技術和宗教帶給落後地區的人民；他們教化了落後的人民，發展了未來的地區，保護了需要被保護的人；他們消除了一夫多妻和自焚殉夫的陋習，廢除了奴隸買賣；並且把法律、學校、醫院、鐵路帶給落後地區。

　　但這些德行的解釋有時被認為是自說自唱與虛偽的，他們往往掩飾了醜惡的動機。事實上，文明的使命也不完全是虛構的，的確有成

---

41　Leroy N. Rieselbach, The Roots of Isolationism: Congressional Voting and Presidential Leadership in Foreign Policy (Indianapolis: Bobbs-Merrill, 1967), p.27.

42　Arthur M. Schlesinger, Jr., The Cycle of American History (Boston: Houghton Mifflin, 1986).

千上萬的西方人到各世界每一個角落希望去行善，從傳教士到技術人員，一直到美國 1960-1970 年代的「和平工作團」（the Peace Corps）。第三世界反抗西方殖民主義的主張——獨立、民族主義、民主——不就是西方的文明嗎？

邱吉爾（Winston Churchill）顯然對這方面比較有心得，他曾告訴小羅斯福總統在傳播民主上，英國帝國主義的貢獻是超過所有其他國家的。[43]因為大英帝國是被英國的兩個學校給搞垮的，一是倫敦經濟學院（the London School of Economics），二是山德赫斯特（Sandhurst）學院。因為這兩所學院教育了許多亞洲和非洲的學生，學會了如何從事民主和獨立運動。

馬克思（Karl Marx）也說過，歐洲的帝國主義是亞洲革命的必要條件，他甚至在美墨戰爭中為美國辯護，他說加利佛尼亞（California）在美國手中遠比要在墨西哥人手中幸運。[44]恩格斯（Friedrich Engels）甚至說墨西哥應該由美國來管理，因為這樣對墨西哥的發展有幫助。他也主張美國應合併加拿大。[45]

邱吉爾毫不掩飾對帝國主義成就的肯定，他說：「行動是道德的，運作是令人鼓舞的，結果經常是非常有利的。」（The act is virtuous, the exercise invigorating, and the result often extremely profitable）[46]

---

43　W. F. Kimball, ed., Churchill and Roosevelt: The Complete Correspondence (Princeton, N.J.: Princeton University Press, 1984), vol. 3, p.140.

44　Shlomo Avineri, ed., Karl Marx on Colonialism and Modernization (Garden City, N.Y.: Doubleday, 1986), p.94.

45　Ibid, p.47.

46　Valerie Pakenham, Out In The Noonday Sun: Edwardians In The Tropics (London: Random House, 1985), p.10.

2. 經濟解釋派是為帝國主義辯護的人所發明的，最早是美國一位財經記者科南（Charles A. Conant）在 1898 年所寫的一篇文章，「帝國主義的經濟基礎」（The Economic Basis of Imperialism）。他說儲蓄過剩（over saving），也就是資本過多，是工業國家經濟蕭條和社會動亂的主要原因，所以必須要為過多的資本尋找出路，而未開發的國家和地區就是這些資本最好的出路。[47]

這種基於經濟需要而向外擴張的說法立刻被主張帝國主義的人所採納，如英國的首相張伯倫（Joseph Chamberlain）、法國的總理法禮（Jules Ferry）、美國的參議員洛奇（Henry Cabot Lodge）。這種說法也同樣的被反對帝國主義的人士所接受，1902 年英人豪布森（J. A. Hobson）的名著《帝國主義》（Imperialism），一方面他承認尋找資本的出路是資本主義的原因，但另方面他也指出應經由國內購買力的再分配以增加國內的需要來解決資本過剩的問題。[48]

豪布森的論點對馬克思主義者影響極大，尤其是列寧（V. L. Lenin）。根據豪布森的研究，列寧的理論，也是馬克思主義的帝國主義理論──「帝國主義是資本主義的最高階段」（Imperialism: The Highest Stage of Capitalism）。列寧說由於壟斷資本主義在本質上不能在國內消耗過剩資本，所以資本主義國家為了挽救自己的制度不得不拼命向未開發國家去侵略。[49]

列寧的理論是階段鬥爭合理化的來源，不但成為共產主義革命的

---

47　Charles A. Conant, The United States in the Orient: The Nature of the Economic Problem (Boston: Houghton Mifflin, 1900), pp.3, 9, 29.

48　Schlesinger, p.121.

49　V. I. Lenin, Imperialism: The Highest Stage of Capitalism (New York: International Publisher, 1939), p.82.

聖經，也成為研究共產主義運動的重要經典。但事實上，列寧的說法是經不起考驗的，如果說帝國主義是資本主義最終的結果，那又如何解釋工業革命之前的帝國主義呢？事實上，帝國主義最高漲的時候是在資本主義早期的階段，英國和法國兩大帝國主義國家就從未經歷過這種資本壟斷和資本過剩的階段。如果帝國主義是為了尋找資本的出路，那麼，赤道非洲和大洋洲玻里尼西亞（Polynesia）又有何吸引力呢？[50]照列寧的說法，沒有殖民帝國，資本主義就會崩潰，那又如何解釋在去殖民（de-colonization）時代，資本主義仍然十分流行和興旺呢？

當第二次世界大戰結束後，殖民主義也開始走入歷史，馬克思主義以「新殖民主義」（neo-colonialism）繼續其對資本主義的鬥爭。「新殖民主義」的理論是「依賴理論」（dependency theory），大意是指殖民地雖得到政治獨立，但在經濟上仍然依附在資本主義的市場中，由於「核心國家」（the core countries）從「邊緣國家」（the periphery countries）不斷吸收資源和利潤，所以窮的國家將永遠貧窮。「依賴理論」的學者法蘭克（Andre Gunder Frank）說：「經濟發展和低度開發是一個銅板的兩面。」（Economic development and underdevelopment are the opposite faces of the same coin），言外之意是說如果沒有世界市場，窮的國家早已經自我開發了。[51]

馬克思和恩格斯往往比馬克思主義者在經濟問題上的看法要正確，至少他們二人不否認資本主義也有正面的影響。經由貿易和投資，世界市場對第三世界的發展有非常大的貢獻。1968 年瑞典經濟

---

50　Schlesinger, p.122.

51　Andre Gunder Frank, Capitalism and Underdevelopment in Latin America (New York: Monthly Review, 1967), p.9.

學家、諾貝爾經濟學得主米德爾（Gunnar Myrdal）在考察南亞之後發現，對外貿易愈高的國家，國民平均所得就愈高；相反的，對外貿易愈低的國家，國民所得也愈低。[52]秘魯的拉托瑞（Haya de la Torre），是一位激進改革者，也聲稱沒有外來資本就沒有一切。[53]另一偏激的英國經濟學者羅賓遜（Joan Robinson）指出，「被資本主義者剝奪的悲慘和沒有完全被剝削的悲慘是無法相比的。」[54]

今日世界上最落後的國家一般是與世界市場融入最少的國家。愛爾蘭歷史學者歐布朗（Conor Cruise O'Brien）在 1971 年說西方帝國主義是世界上最危險的力量。但在考察非洲情況後，他在 1985 年說，所有較為成功的國家都是資本主義的，社會主義沒有一個成功的。[55]第三世界革命的理論家、法國心理學者范農（Frantz Fanon）說，低度開發的地區急需大量的投資和援助。[56]共產主義國家也在爭取外來的貿易和投資，東歐國家尤其如此。當然最成功的為 1980 年代之後的中國，鄧小平說沒有國家可以關上門還能發展。[57]

從以上的分析，可以證明「新殖民主義」和「依賴理論」是經不起考驗的，最後證明還是馬克思說的對，帝國主義對落後地區經濟上的幫助大過傷害。

52　Gunnar Myrdal, Asian Drama: An Inquiry into the Poverty of Nations (New York: Random House, 1971), pp.111-112.

53　An Interview with Victor Arba, New Leader (April 26, 1954). Cited in Schlesinger, p.123.

54　Cited in J. K. Galbraith, The Nature of Mass Poverty (Cambridge, Mass.: Harvard University Press, 1979), p.91.

55　Conor Cruise O'Brien, "The fall of Africa," New Republic (March 18, 1985). Cited in Schlesinger, pp.123-124.

56　Franz Fanon, The Wretched of the Earth (London: Penguin, 1967), p.83.

57　New York Times (January 2, 1985). Cited in Schlesinger, p.124.

3. 社會學解釋派：奧地利政治經濟學者熊彼得（Joseph A. Schumpter）在 1919 年提出了「帝國主義的社會學」（The Sociology of Imperialisms）的分析。他不認為資本主義和帝國主義有什麼關係，他認為帝國主義是西方上層社會為了維持「武士心態」（warrior mentality）的一種反應，他們為了光榮而擴張，為了打仗而戰爭，為了統治而占領。在日益商業化的社會中，不如此他們將無法立足。[58] 英國歷史學者米爾（James Mill）形容帝國為歐洲上層階級建立了戶外舒解的一個體系，帝國是貴族在資產階級時代重新建立其正統性的結果。[59]

熊彼得指出帝國主義最大的功能在於把職業軍人階級的「武士心態」在「戰爭機器」中予以制度化。「戰爭機器」本是由戰爭製造出來的，但如今「戰爭機器」卻要製造戰爭來滿足這些職業軍人。熊彼得認為資本主義的理性精神和謹慎態度會逐漸消除這種武士階級的時代錯誤，但他也提醒任何具有戰爭形式的介入，無論在本質上是多麼不具帝國主義的色彩，都會使這種「武士心態」死灰復燃。[60]

4. 地緣政治解釋派：列寧視帝國主義為對資本主義的錯位（dislocations）反應，熊彼得視帝國主義為對社會主義的錯位反應，地緣政治學派則視帝國主義為對權力平衡錯位的反應。他們認為在資本主義之前就有帝國主義和殖民地，歷史證明國家一如個人受到霍布斯（Thomas Hobbes）之「永遠不放棄的權力慾望」（perpetual and restless desire of power）的影響，這種權力慾望是獨立的動機，與經濟

---

58　Schlesinger, p.126.

59　W. L. Langer, "Farewell to Empire," Foreign Affairs (October 1962), p.118.

60　Joseph A. Schumpter, Imperialism and Social Classes (New York: Augustus M. Kelley, 1951), pp.18, 25, 65.

的環境無關。相信這種理論的學者十分普遍，包括美國政治學者摩根索（Hans Morgenthau）、伍爾佛斯（Arnold Wolfers）、歷史學者藍格（William L. Langer）、英國歷史學者泰勒（A.J.P. Taylor）以及德國社會學者韋伯（Max Weber）等。[61]

地緣政治學者認為國家的首要責任便是「自保」（self-preservation），它要保護它的人民和領土不受外來的侵略，它要掌控敵人可能利用的戰略據點，它要累積自己的聲望和光榮。如果在國際地位上下降，它的影響力將會減少，所以權力是決定性的因素，無論是權力平衡、權力分配、權力真空或權力的幻想，都離不開權力這個動機。

從地緣政治學派的觀點來看，十九世紀末期帝國主義的再起與經濟的動機甚少關聯，他們認為主要的原因是歐洲的權力競爭向歐洲之外地區發展的結果。美國歷史學者費爾德豪斯（D. K. Fieldhouse）說：「殖民地是權力和地位競爭的資產。」[62]強權爭取土地不是為了經濟的價值，而是為了阻止他的競爭對手占有。藍格稱之為「排除性的帝國主義」（preclusive imperialism），其背後的力量便是軍人和官員。[63]韋伯指出不是貿易為政治擴張鋪路，而是政治擴張為貿易鋪路。[64]英國在赤道非洲便是一個例子，因為事先有了領土的要求才會帶來商業的需要。泰勒指出英國在埃及的投資是為了鞏固英國的政治

61　Schlesinger, p.126.

62　P. K Fieldhouse, "Imperialism: An historiographical revision," Economic History Review (December 1961), p.204.

63　Langer, "Farewell to Empire," p.120.

64　H. H. Gerth and C. Wright Mills, eds., From Max Weber: Essays in Sociology (New York: Oxford University Press, 1946), p.164.

控制，而不是為了經濟的利益。[65]法國在摩洛哥（Moroco）也是一樣，儘管投資不賺錢也要做，因為只有如此才能使法國控制摩洛哥。[66]總而言之，是國旗指揮貿易和投資，而不是貿易和投資帶著國旗跑。

——— ● ———

美國一直是一個擴張的國家，從憲法公布之後的 200 年中，美國的領土已增加了四倍多。150 年前溫伯格（Albert K. Weinberg）的大作《明示命運》（Manifest Destiny）給了美國擴張最好的理由，從自然權利、地理命運、政治成長、一直到世界領導。但這些只是合理化的解釋，而不是歷史家需要的理由。

美國建國先賢很早便對擴張和帝國有興趣。1783 年華盛頓稱新誕生的美國為「升起的帝國」（a rising Empire），麥迪遜在《聯邦論》（Federalist）中也說要將美國擴張為一個偉大的、受尊敬的和興盛的帝國。儘管漢彌爾頓、傑佛遜、小亞當斯和傑克遜在其他問題上，經常意見不一樣，但對帝國的擴張，卻立場一致。歷史學者范艾斯泰尼（R.W. Van Alstyne）說美國自始就是一個擴張性的和帝國性的國家。[67]

65　Ronald Robinson, John Gallagher and Alice Donny, Africa and the Victorians: The Climax of Imperialism (London: Anchor Books, 1968), p.472.

66　A. J.P. Taylor, Englishmen and Others (London: Hamilton, 1956), p.79.

67　Richard W. Van Alstyne, The Rising American Empire (New York: Oxford University Press, 1960), pp.1, 9.

## （二）美國現代帝國主義理論的演進

在美國走上帝國主義後，又有了新的理論來解釋美國的對外關係。包括門戶開放派、排除性的帝國主義、準帝國主義等。

### 1. 門戶開放派

解釋美國帝國主義的有所謂「門戶開放派」（the Open Door School），視美國的擴張是基於經濟的因素。代表性的人士為威廉斯（William Appleman Williams），他是當代美國歷史修正主義的教父，也是少數能夠自成一家之言的學者。

門戶開放本是國務卿海約翰（John Hay）在十九世紀末所宣布的一項政策，原意是為了追求在中國享有平等和公平的貿易機會，當然也可引申為美國在全世界都決心追求同樣的機會。[68]但威廉斯的解釋是因為資本主義在本質上是帝國主義的，而美國的外交政策是由國內福祉依賴不斷的海外經濟擴張來決定的。[69]換言之，資本主義一定要不斷從事對外的擴張才能避免美國本身的制度發生重大變化。[70]

門戶開放派的解釋與列寧主義的理論在表面上看起來相似，但事實上，它是美國土生土長的產品。[71]因為美國在第一次世界大戰之

---

68　"Secretary of State John Hay's Circular Note of July 3, 1900," in Dorothy Burne Goebel, ed., American Foreign Policy: A Documentary Survey, 1776-1960(New York: Halt, Rinehart and Winston, 1961), p.188.參考 "The Open Door Principle and Its Connotations," Cecil V. Crabb, Jr., The Doctrines of American Foreign Policy: Their Meaning, Role and Future (Baton Rouge: Louisiana State University Press, 1982), pp.56-77.

69　William Appleman Williams, The Tragedy of American Diplomacy (New York: Dell, 1972), p.15.

70　Henry Abelove, et al., eds., Vision of History (New York: Manchester University Press, 1984), p.139.

71　小史勒辛吉認為門戶開放派的解釋與 Charles A. Beard 的主張有關。Schlesinger, p.129.

前，還不是資本輸出的國家，所以不能以列寧主義的理論來定義美國的帝國主義。門戶開放派的理論是因為美國生產過剩而去尋找海外市場。威廉斯指出 1870 年代早期美國的經濟蕭條促成了美國農產品向海外尋找市場的動力，1890 年代的經濟蕭條又造成了美國工業產品向海外的發展。到了二十世紀初，美國形成向海外拓展市場的共識──如果可能的話，用和平的方法，如果必要的話，用軍事的手段；短期以土地占領的方式，長期以經濟滲透的方式。

康乃爾大學歷史學教授拉費勃（Walter LaFeber）指出，一個非正式的美國帝國（an informal American empire）就是這樣在工業界和財經界人士掌握決策之下形成的。[72]由於身受這種經濟因素的影響，美國在二十世紀可說全面在建立美國的帝國。任何國家想要抵抗美國的經濟入侵便被認定是對自由的威脅。從美西戰爭，兩次世界大戰、到冷戰和越戰莫不是如此。根據門戶開放派的說法，想要擁有全世界的市場就足以解釋美國外交政策的全部了。

美國是一個重商的國家，老亞當斯曾說：「商業帶來金錢，金錢帶來享受，這三件東西都是符合共和主義的。」由於重視商業，美國的共和主義很快就變成了「放任的自由主義」（laissez-faire liberalism）。對美國人來說商業的好處是說不完的，它可以打開心胸，使態度優雅、減少敵視、傳播開明、交換利益以及貿易是文明的傳遞者。愛默生（Ralph W. Emerson）說：「貿易是自由的原則，貿易製造了美國，摧毀了封建制度，製造和維持和平，還會廢除奴隸制

---

72　Walter LaFeber, The New Empire (Ithaca, N.Y.: Cornell University Press, 1963), p.7.

度。」[73]美國人被稱為「商業的天才」（the Genius of Commerce）。[74]

　　華盛頓在其告別演說中，明確指出美國與其他國家的關係的最重要的原則便是擴大商業關係，至於政治關係則是愈少愈好。美國最早的一本有關外交的書——萊曼（Theodore Lyman）1826 年出版的《美國的外交》（Diplomacy of the United States）——便指出，美國的外交可以商業性格來形容。[75]美國在早期派駐外國的人員，領事（consuls）比公使（ministers）還重要。美國早期的戰爭也多是基於商業的利益，美國早期的軍費，花在海軍上的比陸軍要多。[76]傑佛遜當時向法國購買路易斯安那（Louisiana）的主要目的便是要取得紐奧良（New Orleans）港。

　　但值得注意的乃是美國早期這種對商業的熱心和領土的追求並沒有生產過剩的問題。相反的，在南北戰爭後生產過剩出現的時候，美國對海外商業的興趣反而減少了。在 1850-1860 年間，美國國內市場的需求量增加，美國的對外貿易占國內生產毛額（GDP）的比例從 1850 年的 10%降到 1860 年的 6%。[77]

　　根據門戶開放派的理論，如果追求海外市場是美國外交政策的決定性動機的話，美國應該採取低關稅政策，但顯然事實不是如此。從 1860 年代到 1930 年代，美國一直維持高關稅的政策，海外市場並非是美國人十分關心的事，到了 1932 年，貿易出口只占當年 GDP 的

---

73　Ralph Waldo Emerson, "The young American," in Selected Prose and Poetry, ed. Reginald Cook (New York: Holt, Rhinehart and Winston, 1966).

74　Herman Melville, Redburn, chapter 33.

75　Schlesinger, p.131.

76　James A. Field, Jr., America and the Mediterranean World, 1776-1882 (Princeton, N.J.: Princeton University Press, 1969), pp.26, 59.

77　Schlesinger, p.133.

2.8%而已。[78]

　　1933 年小羅斯福總統就任後，他的第一任國務卿霍爾（Cordell Hull）是主張自由貿易的大將，他說：「沒有限制的貿易是和平，有限制的貿易——高關稅、貿易堡壘、不公平競爭——是戰爭。」[79]小羅斯福總統也想推動自由貿易，但在國會遭到強力的反對。第二次世界大戰後，美國反對自由貿易的力量仍然大到可以在 1948 年否決「國際貿易組織」（International Trade Organization）在國會的通過。

　　一直到了 1980 年代，自由貿易才在美國站穩了腳步，因為貿易的總額已占 GDP 的 20%左右了，同時美國也出現了巨大的貿易赤字。貿易成為美國對外政策中的主要內容，但海外市場仍然不是美國主要的外交政策目標，對雷根政府來說，尼加拉瓜難道是一個市場問題嗎？

　　門戶開放派的學者已成為教條主義者了，因為他們不講求證據，只相信自己的主觀認定。[80]他們把開國先賢講的「帝國」作為美國帝國主義的證明，其實當時開國先賢們講的「帝國」和我們今日想像的「帝國」是不同的，華盛頓和麥迪遜講的「帝國」可能就是一個新生的美國，以及如何鞏固十三州的團結而已。[81]

　　門戶開放派的另一個缺點是其狹隘性（provincialism），他們很少從其他國家的角度和文獻來了解美國，來分析美國的帝國主義。[82]

78　Ibid., p.135.

79　Cordell Hull, The Memoirs of Cordell Hull (New York: Macmillan, 1948), p.6.

80　Williams, The Tragedy of American Diplomacy, p.206.

81　Schlesinger, p.137.

82　小史勒辛吉指出威廉斯 The Root of the Modern American Empire 一書中，在 1,700 個註解中，只有 22 個引用了美國之外的資料。Ibid., p.140.

如果資本主義在本質上是帝國主義的，那又如何解釋近年來歐洲和亞洲國家沒有走上帝國主義而仍然繁榮的事實呢？日裔美國歷史學者入江明（Akira Iriye）曾說過：「沒有任何國家的歷史學者會如此不去參考其他國家的互動而能夠寫出自己國家的帝國主義的。」[83]

## 2. 排除性的帝國主義

另外一派解釋美國帝國主義的是基於安全和權力的理由。美國歷史上帝國主義的動機主要來自政治家和軍人而不是企業界。美國的擴張有其歷史的根源：一是美國早期移民和印第安人之間力量的不對稱，二是美國建國先賢決心阻止歐洲對美國的干預，至於經濟的利益只是次要的。

美國的擴張是一種「排除性的帝國主義」（preclusive imperialism），[84]購買路易斯安那是為了排除法國人，併吞佛羅里達是為了排除西班牙人，併吞德克薩斯和奧立岡是為了排除英國人，門羅宣言是為了排除歐洲人。

至於指出美國內戰之後為了爭取市場而向海外擴張的說法是荒謬的，當時的市場主要在歐洲，請問阿拉斯加、聖多明哥（Santo Domingo）、丹麥西印度（Danish West Indies）、薩摩亞（Samoa）、波多黎各（Puerto Rico）、關島（Guam）、中途島（Midway），哪一個有市場？

「排除性的帝國主義」是美國向外擴張的動機，美國知名的帝國主義者洛奇（Henry Cabot Lodge）在 1895 年看到英國在太平洋的發

---

83　Akira Iriye, "Imperialism and sincerity," Reviews in American History (March 1973), pp.124-125.

84　Schlesinger, p.143.

展，便有感而發的說：「一個偉大的國家應儘快占領世界上的荒廢土地，身為世界大國之一，美國絕對不能落後。」[85]老羅斯福總統也說：「如果美國退縮，便會被別人超越，進而控制世界。」[86]

　　威廉斯說經濟是老羅斯福和洛奇在外交政策中的中心思想，也與事實不符，他們兩位是以權力平衡來看世界的，對經濟因素可說是不屑一顧。美國歷史學者畢爾（Howard K. Beale）形容這兩人是基於權力和聲望來進行帝國主義的。[87]

　　即使美國提出門戶開放政策是針對當時的中國，但當時美國商人對中國的興趣並不大。美國政府也沒有努力幫助美國商人到中國發展，美國政府為傳教士採取的干預行動遠比為商人為多。美國當時派駐在中國的領事也遠比歐洲主要國家要少。[88]

　　二十世紀初時，美國曾推動「金元外交」（Dollar Diplomacy），主要係針對在拉丁美洲。根據研究發現，美國的目的不在投資和市場，而在建立和鞏固美國的政治地位，趕走歐洲國家的勢力。美國在巴拿馬建立運河，主要也是為了控制中美洲的戰略考慮。[89]

　　「生存的理由」（raisons d'etat）通常是國家走向帝國的主要原因，但美國的紀錄顯示美國並不是一個十分熱衷於成為帝國的國家。美國在發展過程中，有人主張要併吞加拿大和古巴，但從未成為事

85　Henry Cabot Lodge, "Our blundering foreign policy," Forum (March 1895), pp.9-10. Cited in Schlesinger, p.143-144.

86　Howard K. Beale, Theodore Roosevelt and The Rise of America to World Power (New York: Collier, 1962), p.84.

87　Ibid., pp.50-51.

88　Schlesinger, p.145.

89　P. G. Munro, Intervention and Dollar Diplomacy in the Caribbean, 1900-1921(Princeton, N.J.: Princeton University Press, 1964), p.163.

實。自從購買路易斯安那之後，每次取得新的領土總會有反對的力量。德克薩斯在美墨戰爭後，等了 10 年才成為美國的一州。夏威夷經過了近半個世紀的爭論才成為美國的一部分。美國占領了菲律賓，但 40 年後便讓它獨立。[90]

### 3. 準帝國主義

帝國主義從未成為美國的群眾運動，美國有零星的軍國主義的（jingoistic）情緒，但沒有長期追求帝國的熱情。美國基本上是反對過分積極的對外政策的國家，即使在美國擴張主義最高潮的時候，美國也沒有變成像英國或法國那樣的殖民主義者。

美國從未成立任何殖民的單位，也沒有為殖民去訓練人員，更沒有為了「外出舒解」壓力的「上層階級」。在美國，帝國主義一直是少數人的「信念」，這也是美國帝國主義的歷史無法令人鼓舞的主要原因。如果要問到美國的帝國主義者是誰？答案大概是美國社會主流之外的一些人吧！[91]

美國歷史上的確出現過一些帝國主義者，如 1850 年代的好戰分子，但他們沒有理論，只會喊叫；1890 年代有一批自認是英雄的人物，如馬漢、老羅斯福、洛奇等，他們相當於歐洲的武士階級，但他們的想法無法長期存在，因為他們缺乏民意的基礎。

對美國這種缺乏帝國主義文化的現象，熊彼得的解釋是因為美國自始便是一個資產階級的社會，沒有歐洲封建主義的色彩。他以美國沒有併吞加拿大和墨西哥，美國內部對老羅斯福總統帝國主義的反

---

90　Schlesinger, p.149.

91　Ibid., p.152.

彈，以及對占領菲律賓的不滿為例來證明他的看法。[92]

但半個世紀後，美國卻出現了一個強大的軍事集團，由於冷戰使這個集團不但長期存在而且還建立了制度上的基礎。這個軍事集團既不是列寧主義所說的壟斷資本家，也不是門戶開放派所說的貿易商人，而是政治上、外交上和軍事上的菁英。以越戰為例，是美國的資本家為了要爭取市場嗎？事實上，美國在越南花的錢遠比可能賺的錢還要多。在越戰的每一個階段，軍人都扮演了主導的角色。首先，軍人認為越南是個軍事問題，所以必須要以軍事手段解決。其次他們認為只要升高戰爭，便會使敵人屈服。越南也成為美國試驗新武器和訓練士兵的場所。美國前海軍陸戰隊司令蕭普（David Shoup）曾說，職業軍人希望打戰，因為只有在戰爭中，他們才有機會大展身手，得到光榮和升遷。[93]

這種的軍人力量極為強大，他們已形成一種結構，驅使他們永遠要更多的人、更多的經費，更好的武器，更多的軍事介入，以及更多的軍事解決。托克維爾（Alexis de Tocqueville）早就說過：「民主的國家希望和平，但民主國家的軍人希望戰爭。」[94]

喜歡戰爭並不表示他們是壞人，事實上，他們是正直的人，他們接受的訓練是打仗，他們的天職是服從，在充滿危機的時代，職業軍人的壓力是有增無減的。每一個強大的國家，都會有這種職業軍人，共產主義國家尤其如此。在 1985 年，32 個共產國家平均每千人從事

---

92　Ibid., p.115.
93　Ibid., p.154.
94　Alexis de Tocqueville, Democracy in America (New York: Knopf, 1945), vol. 2, chap,
　　12.

軍職比例為 13.3%，在 109 個非共產國家中的比例只有 6.1%。[95]

帝國主義是當一個強國面對一個弱國、一個難防守的邊界或一個權力真空，為了本身的目的使用其優勢的力量來控制其他人民的結果。動機、合理化和方式隨不同時代的文化和科技而變化，宗教、政治、經濟都可能成為動機或合理化的理由。在帝國主義的機制中，戰爭機器是最重要的因素。基本上，權力的不平衡是產生帝國主義最主要的原因。

歷史是權力關係的反映，只要第三世界在權力上較弱，西方國家無論支持或反對帝國主義，都會有帝國主義的機會。第二次世界大戰後，在權力平衡上有了很大的變化，第三世界國家不但以民族主義和民族自決結束了殖民主義，而且還以對西方有重大利益的資源來對抗西方國家。

權力平衡的改變也使得分析的角度改變，正如美國黑人民權運動的成功，如今第三世界的國家不再是被欺壓的角色，而是和西方國家平起平坐的角色。正如看歷史由過去的「從上而下」到如今的「由下而上」，帝國主義的解釋也從過去的「由外而內」變成今日的「由內而外」。

英國研究帝國主義的歷史學家，以羅賓森和費爾德豪斯為首，認為帝國主義是對在地國本身政治危機的一個反應，而且只有在本土勢力合作的情況下，才可能實施帝國主義的統治。[96]換言之，當西方帝國主義者利用當地的力量之時，當地的力量也在利用西方帝國主義的

---

95　James L. Payne, "Marx's heirs belie the pacifist promise," Wall Street Journal (May 30, 1984).

96　Schlesinger, p.159.

力量。這種結合產生了「買辦」（comprador）階級。但買辦階級的子女有機會到西方接受教育，他們接受的西方教育愈多，他們愈會反對西方的帝國主義，他們回到自己的國家後就成為反殖民主義的先鋒。在地國的民族主義造成帝國主義的危機，當殖民統治者失去了在地力量的合作時，他們便只有兩個選擇：自動離開或被趕走。[97]

美國的經驗顯示落後國家也會利用先進的國家，在美國與拉丁美洲的關係上，美國經常被這些國家利用來進行內戰或解決內部紛爭。在十九世紀時，美國比較小心避免介入這種糾紛，但隨著美國國力日強，這種戒心反而減少了。美國真正的帝國主義是第二次世界大戰後的發展，美國介入伊朗不是為了石油，而是為了填補英國留下來的權力真空，以及阻止蘇聯介入。自認為無所不能的幻想，陷於意識型態的迷思，以及個人的天真使得第二次世界大戰之後的美國特別容易被第三世界國家利用。[98]

這些第三世界國家的領袖們如果是左派，便威脅美國要投入蘇聯除非美國給予金錢的好處；如果是右派，便強調受共產主義的威脅而向美國要求保護。美國對接受國的軍事保護往往成為任由接受國隨意填寫的支票，保護者反而成為被保護人的俘虜。

從古代的帝國來看美國今日的帝國根本稱不上是什麼帝國。美國不但不能控制其他國家的人民，連依賴美國的國家——如以色列、薩爾瓦多、宏都拉斯、菲律賓——都不一定聽美國的指揮。甚至連美國最親密的鄰國——加拿大和墨西哥——美國也不能掌握。美國唯一可以掌握的國家大概只有加勒比海的小國格瑞那達（Grenada）一國。

---

97　W. R. Louis, ed., Imperialism: The Robinson and Gallagher Controversy (New York: New Viewpoints, 1976), p.147.

98　Schlesinger, p.160.

美國或許對英國、日本、義大利、澳大利亞和紐西蘭有些影響，但絕對談不上控制。如果與英國在十九世紀控制其殖民地，和蘇聯控制其東歐附庸國的情況，美國根本無法相比。如果以聯合國大會的投票紀錄觀之，美國至多只能算是一個「準帝國」（quasi-empire）。[99]

美國渴望有一個有利於民主價值和制度的國際環境，美國並不認為這種環境要靠武力達成。美國對帝國主義只有一時或半吊子的夢想，是武力造成了美國的「準帝國」。國際危機養肥了戰爭的機器，也提供了好戰者充分的藉口，以意識型態去擴大霸權。

危險的世界需要軍事力量，但這並不表示美國需要軍國主義。美國要避免走上帝國主義，只有避免走上軍國主義，在民族主義再起的新時代，帝國主義的前途是黯淡的。

## （三）「大美帝國」

### 1. 帝國的崛起（1945-1960 年代初期）

第二次世界大戰後，美國遠超過其他國家，成為世界上最強大的國家。英國外相比萬（Ernest Bevin）在 1947 年說，美國當時的地位有如拿破崙戰爭後的英國。[100]歷史學者保羅甘乃迪（Paul Kennedy）也有同樣的看法。[101]事實上，美國在戰後的地位比大英帝國最興盛的時候還要強大。英國政治學大師拉斯基（Harold Laski）在 1947 年

---

99 Ibid., p.162.

100 Foreign Relations of the United States, 1947: Ⅲ. (Washington, D.C.: U.S. Government Printing Office), pp.254-255.

101 "A historian of imperial decline looks at America," International Herald Tribune (November 3, 1982), p.6. Cited in Geir Lundestad, The American "Empire" and the Other Studies of U.S. Foreign Policy in a Comparative Perspective (Oxford: Oxford University Press,1990), p.30.

底，指出美國有如一位巨人，無論羅馬帝國或大英帝國在其極盛時都無法與美國相比，數億的歐洲人和亞洲人以及他們的後代子孫的命運都決定在美國的手中。[102]

美國的力量來源有四，即是經濟優勢、軍事力量、國內的民意基礎以及強烈的意識型態。[103]在經濟優勢上，美國 1939 年的國內生產毛額（GDP）為 2,094 億美元，1945 年升為 3,552 億美元，蘇聯當時的 GDP 只有美國的 1/4。[104]美國在 1945 年的生產量約占整個世界的一半。在科技上，1940-1950 年代，美國占了全世界重大發明和創新的 82%；在能源上，美國擁有世界的 46%的電力和 59%的石油。美國的汽車產量為蘇聯的 100 倍，為德國、英國、法國加起來總和的 8 倍。1950 年時，美國擁有世界 49.8%的黃金儲備。[105]

隨著 1950 年代戰後的重建和整個世界經濟的迅速發展，美國在世界生產所占的比例逐漸減少。1950 年美國所占的比例為 40%，1960 年約為 30%。即使如此，美國的生產量仍為蘇聯的一倍。在 1950 年代，美國對世界的外援為全球的一半以上，這是第二次世界大戰前沒有的現象。[106]1960 年美國占世界貿易投資的 59%，比大英帝國最高峰的時代還高。

在軍事力量上，在 1949 年之前美國擁有原子彈的壟斷力量，一

---

102 Cited in Graebner, America as a World Power, p.275.

103 Lundestad, p.40.

104 Adam B. Ulam, The Rivals: America and Russia Since World War II (New York: Viking, 1971), pp.4-6.

105 Paul M. Kennedy, The Rise and Fall of the Great Powers (New York: Random House, 1993), pp.149, 171.

106 Gabriel Kolko, Confronting the Third World: U.S. Foreign Policy, 1945-1980 (New York: Pantheon, 1988), p.237.

直到 1962 年古巴飛彈危機時，美國在核子武器上仍享有相當的優
勢。在傳統軍力方面，美國有世界最強大的空軍，1944 年美國生產
的飛機為 95,000 架，超過德國和日本的總和。在戰前，美國的海軍
還略遜於英國，但戰後美國已遙遙領先英國。1947 年美國海軍上將
尼米茲（Chester W. Nimitz）說美國海軍的控制能力是空前的。[107]美
國較弱的是陸軍的人數，在二戰時，美國和蘇聯各擁有 1,200 萬的兵
力，戰後的復員，雙方都減少了很多服役員額，在 1948 年時，美國
的兵力只有蘇聯 280 萬人的一半。韓戰爆發後，美國雖然增加了兵
員，但蘇聯始終在人數上領先美國。但在軍事預算上，美國則遠超過
蘇聯，一項估計指出美國在 1960 年時，雖然服役人數只占全球的
13%，但軍費卻占了全球的 51%。[108]

　　在國內共識上，第二次世界大戰使美國孤立主義的傳統瓦解。在
戰後，美國成立聯合國並且占領日本、德國、義大利和奧地利。軍事
預算，即使在 1946-1950 年的低潮時期，也遠超過第二次大戰之前。
在 1946-1947 年間，美國對蘇聯的政策已形成一高度的共識。反對人
士的意見，如前副總統華萊士幾乎激不起任何共鳴。參議院中仍有一
些孤立主義者，如參議員塔虎特（Robert A. Taft），對「馬歇爾計
劃」和「北約」不無保留，但已作用不大。

　　美國的共識是建立在必須防止蘇聯擴張的認知上，為達到這一目
的，所以美國必須走出西半球並在非戰時建立軍事聯盟，國防經費必
須大幅增加。美國的意識型態是世界主義加上民族主義，當年孤立主
義是為了保護美國的獨特性而不願美國捲入世界事務。如今，美國如

---

107 Lundestad, p.41.

108 Thomas G. Paterson, On Every Front: The Making and Unmaking of the Cold War
(New York: Norton), pp.15-16, 72, 84, 152. Ulam, pp.4-6.

此強大，它不但不能逃避舊世界邪惡的污染，而且還要向全世界推銷美國的價值。[109]

由於美國認為蘇聯構成對美國一個長期的威脅，所以反共成了美國人民的意識型態。國家利益、反共和介入國際事務構成了美國戰後的一個新的共識。杜魯門總統曾私下表示，美國面對的是歷史上任何國家所未曾面對的巨大責任。如今拯救世界免於極權主義是美國的重責大任。[110]甘迺迪總統的名言：「為了保證自由的生存和成功，我們將付出任何代價，承擔一切責任，面對任何困難，支持所有朋友，反對一切敵人。」[111]當時擔任甘迺迪顧問的歷史學者小史勒辛吉（Arthur Schlesinger, Jr.），形容甘迺迪政府早期的氣氛為：「充滿了樂觀，大家認為世界是可塑的，未來是無限的。」[112]

美國獨特的而且堅定的支持一些普世價值，如國際合作、民主和自由貿易。但美國的獨特性和普世主義之間可能的矛盾卻很少被探討。一些國家可能接受美國的領導也肯定美國的價值，但即使若干與美國友好的國家未必能接受美國把理想主義和國家利益混為一談的觀點。

戰後蘇聯的擴張只限於其周圍地區，在戰後 10-15 年的期間，蘇聯還不算是一個全球超級強國。大英帝國的特點是勢力範圍分散而多

---

109 Franz Schurman, The Logic of World Power: An Inquiry into the Origins, Currents, and Contradictions of World Power (New York: Pantheon Books, 1974), pp.46-48.

110 Cited in Water Mills, ed., The Forestall Diaries (New York: Viking Adult, 1951), p.281.

111 John F. Kennedy's Inaugural Address in Martin C. Needler, ed., Dimensions of American Foreign Policy: Readings and Documents (New York: Van Nostrand, 1966), pp.28-30.

112 Cited in Thomas G. Paterson, ed., Kennedy's Quest for Victory: American Foreign Policy, 1961-1963 (Oxford: Oxford University Press, 1989), p.15.

元，以掌控海上的戰略據點，確保海上貿易為主。戰後美國的「帝國」範圍比蘇聯和英國都要廣大。美國是真正全球性的「帝國」，而且在全世界六個強權之中，美國和其盟國便占了四個（美、英、西歐、日）。「大美帝國」僅在 10 年左右便形成了，而「大英帝國」卻花了 200-300 年的時間。

在第二次世界大戰之前，美國幾無海外駐軍，但戰後美國建立了許多的聯盟，以及無數的海外基地，遍及全球每一個角落。在拉丁美洲、亞洲和大洋洲（澳紐），美國都大為擴張其影響力。但最重要的變化還是美國和歐洲的關係，第二次世界大戰後，美國非但並未如預期從歐洲撤軍，而且還以「北約」建立了最大的軍事聯盟，由 1949 年的 12 國，到 1952 年的 14 國（希臘、土耳其），到 1955 年西德的加入，成為美國最大的海外力量。冷戰後，美國以「北約東擴」將前蘇聯附屬國一一納入，如今已達 30 多國。

由於「北約」的成立和介入韓戰，美國事實上已填補了兩個戰敗國——德國和日本——所留下來的權力真空。不止如此，美國還接收了英國的大部分勢力範圍，在中東、美國和英國共同協助以色列建國，成立「巴格達公約」（Baghdad Pact, 1955）——包括美國、英國、土耳其、巴基斯坦、伊朗、伊拉克。法國在越南戰敗後，美國又成立「東南亞公約」（SEATO, 1954），包括美國、英國、法國、巴基斯坦、泰國、菲律賓、澳洲、紐西蘭。美國並與日本、韓國、中華民國分別簽訂「雙邊聯防條約」，與澳大利、紐西蘭成立「三邊同盟條約」。到 1955 年時，美國在 36 個國家，擁有 450 個基地。在 1960 年代末期，美國的海外駐軍已達 100 萬人（包括越南），這遠非大英帝國在任何時候可以比擬。1954 年英國外長艾登（Anthony Eden）就曾表示，美國不僅要取代法國在中南半島的地位，也要取代

英國在埃及的地位，美國人要統治世界。[113]

　　表現美國取代英法地位最具體的事件莫過於 1956 年「蘇伊士運河事件」，美國在迫使英法撤軍之後，並在次年初「黎巴嫩事件中」發表「艾森豪主義」（Eisenhower Doctrine of 1957），正式宣布中東的權力真空已由美國填補。[114]

### 2. 「被邀請的帝國」（Empire by invitation）

　　研究美國帝國的瑞典學者隆底斯達特（Geir Lundestad）指出，比較蘇聯、英國和美國的「帝國」，發現三者有其基本的不同，大體而言，蘇聯是「強加上的」（imposed），英國是「不反對的」（not opposed），而美國是「被邀請的」（invited）。[115]這樣形容似乎過於簡單和過於武斷，但就實際狀況而言，也可能比較接近事實。蘇聯的附庸國是以武力建立和控制的，英國是以自治、商業和貿易維持其較為鬆散的大聯盟，美國則是以共同安全和利益來維持其「帝國」內從屬國家的關係。而且，美國與這些國家的關係有時也出於這些國家的主動，如「杜魯門主義」、「馬歇爾計劃」和「北大西洋公約」。這三個重要里程碑都與英國有密切關係。事實上，美國在戰後和西歐的密切關係大都是由英國設計而由美國出面所作的安排。

　　最足以形容美國被從屬國「接受」的例子便是西德和日本，西德從戰敗國成為歐洲復興最快的國家以及在「北約」防衛中擔任主要的角色與美國的大力扶植有關。1950 年代西德總統艾德諾（Konrad Adenauer）是在西歐盟國中最支持美國的領袖。美國在日本的占領雖

---

113 Lundestad, p.51.
114 Paterson, Major problems, vol. 2, p.481.
115 Lundestad, p.55.

然高壓，但一方面維持了日本天皇的制度，另方面幫助日本建立民主
制度。在韓戰期間，美國全力保護日本，「安保條約」成為兩國關係
的基礎。日本在美國的保護之下，不但沒有軍備的壓力，反而可以全
力發展經濟，使日本成為世界上僅次於美國的經濟大國。戰敗國的這
種際遇可能不是日本投降時可以想像的。

在第一次世界大戰和第二次世界大戰之間，美國的經濟逐漸趕上
英國，但未能在國際事務上積極承擔相等的責任。根據美國經濟歷史
學者金德伯格（Charles Kindleberger）的說法，造成 1930 年代經濟
蕭條的主要原因可能就是缺少一位國際社會上的領導者。[116]美國在第
二次世界大戰後，不但可發揮其優越的經濟實力，而且與過去大英帝
國不同的，美國貿易上的夥伴多是美國的盟友，因此也大為強化了美
國的地位。不止於此，美國還有一個非常明確的經濟目標，那就是建
立國際經濟體系，美國和英國都相信在一個自由貿易的體制下，最能
符合它們的利益。

作為國際社會中的領袖，美國採取的措施是：[117]

(1) 以美元兌換黃金，維持匯率的結構。

(2) 提供資金，在 1945-1965 年期間，美國提供了超過 1,000 億
美元的貸款和援助。美國也透過「世界銀行」（World
Bank）和「國際貨幣基金」（International Monetary Found,
IMF），控制國際金融。

(3) 處理國際經濟危機和歐洲重建，如「馬歇爾計劃」。

---

116 Charles P. Kindleberger, The World in Depression 1929-1939 (Berkeley: University of
California Press, 1973).

117 Charles P. Kindleberger, "Hierarchy versus inertial cooperation," International
Organization (Autumn 1986), p.841.

(4) 調劑市場的功能，如 1951 年伊朗石油國有化、1956 年蘇伊
　　士運河危機造成的石油短缺，美國以增加生產及安排合作方
　　式來因應。

(5) 1947 年推動和促成貿易談判，如建立最惠國待遇的「關稅暨
　　貿易總協定」（GATT）。

(6) 主控國際財產機制，如美國石油公司與中東國家的合作。

　　為了維持國際秩序和阻止蘇聯集團擴張，美國也經常進行武力干
涉。據統計，在 1945-1965 二十年間，美國至少武力干涉了 168
次，尤以 1956-1965 十年間最為頻繁。在同期間，蘇聯的武力干涉僅
為 10 次左右。[118]這種干涉通常是小規模的，有一些是被當地國和國
際社會上所接受的，如韓戰和「柏林危機」便是較具體的例子。

　　作為自由世界的領袖，美國在若干重大問題上會堅持立場，要求
從屬國家作為或不作為，如在 1951 年要求日本與中華民國簽訂和
約，並大幅減少與中國的貿易關係；[119]1956 年阻止日本與蘇聯談判
北方四島問題；[120]1962 年阻止西德對蘇聯出口石油和天然氣管，[121]
甚至反對邱吉爾訪問蘇聯。[122]「蘇伊士運河事件」說明了沒有美國的

---

118　Barry M. Blechman and Stephen S. Kaplan, Force Without War: U.S. Armed Forces as
　　a Political Instrument (Washington, D.C.: Brookings Institution, 1978), pp.14, 23-28,
　　547-553.

119　Lundestad, p.69.

120　Akio Watanabe, "A New Look at Japan Policy, 1951-1954," unpublished paper. Cited
　　in Lundestad, p.69.

121　Wolfram F. Hanrieder, "German-American relations in the postwar decades," in Frank
　　Trommler and Joseph McVeigh, eds., America and the Germans: An Assessment
　　of a Three-hundred-year History, Ⅱ : The Relationship in the Twentieth Century
　　(Philadelphia.: University of Pennsylvania Press, 1985), pp.92-116.

122　Peter Boyle, "The special relationship with Washington," in John Young, ed., The
　　Foreign Policy of Churchill's Peacetime Administration, 1951-1955 (Leicester: Pinter
　　Pub, 1988), p.43.

同意，英國和法國是不能在國際上使用武力的。[123]

美國雖然是自由世界公認的領袖，但其他國家也不是對美國百依百順，言聽計從。例如儘管美國警告，法國拒絕批准「歐洲防禦體」（European Defense Community, EDC）的條約，也不能阻止法國在1966 年退出「北約」（1993 年又重新加入）以及說服法國接受英國參加「歐洲共同市場」，所以艾森豪總統曾批評歐洲人長不大、不成熟。[124]

美國主張和鼓勵自由貿易，使西歐和日本成為經濟大國，倒過來與美國競爭。美國對西歐國家不是分而治之，而是促成統合（integration）。[125]對日本，美國的扶植更是不遺餘力，在 1953 年給予日本「最惠國待遇」，1954 年將日本納入「安全總署援助計劃」，1955 年使日本成為 GATT 的正式會員，使得日本在 1955 年到 1960 年期間經濟成長了一倍。[126]

美國扶植盟國，削弱自己討價還價的地位有其一套理由：

(1) 美國重視的是大的方向和原則，即是結合最大的力量去反對與阻止蘇聯集團的擴張。美國認為西歐和日本與美國的基本利益一致，幫助他們就等於幫助美國自己。杜魯門在 1952 年

123 Hugh Thomas, The Suez Affair (London: Frank Cass, 1986). Robert Rhodes James, Anthony Eden: A Biography (New York: McGraw-Hill, 1986), pp.567-578.

124 Stephen E. Ambrose, Rise to Globalism: American Foreign Policy Since 1938 (New York: Penguin Books, 1997), 8th rev. ed.

125 Armin Rappaport, "The United States and European integration: The first phase," Diplomatic History (Spring 1981), pp.121-149.

126 William S. Borden, The Pacific Alliance: United States Foreign Economic Policy and Japanese Trade Recovery, 1947-1955 (Madison: University of Wisconsin Press, 1984), pp.143-147.

曾對邱吉爾說：「美國要使自由世界保持自由，所以自由世界的重建是二十世紀最重要的任務。」[127]在這個大前提下，其他的問題就不那麼重要了。

(2)因為了解美國過於龐大的經濟力量，美國刻意要降低自己的角色。美國富豪和慈善家包登（William Borden）指出美國經濟的霸權造成世界經濟的不平衡，不但會傷害美國的繁榮，也會造成美國外交的困難。[128]

(3)美國政府，尤其是國會，不願承擔太大的責任。美國的孤立主義仍然有若干影響力，在國會也有其代言人，不時對美國向外擴張的政策提出批評。在韓戰爆發前夕，杜魯門總統堅持把國防預算壓低在每年 150 億美元之下，艾森豪總統雖是軍人出身，但在國防上更為克制。他曾經表示美國在歐洲的駐軍應在 3-4 年內撤出，他還表示「北約」只需存在 10-20 年的光景。在其任內（1952-1960），美國軍事預算大約減少了 1/3。[129]甘迺迪總統的想法是希望美國與歐洲盟國建立具體的夥伴關係，美國的角色從主宰變成合作。[130]

(4)其他國家的意識型態對美國政策的影響。美國企業界領袖、馬歇爾計劃的強力支持者克萊頓（William Clayton）曾對指責他負責與英國談判貸款，而英國卻採取若干社會主義的政策的批評時反駁說，壓迫其他因採取與他們願望相反的政策

127 "Minutes of Meeting Truman-Churchill" (January 7, 1952) Foreign Relations of the United States, 1952-1954, VI, (Washington D.C.: U.S. Government Printing Office,1989), p.755. Cited in Lundestad, p.75.

128 Borden, The Pacific Alliance, p.5.

129 Ambrose, Eisenhower, pp.70-71, 86-91.

130 Paterson, Kennedy's Quest for Victory, pp.3-85.

是不必要的干涉內政。[131]法國對美國的政策經常唱反調，美國顯然也無可奈何。[132]

(5) 有時美國的外交政策會受制於國內的制度。美國憲法中制衡的設計，使得決策緩慢。美國資訊的公開和媒體的強勢往往也給他國家政府可乘之機。在對外政策上，財政部和國防部經常是意見不一致的。國會也不是一成不變的支持總統的決定，例如 1948 年國會便否決了「世界貿易組織」（WTO）。又例如，在對以色列和中華民國的政策上，國會往往比政府還要積極。[133]

(6) 部分由於上述原因，在若干場合，美國政府會採取限制自己影響力的作法。美國在實施「馬歇爾計劃」之時，本來有很好的機會去推動西歐統一，但美國卻拒絕這樣做，使當時比利時的總理史派亞克（Paul Henri Spaak）頗有微詞。[134]

除了上述的因素外，還有另外一套理由，不同的是這些理由是由美國之外的因素造成的：

(1) 由於美國的盟國，主要是西歐國家，了解美國本身的利益所在，所以對美國的任何威脅多不予重視或理會。按道理講，美國支持和保護西歐應有較大的發言權。但在實際運作上，

131 Geir Lundestad, America, Scandinavia, and the Cold War: Expansion and Its Limitations in US Foreign Policy, 1945-1959 (New York: Columbia University Press, 1980), pp.112-118.

132 Paterson, Kennedy's Quest for Victory, pp.33-35.

133 Robert O. Keohane, "The big influence of small allies," Foreign Policy (Spring 1971), pp.161-182.

134 "Ambassador Dillon to the Department of State," (April 26, 1954), Foreign Relations of the United States, 1952-1954, VI, p.385. Cited in Lundestad, p.78.

卻顯得十分無力。這可由法國國會拒絕批准「歐洲防禦共同體」（EDC）條約證明，對美國國務卿杜勒斯（John F. Dulles）的恫嚇，法國根本無動於衷。[135]

(2) 戰後美國與盟國的聯盟在本質上是以美國為主，是由美國主控的聯盟，所以其他盟國根本無須多負責任，尤其是容易引起國內爭執性的問題，更是避之唯恐不及。

(3) 有些國家特別堅持的問題，如美國也同樣堅持，只會造成極不愉快的結果，當非美國所樂見。例如美國出面紓困英國的金融危機，英國仍然拒絕參加「歐洲共同市場」，以及英國工黨的堅持推動大規模的社會福利制度。

(4) 有時會出現「弱者暴力」（the tyranny of the weak）現象。美國有時希望採取較激烈的手段來迫使某些國家就範，但又深怕「手術成功，但病人不治」。艾森豪和邱吉爾對法國國會就指責為「暴力的弱者」。[136]美國在韓戰後希望比照西德模式要求日本重新武裝，但日本首相吉田茂（Shigeru Yoshida）卻警告美國小心日本的軍國主義再起以及影響日本的經濟重建，美國也只得作罷。[137]

1961 年，甘迺迪總統面對多明尼加（the Dominican Republic）的情勢，曾有一段非常傳神的談話。他說美國有三種選擇，第一是一

---

135 "Memorandum by Assistant Secretary Merchant to the Secretary of State," (June 11, 1954), Foreign Relations of the United States, 1952-1954, VI, p.691. Cited in Lundestad, p.79.

136 "Churchill to Eisenhower" (December 7, 1954, )"Eisenhower to Churchill,"(December 14, 1954), Foreign Relations of the United States, 1952-1954, VI, pp.1057, 1060. Cited in Lundestad, p.81.

137 "Allison to the Department of State (December 7, 1953)", Foreign Relations of the United States, 1952-54, XIV, pp.1556-1559. Cited in Lundestad, p.81.

個正常民主的政府，第二是現在的獨裁政府，第三是一個像古巴的政權。美國應該支持第一個選擇，除非能夠放心不會變成第三個選擇，但美國決不能放棄第二個選擇。[138]這是美國為什麼有時不得不支持獨裁政府的原因。

沒有任何強權可以強大到無所不能，英國在最強盛的時候也遭受過重大失敗，美國的獨立成功便是一個例子。蘇聯最強大時也要面對南斯拉夫、中國和阿爾巴尼亞的背叛。對美國來說，即使在冷戰高峰時代，有些地方仍然不是美國關心的地區，1957 年美國駐西德的外交人員比派駐全部非洲的人員還要多，美國國務院直到 1958 年才設立非洲的業務單位。

美國最失敗的兩個地區是東歐和中國，美國曾試圖以經濟手段爭取東歐但並無結果，但美國又不認為東歐值得用武力去解決，所以美國在東歐可以說是輸給了蘇聯。美國對中國有較深的淵源，第二次大戰後，美國對中國的情勢本來十分樂觀，1946 年 8 月杜魯門曾說：「第一次我們對中國有了發言權，第一次我們夠實現 1898 年的門戶開放政策。」[139]但隨後中國的內戰粉碎了美國的希望。對美國來說，中國並不是不重要，但美國卻未能以協助西歐的方式來援助中國或者進行軍事干預。原因是：

(1) 美國重歐輕亞的傳統，認為援助歐洲較為重要。

(2) 戰後美國迅速、大幅復員，無力也不願在歐洲和亞洲同時出兵。

(3) 由於蘇聯支持共產中國，美國無意在亞洲與蘇聯對抗。

138 Arthur M. Schlesinger, Jr., A Thousand Days: John F. Kennedy in the White House (Boston: Houghton Mifflin, 1965), p.769.

139 Cited in Lundestad, p.83.

(4) 戰後美國調處中國內戰失敗，為推卸責任，放棄對中國政府的支持。事實上，美國已準備承認共產中國（國務卿艾其遜的名言是「靜待塵埃落定」）。

1950 年，美國為了保衛日本出兵韓戰，由於中國的介入，戰爭僵持，最後達成停火協議，美國犧牲了 3 萬多人，花費了 500 億美元（折合現值 3,410 億美元）。韓戰是美國在海外第一次未能贏得勝利的戰爭。[140] 1960 年古巴共產化使蘇聯影響力伸入到美國的後門為美國帝國高峰時期最大的失敗。

### 3. 帝國的衰退（1960 年代初期到 1990 年）

有關美國衰退的辯論有兩次，第一次在 1970 年代中期，主要是對美國經濟的爭論，主要的人士為美國麻省理工學院（MIT）經濟歷史學者金德伯格（Charles Kindleberger）、普林斯頓大學教授吉爾平（Robert Gilpin）、約翰霍普金斯大學教授卡里歐（David Calleo）、史坦福大學教授克雷斯納（Stephen Krasner）和普林斯頓大學教授基歐漢（Robert Keohane）。[141] 他們擔心美國的經濟衰退將會影響國際經濟的建制，這一階段的特點是很少有人否認美國的衰退。第二次從 1987 年英國歷史學家保羅甘乃迪（Paul Kennedy）出版《強權的興

---

140 Philip West, "Interpreting the Korean war," American Historical Review (February 1989), pp.80-96.

141 Charles P. Kindleberger, The World in Depression, 1929-1939 (Berkeley : University of California Press, 1986); Robert Gilpin, The Political Economy of International Relations(Princeton: Princeton University Press, 1987); David Calleo, The Imperious Economy (Cambridge Mass.: Harvard University Press, 1982);Stephen D. Krasnes, ed., International Regimes (Ithaca, N.Y.: Cornell University Press, 1983); Robert Keohane, After Hegemony (Princeton, N.J.: Princeton University Press, 1984).

衰》（The Rise and Fall of the Great Powers）開始，[142]並引起很大的爭議，美國政界和學界人士紛紛出來反駁，如雷根（Ronald Reagan）總統、奈伊（Joseph S. Nye）、羅斯托（Walter W. Rostow）。[143]不在位的人士比較容易接受保羅甘乃迪的觀點，如季辛吉和前國防部副部長和國務卿范錫（Cyrus Vance），他們認為美國雖然軍力強大，但影響世界的能力卻日益減弱。[144]

但嗣後，形容美國衰退的書籍和文章不斷，主要的如 1988 年杭廷頓（Samuel Huntington）就指出美國自 1950 年代以來，已經歷了五次的衰退了。1993 年魯瓦克（Edward Luttwak）的《瀕危的美國夢》提醒了美國不要淪為第三世界國家。2011 年佛里德曼（Thomas Friedman）和曼德鮑（Michael Mandelbaum）合寫《我們曾經輝煌過》（That Used To Be Us），指出美國在自己創造的世界裡遠遠落後。

與大戰後頭 20 年相比，美國的地位的確是比較下降了，不僅因為蘇聯的力量增加了，其他國家的實力也成長了。1960 年代，蘇聯已經有能力去支持遠在美洲的古巴。1970 年代，蘇聯將勢力伸進非洲的安哥拉（Angola）和衣索比亞（Ethiopia）。這在 1950 年代是不可能想像的事。[145]

---

142 Paul M. Kennedy, The Rise and Fall of the Great Power.

143 Joseph S. Nye. "Understating U.S. strength," Foreign Policy (Fall, 1988), pp.105-129; Samuel Huntington, "The U.S.-decline or renewal?" Foreign Affairs (Winter 1988/1989), pp.76-96; Walt W. Rostow, "Beware of historians bearing false analogies," Foreign Affairs (Spring 1988), pp.863-868.

144 Henry Kissinger and Cyrus Vance, "Bipartisan objectives for American foreign policy," Foreign Affairs (Summer 1988), pp.899-921.

145 Adam B. Ulam, Dangerous Relations: The Soviet Union in World Politics, 1970-1982 (Oxford: Oxford University Press, 1983).

從 1960 初期起到 1970 年代中期，蘇聯的軍事預算維持每年以 3-4% 的成長。美國的軍事預算變化較大，在甘迺迪總統時期增加較多，但在 1965 年和 1970 年代初期減少。越戰後，美國的政治氣候不利於增加軍事預算，這是為什麼尼克森總統急於要和蘇聯簽訂限武協議的原因之一。[146]

在蘇聯在軍力上，包括核子武器，追平美國之時，西歐和日本則在經濟上與美國呈現分庭抗禮之勢。在 1960 年，英國、法國、西德、義大利和日本在經濟上與美國之比分別是 100：17、100：17、100：26、100：10 和 100：15；到了 1970 年，比例已變為：15、22、28、13、33。主要工業國中唯一下降的是英國，從 17 降到 15，其他四國都明顯的上升。[147]

美國戰後對西歐的經濟援助和軍事援助分別在 1950 年代和 1960 年代終止。在 1950 年代，美國對世界的開發協助占總數的一半，到了 1980 年代，降到 30% 左右。1989 年，日本成為單一國家最大的捐贈國，歐洲共同體捐贈的總額則超過美國和日本。

美國的生產量占世界的比例也一直下降。1960 年約占世界的 30%，1970 年占 25-26%，1980 年代美國經濟成長較高，無明顯下降，1990 年代估計約占 23-26% 之間。美國在 1950 年擁有世界黃金儲備的 50%，到了 1970 年只剩下 16%，到了 1990 年美國已成為資產負債國。美國對世界的依存度也愈來愈大，主要變化發生在 1970-1980 年，美國出口從 GDP 的 6.6% 增加到 12.9%，進口從 5.99% 增

---

146 Raymond L. Garthoff, Detente and Confrontation: American-Soviet Relations from Nixon to Reagan (Washington, D.C.: Brookings Institution, 1985).

147 U.S. Department of Commerce, Statistical Abstract, 1981 (Washington, D.C.: Government Printing Office, 1982), p.880.

加至 12.1%；在能源上，以石油為例，1953 年美國的出產量為世界的 50%，1967 年為 14%；在 1950 年代，美國幾乎無需進口石油，到了 1977 年，進口石油占美國消耗的 46%。[148]

金融國際化和資本全球化使國家的財政受到很大的影響，美國也不例外。1961 年在四天內 3 億美元變成瑞士法郎，1973 年在一天內，30 億美元轉換成歐洲貨幣，1986 年在紐約、倫敦和東京的外匯市場上一天的成交量可達到 2,000 億美元。[149]

另一與美國衰退有關的因素是自冷戰後所建立的兩黨外交共識的瓦解，越戰是最大的原因，水門事件和對總統權力的質疑是次要因素。美國影響力的下降和越戰的創傷改變了美國自己的形象，也改變了世界對美國的印象。尼克森的「和解政策」以及「五極結構」理論足以說明了美國的今昔非比。

美國的民意也在改變，在 1965 年，79%的美國人支持美國在世界擔任積極角色，在 1982 年，這個比例降至 53%。修正主義的學者不但指責美國要為越戰負責，也要為冷戰負責。[150]

1980 年代，雷根總統從美國的自我懷疑中找回美國的信心和尊嚴，他說美國只是有一陣子停止擔任世界領袖了。在其 8 年任內，他不斷告訴美國人民美國是如何的偉大，激發美國人民的愛國心，他在 1988 年的國情咨文中很自豪的說到，我們已共同完成了徹底的轉變，有如一次革命。10 年前，美國是衰弱的，自由到處受到威脅；今天，美國是強大的，民主到處都在發展……我們已將「指責美國」

148 "U.S. share of world gross national product" in Lundestad, p.202.

149 Robert D. Putnam and Nicholas Bayne, Hanging Together: Corporation and Conflict in the Seven-Power Summits (Cambridge, Mass.: Harvard University Press, 1987), p.14.

150 Terry L. Deibel, "Reagan's mixed legacy", Foreign Policy (Summer 1989), p.52.

換成了「指望美國」。[151]所以，在 1986 年支持美國在世界上擔任積極角色的比例又回復到 64%。[152]在雷根第一屆任內，美國國防經費增加了約 1,000 億美元，在其第二屆任內，實質的軍事開支略為減少，但雷根任內使美國的財政赤字至少增加 3 倍，使美國從世界最大的債權國變成最大的債務國。

美國的衰退也反映在經濟政策上，如 1971-1973 年美國放棄金本位（終止美元兌換黃金）改採流動匯率。美國的保護主義高漲，開始對紡織品、鋼鐵和汽車「自願設限」（voluntary restraints）。對採取國有化的國家進行軍事干涉──1973 年對智利，1980 年代對尼加拉瓜，或經濟制裁── 如 1974 年對牙買加（Jamaica）和圭亞那（Guyana）。

越戰是美國最慘痛的失敗，美國直接的花費為 1,100 億美元；間接花費，如退伍軍人的照顧，則達 2,400 億美元。[153]美國在 1973 年達成停火協議，1975 年屈辱的接受北越併吞南越的結局。

越戰的結局使得美國人民不願再承擔國際義務，越戰證明了美國力量的有限。越戰後，美國的若干聯盟，如「東南亞公約」（SEATO）和「中央公約」（CENTO）相繼瓦解。尼克森主義強調區域性的衝突將由區域國家自行處理，如「越戰越南化」。

卡特政府也強調區域主義，並主張撤軍和減少美國武器外銷，由於美國未能阻止蘇聯在非洲的擴張，季辛吉批評這是美國第一次未能

---

151 Reagan's State of the Union Address (January 25, 1988) in The Pubic Papers of the Presidents of the United State, Ronald Reagan, 1982 (Washington, D.C.: Government Printing Office, 1983), p.79.

152 Deibel, "Reagan's mixed legacy," p.52.

153 Historical Statistics of the United States, p.1140.

對蘇聯在其邊界外軍事行動有所反應。1979 年伊朗政變，親美的政府被推翻，新政府囚禁美國人質達一年之久，使美國顏面盡失，也造成卡特（Jimmy Carter）連任的失敗。

卡特任內在外交上並非全無建樹，他解決了巴拿馬運河的爭議，調處了以色列和巴勒斯坦的爭議，與中國建交，並針對 1979 年底蘇聯入侵阿富汗，提出「卡特主義」，表達美國堅決維持在波斯灣利益的決心，但也使美國開始陷入中東的紛爭。

1980 年雷根的當選，象徵美國已不願再繼續軟弱，雷根主義有強烈與蘇聯對抗的意味。除了雷根的強勢作為外，對美國有利的乃是繼布里茲涅夫（Leonid Brezhnev）之後，蘇聯的領導人多為老弱，等到戈巴契夫（Mikhail Gorbachev）執政時，美國的氣勢已成。戈巴契夫的「新思維」大為改變蘇聯的外交政策。國際形勢的緩和有助美國聲望的提升。

儘管雷根總統提振了美國的士氣，恢復了美國人民的信心，但在其任期內，美國的海外行動是相當克制的。美國國會和人民對干涉中美洲都沒有太大的興趣。除了有限度的使用海、空軍之外，雷根政府甚少使用地面部隊去進行有限度的干涉行動。[154]美國甚至鼓勵區域國家或組織參與區域性問題的處理，如阿拉伯聯盟、歐洲共同市場以及亞洲的日本。[155]

隨著西歐和日本的影響力日益增加，美國意識型態的號召也相對減弱。盟國「邀請」美國擔任領袖的需要也不如過去那樣積極。美國

154 David Kryvig, ed., Reagan and the World (Westport, Conn: Greenwood Press, 1990).
155 David B. Ottoway, "New realism: U.S. seeks & local answers to regional conflicts." International Herald Tribune (September 19, 1989), p.2.

也了解應調整它與盟國之間的關係。甘迺迪總統曾提出「大西洋夥伴」的構想，尼克森曾提出「歐洲年」的號召，卡特更積極推動「三邊關係」（trilateralism）的理論，把美國、歐洲和日本視為相等的關係。但這些努力並無什麼成果，基本的結構仍然未變，美國仍然對其主要盟國提供核子保護與地面部隊。

美國希望維持其領袖地位，但也希望減少負擔。美國要的是「廉價的霸權」（hegemony on the cheap），西歐和日本則希望美國多與他們磋商，但不願增加防衛支出。1960 年代初期，美國可以阻止西德向蘇聯出售油管，但 20 年後，美國卻無法阻止西德採取「東進政策」（Ostpolitik）。「北約」的歐洲盟國增加了一些防衛經費但與美國的期望距離甚遠，對於美國於 1979 年底對蘇聯入侵阿富汗和波蘭實施戒嚴法要求予以經濟制裁，歐洲盟國的反應均十分冷漠。

在 1980 年代中期，美國成立了主要工業國家的高層定期會議——G7，起初是討論美國和其主要盟國之間的經濟關係，後來也擴大包括外交上的問題。此一定期高層會議可部分滿足了主要盟國的參與感，有助增加彼此之間的了解，但是否能達成具體協議還有待證明。

美國和西歐國家的問題在於彼此在危險和威脅上的認知日益分歧，早期由於蘇聯的威脅和戰爭的危險，雙方的認知較為一致，但隨著東西關係的穩定，西歐國家認為威脅已經減少，而美國卻不認為如此。美國升高越戰的作法，西歐國家也多不認同，並認為美國的戰略目標與他們漸行漸遠。[156]

---

156 Michael Howard, "Reassurance and deterrence: Western defense in the 1980s," Foreign Affairs (Winter, 1982/1983), pp.309-324.

在經濟方面，美國早期對歐洲的投資不斷增加，1957 年約為 17 億美元，1970 年為 24 億美元，到了 1987 年增加到 149 億美元。但 1970 年以後，西歐和日本在美國的投資比美國在西歐和日本的投資還多。1986 年以後，日本在防禦方面的經費不再限於低於其 GDP 的 1%的限制，但相對於西歐而言，仍是偏低，所以對美國的依賴遠較西歐國家為大。[157]

在 1990 年代，美國雖然仍然支持歐洲的整合以及對日本開放美國的市場，但美國表明不能也不願像過去一樣犧牲美國的利益。美國對西歐說，單一市場對歐洲、對美國以及對世界經濟都是不利的。美國警告日本，如果日本還想保有美國市場的話，必須對美國開放市場。美國和西歐和日本之間的貿易衝突日益表面化。

早期美國勢力的**擴張**，除了有被邀請的性質之外，也有介入和干涉的情況，如 1973 年對智利阿葉德（Salvador Allende）政權的干涉、1980 年對阿富汗的干涉，但與早期的干涉相比，美國已有力不從心之勢。1960 年後對古巴便不能奏效，也不能在 1988 年代對尼加拉瓜舊技重施。1953 年美國可以把巴勒維（Mohammad Reza Pahlavi）推上伊朗王座，但 1979 年美國卻不能阻止他的垮臺。

伊朗的例子說明了有些美國的成功只是一時的。美國策動的政變經常會造成反美的後果。美國干涉失敗的例子甚多，如越南、古巴、伊朗、黎巴嫩、尼加拉瓜、巴拿馬。由於紐西蘭的反核運動也造成「澳紐美」（ANZUS）聯盟的瓦解。相對而言，蘇聯也面對類似的問題，1960 年的中國、1973 年的埃及、1989 年的阿富汗以及 1989 年的東歐，都是失敗的經驗。

---

157 Lundestad, p.101.

　　科技的進步使權力分散，尤其在武器方面。1950 年代第三世界國家能製造小型武器的國家只有中國、阿根廷、巴西、哥倫比亞和印度五個國家。但在 1980 年代，擁有這種能力的國家已超過 26 個，還包括大規模的武器。小國擁有武器對強權有不同的意義，一如1945 年胡志明所言，我們以十對一的比例，便會將對方擊敗，足以說明了美國面對的困境。[158]

　　第一階段討論美國的衰退不是在美國本身的未來，而是在國際體系的未來。在 1980 年代末期，則偏重在美國未來的角色，雷根總統不接受美國在可見的未來有任何衰退的說法，季辛吉和范錫也保持相當的樂觀。老布希總統雖然希望如此，但其國務卿伊格伯格（Lawrence Eagleburger）在 1989 年表示美國面對的是一個權力和影響力分散的世界，美國和蘇聯相比，並不會好到哪裡。[159]

　　在學術界，杭廷頓對美國是最有信心的，他認為美國的「再生」比「衰退」更接近事實。羅斯托指稱保羅甘乃迪的理論是站不住的。溫和派的奈伊也說不要把雷根政府短期的問題當作美國的長期衰退來看待。[160]保羅甘乃迪指出美國的問題是：軍力的過度伸延、財政的赤字、較弱的政治體制、以及對美國不利的國際關係。[161]

　　保羅甘乃迪的論點是歷史性的，政治經濟方面的論點以吉爾平（Robert Gilpin）的為代表，他指出，帝國在起初可以自從屬國家得到利益，但最後維持帝國的代價會超過這種利益，內在和外在的種種

158　Andrew Mark, "Why big nations lose small wars: The politics of asymmetric conflict," World Politics (January 1975), pp.175-200.

159　Lundestad, p.105.

160　Kennedy, The Rise and Fall of the Great Powers, p.533.

161　Gilpin, War and Change, pp.53-88.

問題會造成不可避免的衰退。國際體系是變動不居的，挑戰者會結合在一起來對付主導者，而戰爭會改變一切。美國的問題不僅要與蘇聯在軍事上競爭，而且還要與西歐和日本在經濟上競爭。保羅甘乃迪的論點主要在兩方面，一是帝國的過分伸張（over stretch），二是科技和經濟上的不斷被挑戰。[162]

以蘇聯來說，在 1970 年代，它在軍事上被認為已與美國不相上下，在對外擴張上，從邊陲地區發展到亞洲、非洲、甚至拉丁美洲。在 1980 年代，戈巴契夫的風采不但超越了過去的蘇聯領導人，甚至比西方的領導人還要風光。但蘇聯的問題乃是它想在軍事上和政治上與美國一較高下，但在經濟上卻只有美國一半的實力。在 1980 年代，蘇聯的軍事開支約占其 GDP 的 15-17%，維持其帝國的開支約占 7%。所以，蘇聯在維持其安全方面的支出占其 GDP 的 20-25%。美國維持其帝國的開支變動很大，但經常保持在占其 GDP 的 8-9% 之間。[163]美國的主要盟國，西歐約為 3-5%、日本僅占 1%，這也說明了為什麼西歐和日本在經濟上可以追上美國的主要原因。美國的軍事開支足以證明美國追求的不僅是權力平衡而已，而且也在維持霸權。

隨著冷戰結束，美國國內要求美國自國外撤軍的壓力不斷增加，美國的盟邦也可能認為不再需要這麼多的美國駐軍，但美國擔心一旦撤軍或減少其海外駐軍勢必減少其在國外的影響力，甚至造成美國力量衰退的進一步印象。這是美國面對的兩難困境。

---

162 Kennedy, The Rise and Fall of the Great Powers, pp.514-515.

163 Henry S Rowen and Charles Wolf, Jr., eds., The Future of the Soviet Empire (New York: St. Martin's, 1987), pp.129-140, 135-138.

## ● 三、霸權主義

### （一）傲慢和孤獨的強權

　　第二次世界大戰後，美國人民要和平，希望儘快「復員」，恢復正常生活。但美國政府要圍堵蘇聯，和蘇聯「冷戰」了 40 多年。美國從冷戰學到的經驗是美國的利益，甚至生存必須要圍堵敵人；在平時維持最大的軍力，以安全、穩定和世界秩序為名，推動美國的理念和價值。

　　為了美國的利益，美國不斷增加自己的權力，不斷對外干預，甚至打了不少戰爭，美國已成歷史上最大的帝國。由於美國自身的強大，不尊重其他國家的安全和利益，在冷戰後初期，曾被稱之為「孤獨的強權」。

　　美國認為第二次世界大戰後的國際秩序是美國一手創造的，但如今美國是最不尊重聯合國，也最不遵守國際法和國際條約的國家。從 1994 年迄今，美國國會從未批准過任何一項國際公約。美國聲稱不能接受高於美國法律的任何限制，並逐漸以國內法取代國際法和國際公約。

　　美國國防部已取代了國務院成為美國與其他國家交往的主要管道。中央情報局（CIA）成為總統的私人特種部隊，專門在海外從事監聽、謀殺和策動政變的工作。大部分國防部和情治機關的經費是不公開的，這是公然違反美國憲法的行為。

　　美國已成為一個傲慢的軍事帝國。美國建國先賢最崇拜古羅馬帝國，美國應記取羅馬帝國是如何由偉大走向衰亡的歷史——帝國過於伸延，經濟凋敝和無法改革。美國已跨越了一條不能回頭的河流

（Rubicon），但它不可能像羅馬帝國那麼幸運，可以拖上數百年。近代歷史告訴我們，一如英國歷史學家佛格森（Niall Ferguson）所說，帝國的衰敗是瞬間的事。消滅帝國最有效的方式是戰爭，二十世紀已見證了這個事實，兩次世界大戰消滅了八個帝國。美國對戰爭上癮，窮兵黷武，也難逃這個命運。[164]

美國的傲慢、自大、野心和虛榮，失去在冷戰後享有「大美和平」（Pax Americana）的機會。1989 年 11 月 9 日柏林圍牆倒塌，東西德走向統一，代表兩個事實；蘇聯與德國關係友好，未予干預；蘇聯希望與西方妥協，化解本身的經濟問題。但美國缺乏情報也沒有想像力去抓著這個機會，反而以「北約」東擴來壓迫俄國的安全，甚至想進一步削弱俄國。事實上，當時俄國急需美國在經濟上伸出援手，美國經濟學教授塞克斯（Jeffrey Sachs）曾建議美國以 300 億美元援助俄國，便可「化敵為友」，爭取俄國留在西方陣營，穩定歐洲形勢，給世界帶來和平、安定，但美國不做此想，不為所動。[165]

在冷戰結束後，美國學者、曾任卡特總統國安顧問的布里辛斯基（Zbigniew Brzeziński）曾連寫三本書──《失控》（Out of Control, 1993 年）、《大棋盤》（The Grand Chessboard, 1997 年）和《選擇》（The Choice, 2004 年），提醒美國不可躁進，不要把武力過度伸張。在戰略上，要爭取俄國留在西方陣營，俄國也不可失去烏克蘭。他生前最後一本書《戰略遠見》（Strategic Vision, 2012 年）更明確指出，西方在衰弱，美國夢在消逝中，世界走上多極化和東方

---

164 Niall Ferguson, Colossus: The Rise and Fall of the American Empire (London: Penguin, 2004).

165 Jeffrey D. Sachs, A New Foreign Policy: Beyond American Exceptionalism (New York: Columbia University Press, 2018).

化。他建議美國要重建西方陣營，爭取俄國和土耳其；在東方要進行大和解，要與中國合作才能穩定亞洲。[166]他還說美國最大的夢魘將是中國、俄國和伊朗的結合。他的提醒和遠見在今天已一一浮現，美國能不慚愧嗎！？

　　相反的，美國反其道而行，變本加厲。不但「北約」東擴，不顧俄國安全還硬拉烏克蘭進入「北約」，在削弱俄國之後，還要尋找新的敵人。不僅不克制軍力，還要在「低強度」（low-intensity）地區部署軍力，確保能源的掌握和通暢，因此中東便成為下一個目標。事實上，美國意圖要打造一個後冷戰時代成為掌控世界的美國霸權。從1989 年到 2002 年，美國與世界的關係發生了根本的變化，美國以軍國主義取代了外交政策，美國推動的全球化就是「美國化」，美國要所有國家對外開放，接受美國式的資本主義，並以「基地」對全世界進行監控、武力威攝，或進行干預。

　　第二次世界大戰後，美國和蘇聯在 1945 年 2 月的雅爾達（Yalta）會議中，在歐洲劃分勢力範圍，美國以西歐為主，蘇聯以東歐為主，比例美國為 2/3、蘇聯為 1/3。此一結構為冷戰的基礎，45年未變。二戰後，蘇聯本想擴張至南歐、中亞（希臘、土耳其），但立即被美國以「杜魯門主義」對蘇聯圍堵而阻止。歐洲的穩定支持了冷戰的結構，但冷戰結束後，美國已享有不受拘束的自由，去推動它的霸權主義大業。

———— ● ————

166 Zbigniew Brzezinski, Strategic Vision: America and the Crisis of Global Power (New York: Basic Books, 2012).

　　美國第一次走上軍國主義是 1898 年的美西戰爭，在菲律賓鎮壓反抗時殺死菲律賓 20 萬人，但在麥金萊（William McKinley）總統心中是「仁慈的同化」（benevolently assimilated）。參議員貝佛里奇（Albert Beveridge）說「太平洋是我們的」，為「走上中國的跳板」（stepping stones of China）。美國有責任把基督教和文明帶給那些「野蠻和衰退的人民」（savage and senile people）。[167]

　　美國自建國之後，曾有近一個世紀對外反戰的思想，但在 1890 年美西戰爭後終止，到了二十世紀末年，美國已自認「戰無不勝」了。1917 年，美國參加第一次世界大戰，威爾遜（Woodrow Wilson）總統以輸出民主「正當化」美國的帝國主義，奠定了美國帝國主義的正當性基礎，以美國為榜樣並由美國領導的世界民主。[168]

　　美國本有文人主政的傳統，但戰爭使軍人有主政的機會，如獨立戰爭後的華盛頓（George Washington）、消滅印第安人戰爭時的傑克森（Andrew Jackson）、美墨戰爭後的泰勒（Zachary Taylor）、南北戰爭後的格蘭特（Ulysses S. Grant）、美西戰爭後的老羅斯福（Theodore Roosevelt）和第二次世界大戰後的艾森豪（Dwight Eisenhower）都擔任過總統。但自 1960 年代迄今，美國未出現過軍人成為總統，但軍人在外交上的分量卻大幅提升。

　　美國走上軍國主義有三個因素：[169]

1. 職業軍人地位的上升。美國可能是世界上最尊重軍人的國家。美國軍人的地位崇高，在民調中高居前茅。軍人待遇優

---

167 Chalmers Johnson, The Sorrows of Empire: Militarism, Secrecy, and the End of the Republic (New York: Henry Holt, 2004), p.43.

168 Johnson, pp.48, 51.

169 Ibid., pp.58-64.

渥，退伍後國家終生照顧，包括對遺族，不遺餘力。

2. 美國「軍工複合體」（military-industry complex）勢力強大。2001 年洛克希德馬汀（Rockheed Martin）軍火公司一筆 F-35 戰機訂單高達 2,000 億美元。若干政府官員，尤其是軍職人員，離職後多擔任與軍工業有關公司的負責人。

3. 為維持美國企圖控制世界的力量，美國的軍費通常為排在其後十幾個國家軍費的總和。美國的對外軍售也占全球軍售的近一半。美國軍力之強大無人能及，根據美國《新聞週刊》（Newsweek）2001 年 6 月 5 日一期報導，美國核武彈頭為 5,400 個，長程轟炸機攜帶 1,700 個核彈，戰術核武 1,670 個，以及儲備核武 10,000 個。[170]

在美國政治傳統中，帝國不是一個受歡迎的名詞，1912 年威爾遜（Woodrow Wilson）的民主黨曾在選舉時，批評「帝國主義是無法原諒的錯誤」。雷根總統曾抨擊蘇聯為「邪惡帝國」（evil empire）。但冷戰後，特別是 2001 年九一一事件之後，「帝國」對美國人開始有吸引力了。一如國際關係學者貝西維奇（Andrew Bacevich）所說，如今幾乎沒有半個人會懷疑美國將永遠是世界唯一軍事強權了。美國保守派學者克勞薩摩（Charles Krauthammer）在 2001 年美國入侵阿富汗後說：「勝利改變了一切」，以及「美國如今可以重塑規範，改變期望和創造新的現實」。[171]

1989 年 11 月 9 日柏林圍牆事件後，蘇聯曾向美國表示，今後不再干涉他國內政，但美國在該年 12 月 20 日出兵巴拿馬，把該國總

170 Ibid., p.64.
171 Ibid., p.67.

統諾里加（Manuel Noriega）押到美國審判。[172]

　　自 1980 年代雷根（Ronald Reagan）總統執政後，美國新保守主義（neoconservative）興起，結合了老羅斯福總統的軍事帝國主義和威爾遜總統的理想帝國主義，成為右派的力量。1990 年代，柯林頓（Bill Clinton）代表的是全球自由主義，傳承威爾遜的理念，稱之為自由帝國主義，成為左派的力量。

　　美國為展示其強大軍力，在人道干預巴爾幹內戰時，在 1999 年 3 月到 6 月，曾從美國本土以戰略轟炸機出動 38,000 架次轟炸塞爾維亞（Serbia）。美國太空司令邁爾斯（Richard B. Meyers）說，美國已進入太空發動戰爭的時代，他在 2001 年 8 月被小布希總統任命為聯參主席。[173]

　　2002 年美國在阿富汗打敗塔利班（Taliban）政權後，曾任職「國家偵查公署」（National Reconnaissance Office, NRO）退伍後轉任洛克希德太空系統公司（Lockheed's Space Systems Company）的哈里斯（Jeff Harris）說：「美國軍力應使所有潛在敵人毫不懷疑的害怕美國的能力。」[174]

　　曾任空軍副司令接任 NRO 主任的提特斯（Peter Teets）表示美國已不需要「北約」、聯合國或任何「責任分擔」、「多邊主義」的配合，美國可運用其太空優勢、太空主宰能力去達成戰場上的成功。美國應以它的單邊主義的能力為榮。[175]國防部在其「2020 年展望」（Vision for 2020）中明確表示，美國已主宰太空，並將阻止任何其

172 Ibid., p.69.
173 Ibid., p.79.
174 Ibid., p.80.
175 Ibid.

他國家進入太空。[176]

　　新保守主義學者卡布蘭（Lawrence F. Kaplan）說：「美國的飛彈防禦不是為了保衛美國，而是主宰全球的工具。」哈佛大學研究員華爾史（Jim Walsh）則說：「飛彈防禦是飛彈多於防禦。」[177]在小布希政府擔任國防部副部長，策劃美國新帝國大戰略的伍佛維茲（Paul Wolfowitz）早在 1992 年便強調美國應阻止任何敵對國家主宰區域資源，因為資源可轉變為世界強權。他堅持美國必須要維持「大美和平」的地位。[178]

## （二）美國的軍國主義

　　艾森豪總統曾授權主要地區指揮官在下列兩種情況下，可發動核子攻擊：一、與白宮的通訊被切斷。二、總統喪失行為能力。這個決定一直到甘迺迪和詹森總統都適用。[179]

　　美國為維持其強大軍力，除科技和武器外，兵源是一較為困難的問題。美國為志願役，但年輕人害怕戰爭，有錢人的子女不願當兵，即使當兵也選擇非戰鬥性的工作。當兵不是為愛國或有崇高的志業，多為生活所迫。美國的軍人不但待遇好而且有很多的福利和保障。

　　軍隊士兵一半的年齡在 17-24 歲之間，軍官平均年齡為 34 歲。1999 年軍人總額為 140 萬人，後備役為 87 萬人，其中新兵為 18.4 萬人。2002 年在新兵訓練中，退訓的高達 13.7%。

176 Ibid.

177 Lawrence F. Kaplan, New Republic (2001.3.12). Jim Walsh, "The two faces of Bush on defense," Los Angeles Times (2001.5.1).

178 Paul Wolfowitz, "Remembering the future," National Interest (Spring 2000).

179 Daniel Ellsberg, Secrets (2002). Cited in Johnson, p.97.

軍人風紀不佳，軍中事故在 1990 年為 1,000 人占 18.6%，1996 年為 25.6%。女性軍人占 15%，但軍中性侵案件占女性軍人的 28%，20 萬人中有 1.4 萬人。據稱為了軍中倫理和軍人聲譽，公開的僅為少數。

美國政府為爭取年輕人從軍，用盡一切手段，甚至有時手段過激，引起反彈。在高中便開始提供補助，寄發大量宣傳資料。大學有政府補助（哈佛大學一年 3 億美元）鼓勵學生當兵。在政府支持下，好萊塢經常製作美國軍力強大、無敵、正義的電影，並穿插軍中生活浪漫有趣的情節。國防部在公關方面更是花樣百出，長期經營民間團體支持國防和軍費。2000 年太平洋艦隊司令部就招待了 7,836 位民眾登艦參觀。

美國軍中有黑機關，也有黑預算，對外不公開。例如美國的核武的研發和部署從不對外公開，也不向國會報告，只有總統和軍方人士了解和做決定。情治機關也是如此，如中央情報局（CIA）、國家安全局（NSA）、國家偵察局（NRO）、防衛情報局（DIA）。這些黑機關的黑預算的正式名稱為「特別介入計劃」（Special Access Programs, SAP），共有 185 個項目，一年估計黑預算約 300-350 億美元。[180]

美國軍中長久以來有一個原則，「軍事本身就是法律」（the military is a law unto itself）。小布希政府的國防部長倫斯斐（Donald Rumsfeld）在 CIA 之外，建立直屬國防部的一個特種打擊部隊，從事祕密軍事行動，人員 47,000 人，一年預算 70 億美元。此舉引起 CIA 的反彈和一些人士的批評，認為軍人不應從事間諜工作，但倫斯

180 Johnson, pp.97-122.

斐一意孤行，不予理會。[181]

———●———

美國軍方也採取「以夷制夷」和「分而治之」的策略。尤其在冷戰後，美國積極採取訓練外國軍人和對外軍售的作法，來加強與其他國家的軍事合作。

美國在國務院下設立「國際軍事教育和訓練計劃」（International Military Education and Training Program, IMET）。在 1990 年有 96 個國家，到 2002 年增加到 133 國。如今，一年約訓練 10 萬多人，2003 年一年的預算為 8,000 萬美元。美對外軍售在 1997-2001 年為 448 億美元。[182]

自越戰慘敗，美軍陣亡 58,000 軍人後，美國儘量避免軍人的傷亡。2002 年 1 月 11 日小布希說：「美國將不送美軍去打仗，但美國將積極協助他國去打仗。」（We will not send American troops to every battle, but America will actively prepare other nations for the battle ahead.）[183]

美國也用錢收買小國，支持美國的外交政策。例如美國以每年 12,000 美元協助訓練太平洋小國吐瓦魯（Tuvalu）。在 2000 年聯合國大會決議譴責以色列以武力屠殺巴勒斯坦平民時，吐瓦魯是四個國家加入美國和以色列反對的國家之一。[184]美國以訓練外國軍人為名，

181 Ibid., pp.123-130.
182 Ibid., p.132.
183 Ibid., p.133.
184 Ibid., p.138.

也從事一些恐怖行為，包括暗殺外國政要，如此可避免美國被指控違反戰爭罪和違反國際條約。

美國這種作法來自越戰的經驗。在 1960-1970 年代，美國 CIA 和軍方特種部隊在寮國（Laos）訓練了 3 萬當地人民對抗支持北越的寮國政府軍隊，被認為是成功的例子。美國也長期協助印尼訓練軍人屠殺東帝汶（East Timor）居民，在 1950-1991 年間訓練了 7,300 人。1979-1989 年，CIA 支援阿富汗聖戰士 20 億美元對抗蘇聯軍隊。[185]

美國的傭兵公司規模很大，DynCorp 有 23,000 員工，Cubic 有 45,000 人，MPRI 有 700 名全職員工和 10,000 名可用的退伍軍人。這些公司的收入，1990 年約 556 億美元，2010 年為 2,020 億美元。[186]這種「軍事私有化」的目的在逃避國會監督和矇騙美國人民了解真相，當然也可謀取可觀的利益。這類企業提供的服務十分周全，從工廠到散兵坑（foxhole）無所不包。

國防部也樂於將一些重大工程「外包」，由於國防部「成本追加」（cost-plus）的作風，承包的廠商應運而生。美國海外基地的龐大和豪華，令人難以想像。1999 年美國在科索夫（Kosovo）建造的 Bondsteel 軍營造價 3,660 萬元，每年維持費用 1.8 億元，建造的公司 Kellogg Brown Root 在中東和中亞承包許多重大工程。[187]

曾任老布希政府的國防部長，小布希總統的副總統錢尼（Dick Cheney），1995-2000 年在野時曾任最大石油工程公司 Halliburton

185 Ibid., pp.134, 137, 139.
186 Ibid., pp.140-142.
187 Ibid., p.143.

的 CEO。該公司曾為美國最大公司，後被 Wal-Mart 取代。1998 年公司稅達 3 億美元。錢尼被稱之為「軍事石油複合體」（Military-Petroleum Complex）的「教父」（godfather）。[188]

私人軍事公司已成為美國海外近 800 個軍事基地不可缺少的一部分，它使這個基地帝國得以正常運作。

## （三）遍布全球的軍事基地

### 1. 基地帝國的誕生

基地帝國誕生於 1940 年 9 月 2 日，美國正式取得海外軍事基地是在參加第二次世界大戰前，為了援助英國。美國以第一次世界大戰時期的 50 艘驅逐艦，交換英國在海外殖民地的海、空軍基地。美國取得在紐芬蘭（Newfoundland）、百慕達（Bermuda）、巴哈馬（Bahamas）、牙買加（Jamaica）、安提瓜（Antigua）、聖露西亞（St. Lucia）、千里達（Trinidad）以及英屬蓋亞那（British Guiana 今蓋亞那），99 年基地的租賃權及近乎主權的權力。[189]

美國介入二戰伊始，美軍即全力以赴地儘速擴張各地基地。二戰結束時，軍方每個月平均興建 112 個基地設施，5 年下來，興建出世界史上最多的軍事基地。[190]

1947 年之後，美軍在德國建了 241 個新基地，在日本更高達 3,800 個軍事設施。菲律賓 1946 年獨立時，美國壓迫這個前殖民地

188 Ibid., pp.144-146.

189 David Vine, Base Nation: How U.S. Military Bases Abroad Harm America and the World (New York: Henry Holt, 2015), p.17.

190 Catherine Lutz, ed., The Bases of Empire: The Global Struggle against U.S. Military Posts (New York: New York University Press, 2009), p.23

同意給予當地 23 個基地和軍事設施 99 年免繳租金的租約。[191]

在去殖民化及東西雙方冷戰正烈的這一時期，國家安全機構關心各個殖民地獨立之後的世局演變。戰後的獨立運動極力反對外國軍事設施留駐，美、英、法的海外基地也日益遭到蘇聯和聯合國的抨擊。美國特別擔心失去海外基地會減損美國在第三世界的影響力，他們預測未來的軍事衝突將發生在第三世界未來 5-10 年內。目前在西方控制下的整個非洲，以及某些中東和遠東地區，將取得完全獨立或高度自治，可能脫離西方勢力範圍。

「第三世界」熱點的島嶼基地可以提升美國隨時隨地快速部署軍隊的能力。避免在人口稠密的陸地設置傳統的基地，因為它們很容易招致在地人的反對。唯有在相對較小、人口不多的島嶼，與眾多人口隔離，才能在全面控制下安全地存在。

1970 年美國參議院一個委員會報告指出：「截至 1960 年代中期，美國透過條約與協定，對 43 個以上國家有堅定承諾，約有 375 個主要海外軍事基地和 3,000 個小型設施遍布全世界，實質上包圍了蘇聯和共產中國。」地理學家史密斯（Neil Smith）指出：「以全球遍布基地來保衛全球經濟利益，並限縮任何未來的軍事挑撥。」[192]

1980 年由於蘇聯入侵阿富汗，美國啟動有史以來最大規模的興建基地行動。中東增建基地的規模直追冷戰時期為防衛西歐，以及韓戰及越戰期間的基地建設程度。2001 年及 2003 年美軍攻打阿富汗和伊拉克時，美軍基地在中東再度大幅擴張。美軍幾乎在波斯灣地區每

191 Lutz, pp.14-15.
192 Neil Smith, American Empire: Roosevelt's Geographer and the Prelude to Globalization (Berkeley: University of California Press, 2003), pp.349, 360.

個國家都興建大型基地，包括卡達、巴林、科威特、約旦，在以色列也有 6 個祕密基地。美國駐巴格達大使館是全球最大的美國大使館，實際上也是個基地，另外至少還有 5 個伊拉克境內的軍事基地。[193]

美國的軍事基地，指的是在組織、指揮、訓練、部署和駐紮美國軍人員的設施。這包含各軍種所建設的兵營（camp）、所（post）、站（station）、工廠（yard）、中心（center）、母港（homeport facility）以及其他在美國國防部管理之下，具有軍事職能的土地、建築在內。這些名稱是根據各軍種的專用軍事術語而來。

依照規模大小，基也又分成大型（Large Site）、中型（Medium Site）、小型（Small Sites）以及其他（Other Site）等四類。它們是根據基地的總產值來分類的。例如大型基地是要大於或相等於 20.67 億美元；中型基地總產值小於 20.67 億美元、大於 11.02 億美元；小型基地總產值小於 11.02 億美元。

它們也根據功能來分類，主要是分成三大類。「主要作戰基地」（Main Operating Bases）是指設備完善、能夠用於作戰和駐紮、訓練部隊的軍事基地。「前進作戰據點」（Forward Operating Sites）是指那些有預置裝備和輪調部隊、用來應急目的的軍事設施。最後一類是「安全合作站」（Cooperative Security Locations），只有很少，甚至沒有美國相關人員進駐的據點，但提供定期服務和承包商支援的軍事設施。

根據美國國防部公布的報告顯示，截止 2018 財年（FY 2018）美軍共有大型基地 148 個、中型基地 112 個、小型基地 3,716 個，其他則有 799 個，合計美國在海內外共有 4,775 個基地。美國在海外的

193 Vine, pp41-42.

基地主要分布在全球 45 個國家，其中最主要在德國（194 個）、日本（121 個）、南韓（83 個）。[194]

## 2. 美國主要的海外軍事基地

美國在第二次世界大戰後，由於占有了大部分的太平洋島嶼，決定把太平洋變成美國的內海。面對亞洲大陸可能形成的不友善國家，美國打造「離岸島鏈防線」。美國太平洋司令麥克阿瑟（Douglas MacArthur）說：「我們的防線穿過在太平洋海岸邊島鏈。它始自菲律賓，北上通過琉球群島，包括其大島沖繩在內，然後再經過日本和阿留申群島鏈至阿拉斯加為止。」這就是今日的「第一島鏈」。[195]

美國以日本為亞洲太平洋地區最大的盟國和軍事基地。當前駐日美軍人數約 35,000 人，美軍四大軍種在日本都有駐軍，其中以陸戰隊的 17,000 人最多，駐日美軍超過 74%的軍事設施都是設在沖繩群島。

沖繩有三大軍事基地：嘉手納空軍基地（Kaduna Air Force Base）堪稱西太平洋規模最大的戰略性空軍基地，可容納 100 架轟炸機或 150 架戰鬥機。普天間海軍陸戰隊航空基地（Marine Corps Air Station Futenma），可容納 160 戰鬥機。以及巴特勒陸戰隊基地（Marine Corps Base Camp Smedley D. Butler）。

在日本本土有三大基地：橫賀海軍設施（United States Fleet Activities Yokosuka），第七艦隊司令所在地。橫須賀是美國海軍在西

---

194 Vine, Introduction, pp.1-14. Chalmers Johnson, Chapter 6, The Empire of Bases.

195 Peter Hayes, Lyuba Zarsky and Walden Bello, American Lake: Unclear Peril in the Pacific (Victoria, Australia: Penguin, 1986), p.28. Hal M. Friedman, Creating an American Lake: United States Imperialism and Strategic Security in the Pacific Basin, 1945-1947 (Westport, CT.: Greenwood, 2001).

太平洋地區最大的綜合性作戰基地，可以容納 4 艘航空母艦，以及其他船艦共 150 多艘。佐世保海軍設施（United States Fleet Activities Sasebo），距離上海 800 公里、臺北 1,200 公里，是美國海軍兩棲船艦的母港。三澤空軍基地（Misawa Air Base），可容納 150 架戰鬥機或者 90 架轟炸機，駐軍 5,300 人。

在南韓，美軍約 3 萬人，有三個主要基地：陸軍韓福瑞基地（United States Army Garrison-Humphreys），容納駐韓美軍及眷屬等 8.5 萬人，並有維修 3,600 輛車的車輛維修中心共有三處。龍山陸軍基地（United States Army Garrison Yongsan）。烏山空軍基地（Osan Air Base），美國在韓國規模最大、設備最好的空軍基地，可容納 300 架戰鬥機。

美國在太平洋的屬地關島（Gram），是美國在西太平洋第二島鏈主要軍事基地，面積 544 平方公里，距離臺灣 2,500 公里。安德森（Anderson）空軍基地的轟炸機可以在 12 小時之內，前往全球任何一個熱點投彈，是美國重要戰略打擊力量。

美國最大的海外軍事基地在德國西南部小城鎮拉姆斯坦—米森巴赫（Ramstein-Miesenbach），美國空軍在歐洲的「超級基地」拉姆斯坦空軍基地（Ramstein Air Base）面積相當於美國羅德島州（約 4,000 平方公里）。[196]這裡是阿富汗戰爭和伊拉克戰爭主要的後勤站：大約 80% 的部隊、武器和補給都經過拉姆斯坦空軍基地。拉姆斯坦基地的凱撒史勞騰軍事社區（Kaiserslautern Military Community）占地 84 萬 4 千平方英尺，住了約 45,000 名美軍、文職雇員和眷屬，加上 5,000 名退役者及眷屬，還有 6,700 個為美軍工作的德國人。此一社

---

196 Vine, p.45.

區中的「東方美國購物中心」是軍方在海外所興建最大的一座房舍，耗資超過 2 億美元，是世界最大的軍事基地福利站，店面面積 16 萬 5 千平方英尺。它設計來提升軍人及其眷屬的「生活品質」，它是從軍的福利，讓軍人樂意在軍中服務。這種大型的基地和設施被稱之為「小美國」。[197]

### 3. 「戰略島嶼」概念

蘇聯瓦解後，美國海外駐軍人數雖大減，但仍維持在一定的數字。1990 年代上半期，美國政府放棄約 60%的海外基地，把將近 30 萬軍隊撤回美國。

依據小布希政府的計劃，軍方不再重視在過去的冷戰地區興建新的「小美國」，反而專注在其他地方開發更小、較靈活的基地。美國官員極力避免稱呼第三類小型設施為「基地」。他們把它們稱之為「安全合作據點」（Cooperative Security Location），一般俗稱「蓮葉」（Lily Pad）。使用這個名詞是為了避人耳目，引人注意，讓人們以為這些基地規模小、不重要。[198]

「蓮葉」通常位於偏僻、遙遠的地方，不是十分祕密、就是默示承認，以免招致抗議，可能導致用途受限。雖然大型的冷戰時期基地數量在減少，但近年來「蓮葉」（和前進作業地點）的散布卻表示美國的基地帝國版圖實際上更廣為分布到各個角落。

美軍在許多國家簽署「進出協議」，取得經常性使用機場、港口和基地的權利。從冷戰結束到 2007 年倫斯斐交卸國防部長為止這段

---

197 Ibid., p.46
198 Ibid., p.56.

期間，這種協議從 25 個增加到超過 90 個。[199]

———— ● ————

### 迪哥加西亞（Diego Garcia）和島嶼基地人民的命運[200]

由於在印度洋缺乏基地，美國選定在印度洋中央的迪哥加西亞島。它孤懸在海中，相對安全、不易受到攻擊，可是它的打擊範圍又足以涵蓋相當大一片地域，從非洲南部和中東到南亞和東南亞，統統在內。

甘迺迪政府說服英國違背國際協定——去殖民化後不能再把殖民地劃分——把迪哥加西亞所在的查哥斯群島（Chagos Islands）從殖民地模里西斯（Mauritius）劃出來，創造一個新的殖民地。

一年之後，美、英兩國政府以不受人注意的「換文」確認這項安排。根據雙方換文，美方「無償」取得此一英國新殖民地使用權。事實上，美國祕密付給英國 1,400 萬美元。[201]

迪哥加西亞人口約為 1,500-2,000 人，在美國的要求下，英國展開迫遷行動。《華盛頓郵報》是第一個揭露這件事的媒體，記者描述查哥斯人活在「可憐的貧困」中，是遭到「集體綁架」的受害人。查哥斯人幾乎失去一切，只因為他們不幸住在美國覬覦的一座小島上。[202]

---

199 Ibid., p.58.

200 David Vine, Island of Shame: The Secret History of the U.S. Military Base on Diego Garcia (Princeton, NJ: Princeton University Press, 2009).

201 Vine, p.13.

202 David Ottaway, "Islanders were evicted for U.S. base," Washington Post (1975.9.9)

———— ● ————

第二次世界大戰之後，美國海軍奉命在全球尋找核武器試爆的合適地點。最後選定了當時聯合國交給美國託管的馬紹爾群島（Marshall Islands）的比基尼環礁（Rongelap Bikini）。從 1946-1958年間，美國在此進行了 68 次原子彈和氫彈試爆，任務代號為「十字路口行動」（Operation Crossroad）。[203]

美軍 1944 年從日本收復關島之後，遷走或不准數千人回到老家。軍方最後取得島上約 60%的土地。美軍占領沖繩 45%以上農地，造成 25 萬人，將近一半的島民有家歸不得。1954-1964 年間，美國安排了 3,218 個沖繩人移民到 11,000 英里路之外南美洲的內陸國家玻利維亞（Bolivia）。[204]

1953 年，美國官員和丹麥政府簽署祕密協議，遷徙妨礙美國在格陵蘭圖勒（Thule）擴建空軍基地的 150 名伊努伊特族（Inughuit）原住民。伊努伊特人接到通知後 4 天內遷走，否則美國人的推土機就來了。[205]

在太平洋方面，聯合國把第一次世界大戰之後託付給日本的「太平洋諸島託管地」（Trust Territory of The Pacific Islands）轉交給美國託管，美方要求擁有基地權利。這塊託管地包括馬紹爾群島、帛琉（Palau），以及 1986 年獨立成為「密克羅尼西亞聯邦」（Federated States of Micronesia）的一些島嶼。[206]後來，託管地各島與美國簽訂

---

203 Vine, p.71.
204 Ibid., p.75.
205 Ibid., p.76.
206 Ibid., p.83.

「自由加盟公約」獲得正式的獨立，但把防衛責任交付給美國，美國政府也因此對各島保持軍事控制。

### 4. 「蓮葉」小型基地

美國愈來愈依賴散布全球的小型、祕密基地——「蓮葉」（lily pad）的「安全合作據點」。「蓮葉戰略」側重從大型基地轉向比較小的基地，它吸引人的地方之一是成本較低，大部分的「蓮葉」位於經濟和政治比較弱勢的國家。

「蓮葉戰略」是美國「新型態作戰方式」的重要環節，在中國、歐盟，乃至俄羅斯和印度日益崛起，和美國在全球經濟和地緣政治競爭日趨激烈下，用來維持美國的全球主導地位。它也是一個警訊，顯示美軍的觸角愈來愈進入世界新的地區，可能引發新的衝突。[207]

1992 年菲律賓拒絕延續美國在菲律賓基地的租約，並在新憲法中規定禁止外國在該國擁有基地，同時關閉美國的克拉克空軍基地和蘇比克灣海軍基地。

美、菲雙方在 2002 年簽署「共同後勤支援協定」（Mutual Logistics Support Agreement），允許美軍在菲律賓預先存放武器和裝備、興建設施，及建立完整的後勤服務。不久，美軍又恢復進出蘇比克灣和克拉克基地。2014 年的協議又增加美軍進駐人數，但談判的內容很少對外披露。[208]

以「蓮葉基地戰略」、訓練和演習的三種模式，讓美軍能夠被迫從菲律賓撤出以後不到 10 年，又重回菲國。美國在 1996 年與菲律

---

207 Ibid., p.318.
208 Ibid., pp.325-326.

賓簽署「駐軍協定」，允許美軍回到菲律賓進行演習和訓練，每年的演習約 30 次。因為必須以演習作為幌子，掩飾美軍的再度介入。

把「蓮葉」基地，演習、海軍軍艦泊靠、醫療巡訪活動，以及使用基地協定等加總起來，美國現在什麼都有了，比以前使用蘇比克灣基地和克拉克基地有更多的方便和自由。

———— ● ————

美國在 2007 年成立非洲司令部之前，非洲是由歐洲司令部兼管。2001 年九一一事件之後，美國官員開始徵詢在東非吉布地（Djibouti）設立基地的可能性。但除了美國建立的賴比瑞亞（Liberia）之外，沒有一個國家歡迎非洲司令部設在它們國內，只好設置在德國斯圖嘉特（Stuttgart）。

2014 年，美國在「非洲之角」（Horn of Africa）已有九個前進作戰據點。2007 年起又在尼日、查德、衣索匹亞和塞席爾等國家成立「12 個空軍基地」。2013 年，美軍在非洲部署 6 個「簡易的據點」和 7 個祕密的安全合作據點。

從 2001 年底以來，美軍已在非洲投入約 300 多億美元興建軍事基礎設施，以及提供其他軍事援助之用。這些基礎設施包括：在 17 個國家設立 19 個「蓮葉」基地，不需固定駐軍即可進出使用的另外 8 個「安全合作據點」；至少在 20 個國家有 28 個以上的據點，設立可供海空軍儲存燃油的設施；興建或升級數十個軍事設施；以及在歐洲擴建幾個大型基地，以支援在非洲的行動。美國今天在非洲駐軍人

數已超過在拉丁美洲和加勒比海的美軍人數。[209]

美國「新保守主義者」的信條是：「全世界皆為戰場」。國防部希望美軍能具有無限制的靈活彈性，有能力快速地針對地球上任何角落的發展做出反應，也就是全面軍事控制整個地球。

## 5. 維持海外基地的經費

美軍派在海外基地每人每年的成本，平均比國內高出近 4 萬美元。到底維持這麼龐大的海外基地，一年要花多少錢？國防部公布的 2012 會計年度正式紀錄為 1,075 億美元。布朗大學「戰爭費用研究計劃」（Cost of War Project）提供的數字為 1,300 億美元，由於有太多隱藏性的費用，專家們估計為 1,700 億美元。[210]

從帳面上看不出維持基地的經費，但從承包基地工程和物流的經費上可以知道經費之龐大超過想像。在 2001-2013 年，國防部就發包了約 3,850 億美元的合約給民間公司。其中超過 1,150 億美元，將近 1/3 的總額，集中在 10 家公司身上。前三名是哈利波頓公司（Halliburton）的子公司凱洛格布朗路特（簡稱 KBR），提供武裝防護的 DynCorp 和英國石油公司（BP）。[211]

伊拉克戰爭時，部署在伊拉克的人員近半數是包商。凱洛格布朗路特（KBR）在作戰地區聘用 5 萬多人——相當於 5 個師或 100 個陸軍營級部隊的規模。[212]

國防部的工作是包山包海，花錢如流水，例如以 170 萬美元在宏

---

209 Ibid., pp.328-332.
210 Ibid., pp.208-209.
211 Ibid., p.216.
212 Ibid., p.218.

都拉斯蓋健身中心，以 23,000 美元在科威特採購運動飲料，以 5,300 萬美元在阿富汗委辦基地支援服務，在伊拉克以 3 億 100 萬美元為陸軍採買工業用品。美軍在阿富汗和伊拉克兩國共有 1,300 多個軍事設施，包商從 2001-2013 年在當地承攬了約 1,600 億美元的工作。拿到海外合約金額居第一的是各種雜項外國包商，將近 25 萬個合約，承攬 471 億美元的工作——占總額 12%左右——但國防部從未公布具體的內容。[213]

1957 年由陸軍退伍的奧恩斯坦（Alfred Ornstein）看到供應食物給德國數百個美軍基地的商機，創辦了「超級集團」。幾十年下來，它的業務擴張到中東、非洲和巴爾幹，取得數十億美元的「獨家供應合約」，包括阿富汗戰場的膳食服務。2001 年阿富汗戰爭開打以來，10 年之內，該公司營收增加逾 50 倍，達到 55 億美元，在 2008-2011 年的毛利為 18-23%，戰時合約占公司營收 90%。現在它的總部也像 KBR 一樣，遷移到杜拜。他的兒子史蒂芬澳恩斯坦（Stephen Ornstein）成為億萬富翁。[214]

「超級集團」的營運長由退役陸軍中將戴爾（Robert Dail）轉任，可以作為國防部與包商之間旋轉門關係最為鮮明的例證。戴爾在 2006-2008 年間，擔任國防後勤局（Defense Logistic Agency）局長，主管國防部的伙食發包。2007 年，戴爾代表國防部把國防後勤局「年度新包商獎」頒發給「超級集團」。從五角大廈離職後四個月，戴爾出任「超級集團」美國分公司（Supreme Group USA）總裁。[215]

排名在「超級集團」之後的科威特「智傲物流公司」（Agility

---

213 Ibid., p.220.
214 Ibid., p.224.
215 Ibid., p.224.

Logistic），原名「公共倉儲公司」（Public Warehousing Company, KSC）和 PWC 物流（PWC Logistics），得到數十億美元的合約為伊拉克美軍運送食物。當國防部決定在阿富汗不讓單獨一家統包同一項目時，「智傲物流」和「超級集團」合夥，換取 3.5% 的營收作為處理費用。「智傲物流」也取法「超級集團」，雇用國防後勤局前任業務處長孟強（Dan Mongeon）少將擔任公司負責美國政府服務的總經理。他在幫助該公司取得國防後勤局第二個數十億美元的合約後不到幾個月，加入「智傲物流」。[216]

為回報政府和國會的支持，包商也提供政治捐獻。根據「政治回應中心」（Center for Responsive Politics）的調查，2012 年就捐出 2,700 萬美元以上選舉獻金，自 1990 年以來累計捐獻將近 2 億美元。KBR 和哈利波頓公司從 2002-2012 年合計花了將近 550 萬美元做遊說工作。「福陸洲際公司」（Fluor）從 2002-2012 年累計支付將近 950 萬美元的遊說費用。2001 年十大軍事包商公司總計遊說費用超過 3,200 萬美元。[217]

## 6. 基地的糾紛：以沖繩為例

美國海外基地與當地居民的糾紛是難免的，當地居民的民族主義和美軍的生活方式格格不入，但主要是美軍享有治外法權，不受駐在國的法律規範。而美軍的軍紀不佳，行為不檢，招致當地人民的反感。在第二次世界大戰時期，英國人曾抱怨說：「美軍太過奢侈、性生活太多、停留時間太長。」同文同種的英國人都如此看待美國，其他國家和民族的人民的看法可想而知。在對美軍的反感和抗爭最嚴重

---

216 Ibid., p.224.
217 Ibid., p.228.

的地方在日本的沖繩。自從 1995 年一名 12 歲的沖繩女童遭美軍輪姦以來，它就是全世界最有爭議、受到抗議最多的美軍基地所在地。

第二次世界大戰接近結束時的沖繩戰役是太平洋戰爭中規模最大、死傷最多的一場戰役。在歷時三個月的戰鬥中，美軍陣亡12,520 人，日軍及沖繩軍人陣亡 9 萬多人。沖繩戰役的死亡人數接近廣島和長崎兩次原子彈轟炸死亡的總和。[218]

戰後，日本保有對這些島嶼的「剩餘主權」，但美國保有在島上建立軍事設施的權利，並實質治理。韓戰期間、美軍在沖繩開始大肆興建基地。到了 1950 年代中期，美軍遷走約半數沖繩居民，半用強力、半經談判，徵用將近一半的沖繩農地。

儘管發包了許多營建工程，沖繩迄今仍是日本最貧窮的一個縣。原因是直到 1972 年前，它都由美國占領，沒有整合進入日本經濟。沖繩島面積約略相當於美國紐約市（約 1,000 平方公里）。沖繩事實上是由 15,000 多名美軍監管 60 萬當地的居民，美國在當地犯下的罪行遠比世界上任何美軍基地為多，沖繩人擁有一份很長的美軍罪行清單。

1962 年沖繩縣議會全票通過決議案，譴責美國進行殖民統治。1968 年民意調查，85%的沖繩人和日本人要求美國立即將沖繩歸還。[219]1972 年美國將沖繩歸還給日本，根據 1972 年沖繩交還日本的協定，日本支付給美國 6 億 8,500 萬美元。1 億 1,200 萬美元存入紐約聯邦儲蓄銀行，為期 25 年、無利息。另以 5 年為期，支付 2 億

218 Ibid., p.260.
219 Ibid., p.263.

5,000 萬美元作為美軍基地維護及保衛沖繩的費用。[220]此外，日本以「同情預算」補貼美國駐軍，大約每年每名美軍補貼 15 萬美元左右。2011 年日本付了 71 億美元，相當於整個基地費用的 3/4。[221]

沖繩離北韓和中國的距離，比東京為近，美國聲稱控制沖繩攸關保障區域安全。就軍事觀點剖析，當前中國和北韓的飛彈射程及準確度，使許多人認為太接近亞洲大陸的基地易受攻擊，因此價值不大。

陸戰隊進駐沖繩和軍事戰略或安全沒有太大關係，他們常駐沖繩，部分原因是沖繩是一流的訓練場所。近年來美國陸戰隊一直擔心本身能否繼續維持一個獨立軍種的地位。美國認為從沖繩移走基地和部隊，會削弱美日軍事同盟，這是美國在亞太地區最大的軍力支柱。

## 7. 基地帝國的必要性？

美國人覺得在其他國家、在別人土地上有美國軍事設施是很正常的事情，是國家安全和全球和平之所需。但其他國家的人民不會問到在自己國家的領土有另一個國家的軍隊是正常的嗎？如果外國在美國領土設置基地，美國人會作何感想？

維持海外基地是很昂貴的，一個美軍駐在外國比在國內服役，美國納稅人每年要多支付平均 4 萬美元的經費。美國目前在海外基地有 50 萬名部隊和眷屬，2012 年的經費超過 1,700 億美元。[222]有人計算過一座基地的平均成本可以提供 63,000 名學生一年的大學獎學金，295,000 戶人家一年的太陽能再生能源，260,000 名低收入兒童每一年的健康照護，63,000 名兒童一年的「啟蒙計劃」補助，64,000 名

---

220 Ibid., pp.220-221.

221 Ibid., p.271.

222 Ibid., p.200.

退休軍人一年的健康照顧，或 7,200 名警察一年的薪水。美國大量投資在海外基地上，卻忽略對國內醫療保健、教育、住宅、基礎建設和其他人民需求的投資。[223]

參議員保羅（Ron Paul）在 2012 年角逐共和黨總統候選提名時的主要政見是關閉海外基地。他說：「我們必須有強大的國防，但是把兵力分散在 130 個國家 900 個基地，我們得不到這種力量。我主張把部隊調回國內。」[224]

《紐約時報》專欄作家紀思道（Nicholas Kristof），認為把錢投資在國內的疾病預防、教育和外交，會比派兵駐在德國基地，更能保護美國人民。[225]藝人馬厄（Bill Maher）在 HBO 的《馬厄脫口秀》上說：「歐洲人有全民健保、優厚的退休年金、日間照護、帶薪的長假、產假、免費升大學和沒有尿騷味的公共運輸。而我們納稅人交的錢卻去德國設軍事基地。」[226]前任美國歐洲空軍司令布萊迪（Roger Brady）將軍表示：「我們有太多用不著的基地，關掉它們可以省下大筆錢。」[227]

美國政府辯稱海外的基地是維護和平，使美國及世界更加安全。但美軍駐南韓基地可能不是保持和平、使朝鮮半島安全，而是造成情勢緊張，使得戰爭更容易爆發、和平更難以達成。這是北韓一直發展核武發射飛彈的原因，不僅威脅南韓，也威脅日本的安全。

海外基地不僅沒有提供安全保障，反使世界變得更加危險。海外

223 Ibid., p.212.
224 Ibid., p.323.
225 Ibid., p.323.
226 Ibid., p.323.
227 Ibid., p.324.

基地本身具備威脅性質，它們被用來展現力量和優勢，但展現力量和優勢是否就讓美國或世界更安全，美國的海外基地會威脅其他國家安全，會鼓勵其他國家跟進效尤，只能製造對立和緊張，反而會傷害國家安全。它們使得美國更容易在國外製造敵人，它們使得軍事行動成為美國決策者外交政策工具中更有吸引力的選項，它們使得戰爭更有可能發生。美軍基地會使地主國成為敵對國家攻擊的目標。總之，軍事基地只會加深軍事緊張，減少了以外交折衝解決衝突的機會。不僅沒讓世界更安全，反而讓戰爭更有可能發生，讓美國更不安全。

維持數百個海外基地，是否代表美國與其他國家只能以這種方式交往呢？美國的海外基地給美國帶來的多是負面的形象：驅逐和壓迫當地居民，侵犯它國主權、軍紀敗壞令人生厭、侵犯人權（非法監禁、虐囚）、支持或庇護獨裁政府。這些能彰顯美國所標榜的價值嗎？

海外基地傷害到數以百萬計人民的安全福祉和尊嚴，美軍海外基地和軍人一再引起反對怨恨和抗議。美軍在中東的基地和部隊事實上是「反美思潮和激進主義的主要媒介」。

維持如此龐大的海外基地，尤其是到處都是的「小美國」的必要性可能不那麼重要了。現在軍事科技的進步，可以直接從美國快速調動部隊，已降低常設海外基地的戰略價值。目前美軍有能力能夠快速地調遣大量兵力到更遠的地點去。美國目前的基地網和它廣泛的軍事戰略並非是絕對必要的選項。

基地專家魯茲（Catherine Luz）說，美國從一個對常備軍有疑慮的國家，變成每天 24 小時以軍力監視全球每個角落的國家。[228]1821

---

228 Catherine Lutz, Homefront: A Military City and the American Twentieth Century (Boston: Beacon, 2001), p.9. Cited in Vine, p.329.

年，國務卿亞當斯（John Quincy Adams）警告美國到國外去尋找敵人的危險。他說，美國「不該到國外去尋找怪獸予以摧毀」。[229]冷戰結束以來，美國的問題就是到處去尋找新怪獸和新敵人。

有哪一個國家會喜歡其他國家的軍隊在自己的國土上呢？美國會嗎？美國以侵犯它國的主權為代價，維持其霸權地位是美國價值的體現嗎？美國在占領阿富汗 20 年後，被迫狼狽撤軍的教訓，美國不應記取嗎？——美國在檢討在阿富汗失敗的經驗時，發現最主要的原因是阿富汗人不喜歡被美軍占領。

---

229 John Q. Adams, "She goes not abroad in search of monsters to destroy." Cited in Vine, p.329.

# 第三章

# 可悲的霸權

## ● 一、製造恐懼的國家

### （一）誇大外在的威脅，恐嚇自己的人民

　　自九一一事件後，美國一年平均死於恐怖主義攻擊的人數為 27 人，其中 90%在阿富汗和伊拉克。但 2018 年，81%的美國人認為美國的最大威脅是「網路恐怖主義」，75%認為是國際恐怖主義，83%認為是在近期會發生大規模傷亡的恐怖分子事件。2017 年 11 月，52%的美國人認為美國比九一一事件之前更不安全。2012 年民調顯示 7 位美國人中有 6 位認為美國今日比冷戰時代面對更大的安全威脅。[1]

　　為什麼在九一一事件後，美國政府花了幾兆美元在國土安全與在阿富汗和伊拉克打擊恐怖主義分子卻沒有使美國人民感受到免於恐怖主義的恐懼呢？事實上，美國人民得了一種「威脅通膨症」（threat inflation），他們認為來自國外的威脅是長期的，而且可能性愈來愈大，愈來愈嚴重。他們感受不到事實上過去 30 年來，世界已變得更繁榮更進步，更安全的現實。

　　這一現象部分是由美國政治人物不負責任的言論造成的，例如：參議員格蘭漢（Lindsey Graham）說：「世界真正的要爆炸了。」（The world is literally about to blow up）參議員馬侃（John McCain）說：「我們可能活在我們生命中最危險的混亂時刻。」（We are probably in the most serious period of turmoil in our lifetime）[2]

---

1　Michael A. Cohen and Micah Zenko, Clear and Present Safety: The World Has Never Been Better and Why That Matters to Americans (New Haven: Yale University Press, 2019), p.2.

2　Niele Lesniewski, "Graham says world is literally about to blow up," Roll Call, January 28, 2014. Missy Ryan, "McCain will use influential Senate perch to push for expanded Middle East response," Washington Post, January 24, 2015. Cited in Cohen, p.4.

2016 年 3 月布魯賽爾（Brussels）航站捷運爆炸事件後，參議員馬侃答覆記者詢問是否世界已在第三次世界大戰邊緣？馬侃的答覆是：「Yes。」參議員格蘭漢（Lindsey Graham）呼應說：「世界病了，必須要處理，文明的世界必須團結起來面對它。」前國務卿凱瑞（John Kelly）說：「不要弄錯，我們是一個被攻打的國家。」（Make no mistake—We are a nation under attack）[3]川普（Donald Trump）說：「使美國安全唯一的方法是禁止所有穆斯林進入美國，刑求可疑恐怖主義分子，殺害他們的家人。」[4]

2012 年 2 月 16 日聯參主席鄧普西（Martin Dempsey）在眾院作證時說：「在我 38 年軍旅生涯的職業來判斷，我們如今生活在我一生最危險的時刻。」他一生見證了許多世界的災難，但卻說出了如此驚人的判斷。一年後他在國會又說：「我要親身證明事實，世界比任何過去更要危險，換言之，從地球 46 億年前形成之後。」[5]

2014 年，國家情報總監克萊普（James Clapper）告訴國會，「回顧我超過半個世紀在情報工作的背景，我從未經歷過如今在地球上這麼多危機和威脅的困擾。」一年前，他在國會也做過同樣的陳述。[6]2015 年 1 月，陸軍參謀長歐迪爾諾（Raymond Odierno）在參院說：「今日全球環境是我 36 年服務生涯所見最不確定的。」2017 年 11 月，空軍中將愷維斯特（Steven Kwast）宣稱：「無疑問的，這

3　John Kelly, Remarks at George Washington University, 2017.4.18. Cited in Cohen, p.4.

4　Remarks in meeting with members of congress, 2018.6.20. Cited in Cohen, p.4.

5　U.S. Congress, House, Appropriations Committee, Defense Subcommittee (2012.2.16). Cited in Cohen, p.11-13.

6　Imputes of Sequestration (2015.2.12) "OTH Video Interview: Lt. Gen. Steven Kwast," Over the Horizon (2017.11.28). Cited in Cohen, p.13.

一代是生活在自美國內戰結束以來最危險的時候。」[7]

軍方人士這種「世界末日式」（apocalyptic）的形容是為了爭取預算。這種現象在軍方和情報系統十分普遍，在外交菁英中也很普遍，難怪大多美國人認為世界會愈來愈危險。但這種對世界的描述是完全錯誤的，美國事實上是處在一個有史以來最安全最自由的時代。2019 年兩位美國學者柯恩（Michael A. Cohen）和真柯（Micah Zenko）寫了一本《明顯和當前的安全》（Clear and Present Safety），用具體的資料和統計說明美國處在一個前所未有的安全環境以及美國本身國內的問題，才是美國需要重視和改善的當務之急。

## 1. 更為安全的世界[8]

當前，國家之間的戰爭並不存在，自 2012-2018 年只有 2 個小的衝突。2012 年蘇丹和南蘇丹以及 2014 年印度和巴基斯坦，總共只死傷了不到 100 人。在 2012 年前 7 年幾乎沒有重大戰爭，除了美國自 2003 年 3 月發動的伊拉克戰爭之外。

大國戰爭已成為歷史，第二次世界大戰在 1939-1945 年間，整個戰爭死亡的軍民人數超過 7,500 萬人，德國和俄國有 1,000 多萬平民死亡，平均每一天死亡 3.7 萬人。但自第二次大戰結束後，已超過 70 年沒有這種大規模的戰爭了。

現代戰爭不但絕少發生，即使發生也很短暫，傷亡不大。如今戰

---

7　Ali Watkins, "Here's twenty years of spy chiefs scaring the hell out of congress," Buzzfeed (2016.2.9). Cited in Cohen, p.13.

8　Institute for Economics and Peace, Global Peace Index 2017 (Sydney: IEP, June 2017), pp.5, 54-59. United Nations, Department of Economic and Social Affairs, Population Division, World Population Prospects: The 2017 Revision (New York: United Nations, 2017).

爭死傷的人比 1950 年代少 80%，當今戰爭最大的傷害是難民，到 2018 年 6 月止，約有 6,800 萬人因戰爭流離失所。

由於聯合國和國際組織的努力，一直在增加防止戰爭的方法。如今全球 430 個海上雙邊疆界上，大多數都有國家之間的協議。但不幸的，這些和平的成果卻很少被媒體報導。

屠殺平民的情況也在改善中，在冷戰時代，7 個國家中有 1 個有集體殺傷平民的例子，1989 柏林圍牆倒塌後增為 1/4，但到了 2010 年代減為 5-10%。

在過去 25 年，在戰爭死亡的人數大為減少。1800 年的比例為 1/2,000；1900 年為 1/20,000；2010 年為 1/100,000。

戰爭會減少人民的平均壽命，敘利亞內戰從 2011 到 2015 年，人民平均壽命從 79.5 歲減到 55.7 歲。

有人說，冷戰時代，世界反而相對安定？但事實上，冷戰結束前 10 年，戰爭死亡的人數為 200 多萬人；冷戰結束後 10 年，約 651,000 人，過去 10 年為 402,000 人。

美蘇雙極結構，共管世界，兩國共有近 7 萬個核武，並在 12 個國家部署戰術核武。美國似乎忘了這時代的核武威脅，才會認為今日的世界更不安定和更不安全。當前，美國由於專注於中東和北非，才會認為世界混亂在增加。2017 年 19 個北非國家中有 8 個有國與國之間的衝突（只占世界 75 億人口的 5%），但引起世界廣泛注意。

## 2. 更為自由的世界[9]

1989 年時，世界民主國家有 69 個（167 國中的 41%），如今為 116 國（196 國中的 59%）。當前，拉丁美洲只有委內瑞拉和古巴為不自由國家。歐洲，只有俄國和白俄羅斯（30 年前有一半為不自由）。東亞的南韓、蒙古、臺灣已完全民主。非洲次撒哈拉（Sub-Saharan Africa）大部分人民已享有自由或部分自由。中東，只有以色列、突尼西亞為民主國家，但過去 30 年來，政變已減少。

「Polity IV Project」評估：完全民主，+10 瑞典；完全不民主，-10 北韓。1989 年平均值為-0.5，2016 年平均值為+4.3，今日-0.5 的國家為阿富汗和中非。

根據「自由之家」（Freedom House）評估，過去 12 年來全球自由下降。中國、俄國、土耳其專制上升；自由下降，菲律賓、波蘭、匈牙利、尼加拉瓜；對民選官員信心降低，美國、西歐（民粹、排外、本土主義）。但整體而言，比冷戰時代更為民主和自由。

## 3. 更為健康的世界[10]

過去 28 年赤貧人口（生活在 1.25 美元以下），減少 10 億人，從 1/2 降到 1/10。中國在 18 年中減少 60%，到 2017 年有 8 億人脫貧。伊朗從 1986 年的 17.6%，降到 2014 年的 1%。衣索比亞從 1981 年的 92%，降到 2015 年的 30%。薩爾瓦多從 1989 的 36%，

---

9　Michael J. Abramowitz, Freedom in the World 2018: Democracy in Crisis (Washington, D.C.: Freedom House, 2018). Monty G. Marshall, "Polity IV annual time-series, 1800-2016," data set, Center for Systemic Peace.

10　Ronald Inglehart, et al., "Development, freedom, and rising happiness: A global perspective (1981-2007)," Perspectives on Psychological Science, 3, no.4 (2008), p.268. United Nations, Millennium Development Goals Report, 2015 (New York: United Nations, 2015).

降到 2015 的 1.9%。主要原因是沒有戰爭。

美國人民認為世界人民的識字率僅為 60%，但忽視了過去 30 年的大幅成長，如：非洲次沙哈拉（Sub-Saharan Africa），1990 為 45%，如今為 80%；南亞和東南亞，從 70%成長到 95%；中東、北非），從 68%成長到 95%。整體識字率（literacy），1990 為 61%。如今年輕人 91%，成人 86%，女性 85%。

兒童死亡率和婦女生產死亡率（child mortality，maternal mortality rates）均大幅降低（1990-2014，家庭計劃減少了懷孕率 44%）。對抗染疫愛滋病（HIV/AIDS）、瘧疾（malaria）和其他傳染病的成功，自 2000 年 HIV 染疫死亡減少了 45%，愛滋病死亡人數減少了 1,200 萬人。從 2000 年後，人類的平均壽命（life expectancy）增加了 5 年。

當前是人類生活更好，動亂減少，生活品質改善，歷史上人類進步最快的時代；改善人類的力量空前未有，全球連結的時代（政府、企業、人民）有利於世界也有利於美國。但美國的國家利益很少包括增進健康、幸福和人類的經濟機會，這些才是使美國更安全的事。

民主使人民更快樂更健康，有更好的教育；較為自由的世界，衝突減少，對美國有利，美國的威脅感會減少，戰爭會減少。2015 年只有 5 次內部軍事衝突：其中菲律賓 2 次，哥倫比亞、泰國、土耳其各 1 次。

————●————

九一一事件後，美國已變得特別安全了。自九一一事件後，美國國內因恐怖主義而死的人數為 103 人，在海外有 402 人，其中 75%

在伊拉克、敘利亞、巴基斯坦、阿富汗，多為外交人員、包商、救護人員、媒體人，均為美軍作戰的地方。

2002 年全球不到 200 次恐怖主義事件，725 人死亡；2017 年 8,584 次事件，187,553 人死亡（1/4 為肇事者）。70%發生在 5 個國家——阿富汗、伊拉克、奈及利亞、索馬利亞、敘利亞。死亡者絕大多數為穆斯林平民。[11]

全球化減少了仇外主義和種族仇恨。全球化和國際合作成為當前國際政治的特色。世界更適合人居，為過去難以相比。歐巴馬總統在 2016 年 9 月 7 日說：「什麼是人類歷史最好的時代，就是現在。」[12]

事實上，美國人可能並不知道對外來威脅而言，他們有多麼不尋常的安全（safe and secure）。美國每年意外死亡的比例遠高於外來的威脅（2014-2017 每年平均）：恐怖攻擊的，27 人；被掉下來的電視或傢俱砸死的，33 人；洗澡淹死的，85 人；觸電的，40 人；非傳染性疾病的，250 萬人；自殺的，44,100 人；槍殺的，38,000 人。[13]林肯曾說：「沒有任何外力在任何時間可以傷害我們，只有我們自己可以毀滅我們自己。」[14]美國最迫切的問題是如何照顧自己。

11　Micah Zenko, "The state of global terrorism in 2015," Politics, Power and Preventive Action (New York: Council on Foreign Relations, 2016.6.2).

12　"When in human history world be the best time to be born? The time would be now." Cohen, p.27.

13　Cohen, p.5.

14　"It cannot come from abroad. If destruction be our lot we must ourselves be its author and finisher." Abraham Lincoln, Lyceum Address (1838.1.27). Cited in Cohen, p.46.

## （二）不重視民生福祉，傷害自己的人民

事實上是美國本身的問題在傷害美國的人民，美國有七大病症：

### 1.　健康因素[15]

美國在人民健康上有四大不良因素：吸煙、飲酒、不健康的飲食、缺少運動。這四種因素會造成「非傳染性疾病」（non-communicable diseases, NCD），包括癌症、呼吸道疾病、糖尿病、心臟病。一年奪走 250 萬人性命，為美國病死的 90%，一年花費 3,300 億在醫療上並降低生產力。自 1961 年後，有 60 萬兒童早死（needlessly died）。

在開發國家中，美國的健康指數是最後段班的。40%的人民過胖（obesify）為 OECD 國家的 2 倍。2016 年壽命連續兩年降低（78.6）。過胖的醫療費用一年 3,150 億美元。2013 年「醫藥研究所」和「國家研究協會」指出，美國的健康現象是短命和健康不良。

### 2.　毒品[16]

毒品已成為美國的災難。2016 年因毒品死亡 7.2 萬人，超過越戰死亡人數，為九一一事件死亡人數的 24 倍，為一年槍殺和車禍死亡的總和。2015 白宮估計「鴉片類毒品」（opioid）造成經濟的損失為 5,040 億美元，占 GDP 的 2.8%。年度毒品管制經費從 2013 年到 2018 年增加 16%。

15　Institute of Medicine and National Research Council, U.S. Health in International Perspective: Shorter Lives, Poorer Health (Washington, D.C.: National Academics Press, 2013).

16　National Institute on Drug Abuse, Drugs, Brains, and Behavior: The Science of Addiction (Bethesda, MD: National Institute of Health, 2014).

### 3. 槍殺[17]

過去 25 年來每年死亡於槍殺的有 38,658 人，受傷 80,000 人；平均每 15 分鐘死亡 1 人。1961-2010 年，兒童死於槍擊的在已開發國家中 91%在美國。2015-2017 年，兒童死於槍擊平均每天 1 人。

自殺在過去 15 年到 2016 年為 4.5 萬人，增加了 47%，一半為槍殺。持槍者自殺比例為非持槍者的 3 倍。「美國步槍協會」（National Rifle Association）稱擁槍是自衛，事實相反，擁槍被殺的比例多出一倍。槍擊造成的損失在 2015 年至少為 2,200 億美元。

有了槍殺還需要恐怖主義分子嗎？但對恐怖主義的恐懼卻掩蓋了槍擊的恐怖。美國一年花費上兆美元反恐，但恐怖主義造成的死亡人數一年不到 20 人。

### 4. 基建[18]

2015 年夏天密西根州佛林（Flint）市發現自來水管陳舊，造成污染，引發公共健康問題。美國環保署（EAP）調查發現，美國有41 州的飲水不合標準。美國基建的陳舊已造成每年 270 億的損失。道路狀況不良和街道破損成為車禍的原因之一。美國車禍的死亡率多出歐洲的 40%。

美國鐵路和捷運的狀況已大為落後於其他發展國家。美國「東北鐵路公司」（GDP 相等於世界第五大經濟體，提供美國 1/5 的工作

---

17　Ashish P. Thakran, et al., "Child mortality in the US and 19 OECD comparator nations: A 50-year time-trend analysis" Health Affairs 37, no.1 (2018), pp.140-149. FBI UCR, "2016 Crime in the United States: Expanded Homicide Data Table 6: Justifiable Homicide by Weapon, Private Citizen, 2012-2016."

18　White House, An Economic Analysis of Transpiration Infrastructure Investment (Washington, D.C.: White House, July 2014).

機會）仍然造不出高鐵。從紐約和紐澤西的一段捷運已超過 100 年，年久失修。東北部的三大都會區——波士頓、紐約、華盛頓特區——捷運系統經常延誤，造成民怨。紐約市被評定為世界上最不準時的地鐵。

美國的河流運輸（水道）也在惡化中，以 100 英里的俄亥俄（Ohio）河而言，運送 150 百萬噸的貨物和 6.4 億的交通費。到了 2020 年時，美國 70%的水壩已超過 50 年，超過 2,000 個水壩已達「高危險」程度，但修復費用需 600 億美元。

但美國至今未能就基建老舊和缺失予以處理，因為政府無法編製預算，民意建議應發行公債辦理，但國會又不能達成共識。問題是等得越久，情況越嚴重，將來可能要花更多的錢。一個不願或不能支付國家基建的政府不可能維持國內健全的經濟，也不可能維持世界強國的地位。

### 5.　教育[19]

良好的教育提供的勞動力是國家經濟競爭力的主要來源。經濟學家指出國家一年的教育可增加 3-4%長期的經濟成長。在這方面，美國落後於其他已開發展國家，而且很嚴重。

美國的中小學教育不足必將影響下一代的年輕人，美國的教育經費比任何國家都多，但成果不彰。2015 與 OECD 35 個國家相比，在閱讀排名 20 名、科學為 19 名、數學為 31 名。

2014 年在 25-64 歲的成年人只有 30%比他們父母能夠上大學，

---

19　National Center for Education Statistics, "The Nation's Report Card," (2018.3.11). OECD, "United States Country Note," Education at a Glance 2014: OECD Indicators (Paris: OECD, 2014).

這是一個關鍵的向上流動的指標，這個比例是 OECD 國家中最低的之一。美國成人在數學和技術上遠遠落後大多數 OECD 國家，這些數據顯示美國人在進入職場之時是「教育不足」的。美國夢的核心原則是年輕一代要比上一代好，但在今日的美國，這不是事實。

## 6. 貧富差距[20]

美國 45-54 歲白人的死亡率高於其他發展國家，大部分原因是「沒有希望感」（sense of hopelessness），2005-2014 年 81%家庭實際收入停滯或減少。在 OECD 國家中，美國貧窮率最高，兒童貧窮率第二，25-60 歲成人有 1/2 在貧窮線或低於貧窮線。

自 2000 年後經濟穩定成長，但工資未能跟上，家庭收入減少，中產階級在萎縮，原因部分是自動化和社會化。2017 年民調，超過一半的成年人相信下一代人會更窮。根據 2017 年聯儲會（Federal Reserve）的資料，白人資產中線（median）的收入在 2016 年為 171,000，西裔（Hispanics）為 20,600、黑人為 17,100。自 2008 年金融風暴以來，白人中線財富增加了 2.4%（2010-2013），西裔下降了 14.3%，黑人下降了 33.7%。

在社會流動上，美國落後於其他 OECD 國家。2014 年調查，從低層第五級收入到高層第五級收入，丹麥兒童比美國高出 35%，加拿大高出 55%。兒童在實現美國夢的機會遠比加拿大和丹麥低。

自 1970 年代起，富有的美國人變得更富有、更安全、更與社會連結。2014 年頂層 1%的家庭（約 100 萬戶）的收入為美國的

---

20 "Wealth inequality has widened along racial, ethnic lines since the end of Great Recession," Fact Tank, PEW Research Center (2014.12.12), World Inequality Database (2018.5.6).

20.2%，為金融風暴以後的最高。頂層 1%的收入是 90%底層的 25 倍。2017 年聯合國專家奧斯頓（Philip Alston）指出，美國有 4,000 萬人民生活在貧窮中。在當前美國，富者愈富，中產階級在萎縮，窮人很難翻身。

### 7. 政府失能[21]

2019 年 10 月美國約翰霍普金斯（Johns Hopkins）大學公布的「全球健康安全指數」（Global Health Security Index），美國名列第一。但在 2020 年初爆發的新冠疫情（COVID-19）重創美國，截至目前美國有 8,100 萬人確診，100 萬人死亡。2020 年死亡人數為 38 萬人，2021 年為 77 萬人。美國人口占全世界 5%，確診人數為全世界人口的 25%。美國又創造了一個確診人數和死亡人數均為「世界第一」的紀錄。

為什麼會有這麼大的差距？一個世界上「健康安全指數」第一的國家，卻在防止疫情上如此失敗。唯一的解釋便是代表政府治理功能的不彰，簡單的說，就是政府失能。

偏見和謊言已成為美國的政治標記，一位總統以謊言治國，卻有一半的選民認同和支持他，這代表了什麼意義？是對美國民主的無信心，對菁英政治的反感，或對長期在海外窮兵黷武的厭倦？ 美國有它不堪的陰暗面：政府無能、貧富差距大、財團壟斷經濟、種族矛盾無解、槍枝氾濫、警察暴力、公衛體系殘破、教育制度落後、政治介入司法、政黨嚴重對立。

美國政府的失能最嚴重的現象在黨爭的激烈上，由於共和黨日益

---

21　Council of Economic Advisors, Economic Activity During the Government Shutdown and Debt Limit Brinkmanship (Washington, D.C.: White House, October 2013).

右傾，民主黨日益左傾，中間溫和的力量急速萎縮。美國的政治兩極
化在九個老牌的民主國家中高居首位，五成的共和黨和四成的民主黨
對彼此的敵意，已超越宗教和種族問題上的對立。

共和黨較不重視基建、教育和社會福利，並圖利財團和富人。
2017 年川普政府的減稅方案，增加國債，削減社會福利和醫療支
出，使得 2017 年外來投資下降 25%。由於對提高國債上限意見不
合，兩黨僵持不下，造成 2018 年 10 月政府關門了 17 天，造成
GDP 下降了 0.3%以及民企 12 萬人失業。兩黨惡鬥、政府失能，使
人民受苦，政客們只能以製造恐懼來轉移美國人民的注意力，甚至尋
找「替罪羔羊」（scapegoat）或「煽動戰爭」（demagogue）。但這
種作法是雙面刃，也會進一步造成國內的分裂。

## （三）製造恐懼和威脅的美國政府

1947 年 3 月美國提出「杜魯門主義」，以 4 億美元（今天幣值
44 億）援助希臘和土耳其對抗共產主義在歐洲的擴張。為了爭取國
會和美國人民的支持，杜魯門接受了共和黨參議員范登堡（Arthur
Vandenberg）的意見，「以極端恐嚇美國」（scare hell of the
country）的方式，爭取在國會的通過。[22]

杜魯門在對國會的演講中說，為了對抗蘇聯共產主義擴張，美國
必須支持被蘇聯企圖奴役的國家和人民。他說每一個國家必須選擇其
生活方式：蘇聯支持的共產主義或美國支持的自由制度。為強化美國
在世界的角色，杜魯門把美國和蘇俄的地緣政治競爭形容為意識型態

---

22　Eric F. Goldman, The Crucial Decade: America, 1945-1955 (New York: Knopf, 1965),
　　p.59.

之爭。事後國務卿艾其遜（Dean Acheson）說：杜魯門講的「比真實還要真實」。[23]

杜魯門主義的宣布決定了二次大戰後美國的外交政策，它以「恐懼」定位了美國與蘇聯的冷戰。把不能保護希臘和土耳其，說成就會失去歐洲，就會到美國本土作戰。1950 年代中期的「飛彈差距」揚言美國已落後蘇聯。1960 年代的越戰如不能阻止越共，就會有「骨牌效應」（domino theory），東南亞就會淪陷，美國將會被迫回防舊金山。這種「販賣恐懼」已成為美國國際主義者的主要工具。蘇聯解體後，美國已居於絕對安全地位，但「九一一事件」又給了美國利用恐怖主義擴大對美國威脅的機會，甚至還要先發制人，來保護美國的安全。

美國的這種利用美國人民恐懼的心理──事實上是美國政府製造的──來推動其帝國主義和霸權主義，已成為美國的政治菁英無往不利的武器。對象可以改變，但方式不變，從共產主義、恐怖主義、移民到邪惡軸心……總之，美國永遠可以製造一個敵人，來要脅美國人民支持其強硬的外交政策。

對美國政治菁英而言，只強調維持國際秩序是不夠的，如果不誇大對美國的威脅和危險，就無法合理地維持一個超過需要的世界角色和龐大軍事力量。為支持這一重大使命和任務，美國始終維持一個強大的「軍工複合體」（military-industrial complex），由軍火商、智庫、國防官員、媒體組成，由上而下地推動支持美國強大的國防工業。[24]

---

23　Dean Acheson, Present at the Creation (New York: Norton, 1969).
24　Cohen, p.76.

　　為達到動員國內支持美國在海外作戰的目的，美國還擅長以製造事件，來激發國內的支持熱情，如 1898 年美西戰爭前以緬因號（USS Maine）戰艦被擊沉事件作為發動對西班牙戰爭的藉口；1960年代越戰時莫道斯號（USS Maddox）事件，以該艦被北越攻擊為藉口，對北越進行大規模轟炸；2003 年以擁有「大規模毀滅性武器」（WMD）為藉口入侵伊拉克。[25]

———— ● ————

美國政府如何製造恐懼：

## 1. 杜魯門和圍堵政策[26]

　　第二次大戰後，美蘇由戰時同盟變成戰後反目。事實上，美蘇在戰爭結束前已在歐洲劃分勢力範圍，美國在西歐，蘇聯在東歐。但美國擔心蘇聯勢力向南歐發展，以杜魯門主義軍援希臘、土耳其兩國，同時以圍堵政策阻止蘇聯向外擴張。

　　1949 年，蘇聯試爆原子彈成功，同年中國共產黨在內戰中打敗國民黨政府，成立共產主義政權。美國一方面在歐洲成立「北大西洋軍事聯盟」（NATO），另方面在亞洲以日本為基地，建構「第一島鏈」，企圖防止共產中國對外擴張。但當時美國已放棄在臺灣的國民黨政府，美國不想在亞洲激怒蘇聯，兩面作戰。

　　但 1950 年 6 月，韓戰爆發改變了美國的亞洲政策。美國不僅出兵阻止北韓併吞南韓，並宣布中立化臺灣海峽，防止共產中國併吞臺

---

25　Cohen, p.77.
26　Campbell Craig and Fredrik Logevall, America's Cold War: The Politics of Insecurity (Cambridge, Mass.: Harvard University Press, 2012).

灣。美國當時主要的目的是保護日本，但又不希望韓戰擴大為亞洲的區域戰爭。

杜魯門當初決定援助南韓是防守性的，但美軍在反攻得勝後，越過南北韓 38° 分界線，想一舉消滅北韓。未想到招致共產中國出兵又將美軍打回 38°，結果打了三年，以停戰結束。這是美國自二十世紀以大國進入國際社會以來第一次沒有取勝的戰爭。美國事後檢討，認為韓戰是一個「錯誤的地點、錯誤的時間、錯誤的敵人（指中國）的錯誤的戰爭」。

杜魯門事後解釋說，當時越過 38° 線，不是要統一韓國，而是擔心被指責為對共產主義軟弱。事實上，美國當時錯估中國，認為中國無力，也不會出兵。1952 年共和黨的艾森豪（Dwight Eisenhower）以結束韓戰為主張而當選總統。美國在韓戰得到的教訓是戰爭拖延，傷亡增多，將得不到國內民意的支持。

1950 年初期也是美國「麥加錫主義」的時代，共和黨參議員麥加錫（Joseph McCarthy）以民主黨政府被共產黨滲透失去中國，聲討國務院親共官員。美國事後稱之為「紅色疤痕」（red scare），其效應是形成民主、共和兩黨一致反共的堅定立場。

## 2. 艾森豪和飛彈差距[27]

1957 年秋，根據「根舍報告」（Gaither Report），指出美國的民防根本不能應付核子戰爭，在飛彈和核子戰頭上，蘇俄已享有對美

---

27　Gaither Report 的正式名稱為 President's Science Advisory Committee, Deterrence and Survival in the Nuclear Age (Washington, D.C.: US Government Printing Office, 1976). Stephen Schwartz, Atomic Audit: The Costs and Consequences of U.S. Nuclear Weapons Since 1940 (Washington, D.C.: Brookings Institution, 1993).

國很大的優勢，造成美國人民「飛彈差距」的恐懼。事實上，美國中央情報局（CIA）估計，當時美國的洲際飛彈有 108 個，而蘇聯只有90 個，此外美國還有 300 個中程飛彈部署在土耳其。

艾森豪總統任內一直在增加核武，減少傳統軍力。但 1960 年代大選時，民主黨的甘迺迪（John Kennedy）以「飛彈差距」攻擊其民主黨對手尼克森（Richard Nixon），主張大幅增加美國軍費。他就任後就向國會要求增加戰略飛彈 1,000 枚，國防部長麥納馬拉（Robert McNamara）認為超過需要，但最後增加到 2,268 枚。

### 3. 甘迺迪、詹森和骨牌效應[28]

鑒於當年「失去中國」對美國造成的傷害，美國不敢在越南縮手，詹森（Lyndon Johnson）總統曾說不應該把美國孩子們送到8,000 浬外去做亞洲孩子該做的事，但 1965 年他便送了 5 萬美軍到越南。不久他又說，如果美國不能在越南堅持承諾，將沒有國家會再相信美國的承諾或美國的保護。他又說，共產黨對亞洲的威脅也會損害美國本身的安全，如果美國不能在越南取勝，美國必須要在他處打仗。當越戰僵持不下時，詹森說，他不想冒美國安全，甚至美國生存的危險，只要守住越南，美國可以減少更大戰爭，甚至戰爭的機會。

美國在越戰死亡了 58,220 名美軍，估計越、高、寮三國死亡的人數在 300-480 萬之間。美國的「集束炸彈」（Cluster Bombs）在戰爭結束後，又炸死了 22 萬平民。美國使用的「化學炸藥—橙劑」（Agent Orange）造成數百萬越南人民的傷害，迄今還在毒害越南人

---

28　US Department of Defense, "US Military Casualties -Vietnam Conflict Causality Summary," (2016.8.1). Michael F. Martin, Vietnamese Victims of Agent Orange and U.S.-Vietnam Relations (Washington, D.C.: Congressional Research Service, 2012.8.29).

民。美軍在高棉投下了 280 萬噸的炸藥，比第二次世界大戰還多。美國幫助壯大的「赤棉」（Khmer Rouge）在 1975 年執政後 4 年內，殺害了超過 200 萬的高棉人民。

美國所說的「骨牌效果」非但沒有發生，越戰之後的東南亞反而和平、繁榮昌盛。

### 4. 尼克森、福特的和解（détente）政策[29]

當越戰對美國形成一個道德上和政治上的災難時，產生了一個始料未及的結果——美國在冷戰上改採緩和的政策。尼克森（Richard Nixon）原是位冷戰鬥士，但他以結束越戰為號召而當選總統。在 1971 年開始推動與共產中國的關係正常化並與北越進行和平談判。尼克森在第二屆任內，因「水門事件」辭職，副總統福特（Gerald Ford）繼任後，進一步推動與蘇聯的「和解」（détente），並與蘇聯達成限武協議。

但尼克森—福特的和解政策遭到共和黨鷹派人士的反彈，時任中央情報局長的老布希（George H.W Bush）組織了一個「B 隊」（Team B），檢討蘇聯的軍力並提出報告。該報告由哈佛大學教授派普斯（Richard Pipes）主持，認為美國低估了蘇聯的軍力，該檢討報告內容透露後成為十多年後主張與蘇聯加強軍事競賽的張本。「B 隊」的 10 位成員，有 6 位成為以後雷根總統團隊的要角，其他的也是雷根競選時的顧問。

共和黨鷹派反對福特繼續尼克森的和解政策，福特後來解釋說他從未為了達成與共產競爭對手追求較為穩定關係的和解政策上退卻。

---

29　Craig and Fredrik Logevall, America's Cold War. Micah Zenko, Red Team: How to Succeed By Thinking Like the Enemy (New York: Basis Books, 2015), pp.76-83.

但雷根在初選時攻擊福特把美國變成第二流軍力的國家，對美國是致命的危險。福特雖然贏得共和黨的初選，但在大選時敗給了民主黨的卡特。

### 5. 卡特和卡特主義[30]

卡特（Jimmy Carter）是位鴿派，他企圖以人權外交來降低強權競爭。他認為美國對蘇聯不正常的恐懼，使得美國反而傾向與其他專制國家妥協。但卡特的構想被當時的國際環境和國內政治所限制，未能實現。

卡特對伊朗的人權狀況不滿，但在波斯灣又不能和這一盟邦決裂。在尼加拉瓜，他不滿獨裁的領袖蘇摩沙（Anastasio Somoza），但卻被共產黨取得政權。在巴拿馬他主張將運河的管理權交還給巴拿馬，雖以微小差距在參院通過，但承受鷹派強大的壓力和打擊。

1979 年伊朗革命推翻美國的長期盟友巴勒維（Mohammad Reza Pahlavie）政權，革命軍占領美國大使館並扣留美國使館人員為人質。卡特曾派特種部隊營救但失敗，重創卡特聲望。

1979 年底蘇聯入侵阿富汗，卡特不得不重回冷戰對抗模式，他形容蘇聯此舉為第二次世界大戰結束以來，對世界和平最嚴重的威脅。他決定美國增加軍費祕密軍援阿富汗政府抵抗蘇聯入侵。

在蘇聯入侵阿富汗後，卡特在 1980 年國情咨文中指出，任何外在勢力企圖控制波斯灣區域將被視為對美國重大利益的攻擊，美國將使用一切手段，包括軍力，予以反擊。日後被稱之為「卡特主義」，

---

30 Jimmy Carter, "Address at Commencement, the University of Notre Dame," (1977.5.22). Sidney Blumenthal, Pledging Allegiance: The Last Campaign of the Cold War (New York: Harper Perennial, 1991).

目的在阻止蘇聯在中東地區擴張。此一卡特主義與 1950 年代杜魯門主義一樣，均是以擴大敵人的威脅為由，來進行軍事干預。

卡特主義對美國日後捲入中東紛爭影響甚大。美國在中東成立了「中央指揮部」（U.S. Central Command），美軍常駐中東，開始介入中東事務，並因此遭受一連串的攻擊。迄今，美軍在中東已死亡 7,500 人，駐軍 5,500 人，軍工廠商人員 43,000 人。卡特主義也是美國在阿富汗、伊拉克、敘利亞的軍事介入的張本。

雖然卡特企圖以強硬政策來扭轉其鴿派形象，但在 1980 年大選時，仍被雷根比作張伯倫（Neville Chamberlain）的姑息主義而未能連任。

## 6. 雷根和星際戰爭[31]

雷根（Ronald Reagan）為一鷹派，1981 年就任總統後，「和解」已成過去，冷戰又重回舞臺。他一生從事反共，視蘇聯為美國最大威脅。他說蘇聯是「邪惡帝國」，他說反共戰爭是對與錯和善與惡的鬥爭。

從 1980-1985 年，美國軍費躍升為 2,000 億美元，成長了 56%。國會支持的雷根擴軍計劃，包括發展 B-1 轟炸機、隱形戰機、新型飛彈以及 600 艘的「藍水」海軍。在美國歷史上，雷根時代是軍費增加最多的時代。

雖然有人稱雷根的擴軍是企圖以軍備競賽拖垮蘇聯，但雷根的真正用意是要擴大蘇聯對美國的威脅。他常說「安全的差距」（margin

---

31　Lou Cannon, President Reagan: The Role of A Lifetime (New York: Public Affairs, 1991). Ronald Reagan, National Security Strategy of the United States (Washington, D.C.: White House, May 1982, January 1988).

of safety）已被卡特政府拉近，只有長期建立美國軍力，才能恢復優勢。在他第一次國情咨文中，他說美蘇之間軍力的不平衡代表對美國國家安全的威脅。當時，美蘇之間的核武彈頭之比為 24,104 枚比 30,655 枚。

雷根一再談到美蘇核武競賽對美國人民產生極大的影響。1983 年 11 月 ABC 電視製作了一個《明天之後》的電視影集，形容美蘇核戰後的情況。這一影集有一億美國人觀看，使美國人想像到在不久將來可能發生的恐怖心理。根據事後民調，26%的受訪者認為美蘇核戰可能在今後數年發生。

一年前，雷根在簽署一項法案時講了一個冷笑話，他說：「我們將永遠排除俄國」（we will outlaw Russia forever）以及「我們將在 5 分鐘內開始轟炸」（We begin bombing in five minutes）。雷根推動的「星際戰爭」（Star Wars, Strategic Defense Initiative, SDI）和「飛彈防禦計劃」（missile-defense program）使很多人認為美國決心要贏得與蘇聯的核戰。自 1962 年古巴飛彈危機之後，又一次使美國人民感受到核戰的威脅。

雷根不只要建造優勢核武力量，還要擊退蘇聯在世界上的勢力。1983 年他發布「國家安全決定指示第 75 號」（National Security Decision Directives 75），號召美國支持第三世界國家抵抗蘇聯壓力和反對對美國敵意的行為。這一指示不僅要阻止，還要改變蘇聯的行為，被稱之為「回擊」（rollback）政策。

雷根的作為造成了不少有害的和輕率的行動。1982 年在軍方反對下，他下令美軍進駐戰火燎原的黎巴嫩（Lebanon），名義上是維持和平，實際上是要阻止蘇聯在該地區的影響。結果在 1983 年 10

月被叛亂民兵以汽車炸彈衝進貝魯特（Beirut）機場美軍營房，炸死了 220 名海軍陸戰隊和 21 名其他人員，不久美軍便匆忙撤離。

雷根的另一失誤是在 1985 年為了支持尼加拉瓜（Nicaragua）叛軍 Contras 對抗蘇聯支持的桑定政權（Sandinista）竟以軍售伊朗款項祕密支援 Contras，經洩漏後引起軒然大波，因國會曾通過決議禁止美國支持 Contras。結果經過國會調查，多位官員涉案判刑，雷根本人倖免被彈劾，但為他第二任期蒙羞。

雷根第三件失誤是在 1986 年拒絕制裁南非的「種族隔離」（apartheid）政權，幾乎全世界的國家都參加了制裁。美國國內有 26 個州、90 個城市以自己的法律對南非制裁。國會通過制裁，雷根予以否決，但國會又以 2/3 多數否決總統的否決。雷根顏面大失，雷根反對制裁南非的理由是反共重於一切。

事實上，雷根的反共和支持反蘇行動是雷聲大雨點小。任內唯一的武力干預是 1983 年入侵加勒比海小國格瑞那達（Grenade），一個沒有軍隊的小國，原因是為了挽回在黎巴嫩失敗的面子的表演而已。

## 7. 老布希、柯林頓和冷戰結束[32]

當雷根總統任期結束時，國際社會的氣氛已有很大的變化。但美國散布恐懼的心理仍然存在。1988 年大選，老布希（George H. W. Bush）以副總統身分參選，仍不忘重複傳統的共和黨說法——對未來挑起恐懼。政治評論家布魯門索（Sidney Blumenthal）形容這一場選舉是「冷戰最後一役」。

---

32 Sidney Blumenthal, Pledging Allegiance, p.139. "Presidential Approval Ratings—Gallup Historical Statistics and Trends," (2018.5.6). Joel Brinkley, "US looking for new course as superpower conflict ends," New York Times (1992.2.2).

老布希嘲諷他的對手民主黨的杜凱吉斯（Michael Dukakis）如贏得大選，美國將回到軍力衰弱到不行和士氣低落到無比的地步，美國將成為世界的笑柄，所以美國經不起冒這個風險。

老布希當選後，1989 年 12 月派兵 25,000 人到巴拿馬去懲罰毒品走私。1999 年，他在海灣戰爭中擊敗入侵科威特的伊拉克軍隊。在戰爭結束時，老布希的聲望高達 91%，但一年後降到 50%。在 1992 年大選時，民主黨的柯林頓（Bill Clinton）竟以老布希不重視國內問題，不懂經濟而贏得選舉。說明了冷戰結束後，美國人民已不太關心國際問題了。

1992 年 2 月 2 日，《紐約時報》刊登一篇文章「當強權衝突結束之時美國尋找新方向」。作者引述哈佛大學教授邁克（John Mack）的話，這個國家的領袖們在沒有一個可靠敵人時，如何動員這個國家來回應（How will the national's leaders cope with when they can't find a reliable enemy to mobilize the nation any longer?）。

在缺少敵人的情況下，終其任期，柯林頓面對無法建立國內支持去採取斷然的海外行動的困境。1993 年 10 月在非洲索馬利亞（Somalia）應聯合國之請進行人道干預時，當 18 名美軍喪生後，柯林頓便下令撤軍。1994 年盧安達（Rwanda）發生種族滅絕，柯林頓按兵不動。巴爾幹的內戰，美國也盡量避免捲入，即使被迫採取行動，美國也僅以高空轟炸避免美軍傷亡。即使在肯亞（Kenya）、坦桑尼亞（Tanzania）美國使館被炸，美國軍艦（USS Cole）被攻擊，美國也未採取報復行動。

## 8.　小布希和反恐戰爭[33]

小布希（George W. Bush）在 2000 年大選，在選票上小輸對手民主黨的高爾（Al Gore），但在選舉人團票上，經聯邦最高法院判決在有爭議的佛羅里達州勝出，僥倖當選。他的個性比他父親老布希強硬、頑固，更重要的是他有一個非常強勢、好戰的外交團隊。

九一一事件給了小布希一個機會，他以反恐為名，推動美國全球霸權。他說在反恐戰爭上「不是朋友，便是敵人」，把世界一分為二。他指稱伊拉克、伊朗和北韓是「邪惡軸心」（Axis of Evil）。他說恐怖主義的國家沒有主權，美國可以採取制先攻擊或預防性戰爭。他說，美國可以不在乎國際法、國際條約和國際組織，包括聯合國。美國不接受任何高於美國法律的約束，他說美國可以不需要聯盟和盟國的支持，因為「任務決定聯盟，而非聯盟決定任務」。美國不但成為一個赤裸裸的帝國主義國家，也成為一個不講理的霸權。

為了追捕九一一的元兇賓拉登（Osama bin Laden），美國在 1991 年出兵阿富汗，摧毀了塔利班（Taliban）政權，扶植了一個親美的傀儡政權，但沒有找到賓拉登。為了表示美國反恐的決心，在沒有任何理由和證據的情況下，美國在 2003 年公然入侵伊拉克，成為美國在歷史上最大的敗筆。

美國侵略伊拉克的理由是說伊拉克擁有「大規模毀滅性武器」（WMD），但始終找不到任何證據，又說伊拉克是策劃恐怖主義活動的元兇，更是毫無根據。美國事後的說法是現在沒有證據，不表示以後沒有可能；又說戰爭不是美國發動的，美國別無選擇。

事實上，美國真正的理由只有兩個：一是要完全控制中東，二是

---

33　Bob Woodward, Bush at War (New York: Simon & Schuster, 2003).

要告訴全世界不能對美國有敵意，否則均會被消滅。小布希在西點軍校演講時講得很清楚：美國力量無比強大，這是美國天生的權利，也是維持和平的必要。美國將不允許任何國家的力量超越美國，為了阻止對美國的威脅，美國必要時將採取制先攻擊。

只是人算不如天算，美國預防性戰爭的大戰略在陷於中東泥淖20 年後，使美國冷戰後享有的單極時代提前結束。

## 9. 歐巴馬——不去製造恐懼的總統[34]

歐巴馬（Barack Obama）認為，美國未能認清經濟和國家安全的關係，由於國內經濟凋敝，國際經濟競爭激烈，美國經不起忽略戰爭的代價，因為數兆美元已花在戰爭上。他強調美國必須在國內重建力量，經濟是美國力量的重要來源，美國要重視投資教育和科技，並減少美國的債務。

在 2012 年國情咨文中，歐巴馬承諾要把花在軍事上的錢，一半用來還債，另一半用來國內重建。在年底競選連任時，他又說為什麼不在國內從事基建呢？但由於美國「病態的威脅膨脹」（pathology of threat inflated），歐巴馬的重建國內基建主張得不到應有的回應。2016 年的總統大選證明恐懼仍然為美國政治的主要驅動力量。

作為美國第一任的非白人總統，歐巴馬是和平主義者，反對美國在中東的戰爭，希望改變美國的形象，緩和在國際社會上對立和緊張的關係。他低調而克制，但共和黨對他口誅筆伐，從懷疑他的出生和身分——誣指他是非美國人和穆斯林，到批評他對外軟弱，傷害美國

---

34　Barack Obama, A Promised Land (New York: Penguin, 2020). Barack Obama, The Audacity of Hope: Thoughts on Reclaiming the American Dream (New York: Random House, 2008).

的利益，從未間斷。歐巴馬重視國內的問題，如健保和經濟，但多半為中東問題牽制，未盡全功。他留給美國的是一位誠實和平實的國家領導人，是一位令人尊重的正人君子。

## 10. 川普和美國的分裂[35]

川普（Donald Trump）在 2016 年競選時以挑撥美國的貧富差距和政府與人民的對立而當選，他當選後以製造美國社會和政治上的分裂來鞏固他的支持力量。他以打中國牌來突顯美國過去政府的無能來證明他執政的正當性。他的煽動能力，可從他 2016 年大選時的言論來證明。

「請看中國，這 20 年得到了什麼？他們不光是奪走了我們在 WTO 的第一名，還買到了全世界 80%的鋼鐵，40%的石油天然氣，70 % 的大豆，80%的銅和黃金，買到了烏克蘭的航母，以色列的導彈，德國的機床和法國的紅酒。他媽的還都是用美元買的。他們買走我們的糧食，賣給我們辣條和方便麵；買走了我們的鋼鐵，賣給我們比基尼內褲；買走了我們的石油，賣給我們玩具。這都不是主要的，中國現在人民幣國際化直接拿美元作保，就算人民幣不值錢了，立即可以兌換美元。誰都知道，他們有很多美元，比我們還多。他媽的，非洲都被他們奪走了，這就是我們的下場！我絕對不支持奧巴馬的 TPP……。」

「這 20 年，中國農村的自殺率下降了 90%，文盲率下降至 10% 不到，壽命提高 10 歲以上，私人轎車從無到全國性堵車，高鐵占全球 70%、很快就會有 50 萬人的城市都會有高鐵連結。高速公路從無

---

35　John Bolton, The Room Where It Happened: A White House Memoir (New York: Simon & Schuster, 2020). Bob Woodward, Rage (New York: Simon & Schuster, 2020).

到兩千多個縣市都有通。世界最長的橋、最高的橋、最難建的橋，中國人都不當回事的建造。中國人有錢的程度，北京、上海、深圳的房價快要趕上我們紐約了，為了搶購還要以辦假離婚的方式來瘋搶。中國人不去哪個國家旅遊，哪個國家就急壞了。中國人不買，世界鐵礦石油就會暴跌。更令人生氣的是，沒有恐怖活動膽敢在中國進行，……美國已經成為生活在巨大美元泡沫上，無可救藥的國家了……。」

倒底川普是在罵中國大陸還是捧中國大陸？這並不重要，重要的他只是用這種強烈的對比，來批評美國政府的無能。

———— ● ————

2001 年的「九一一事件」後，美國社會一直有一種陰謀論，說這一事件是美國政府的「監守自盜」。對此又有兩種說法：一是美國知道恐怖分子的計劃，但卻沒有阻止；二是美國政府的直接策劃，雙子星大廈事前已安置了大量的炸藥，當天有數千名猶太人沒有去上班。

美國加州查普曼大學（Chapman University）教授貝德爾（Christopher Bader）在 2016 年進行「第三次全國恐懼調查」（National Survey of Fears, Wave 3），訪問超過 1,500 人。發現迄今有一半的人對「九一一事件」的真相表示懷疑。在貝德爾的研究中，美國其他的陰謀論包括：外星人的存在、全球暖化是騙局，歐巴馬總統不是美國人，甘迺迪被刺殺的真相不明等。[36]

---

36　The GFK Group Project Report for the National Survey of Fear-Waves 3 (2016.5.23).

　　研究調查問到，美國人害怕什麼？前三名是：1.政府的腐敗，2.恐怖攻擊，3.沒有足夠的錢過日子。最容易受陰謀論影響的人是低收入、基督教、教育程度低的共和黨人，這些人就是最支持川普的人。

　　在川普任內，這種陰謀論大為盛行，其原因有三：

　　一是在川普的支持者中，有大量「匿名者」（QAnon），他們相信美國內部存在一個由菁英權貴組成的「深層政府」（Deep State），他們長期掌控美國的政治和政府，造成美國的腐敗，川普就是要打破這一惡勢力，來保護美國的善良本質。

　　二是社會媒體的「演算法效應」（Algorithm），只要聽過一次陰謀論的說法，以後就會源源不斷、鋪天蓋地，讓愈來愈多的人，愈陷愈深，成為「真實信徒」。

　　三是川普以謊言治國，這是他的專長，對川普來說，真相並不重要，人民相信什麼才重要。他只對他的支持者講話，對不支持他的人，他不屑一顧。美國東西兩大州（紐約和加州）是民主黨的大本營，川普對他的支持者說，要這兩個州下地獄。[37]

## （四）強大的恐嚇工具：「威脅—工業複合體」

### 1. 散布恐懼

　　「散布恐懼」（fearmongering）成為美國政治菁英的主要工作，他們已使「恐懼不可置疑」、「散布恐懼」為他們帶來渴望的權力和

---

37　Bob Woodward, Fear: Trump in the White House (New York: Simon & Schuster, 2018). Bob Woodward, Rage (New York: Simon & Schuster, 2020).

財富。為什麼「恐懼通膨」（fear inflation）會成功？為什麼如此誇大，誤導的論點會被接受？兩位政治學教授美洛拉（Jannifer Merolla）和扎克梅斯特（Elizabeth Zechmeister）對此做了研究。看到這些報告的是關心未來恐怖主義分子攻擊，高度焦慮的人。他們急於傾向支持極端的政策，對少數人較少同情。[38]今天當談到外交事務，美國人民被媒體、社交網站和好萊塢的電影報導最恐怖對世界的形容和不成比例的說法所淹沒。

軍方將領誇大威脅是為了維護每年約 7,000 億美元的軍事預算。唯一的例外是川普政府第一位國防部長馬提斯（James Mattis）在 2018 年 4 月對國會說，他不同意軍方對世界的說法，他支持軍方減少預算。[39]一般而言，軍方將領們希望增加軍事預算，因為他們認為美國的威脅是一直存在的。軍火商是靠軍備而生活的，媒體的工作就是製造緊張，因為如此可增加銷路擴大影響力，他們有個口頭語：「如果要流血，就讓它流吧。」（If it bleeds, it leads）[40]

遊說團體更是推波助瀾，哈佛大學教授華特（Stephen Walt）說，只要有事情發生，遊說團體便會壓迫華府全力去採取行動。[41]這一令人耀眼的組合可稱之為「威脅—工業複合體」（Threat-Industrial Complex, TIC）和「軍工複合體」（Military-Industrial Complex）十分類似，均有極大的影響力。他們不是祕密組織，他們不是定期集會、不是付費的俱樂部，也不是刻意去塑造公眾觀點，但他們的確有

---

38　Jeniffer L. Medalla and Elizabeth J. Zechmeister, Democracy at Risk: How Terrorist Threats Affect the Public (Chicago: University of Chicago Press, 2009).

39　The Fiscal Year 2019 National Defense Authorization Budget Request from the Department of Defense: Hearing before the Armed Service Committee (2018.4.12).

40　Cohen, p.103.

41　Stephen M. Walt, "Imbalance of Power," Foreign Policy (2009.5.12).

這個影響力。

但他們有共同的利益、目標以及共同的特性——對世界環境的悲觀看法。他們共同的努力對美國人對世界和美國安全的想法有極大的影響。他們已成功塑造全國的共識——一個危險的世界，而且永遠如此。

有一些人對他們的悲觀論述並不認同，但沒有效果。「威脅—工業複合體」了解政治，他們堅持黑白分明的觀點有它的穿透性。他們認為為了自己的生存、形象和影響力，即使犧牲美國一些利益，也不算什麼，畢竟他們的作法符合自己的利益。

### 2. 為了拯救生命

2013 年 6 月 6 日英國《衛報》（Guardian）報導了一個驚天大新聞，不久美國《華盛頓郵報》（Washington Post）也跟進。一位美國 CIA 的工作人員史諾登（Edward Snowden）揭發了美國情報界長期監聽世界各國政要的陰謀。他說美國的「情報總署」（National Security Agency, NSA）從事全球的監聽工作，對象不只美國的敵人——中國和俄國，也包括美國的盟國如德國和國際組織的負責人。[42]

「情報總署」署長亞歷山大（Keith Alexander）對此事件的解釋是九一一事件後美國為了防止類似情況再發生，所採取的必要措施。這種作法已阻止了 54 個恐怖主義分子的可能攻擊。但經進一步了解，只有 13 件可疑的案例，而其中有證據的只有一件——一個聖地牙哥的計程車司機轉交給一個在索馬利亞的恐怖主義組織 8,500 美元

---

42　Glenn Greenland, "NSA collecting phone records of millions of Verizon customers daily," Guardian (2013.6.6).

的事。[43]

經過此一事件，「情報總署」唯一的改變是在網站上把先前該署工作的目的從「保衛美國國家安全和提供國外情報」改為「我們做的是拯救生命」（What we do saves lives）。[44]

### 3. 軍人的旋轉門

艾森豪總統在離職贈言中，特別強調美國的外交政策不要被「軍工複合體」綁架。但他的贈言中在發表時略去了一段話，他說：「要避免高階軍人提早退休後，去與軍事有關的工業機構任職、協助和指導這些機構的運作。」這一段話雖被刪除，但證明他有先見之明。[45]

艾森豪略去這段話可能是因為當時這種現象還不太普遍或太有暗示性。那時，退休的五星上將布萊德雷（Omar Bradley）任職於一個鐘錶公司，馬歇爾（George Marshall）和尼米茲（Chester Nimitz）分別拒絕了獲利可觀的企業職位。大多數退休將領一如麥克阿瑟（Douglas MacArthur）所形容的，他們只是「凋謝」（fade away）而已。

但如今已大大不同，經由旋轉門（revolving door）退休後到企業界任職的愈來愈多。根據 2010 年一份對 750 位中將和上將的退休狀況的分析，在 1994-1998 年間，到民間企業任職的不到 50%，但在 2004-2008 年間，比例已高達 80%。這種現象不限軍人轉任民間的職務，也包括文人轉任軍職。歐巴馬政府一半以上國防部的高階官員來

---

43　Ellen Nakashima, "NSA cites case as success of phone data-collection program," Washington Post (2013.8.8).

44　National Security Agency, "What we do," (2018.2.8).

45　Walter Pincus, "Eisenhower's farewell speech has wise words on split government and militarism," Washington Post (2010.12.13).

自民間（多為國防工業），在他第二任期結束時，超過一半的軍職人員又回到了原來的民間企業。川普政府時國防部高階文官有 82% 來自與國防工業有關的企業。[46]這種軍民小圈圈的關係自然有利於軍火工業，2017 年的軍火工業便取得了 3,200 億美元的國防預算。國防工業的經費超過任何其他與政府合作企業的總和。[47]

2007-2016 年國防部支付給中東支援美軍作戰的軍工企業的經費為 2,490 億美元。這種外包事業也成為美國在海外作戰最大的支柱。政府官員投資在軍火商也使自己將來退休後不會失業。「軍工外包」被認為省事、方便和便宜（？）；官員和軍火商都是既得利益者，也成為命運共同體。國防部和軍工企業也各做公關，華府國會到處都是軍工企業的廣告，從 2006 年後，軍工企業每年的公關費達 1.15 億美元。[48]

國防部為了爭取退伍軍人支持，有一個「退伍軍人分析」（Retired Military Analysis）計劃，有 74 位退休軍官參加，由國防部安排參觀美軍海外基地。[49]他們回來後在媒體發聲支持美國的國防政策。這種作法可正當化美國在海外的軍事行動，以及為了美國的安全，所不得不採取的「不人道作法」。如果有人唱反調，以後就不再邀請。一位參與活動的美國退伍軍官稱之為「類固醇式的心理戰」（psyops on steroids），軍方也承認他們是用「手」讓退伍軍人講

46 Moshe Schwartz, et al., Defense Acquisitions: How and Where DOD Spends Its Contracting Dollar (Washington, D.C.: Congressional Research Service, 2018).

47 Ibid.

48 Center for Responsive Politics, "Defense Lobbying, 2017," (2017.5.5).

49 David Barstow, "Behind TV analysts, pentagon's hidden hand," New York Times (2008.4.20).

話。[50]參加這些活動的退伍軍人大部分也在為國防部做遊說工作，對他們來說，也是一筆收入，何樂不為呢？艾森豪總統的遠見和預言都實現了。

### 4. 智庫和軍火企業合作

2010 年美國國會通過減少赤字方案，這是自 2001 年反恐攻戰爭之後的第一次。美國最大的造船公司「英格斯公司」（Huntington Ingalls Industries）第一個反應便是增加其政治獻金，自 2001 年的578,000 美元，提高到 2012 年的 1 億美元。[51]

除了提高政治獻金外，還要與智庫合作，強調美國日益增加的威脅。2016 年《紐約時報》曾做一專題報導，對 75 個智庫進行了解其工作性質和參與人員的背景。其中「哈德遜研究所」（Hudson Institute）自我定位為支持海權的智庫，與英格斯公司以 10 萬美元提出興建核子動力航空母艦的研究報告，題目是「銳化利劍——航母，聯合軍力和高端衝突」（Sharpening the Spear: The Carrier, the Joint Force, and High End Conflict），陳述如果美國不擴大海軍力量將危及美國的利益和全球領導地位，其中強化航母是最佳的選擇。此一研究報告（英格斯公司不具名）經眾院武裝部隊小組委員會主席眾議員福伯斯（Rayburn Forbes）——他的選區與海軍有關——予以肯定，然後引發一陣媒體報導、投書、評論。一個月後，「哈德遜研究所」的專案小組又跟進一篇更響亮的報告：「超前部署：美國海軍和海軍陸戰隊在引爆點上」（Deploying beyond their means: America's navy and marine corps at a tipping point），內容是由於中國潛艇的增長和

---

50  Ibid.

51  Center for Responsive Politics, "Huntington Ingalls Industries," (2017.5.15).

在該區域美國反介入和區域組織的擴散，美國圍堵中國海面下和空中力量的投射將因美國實力減少而減弱。[52]

　　不遑多讓，保守派的「美國企業研究所」（American Enterprise Institute, AEI）僱用了一位小布希政府前任的國防部副助理部長扎克漢（Roger Zakheim）和眾院武裝委員會顧問為「訪問學人」。事實上他也是軍火大公司 Northrop Grumman 和 BAE System 的遊說者。2016 年 8 月，他在《國家評論》（National Review）上發表了一篇文章，警告美國軍事上的「準備好的神話」（myth of readiness），相反的，美國對未來可能的衝突是缺乏準備的。他指出美國現役的軍機，F-15、F-16、F/A-18 已不再擁有優勢，陸上戰車也落伍了。他擔任遊說的兩大公司，Northrop Grumman 是造飛機的，BAE System 是造戰車的。簡言之，對軍火公司而言，自己公司的安全比美國的安全更重要。[53]

### 5. 散布「不理性的恐懼」（Fear bola）

　　在九一一事件的五週年，ABC 製作了一個節目題目是「為什麼我們還不更安全？」（Why aren't we safer?），主持人吉布森（Charles Gibson）說，九一一事件改變了美國人的日常生活，送小孩上學校校車，開車經過一條橋，去購物市場，每一件事都需要勇氣，危險已成為每天生活的一部分。[54]但沒人告訴他，九一一事件後 5 年來，美國沒發生過任何一次外來的恐怖攻擊。

---

52　Eric Lipton and Brooke Williams, "How think tanks amplify corporate America's influence," New York Times (2016.8.7).

53　Thomas Donnelly and Roger Zakheim, "The myth of the US military readiness myth," National Review (2016.8.15).

54　"Why aren't we safer? Failure to reform," Primetime Line, ABC (2006.9.11).

　　這種危言聳聽在九一一事件後已成為一種流行；代表著新聞報導在國外和國安問題上的長期偏見。媒體界承認他們一面倒的偏好負面新聞。他們說好的新聞不是好故事，甚至根本不是故事（nonstory）。事實上，美國媒體已不喜歡報導國際新聞，在 2013 年 MSNBC 的國際新聞只占 7%，除非是重大災難，如地震、颶風和恐怖攻擊事件。但總統大選時的辯論幾乎均與世界威脅有關，以恐怖主義為主，美國外交唯一的重點是中東。[55]

　　2014 年夏，一位美國護士從西非感染了伊波拉病毒（Ebolavirus）。瞬間，美國媒體鋪天蓋地報導極為誇張和不實的新聞並發表荒謬和不負責任的評論。有人主張對來到美國的非洲人應予以非洲宗教的巫醫來治療。有人說走私進口非洲野味是該病毒進入美國的後門。有人主張所有的伊斯蘭國（ISIS）都應感染該病毒。在該年 10 月，45%的美國人擔心會感染該病毒。事實上，美國只有 4 人感染，1 人死亡，「不理性的恐懼」（Fear bola）成了一個流行的名詞。[56]

　　美國政府已習慣於膨脹威脅和擴大危險，但也有許多團體做同樣恐嚇美國人民的事，包括好萊塢、人權團體和電子安全公司。他們以各自的方式來把整個國際環境形容為對美國的安全威脅。

　　2015 年「伊朗核武協議」引起了很大騷動。美國支持以色列的團體全部動員，他們要全力保護以色列免於來自伊朗核武的攻擊，甚至說伊朗擁有核武將直接威脅到美國的安全。[57]事實上，美國的核武

55　Mark Jerkewitz, et al., The Changing TV News Landscape (Washington, D.D.: PEW Research Center, 2013.3.17).

56　Alan Yuhas, "Panic: The dangerous epidemic sweeping an Ebola-fearing US," Guardian (2014.10.20).

57　Anti-Defamation league, "The Iranian nuclear threat: Why it matters," (2017.5.15).

力量之大足以嚇阻伊朗，何況美國在中東還擁有壓倒性的軍事力量。

　　這種遊說的團體很普遍，在 2018 年統計有 426 個這種公司或團體，約有 2,500 名美國和外國從業人員。這種公司都是有利可圖的，尤其網路公司影響最大。2013 年《紐約時報》報導，據稱中國軍方駭客了美國政府和民間的網站。2016 年美國大選時，指稱俄國駭客了美國民主黨的黨部。多年來，這種報導充斥，也給出售軟體防止駭客入侵的公司大發利市。媒體有關對「數位安全」（digital security）的討論，絕大部分是一知半解或另有目的，事實上很少能提出證據。[58]

　　具有政府工作經驗轉任私人保全公司的例子，例如克拉基（Richard Clarke）曾任總統網路安全的顧問，卸任後成為 Good Harbor 諮詢集團主席，專門處理網站安全的危險管理，也成為媒體報導有關網路問題的來源。2010 年他與人合寫了一本書《網路戰》（Cyber War），宣稱一個成功的網路攻擊可以造成國家的災難，但 7 年來從未發生過他所說的事。[59]

　　前「國家情報總署」（NSA）署長亞歷山大（Keith Alexander）從散布恐怖的官員變成散布恐怖的商人。他退休後成立了一家 Iron Net Cybersecurity 公司，對金融公司索取一個月 100 萬美元的顧問費。他在國會作證說網路攻擊傷害美國只在手指一動，如果發生這種事美國的損失將以上兆美元計算。他告訴記者，網路和恐怖主義是連

58　David Sanger, et al., "Chinese army unit is seen as tied to hacking against US," New York Times (2013.2.18). Shane Harris, "Cyber experts cite link between DNC hacks and aggression against Ukraine," Wall Street Journal (2016.12.22).

59　Richard A. Clark and Robert Knake, Cyber War (New York: Harper Collins, 2010).

結在一起的。[60]

　　一些學者的看法反而不受重視，瑞德（Thomas Rid）寫了一本《網絡戰爭：不會發生》（Cyber War Will not Take Place）的書，指出一些對網路駭客的說法是不可置信的。另一位網路研究者湯瑪斯（Chris Thomas）以他的數據庫（database）提出對數據威脅膨脹的更正，他統計在 2018 年 6 月的 2,436 件有紀錄的攻擊，其中只有 3 件是人為的，其他由「松鼠」（squirrel）數據庫引起的為 1,182 件，「海蜇」（jellyfish）數據庫引起的有 13 件。[61]

　　好萊塢（Hollywood）也扮演了誇大威脅影響美國人民的角色。在九一一事件後，與情治單位配合，鼓吹威脅。2001 年 11 月的一個 Fox 影集《24》，描寫在 24 小時內如不能阻止，將造成美國毀滅性的災難，最引起爭議的內容是把刑求合理化。2012 年贏得奧斯卡（Oscar）最佳影片的《Zero Dark Thirty》描述美國經由刑求得到的線索，把賓拉登（Osama bin Laden）逮捕到殺害的經過。這部片子是與中央情報局和國防部合作的產品，他們主要目的是形塑美國人民對世界的看法，強調來自他國的威脅和危險，以及美國情治單位不可或缺的角色。[62]

## 6.　利用人性的弱點

　　恐懼是人類的本能，諾貝爾經濟學獎得主卡尼曼（Daniel

---

60　Carter Dougherty and Jesse Hamilton, "Ex-NSA chief pitches banks costly advice on cyber-attacks," Bloomberg (2004.6.20). Sean Froelich, "Ex-NSA chief warms of cyberspace dangers," US News and World Report (2015.11.2).

61　Cohen, pp.125-126.

62　Martin Miller, "'24' and 'Lost' get symposium on torture," Los Angels Times (2007.2.14). Tricia Jenkins, The CIA in Hollywood: How the Agency Shapes Film and Television (Austin: University of Texas Press, 2012).

Kahneman）說：「『生物體』（Organisms）視威脅比機會更急迫，有助於生存和繁殖。」尼克森總統說：「人們對恐懼的反應遠大於對愛的反應。」[63]

換言之，恐懼勝過事實，而且不成比例。這個簡單的真理是美國外交政策和國家安全辯論的來源。無論是賴斯（Condoleezza Rice）以「蘑菇雲」（mushroom clouds）在美國城市上空來把侵略伊拉克正當化或克拉基（Richard Clarke）和亞歷山大（Keith Alexander）把網路恐怖主義做不實的分析，或電視節目擴大中國的威脅。[64]只是這些威脅對美國的可能性極小，但卻很少人去認真討論。

這種利用人性的弱點是可以了解的，只是這不符合美國的利益，只符合一些個人和特定團體的利益。

———— ● ————

一位美國學者戴維斯（William Davies）指出戰爭的論點往往會掩蓋了真相，今日西方自由民主的危機是把民主當成了戰爭，事實被用作武器。[65]

西方從十七世紀末起有了軍文分治的傳統，近代由於民粹主義興起，文人的競爭為了團結和動員也採取了類似戰爭的語言。文人政治本是一個緩慢、反覆辯論，逐漸形成共識的過程。如今卻因太多的不

---

63　Daniel Kahneman, Thinking, Fast and Slow (New York: Farrar, Straus and Giroux, 2011), p.28. Nixon's remark is quoted in William Safire, Before the Fall: An Inside View of the Pre-Watergate White House (Garden City, N.Y.: Doubleday, 1975), p.8.

64　Cohen, p.130.

65　William Davies, Nervous States: Democracy and the Decline of Reason (New York: Norton, 2019).

確定性、敵意的環境，而傾向立即反應，迅速做出決定，甚至媒體也跟著配合。

這種急迫感，使得重大問題沒有充分時間去思考和討論，川普以推特（Twitter）直接影響輿論，便是一例。問題是在這種情況下，會製造「假新聞」，一些決定是把事實給誇張或虛擬了。例如，川普總統對美墨邊境築牆爭議，宣稱美國進入緊急狀況；英國脫歐問題朝野相持不下時，有人放話說必要時要實施戒嚴。這都是不負責任的作法。

資訊的發達和便利也助長了這種趨勢，所謂「資訊戰」包括了太多的欺騙和祕密，使得正常的討論失焦或被誤導。民主政治和公民社會如何面對這種挑戰呢？這將是世界當前最大的課題。

## ● 二、向世界宣示：強權即公理

### （一）美國與中東

1933-1938 年在英國人菲爾白（John Philby）協助下，美國與沙特（Saudi Arabia）合作開採石油，由加州標準石油公司與沙特成立「阿美石油公司」（Arabian-American Oil Company, Aramco），並拉入美國其他主要石油公司，如 Texaco、Exxon、Mobil，成為世界上最大的財團（consortium）。1988 年 Aramco 由沙特收回改名為 Saudi Aram Co。[66]

---

66  Anthony Cave Brown, Oil, God and Gold: The Story of Aramco and the Saudi Kings (Boston: Houghton Mifflin, 1999).

1956 年埃及收回蘇伊士運河，英、法、以色列聯軍進攻埃及，但被美國逼退，英法勢力退出中東。1960 年中東產油國家成立「石油輸出國家組織」（OPEC）對西方形成壓力。

為了石油，英美聯手於 1953 年推翻伊朗莫沙德（Mossadeq）政權，扶植巴拉維（Mohammed Reza Pahlavi）繼任。同時，把英伊石油公司改為英國石油公司（BP），英美各占 40%股份、荷蘭 14%、法國 6%。美國從英國取得巴林（Bahrain）和印度洋迪哥加西亞（Diego Garcia）兩個基地。[67]

1979 年為中東情勢重大轉折的一年，一為伊朗政變，推翻親美政權，並挾持美國大使館為人質。二為蘇聯為支持阿富汗親蘇政權，入侵阿富汗。三為伊拉克由美國 CIA 扶植的海珊（Saddam Hussein）掌權。四為 1980 年兩伊（伊朗和伊拉克）爆發戰爭，美全力支持伊拉克，包括提供生化武器並提供 55 億「貸款」。

1990 年 8 月伊拉克以領土糾紛為由入侵科威特（Kuwait），美國號稱聯合 60 萬大軍（事實上美國占 57 萬人）擊潰伊軍。這場「沙漠風暴行動」（Operation Desert Storm），從 1991 年 1 月 16 日到 2 月 28 日結束，美軍空襲了 110,000 架次，投下了 88,500 噸炸彈，包括集束彈（cluster bombs）和貧鈾彈（depleted uranium devices）。美國以壓倒性優勢兵力，速戰速決，後稱之為「鮑爾主義」（Powell doctrine）。[68]

67　C. T. Sanders, America's Overseas Garrisons: The Leasehold Empire (Oxford: Oxford University Press, 2000).

68　Chalmers Johnson, The Sorrows of Empire: Militarism, Secrecy, and the End of the Republic (New York: Henry Holt, 2004), pp. 225-226.

## （二）以反恐為名，行擴張霸權之實

2001 年「九一一事件」後，給了美國好戰分子一個大好機會去成為一個「不講理的帝國」，成為完全軍國主義的帝國。九一一事件後，小布希總統 9 月 20 日在國會對全國人民的電視演講，有 8,200萬人觀看，為美國有史以來人數最多的一次。這次演講是二十一世紀影響最大，也最具災難性的，影響了美國人民對九一一事件後對世界的認知。[69]

小布希把美國人民嚇壞了，他說，美國對恐怖的戰爭始自蓋達基地（al-Quade），但會不停在那裡，只有在全球所及的地方，每一個恐怖團體被發現，被停止，被打敗為止。他說這場全球對恐怖主義的戰爭是一長期的戰役，是自由和恐懼之戰，是善惡之戰。他又說，我們國家，這一代將把暴力的威脅從我們人民和我們未來除去。我們將以我們的努力、我們的勇氣結合全世界在這一工作上。我們不會疲憊，不會動搖，也不會失敗。演講完之後，他告訴他的寫稿人：「在我一生，我從未這麼舒服過。」[70]

根據一份民調，83%的民眾對小布希處理這次危機的能力具有信心。4 個月後，2002 年 1 月，小布希第一次以「戰時總統」身分發表國情咨文，指出北韓、伊朗和伊拉克三國的「邪惡軸心」（Axis of Evil）威脅美國的安全，並說美國不會允許世界上最危險的國家用最具毀滅性的武器威脅美國。2002 年 5 月，小布希在西點軍校演講，提出「制先攻擊戰爭」（preemptive war）主義，號召美國對敵人開戰，破壞他們的計劃，在最壞的威脅出現之前面對它們。[71]

---

69  Cohen, pp.131-132.
70  Cohen, pp.132-133.
71  Cohen, pp.133-134.

2003 年 3 月，美國入侵伊拉克。從此，美國進行了長達 19 年美國歷史上最長的戰爭，在中東阿富汗、伊拉克、利比亞和敘利亞進行反恐戰爭。

如果小布希當年不是這麼好戰，會有什麼不同的結果？結果可能是美國和世界將大為不同，不僅可減少對美國極大的損失，而且失去了一個大好機會──不會對外來威脅如此的擴大和膨脹。

小布希說，他不需要對任何人解釋他說過的話。[72]但他在九一一事件之後，宣布對恐怖主義進入戰爭狀態是違憲的。美國憲法規定宣戰權在國會。制憲先賢均強調這一點，如麥迪遜（James Madison）說這是憲法中最有智慧的一點，甚至說把這一權力交給一個人是太危險的。但白宮發言人說任何反對總統政策的人無疑是賣國。[73]有人把 2002 年 10 月 3 日到 10 日稱之為國會「羞恥的一週」，因為兩院沒有經過討論，均以絕對優勢的比數通過無限制的授權對伊拉克作戰（眾院 296＞33，參院 77＞23）。[74]

小布希政府並迅速提出「美國愛國法」（USA Patriot Act）在眾院以 357＞66 票，參院 98＞1 票通過，經小布希在 2001 年 10 月 26 日簽署生效，前一日生效的是「外國情報監視法」（Foreign Intelligence Surveillance Act, FISA）。[75]

美國政府在對恐怖主義宣戰後，開始拘捕具有公民身分的可疑分

72　Bob Woodward, Bush at War (New York: Simon and Schuster, 2002), pp.145-146.

73　Doug Thompson, "Role reversals: Bush wants war, pentagon urges caution," Capitol Hill Blue (2002.1.22).

74　Steve Lopez, "Hindsight casts harsh light on use of force resolution," Los Angels Times (2003.3.5).

75　C. Johnson, pp.296-297. James Bamford, "Washington bends the rules," New York Times (2002.8.27).

子，並表示法院應配合軍方行動。事實上，美國這種作法均是違憲、違法的。根據 1866 年的米利根案（Ex Parte Milligan）判例，聯邦最高法院指出戒嚴法不能超越法院的權限，拘留公民是非法的。小布希總統以犧牲憲法來擴大其總統權力。[76]

但美國治安單位對這些違法事情已經行之有年，CIA 在 1953-1973 年曾要求紐約市郵局提供 2,800 萬封信件接受檢查，FBI 在 1974 年非法監控超過一萬人。[77]

2001 年秋，倫斯斐在國防部設立「戰略情報辦公室」（office of strategic influence）執行新聞作戰，應付反對意見。2002 年秋，倫斯斐又在國防部設置一個「特別計劃」的助理副部長。2003 年 1 月白宮比照設置了「全球資訊辦公室」（office for global communications）控制官員對外發言，政府稱之為「反污染工作」（decontamination），事實上是「欺騙行動」（deception operation）。但 2003 年 2 月 7 日，司法部發言人對媒體說：「司法部的工作永遠是對憲法和公民最強的承諾。」

但美國的這些欺騙和謊言經不起事實的考驗。2003 年 2 月，一位前國防部官員設計了一份歐洲 10 個小國連署支持美國入侵伊拉克的文件。在 2 月 17 日歐盟高層會議中，被法國總統席哈克（Jacques Chirac）痛斥為干預歐洲事務，並威脅要杯葛這 10 個國家在歐盟的會籍。[78]

---

76　C. Johnson, pp.295-296. Paul Brodeur, Secrets: A Writer in the Cold War (Boston: Faber and Faber, 1997). Angus MacKenzie, Secrets: The CIA's War at Home (Berkeley: University of California Press, 1997).

77　C. Johnson, p.295.

78　C. Johnson, p. 300. "US lobbyist helped draft Eastern Europeans' Iraq statement," Yahoo News (2003.2.20).

美國一直堅持說伊拉克擁有「大規模毀滅性武器」（WMD），但始終拿不出任何證據。不僅聯合國的調查報告證明沒有，背叛海珊的他的女婿卡姆爾（Hussein Camel）也公開聲明，伊拉克所有生化武器設施均已銷毀（2003.2.26 聯合國文件）。[79]美國又稱，伊拉克在1999-2001 年從非洲尼日（Niger）購買鈾礦，但經「國際原能總署」（IAEA）調查，證明不實。[80]至於指控伊拉克和蓋達組織有關係，業經 CIA 局長泰納（George Tenet）一再否認。[81]至於聯參主席鮑爾（Colin Powell）奉命到聯合國做假證，拿出一瓶清潔劑說是化學毒氣，事後被鮑爾引為終身憾事。[82]

美國知名記者赫許（Seymour Hersh）說，小布希政府不滿意情治單位提供的資料，只好自己做假。[83]

## （三）公然以謊言侵略伊拉克

2001 年九一一事件後，國防部長倫斯斐主張立即攻打伊拉克，但有人建議要先培養民意支持，小布希決定先向較弱的阿富汗下手。[84]小布希團隊早就想攻打伊拉克，他們在野時，1997 年便成立「新美國世紀計劃」（Project for the New American Century, PNAC），

---

79　C. Johnson, p.303. Shikoku Gats, "Argentina's Menem says woes not his fault," Washington Times (2002.6.12).

80　C. Johnson, p.304. Joby Warrick, "Some evidence on Iraq called fake," Washington Post (2003.3.8). Ray Close, "A CIA analyst on foreign intelligence," CounterPunch (2003.3.10).

81　Ray McGovern, "CIA director caves in," Common Dreams (2003.2.13). C. Johnson, p.305.

82　"Weighing the evidence," New York Times (2003.2.15). C. Johnson, p.302.

83　Seymour M. Hersh, "Selective intelligence," New York Times (2003.5.12).

84　C. Johnson, p.227.

遊說攻打伊拉克，重建中東秩序。他們在 1998 年曾聯名致函柯林頓總統和國會議長金瑞奇（Newt Gingrich）要求剷除海珊政權。[85]2000年 9 月，他們提出了一篇報告，題目是「為新世紀重建美國防衛：戰略、武力和資源」（Rebuilding America's Defense: Strategy, Force, and Resources for a New Century）。[86]兩位右派大將卡根（Robert Kagan）和克里斯托（William Kristol）也編寫了一本《當前的危險：美國外交和防衛政策的危機和機會》（Present Danger: Crisis and Opportunity in American Foreign and Defense Policy）。[87]

九一一事件給了他們一個大好機會可以實現他們的願望，他們要以恐懼來喚醒美國人民，發動了最大的宣傳戰。但美國始終找不出九一一事件與伊拉克的關係。美國國務院出版的《2001 年全球恐怖主義模式》（Patterns of Global Terrorism）也沒有任何伊拉克涉案的證據。甚至國安顧問賴斯（Condoleezza Rice）也對 CNN 說，沒有證據證明蓋達組織和九一一事件的關係。事實上，九一一事件劫機的分子多來自沙特或其他國家（沙特 15 人，其他 4 人）。

為攻打伊拉克找理由：

1. 小布希團隊鎖定伊拉克擁有「大規模毀滅性武器」（Weapon of Mass Destruction, WMD）作為進攻的藉口。聯合國的調查報告說伊拉克已全部銷毀了生化武器。倫斯斐說：「沒有證據，不是證明沒有。」（the absence of evidence is not evidence of absence）小布希說：「海珊沒有解除武裝，這是事實，不

---

85　C. Johnson, p.228.

86　C. Johnson, p.228.

87　Robert Kagan and William Kristal, eds., Present Dangers: Crisis and Opportunity in America s Foreign and Defense Policy (San Francisco: Encounter Books, 2000).

容否認。」（Saddam Hussein is not disarming. This is a fact. It can not be denied）[88]

小布希對海珊積怨太深，已到了語無倫次的地步。在 2002 年 10 月 7 日，他說：「海珊是一個殺人的暴君，對大規模毀滅性武器已上癮，他有一個日益龐大的有人操作和無人操作的飛行器具的艦隊，可用來輸送生化武器到海外。我們擔心伊拉克正利用這種方式來對付美國。」[89]問題是伊拉克和美國最近的距離是 5,500 浬，伊拉克有什麼神奇武器可打到美國？美國沒有任何攔截的能力嗎？這不是天方夜譚嗎？！

2. 對伊拉克的另一種指控是說它支持九一一事件。2000 年 8 月倫斯斐說在伊拉克有蓋達組織。2000 年 9 月他說美國有充分證據證實伊拉克和蓋達人員的關係。2000 年 10 月小布希說，有些蓋達的領導人從阿富汗逃到伊拉克。但 CIA 一直說海珊和賓拉登沒有關聯。事實上兩人的宗教立場不一樣。[90]

3. 還有一種說法是伊拉克不尊重聯合國的決議，在「禁航區」（no-fly zone）以防空炮攻擊美國飛機。[91]事實上，聯合國並無「禁航區」的決議，這是美國、英國和法國在 1991 年 3 月自行劃定的，當時是為了保護美國支持在敘利亞內戰時的庫德人（Kurds）。

4. 最後一個理由是攻打伊拉克可以帶來民主。[92]可笑的是為什麼

---

88　C. Johnson, p.230. George Bush's Press Conference, White House (2003.3.6).

89　Cited in C. Johnson, p.231.

90　C. Johnson, p.232.

91　Eric Schmitt, "Pentagon show videos of Iraq firing at allied jets," New York Times (2002.10.1).

92　C. Johnson, p.233. James Marding, et al., "US will rebuild Iraq as democracy, says Rice," Financial Times (2002.9.22).

美國不把民主帶給和美國友好的其他中東國家？美國在中東從二戰後到 2003 年已 58 年了，到底給哪一個中東國家帶來了民主？

美國真正打伊拉克的理由，比較可信的可能是下列三點：

1. 石油：伊拉克的石油產量是世界第二，僅次於沙特。美國在中東最主要的利益便是石油，如果石油不在美國友好的國家控制中，便是對美國利益的重大威脅。海珊對美國敵意如此之深，當然不能讓他繼續執政。美國對石油的重視可從美軍攻進伊拉克後的行動得知。美軍第一要務便是有效保護伊拉克石油部的安全，接著便是在伊拉克泰里爾空軍基地（Tallil air base）附近，建立強固工事保護南部油田。[93]

2. 配合以色列的需要：以色列右派政黨 Likud Party 與小布希政府友好，他們長期的戰略目標是維持在中東地區的絕對優勢地位。在推翻海珊政權上，以色列和美國立場一致。小布希團隊中親以色列的人士，曾建議以色列總理那坦亞胡（Benjamin Netanyahu），也是 Likud Party 黨魁，要併吞整個約旦河西岸和加薩走廊（Gaza Strip）。2002 年的總理夏隆（Ariel Sharon）促使美國在消滅海珊之後，立即解決伊朗，去除心頭大患。[94]

3. 國內因素：小布希以僥倖當選總統，民意支持度不足，面對 2002 年國會期中選舉和 2004 年爭取連任，必須以重大成就

93　C. Johnson, pp.233-234. Anthony Sampson, "West's for oil fuels Saddam fever," Observer (2002.8.11).

94　C. Johnson, pp.234-235. Julian Borger, "Anger at peace talk 'meddling'," Guardian (2007.7.13).

來爭取民意支持。九一一事件後，小布希宣布反恐戰爭，民意支持度提高不少，但一時抓不到賓拉登，可能令人民失望。安隆公司（Enron Corp）事件對小布希政府有負面影響，凡此均令小布希團隊負責輔選人員不安。[95]

小布希總統的重要幕僚為其政治顧問洛夫（Karl Rove）和白宮幕僚長卡德（Andrew Card），影響力遠在軍方人士之上。為減少國內對入侵伊拉克的疑慮，洛夫建議小布希在發動戰爭前到聯合國去演講，強調應先重啟對伊拉克的檢查。此舉甚為成功（小布希於2002.9.12 去聯合國演講），有助於穩定國內的政局。[96]

基本上，最重要的理由還是美國帝國主義的心態。美國已下定決心要完全控制中東的局勢，如果順利的話，下一個目標便是伊朗。在進攻伊拉克之前，有媒體問到美國在打敗伊拉克之後，有沒有撤出計劃。答案是當然沒有，因為美國不會離開伊拉克，還要幫它建國，要讓它實現民主，要以伊拉克為基地去進一步控制中東。[97]歷史學者佛格森（Niall Ferguson）說，在 1882-1922 年期間，英國說了 66 次要離開埃及，但從未兌現。[98]美國沒說過會離開伊拉克，何時要離開，只有天知道！

最後一個理由，只能算是點綴和花絮。小布希說他痛恨海珊是因為海珊說過要殺掉他爸爸老布希。[99]這是 1991 年老布希在海灣戰爭

95　James C. Moore and Wayne Slater, Bush's Brain: How Karl Rove Made George W. Bush Presidential (New York: Wiley, 2003).

96　C. Johnson, p.236.

97　Jay Bookman, "The President's real goal in Iraq," Atlanta Journal Constitution (2002.9.29).

98　Maureen Dowd, "Hypocrisy and apple pie," New York Times (2003.4.30).

99　President George W. Bush, "After all, this is the guy who tried to kill my dad," Huston (2002.9.26). Cited in C. Johnson, p.217.

中大敗伊拉克後，據說海珊在 1993 年講過的話。為此柯林頓總統還對巴格達發射了巡弋飛彈，殺死了一些無辜的民眾。據科威特情報單位說，這是在一個走私案子中的供詞而已。

在兩次對伊拉克戰爭中，美國在中東地區擴建了許多新的基地，事實上超出美國實際的需要。此外，美國還部署了五個航母戰鬥團，這些是浮動的基地。美國已把波斯灣變成了美國的內湖，足夠保障美國的利益了。2003 年美國入侵伊拉克時，美國用三種戰略轟炸機（B1、B2、B52）從 3,340 浬外的迪哥加西亞（Diego Garcia）轟炸伊拉克首都巴格達（Baghdad）。[100]人們會問到：這些基地會以本身存在為目的嗎？這些基地會使美國為了使用它們而去找理由去冒險嗎？二十一世紀美國在中東的災難可能就是因為基地帝國本身的原因。

在小布希政府中有鷹派和鴿派，其中以鷹派居多，如錢尼、倫斯斐、伍佛維茲、波頓等；鴿派以鮑爾為代表，多為國務院和國防部的官僚體系。鷹派人士對美國的特權有急迫感，他們不擇手段的去推動。他們了解恐懼對美國的傷害，所以用恐懼為武器來保護美國。

伊拉克戰爭是鷹派的傑作，他們攻打伊拉克不是為了消滅伊拉克，而是要告訴世界美國的力量和決心。這是一個不斷戰爭的戰略，如果威攝不成，軍事干預將一個接一個。除了「邪惡軸心」之外，其他任何對美國有敵意的國家，都在美國計劃打擊之列。

鷹派中最好戰的是小布希本人，在九一一事件後，他一再強調他將在一個危險的世界中，為美國的安全而戰。他把世界一分為二，非友即敵。在九一一事件之後一年半中，他說了 99 次摩尼教式的

（Manichean）「不是朋友，便是敵人」。[101]

中央情報局局長泰納（George Tenet）告訴小布希，支持或包庇恐怖主義分子的國家有 60 個。小布希回答說：「我們將一個一個的解決。」（We'll pick them off one at a time）在入侵伊拉克時，小布希政府已有攻擊北韓、伊朗和敘利亞的計劃，甚至印尼和菲律賓，因為這些國家有支持和包庇恐怖主義分子的嫌疑。

鷹派分子是單邊主義者，他們是美國例外主義的信仰者，他們認為在打一場正義的戰爭。小布希在伊拉克戰後，對美國海岸防衛的畢業生說：「因為美國愛好和平，所以美國將永遠為擴大自由而奮鬥和犧牲。促進自由大於我們追求利益，那是我們的使命……美國追求的不是領土的擴張，而是自由領域的擴張。」

鷹派分子成為單邊主義和戰爭的新理想主義者，他們認為美國的霸權力量可以迅速的、決定性的打敗任何國家。當傾向鴿派的鮑爾（Colin Powell）提醒小布希說，如果美國繼續攻打其他國家，美國的盟國將不會支持，小布希說：「我不接受其他國家的命令，即使只剩下美國一個國家，我也不在乎，因為我們是美國。」當攻打伊拉克之前，有人主張應取得聯合國的支持，小布希說：「美國保衛自己不需要其他國家的同意。」當伊拉克政府在 2002 年底向聯合國提出其有關大規模毀滅性武器的報告後，小布希的反應是，伊拉克問題不是法律問題，是美國國家安全問題。[102]

---

101 William Pfaff, "Al Qaeda vs. the White House," International Herald Tribune (2002.12.28).

102 在 11,800 頁的報告中，美國盜取了其中 8,000 頁有關在 1991 年之前美國提供給伊拉克武器和軍民兩用科技的資料。C. Johnson, p.224. James Cusick and Felicity Arbuthnot, "America tore out 8,000 pages of Iraq dossier," Sunday Herald (Scotland) (2002.12.2).

美國的一意孤行，鷹派忽視了為了保障民主，權力和法律是相輔相成的。由於他們認為美國是例外的，美國強大到可以為所欲為，但他們錯得離譜。事後證明，「預防性戰爭」帶給美國和世界極大的災害。美國的國家安全和「預防性戰爭」是完全不能相等的。

對美國的鷹派來說，如果美國不能脫離世界，就必須統治世界。美國的邊界必須伸延到可能被美國同化的危險地區。美國希望其他國家都能加入美國的保護傘，否則就必須被排斥。如果世界只能在孤立中保護自己的全球權利，美國就必須在全球推動「大美和平」。這是小布希推動美國霸權主義的邏輯。

美國企圖以民主之名把中東「美國化」和「建國」，對中東國家而言，是美國在中東建立「大美帝國」。美國以武力幫助他國建國成為美國外交政策中重要的一部分。美國把「預防性戰爭」當作民主的手段，是掩飾它發動侵略戰爭的藉口。

美國在第二次世界大戰後建立以聯合國和多邊主義為基礎的世界秩序，但九一一事件破壞了這一「社會契約」，使世界重回「自然狀況」。恐怖是國際社會無政府狀況的現象，美國重回對抗所有人的鬥爭，把所有人當作敵人，在自然狀態下，沒有朋友，只有敵人。

國家的主權觀念仍然有吸引力，相互依存代表著依賴，依賴會失去自主和自由，在美國始終有一股反聯邦的主張。在國際社會中，建立超國家的組織必須先要裂解民族國家，往往不易達成。而在民族國家被裂解的情況中，往往會帶來動亂和戰爭，如前南斯拉夫的裂解，造成的內戰和種族滅絕的悲劇。

———— ● ————

伊拉克戰爭是美國正式宣布的新戰略主義的犧牲品，2002 年 9 月 20 日賴斯（Condoleezza Rice）在「美國國家安全戰略」中正式公布。[103]事實上，早在 2002 年春，小布希在西點軍校的演講中便說要把戰爭帶給敵人。[104]這一戰略的背景是「新美國世紀計劃」（The Project for the New American Century），由克里斯托（William Kristol）、卡根（Robert Kagan）和波頓（John Bolton）等組成，其中也有人在小布希政府中任職。

小布希指出美國的力量無比強大，這是美國天生的權利，也是維持和平的必須，美國將不允許任何力量超越美國。為了阻止任何對美國的威脅，美國必要時將採取制先攻擊。[105]

美國價值和利益的結合決定了美國特殊的國際主義，預防性戰爭主義超越了美國的圍堵和嚇阻戰略。美國現實主義的大師肯楠（George Kennan）對此有嚴厲的批評。他說任何對歷史有認識的人，都會了解發動戰爭的人可能會有一些自己的想法，但戰爭很快就會改變人的想法，可能是他從來沒想到過的。[106]「預防性戰爭」的邏輯依賴長期的預想和不確定的事件，先開戰再找問題，會造成可怕的誤算。在踐踏了國際法中傳統的自衛原則，會給其他國家災難性的示範。放棄了社會契約和法律等於放棄了美國最珍貴的理想主義的傳統，也是美國立國的根本。

---

103 Benjamin R. Barber, Fear's Empire: War, Terrorism, and Democracy (New York: Norton, 2003), p.96.

104 George W. Bush, "2002 graduation exercise of US Military Academy," Barber, p.96.

105 Barber, pp.97-98. Mike Allen and Barton Gellman, "Strike first, and use nuclear weapons if necessary," Washington Post National Weekly Edition (2002.12.16-22).

106 Albert Eisele, "Hill profile: George F. Kennan," The Hill (2002.9.25).

這種制先攻擊的政策在過去不是沒有被考慮過，但多半被認為是太過於激烈、太過於侵略性和太背離美國的傳統。在過去即使在某種特殊的狀況下，對已做出的過激行動也全力在法律上予以補救，如1960 年代美國決定升高對北越轟炸後，國會便通過「東京灣決議案」授權總統採取行動。

在冷戰時代，雖然美蘇有「相互保證毀滅」（MAD）的共識，但也有採取第一擊（first strike）制先攻擊的想法。戰略和未來學學者凱恩（Herman Kahn）曾評估為防止相互毀滅，美國可以犧牲 4,000-5,000 萬人的代價，用第一擊（先發制人）取得勝利（消滅蘇聯）。[107]

1962 年古巴飛彈危機為美蘇最接近核戰的一次，美國亦考慮過制先攻擊，但最後甘迺迪總統以外交手段化解了危機。美國當時決心阻止蘇聯在古巴設立飛彈基地，就是擔心遭受蘇聯「第一擊」的威脅。[108]

冷戰長達 40 多年，兩個核武大國敵對和對峙的經驗，就是彼此克制不採取先發制人戰略的結果。但九一一事件後小布希放棄了這種戰略，改採先發制人的戰略。在他 2002 年 10 月 8 日對全國的演講中，說明了他的理由：

1. 美國對危機有明顯的證據。
2. 對「大規模毀滅性武器」（WMD）的檢查，外交談判和經濟壓力已無效。
3. 不能再以否認事實、欺騙自己，拖延時間來作為不行動的藉

---

107 Barber, p.101.麥納馬拉（Robert McNamara）認為將會死亡 1 億人。

108 Ernest R. May and Philip D. Zelikow, eds., The Kennedy Tapes: Inside the White House during the Cuban Missile Crisis (Cambridge, Mass: Harvard University Press, 1997).

口。

4. 為了和平，海珊必須完全解除武裝。

5. 美國的行動是為了保護人民免於暴力和侵略的自由。

6. 美國的決心會給他人力量，美國的勇氣會給他人希望，美國的行動會保障和平。[109]

比小布希更為好戰的是國防部副部長伍佛維茲（Paul Wolfowitz），他說美國要消滅所有支持恐怖主義的國家。在美國成立國土安全部的「國家安全指令第 17 號」中明白表示，傳統的核武反擴散條約已失效，美國將不限任何方式去積極阻止企圖取得這種武器的國家。[110]

中央情報局（CIA）的反恐官員布萊克（Cofer Black）向小布希保證，他將格斃賓拉登「提頭來見」。他對阿富汗和伊拉克說，不管你們如何說，美國一定會來緝兇。[111]小布希在對美國全國天主教會的演講時說：「美國愛好和平，但被激怒後會十分兇狠」，「美國不允許壞人先對美國動手」。[112]

美國已決心以軍事代替外交，北韓和伊朗被列入美國下兩個目標，一位助理有一天在白宮對小布希說：「你那位不可預測的國防部長（倫斯斐）剛剛提到了要打敘利亞和伊朗。」小布希只說了一個字：「好啊！」當時保守派人士主張和伊朗開戰，說那將是「第四次世界大戰」（他們把冷戰視為第三次世界大戰）。[113]

---

109 President George W. Bush, "Remarks by the President on Iraq at the Cincinnati Museum Center," (2003.10.8). Cited in Barber, p.104.

110 Woodward, Bush at War, pp.60-61.

111 Barber, pp.106-107.

112 "This nations is peaceful, but fierce when stirred to anger," Woodward, Bush at War, pp.52, 103.

113 David E. Sanger, "Viewing the war as a lesson to the world," New York Times (2003.4.6).

　　美國自認可採取「預防性戰爭」戰略不代表其他國家也有同樣的權利。因為美國是例外的，美國有高尚的道德、崇高的理想和特殊的責任。但美國的這種說法很難為其他國家接受。

　　最主要的美國是世界上最強大的國家，尤其在冷戰結束後，美國認為世界上已沒有任何國家可以挑戰美國的地位，一如伍佛維茲對「北約」總司令克拉克（Wesley Clark）所說：「如今，美國已可以為所欲為了。」[114]

—— ● ——

　　2002 年 9 月美國「國家安全戰略」（National Security Strategy）指出：「總統無意允許任何外國超越自 10 年前蘇聯解體以來擁有巨大領先的美國……我們的軍力強大到足以阻止潛在敵人建構軍力企圖超越或追平美國的力量。」[115]

　　小布希在九一一事件後，認為圍堵主義已不存在，因為恐怖分子不會以傳統武力攻擊美國。他們使用恐懼和「大規模毀滅性武器」（WMD），在沒有預警的情況下，便可對美國造成極大的傷害。伍佛維茲說，只是等待被攻擊，將是「魯莽的賭博」（reckless gambling）。[116]美國的鷹派人士認為恐怖主義已使世界回到「自然狀態」（state of nature），用任何方式對抗它，都有正當性。恐怖主義的國家已不再

114 "With the end of the Cold War, we can now use our military with impunity," Jeffrey Sachs, A New Foreign Policy: Beyond American Exceptionalism (New York: Columbia University Press, 2018), p.36.

115 The National Security Strategy of the United States of America, September 2002," cited in Barber, p.120.

116 Paul Wolfowitz, "What does disarmament look like?" address to the Council of Foreign Relations, New York (2003.1.23).

是主權國家。

小布希說反恐戰爭不是「預防性的戰爭」，只是對九一一事件的反應而已。「預防性戰爭」是針對恐怖分子計劃中攻擊的不確定性，他們說的「流氓國家」（rogue states）便是指支持和包庇恐怖分子的國家。

2003 年 3 月 17 日，在未經聯合國同意的情況下，美入侵伊拉克。小布希說，如再等待，等於自殺。世界的安全需要解除伊拉克的武裝，出發點是基於「恐懼」。伊拉克不僅是「流氓國家」，而且還是「恐怖主義國家」。

美國入侵伊拉克是美國歷史上最大的失敗和災難。美國入侵伊拉克使美國在國際上聲望大損，因為美國不但沒有正當性，而且是公然說謊和造假。美國是向全世界公開宣告「強權即公理」。

# 第四章

# 侵略帝國

## ● 一、迷信武力：世界最好戰的國家

美國是個好戰的國家，以武力打了近半個世界，用軍事干預了幾乎所有的國家，美國改變了世界，世界也因它而改變。根據美國和英國兩位作家在 2014 年出版的《美國侵略》（America Invides）一書，對美國的海外軍事行動做了一個完整的介紹。[1]

根據該書的統計，在 194 個國家中，美國入侵了 84 個，占 43%。軍事介入（military involvement）191 個國家，占 98%。只有 3 個國家未被介入：安道爾（Andorra）、布丹（Bhutan）、和列支敦斯登（Liechtenstein）。

美國對戰爭似乎迷戀和上癮，美國人自稱誕生於戰爭（獨立戰爭），成長於戰爭（南北戰爭、美墨戰爭）和壯大於戰爭（美西戰爭、兩次世界大戰）。美國更因長期在海外的干預，維持強大的軍力和擁有遍布全球的軍事基地而成為世界的霸權。使得美國人相信只有戰爭才能解決問題，甚至以武力便可恐嚇其他國家接受美國的領導和控制。

歷史學者史都特（Harry S. Stout）稱在美國歷史上有超過 280 次的海外戰爭和軍事干預，還不包括在美國本土對印第安人 291 次種族滅絕的戰役。[2] 2018 年美國國會研究處的統計是 368 次的軍事行動。塔夫斯大學（Tufts University）的「軍事干預專案」：1776-2019 年美國軍事干預資料」記錄美國在全球有 400 次軍事干預，其中拉丁美

---

1　Christopher Kelly and Stuart Laycock, America Invades: How We've Invaded or been Militarily Involved with almost Every Country on Earth (Bothell, Wa.: Book Publishers Network, 2014).

2　Harry S. Stout, "Religion, war, and the meaning of America," Religion and American Culture: A Journal of Interpretation, vol. 19, no. 2 (Summer 2009), p.284.

洲和加勒比海占 34%，東西太平洋占 23%，中東和北非占 14%，歐洲占 13%。第二次世界大戰後，冷戰時期（1945-1971），美國對外軍事干預了 124 次，冷戰後 25 年期間（1992-2017），軍事干預了 152 次，平均一年 6.1 次。[3]卡特（Jimmy Carter）總統在 2019 年說，在美國歷史上，只有 16 年沒打過仗。[4]

不止於此，美國還美化戰爭，甚至以上帝的名義去正當化自己的侵略，如：

1. 美國發動戰爭是為了「達到更真實的善，屬於全人類的善」。
2. 戰爭給了美國人一個機會去證明我們所言為真並昭告世界，美國「生來就是要為人類服務的」。
3. 海外戰爭可使美國團結，以及化解內部的衝突。
4. 小布希總統在侵略伊拉克時說：「我是從上帝那裡得到的使命，上帝對我說，去阿富汗與恐怖分子作戰。這次（伊拉克）也是上帝的意志，祂想以這次的戰爭，在新時代出現之前，清除祂子民的敵人。」他又說：「我的政治學老師是耶穌，我相信上帝透過他說話。」[5]

至於美國為何如此好戰？可歸納為下列十個理由：

---

3　Sidita Kushi and Monica Duffy Toft, "Introducing the military intervention project: A new dataset on US military interventions, 1776–201," *Journal of Conflict Resolution*, 2023. vol.67(4), pp.752-779.

4　根據美國《新聞週刊》（Newsweek）報導，2019 年 4 月川普總統向卡特前總統請益，擔心中國超越美國。卡特告以中國過去 40 年來未打過仗，但美國自建國以來只有 16 年未打過仗，這是為什麼中國在經濟上將追上美國的原因。

5　"Bush and God," Newsweek (2003.3.10), "God and American diplomacy," *The Economist* (2003.2.6).

1. 種族優越感和宗教使命感。

2. 對不同文化、制度和理念的敵視。

3. 對資源的爭取和掌控。

4. 對潛在敵人的壓制和挑釁。

5. 對恐怖主義的恐懼。

6. 對自己安全的無限上綱。

7. 符合國內軍工複合體的利益。

8. 外交菁英的政治野心。

9. 美國盟邦的承諾和信用。

10. 對世界的主宰和控制：霸權心態。

為了因應戰爭和軍事介入的需要，美國在第二次世界大戰後，始終維持世界上最大的軍力。美國的軍事預算為排在其後 10-15 個其他軍事大國的總和，如今已超過一年 8,000 億美元。但軍方人士永遠認為不夠，因為他們認為美國面對的挑戰愈來愈大。這種主張是倒因為果，因為美國對世界其他國家的威脅是愈來愈大，只有美國有能力和意圖去威脅其他國家，沒有任何國家有能力和意圖去威脅美國。

美國的軍事行動從來不是保家衛國，除了 1812 年與英國的衝突外，美國本土從未受到戰爭的波及。2001 年的九一一事件僅是阿拉伯人報復美國的自殺攻擊事件。美國在海外的軍事行動唯一的理由就是帝國主義和追求霸權地位。美國依賴的就是它超強的軍事力量。美國享有任意干預他國的能力，本身卻不受干預的自由，養成了美國窮兵黷武的習慣和特性。美國的窮兵黷武可從其軍費在整個政府預算的比例上得知：根據奈伊（Joseph Nye）教授的研究指出，軍事預算占

預算的 16%，外交只占 1%，援外只占 0.1%。[6]

美國開國先賢富蘭克林（Benjamin Franklin）說：「幾乎沒有壞的和平與好的戰爭這種事。」（There hardly ever existed such thing as a bad peace and a good war）[7]但他支持美國的獨立戰爭，不遺餘力。美國從建國到十九世紀末，都在為擴張領土而戰爭。從 1898 年美西戰爭後，美國開始向海外擴張，成為帝國主義。接著打贏了兩次世界大戰，又贏得了冷戰，美國不但認為自己無所不能，而且還崇高無比。

2002 年美國聯參主席鮑爾（Colin Powell）在接受訪問時，有下面一段談話：「美國不但不是大撒旦（Great Satan），反而是大保護者（Great Protector）。我們在上一個世紀到全世界去消滅壓迫，我們打敗了法西斯和共產主義，我們在兩次世界大戰中拯救了歐洲，我們去韓國、去越南，都是為了保護人民的權利。當這些衝突結束後，我們沒有占領和征服，我們沒有在打敗德國和日本之後，去占領他們的土地。相反的，我們重建他們，並給他們民主制度。我們有要求任何土地嗎？我們唯一要求的土地是埋葬我們戰死的軍人，這就是我們美國。」[8]

到了二十一世紀，雖然美國認為俄國和中國是美國的主要威脅，美國仍然是唯一的超強，但全球責任比過去要沉重了。為其他國家建國是愈來愈困難了，作為世界警察的代價也愈來愈大了。美國自認是一個不可缺少的國家，很難從世界上撤退。在因應世界動亂和災難

6　Joseph S. Nye, Jr., The Paradox of American Power: Why the World's Only Superpower Can't Go It Alone (New York: Oxford University Press, 2002).

7　Kelly and Lay Cock, p. XV.

8　Ibid., p. XVI.

時，也只有美國有能力去因應和克服。

　　儘管美國為自己辯護時義正嚴詞，但美國在海外的戰爭與軍事干預，大多是有爭議性的。最具體的例子便是 2003 年對伊拉克的公然侵略，證明美國不僅是一個孤獨的強權，也是一個真正的「流氓國家」。

　　英國威靈頓公爵（Duke of Wellington）說：「一場勝戰抵不上一場敗戰一半的悲痛。」（Nothing except a battle lost can be half so melancholy as a battle won）[9]美國在第二次世界大戰後，雖然成為世界上的第一強國，擁有最大的軍事力量和經濟力量，但除了 1991 年的波斯灣戰爭中打敗伊拉克之外，幾乎沒有打贏過任何一場重要的戰爭，包括韓戰、越戰和 20 年的中東戰爭。美國對外軍事干預，多是針對小國。美國維持強大的軍力和眾多的海外基地，是要控制全世界，維持它的霸權地位，但美國頤指氣使的時代已經過去了。

　　拿破崙說：「一個帝國邊界是由它軍人的墳墓構成。」（The boundaries of an empire are marked by the graves of her soldiers）[10]如今在 11 個國家有 24 個美軍公墓，埋葬了 21.8 萬美國陣亡戰士。[11]當年傑佛遜（Thomas Jefferson）引以為傲的「自由帝國」已擴及全球了。

——— ● ———

　　美國對外軍事行動的理由：

　　1. 領土爭執：獨立前後，與英國、法國、西班牙。主要地點：

9　　Ibid., p.333.

10　Ibid., p. XVIII.

11　Ibid., p. XVIII.

北美、美洲大陸沿海、加勒比海。

2. 黑奴問題：販賣、禁止走私，多在非洲沿岸、地中海。

3. 海盜：非洲沿岸、多在東北部和西北部。

4. 販毒：南美地區為主。

5. 漁權：全世界漁場。

6. 護僑、美國基地的修補、補給。

7. 經濟、通商、貿易的糾紛。

8. 人道、友好訪問、展示實力（大白艦隊）。

9. 干涉、政變、內亂。

10. 戰爭：獨立戰爭（1776 年）、美英戰爭（1812 年）、美墨戰爭（1846 年）、美西戰爭（1898-1901 年）、第一次世界大戰（1917-1918 年）、第二次世界大戰（1941-1945 年）、韓戰（1950-1953 年）、越戰（1961-1975 年）、冷戰（1947-1991 年）、海灣戰爭（1991 年）、中東戰爭（2001-2021 年）。

———— ● ————

美國對外軍事行動的作法和目的：

1. 以各種方式展示美國的力量，爭取美國的利益，擴大美國的影響力。

2. 爭取其他國家參加區域性的軍事組織：如北約（NATO）、東南亞公約（SEATO）、中央公約（CENTO），美澳紐公約（ANZUS）。

3. 不放棄任何機會在其他國家建立基地，可稱為基地帝國。

4. 提供訓練和援助建立軍事關係。

5. 以情報合作建立軍事關係。

6. 軍艦訪問：友誼、慶典、研究、測量和巡航。
7. 拓展商業和貿易關係
8. 人道干預。
9. 參加聯合國的維持和平。
10. 以每州和屬地（Puerto Rico, Guam）的「國民軍」（National Guard）與 48 個有關國家建立「夥伴關係」（partnership）。[12]

# 二、美國入侵和軍力介入的國家

## 阿富汗（Afghanistan）

1979 年 12 月蘇聯入侵阿富汗，美國支持阿富汗抵抗蘇軍，1989 年蘇聯撤退後，阿富汗陷入內戰，1996 年塔利班（Taliban）取得政權。2001 年九一一事件後，美國於 2001 年 10 月 7 日入侵阿富汗，11 月 3 日攻下首都喀布爾（Kabul），塔利班以游擊戰對抗美軍，揚言：「我們的敵人有錶，但我們有時間。」

經過 20 年的征戰和占領，塔利班的勢力愈來愈大，美國決定結束這場沒有終止的戰爭，與塔利班達成協議，在 2021 年 7 月 5 日宣布自阿富汗撤軍。美國在阿富汗 20 年一事無成、一無所獲、還被指責出賣了阿富汗。

## 阿爾巴尼亞（Albania）

1912 年鄂圖曼（Ottoman）帝國在巴爾幹戰爭中失敗後，阿爾巴尼亞取得獨立。1918 年美國介入阿國內戰並曾占領其部分領土。

---

12　Ibid., pp.17-317.

1939 年美國與英國情報機構合作支持阿國共產黨的派系對抗納粹的派系。二戰結束後，阿國成為共產主義國家，美國 CIA 支持海外流亡反共人士，但並未成功，1992 年共產黨政權垮臺。1990 年代，阿國動亂不已，美國均派軍介入。後藉南斯拉夫內戰之利，阿國成為北約盟國。

### 阿爾及利亞（Algeria）

北非大國，為世界第十大國（土地），人口 3,700 萬。美國在 1780-1820 年代曾多次以海軍來保護美國商船在北非對抗海盜，包括阿爾及利亞。第一次世界大戰為對付德國潛艇，也曾到阿爾及利亞海岸作戰。第二次世界大戰，阿爾及利亞為法國屬地，因法國投降德國，美軍在 1942 年登陸被盟軍占領。1962 年阿爾及利亞經七年內戰，脫離法國獨立。

### 安道爾（Andorra）

為介於法國和西班牙之間的小國。在第二次世界大戰時，安道爾成為中立國。美國曾在 1954 年想取得安道爾但未成功。

### 安哥拉（Angola）

位於西南非洲，早年為黑奴貿易地。1850-1880 年代為美國軍艦密訪之處，曾為葡萄牙屬地。1975 年在美國支持下，取得獨立。1990 年代為美國空軍基地，2009 年美國稱安哥拉為美國戰略夥伴。

### 安地卡巴布達（Antigua and Barbuda）

為東加勒比海小國，人口不到 10 萬人。安地卡最高峰為 1,319 呎，名為 Boggy Peak，2009 年改為歐巴馬山（Mount Obama）。

1798 年美國軍艦 Retaliation 在安地卡附近曾被法國俘虜，1940

年英國以殖民地交換美國軍艦，安地卡巴布達成為美國的屬地。美國在島上建造軍事基地，1981 年獨立後繼續為美國的軍事基地。

### 阿根廷（Argentina）

美國軍艦在十九世紀經常「訪問」。阿根廷有許多德國人民，第二次世界大戰時力圖中立觸怒美國，在美國強大壓力下，一直到 1945 年 3 月才向德國宣戰。冷戰時代，美國干涉不斷，並扶持右派軍人執政。1982 年，阿根廷與英國爆發福克蘭（Falkland）戰爭，美國表面中立，但協助英國打敗阿根廷。

### 亞美尼亞（Armenia）

西亞小國，介於喬治亞、土耳其和伊朗之間，屬高加索（Caucasus）地區。第一次世界大戰時，美軍控制此一地區，第二次世界大戰後被蘇聯控制。冷戰時，美國軍機經常偵察，冷戰後，與美國軍事合作密切。

### 澳大利亞（Australia）

澳洲長期是英國的殖民地。在二戰時成為美國在亞洲主要的軍事基地，其首都墨爾本（Melbourne）是美國太平洋司令部的所在地，麥克阿瑟（Douglas Mac Arthur）從這裡反攻日本，並贏得勝利。

### 奧地利（Austria）

一戰時為奧匈帝國，美軍在 1917 年入侵，二戰時被德國占領成為美軍轟炸的對象。1945 年，美軍從南北夾擊，戰後被盟軍占領，1955 年成為永久中立國。

### 亞塞拜然（Azerbaijan）

一戰時，美軍占領其產油地「巴庫」（Baku），二戰時成為美軍

支援蘇聯的要道，當時已成為蘇聯一部分。冷戰時代，美國高空偵察機（U2）經常飛越巴庫。

### 巴哈馬（The Bahamas）

哥倫布（Christopher Columbus）當年（1492）發現美洲第一個到達的地方，也是十八世紀海盜最猖狂的區域，1730 年被英美法趕走。1776 年、1778 年、1782 年、1783 年美國軍艦連續攻打並占領。南北戰爭時，巴哈馬為南軍供應物資，第二次世界大戰成為美國軍事基地。

### 巴哈林（Bahrain）

位於波斯灣。第二次世界大戰時，美國在此建立海空軍基地。冷戰時代，美國在波斯灣擴大影響力，取代英國過去地位，1996 年巴哈林成為美國第五艦隊的母港。

### 孟加拉（Bangladesh）

與印度和緬甸交界，第二次世界大戰期間為美軍海空軍基地，1971 年獨立，與美國維持密切軍事關係。

### 巴貝多（Barbados）

加勒比海小國，美英 1812 年戰爭時，美國軍艦和海軍陸戰隊曾在巴貝多攻擊英國海軍。第二次世界大戰時，美國曾利用巴貝多作軍事用途。1950-1970 年代，作為海軍事基地，1983 年美國入侵格瑞那達（Grenada）時，亦曾扮演主要角色。

### 白俄羅斯（Belarus）

為俄國近鄰，關係密切，當年聯合國成立，蘇聯以白俄羅斯和烏克蘭三國共同參加。美國無法軍事介入，但以 CIA 滲透和 U2 高空偵

察機進行偵查。

### 比利時（Belgium）

一戰時，美國違反比利時中立打擊德國進軍入侵。二戰時，比利時為德國占領，美軍反攻德軍多經由比利時，也是美軍傷亡最重的地區，戰後比利時成為北約盟國，並成為北約總部，美國在比利時有空軍基地。

### 布里茲（Belize）

中美洲小國，介於墨西哥與瓜地馬拉之間，過去為英國屬地。1812 年美英戰爭時，美軍艦曾進入布里茲海岸。南北戰爭後，一些南軍到此建立 New Richmond。1981 年獨立後，美國提供軍事協助。

### 貝南（Benin）

在西非，介於迦納和奈及利亞之間的小國。1975 年前稱為法屬達荷美（Dahomey）。過去為奴隸市場，1854 年美國軍艦憲法號（USS Constitution）曾到訪。在 1970-2000 年代，達荷美為親共政權，2006 年後美國始與貝南軍事交流與合作。

### 不丹（Bhutan）

位於喜馬拉雅山，介於中國與印度的小國，美國對不丹並無任何軍事企圖，但在第二次世界大戰時，經由緬甸或巴基斯坦空運送物資到中國，經過不丹，並有飛機墜毀在不丹的事故。

### 玻利維亞（Bolivia）

位於南美洲中部，1920 年代美國與該國軍方關係密切，1960 年代，大部分該國軍方高級官員接受美國訓練，1967 年因古巴左派革命家格瓦拉（Che Guevera）在玻利維亞策動革命，被美國 CIA 逮捕槍決。

## 波士尼亞與赫塞哥維納（Bosnia and Herzegovina）

該國首都 Sarajevo 為第一次世界大戰爆發之處（費德南大公被刺）。二戰期間因德國入侵，成為美國轟炸對象。蘇聯解體後，於 1992 年從南斯拉夫獨立，但爆發內戰，受到北約制裁和轟炸，美國扮演重要角色。

## 布吉納法索（Burkina Faso）

西非內陸國，舊稱上伏塔（Upper Volta）（1984 年前），美國為該國訓練軍隊。

## 緬甸（Burma）

二戰時，美國與中國合作在緬甸和日本作戰。1951 年韓戰時，美國 CIA 訓練中國人滲透共產中國，並不成功。緬甸政治不穩定，美國介入，也不成功。

## 浦隆地（Burundi）

非洲中部小國，由於種族糾紛，1994 年美國曾派軍介入營救美國公民，政情穩定後，美國訓練該國軍隊。

## 波札那（Botswana）

非洲南部內陸國，1966 年脫離英國獨立，與美國友好，接受美國軍事訓練，美國有空軍基地。

## 巴西（Brazil）

南美洲第一大國，十九世紀美國軍艦與巴西接觸密切。一戰時與美國海軍合作，二戰時美國在巴西建立空軍基地，1964 年美國介入巴西政變。

## 汶萊（Brunei）

也稱婆羅乃，位於婆羅洲（Brunei）西北角。1845 年美國軍艦曾要求取得採煤權，1850 年汶萊與美國簽訂和平條約，迄今仍有效。1945 年盟軍從日本手中收復，美國海空軍出力甚多，1994 年與美國達成軍事防禦合作諒解備忘錄。

## 保加利亞（Bulgaria）

位於南歐，北為羅馬尼亞，南為希臘，東面為黑海，十九世紀為奧圖曼帝國一部分，1908 年獨立。第一次世界大戰加入奧匈帝國和德國陣營，第二次世界大戰也加入軸心國。1943-1944 年被美軍轟炸，蘇軍進入後，成為蘇聯附庸國。蘇聯解體後，與美國建立軍事合作關係。

## 高棉（Cambodia）

1867-1953 年為法國殖民地，二戰時為日本占領並遭受美軍轟炸。1960-1970 年代越戰時期，與北越、中國合作，因「胡志明小徑」（Ho Chi Minh Trail）遭受美國強烈轟炸，投下 54 萬噸炸彈。越戰結束後，美國支持的波布（Pol Pot）政權（1976-1979），濫殺平民達 200 萬人。1978 年越南出兵懲罰，為怕越南擴大勢力，中國又出兵懲越。2002 年後美國恢復與高棉軍事合作。

## 喀麥隆（Cameroon）

位於非洲西岸，是非洲足球王國，曾為法國屬地。十九世紀美國軍艦曾在附近巡航。2005-2011 年美軍艦訪問並與該國聯合演習，並提供軍事訓練。

## 加拿大（Canada）

為美國最久、最密切的友邦，但早期美國一直有併吞加拿大的野心。事實上，在美國獨立之前，就曾與英國入侵加拿大。1759 年英國打敗法國後，取得加拿大。由於英法在歐洲打了七年戰爭，為了彌補財政上的損失，英國加重在美洲殖民地的課稅，造成美國獨立戰爭。

美國打敗英國獨立後，對加拿大仍不死心，富蘭克林主張購買加拿大，傑佛遜主張攻打加拿大，將英國徹底趕出美洲。他還鼓勵麥迪遜（James Madison）在 1812 年主動向英國宣戰，英國在 1814 年火燒白宮是報復美國在 1813 年火燒加拿大的多倫多（Toronto）。但 1812 年之戰在美國引起反彈，認為美國不應與英國開戰。

1844 年波克（James Polk）總統在競選時曾主張取得加拿大英屬哥倫比亞，喊出的口號是「Fifty-four Fourty or Fight」即奧立岡（Oregon 以北 50° 40°），但當選後改變主意，改打了一場美墨戰爭（1846-1848），取得西南大片土地。

在 1859 年美國與加拿大還打了一場不名譽的「豬戰」（Pig War），在北美和溫哥華（Vancouver）之間的一個小島（San Juan）上，一位美國農民射殺了一隻屬於加拿大公司的豬，引起爭議。美軍派兵登陸該小島，但被英國海軍阻止，經過調處，美國取得該小島。有人說，如果美國當時與英國開戰，可能就不會有南北戰爭了。

1866-1870 年為支持愛爾蘭獨立，一個美國愛爾蘭後裔的團體（Fenian Brotherhood）曾五次發動對加拿大的攻擊，但未成功，他們的動機是為了報復英國在南北戰爭中支持南軍。

阿拉斯加與加拿大也有爭執，但在 1903 年和平解決。美國一直

到 1920-1930 年間還有一個祕密對英國作戰計劃，代號是「War Plan Red」，主要的內容是進攻加拿大。

### 維德角（Cape Verde）

非洲西岸的大西洋島國，葡萄牙前殖民地，由 10 個火山島組成，美國早期移民不少來自此地。美國捕鯨船在十八世紀已在此招募漁民，並設有領事館。1846 年美國在此設軍事基地，二戰時美國海軍在此巡視，1975 年宣布獨立，與美國維持軍事合作關係。

### 中非共和國（Central African Republic）

非洲中部內陸國，1960 年從法國獲得獨立，貧窮動亂不斷。1966-1967 年發生三次政變，美國均派兵護僑，2002 年後，美國加強軍事介入，並建立兩個軍事基地，2013 年又介入內戰，並以空軍協助平亂。

### 查德（Chad）

非洲中部內陸國，原為法國屬地，1966 年獨立。美國介入查德的原因不是查德本身，而是其北部利比亞的格達費（Muammar al-Gaddafi）干預查德。美國從 1981 年後軍事援助查德對抗利比亞，1983 年美國以空軍襲擊利比亞，並於 1987 年擊退利比亞。

### 智利（Chile）

南美國家，早在 1811 年，美國就協助智利從西班牙爭取獨立。在英國協助下，智利在十九世紀末成為區域海權大國。在 1879-1883 年海戰中，擊敗秘魯和玻利維亞，使玻利維亞失去海岸成為內陸國。美國在這次海戰（the war of the pacific）支持秘魯，雙方關係不睦。1891 年智利內戰，美英各支持一方，當美方落後時，雙方幾乎開戰，但以和解結束。

　　二戰時，智利是最後加入盟軍的國家。冷戰時期，美國支持右翼人士，但 1970 年左派阿蘭德（Salvador Allende）當選，美國 CIA 全力介入，並於 1973 年推翻阿蘭德政府，支持右派軍人皮諾契（Augusto Pinochet）執政，在 17 年中殺害 32,000 多人。

### 中國（China）

　　從 1840-1946 年代一百多年間，美國軍事介入中國不斷，美國在兩次鴉片戰爭，都追隨英國侵略中國。1899-1901 的八國聯軍，美國參加殺戮、搶劫。一戰時美國第 15 步兵團長駐中國，一直到 1938 年。美國軍艦也長期巡航長江，1925 年、1926 年、1927 年、1937 年，美國以護僑為名，出兵上海、杭州、九江等地。

　　二戰期間，美國民間人士成立飛虎隊支援中國空軍對抗日本。太平洋戰爭爆發後，美國協助中國戰區抗日，但實際援助有限。一方面美國重歐輕亞，以援助蘇聯和英國為主。另方面美國在太平洋反攻日本，中國戰場重要性不大。戰後，國共內戰，美國畏懼蘇聯介入，不願積極支持國民黨政府，使共產黨坐大，於 1949 年贏得內戰。

　　1950 年韓戰爆發，為防止戰爭擴大，美國以海軍中立化臺灣海峽，造成臺灣和大陸對峙迄今。韓戰後，美國以軍事圍堵中國大陸，1979 年美國與中國建交，但從未放棄對中國的圍堵。1954 年、1958 年和 1996 年三次臺海危機，美國均以武力阻止中國對臺灣的威脅。2010 年中國超過日本成為僅次於美國的經濟大國後，美國開始以中國為最大威脅，進行激烈的競爭，並以臺灣為籌碼，牽制中國，甚至企圖製造戰爭削弱中國，以阻止中國超越美國。

### 哥倫比亞（Columbia）

　　為美國最大規模的軍事干預的國家之一，早在美國獨立之前便隨

同英國從事遠征哥國的行動。1811 年哥倫比亞從西班牙獨立後，美國為了掌控巴拿馬地峽與哥倫比亞簽約（1846），當時巴拿馬屬於哥倫比亞。1903 年美國支持巴拿馬獨立，並開始興建運河，1921 年完成並由美國管理，美國以 2,500 萬美元作為補償哥倫比亞失去巴拿馬的損失。

從十九世紀到二十世紀，哥倫比亞內部動亂頻繁，美國介入和干預甚深，美國軍事設施和人員日益龐大，2009 年美國軍人甚至取得直接進入該國的權利，引起很大的爭議。

### 葛摩（Comoros）或科摩羅

是非洲阿拉伯國家島國，位於印度洋北部，在莫桑比克和馬達加斯加之間，由三座火山島組成。1851 年美國軍艦曾為了營救美國捕鯨船，並要求賠償，1887 年又有美國軍艦為商業糾紛入侵，二十一世紀後，美國軍艦多次進行友誼訪問。

### 哥斯達黎加（Costa Rica）

在中美洲，介於尼加拉瓜和巴拿馬之間，國名西班牙文為「富裕海岸」（Rich Coast）之意。在十九世紀，美國視該國為「中美洲的新英格蘭」，可不受其他中美洲國家的革命污染。1856 年哥斯達黎加與尼加拉瓜的戰爭中，美國海軍曾幫助尼加拉瓜。1921 年哥斯達黎加與巴拿馬的疆界糾紛，美國派軍平息爭執。二戰期間，美國曾希望在該國建立軍事基地未果，後改建雷達預警站，以保護巴拿馬運河。

1948 年，美國策動推翻執政的親共政府，支持右派人士執政，從 1948 年到 1974 年長達 26 年。2016 年該國同意美軍進入協助打擊毒品走私，美國空軍也多次協助救災。

### 克羅埃西亞（Croatia）

位於東南歐，巴爾幹半島與地中海交匯處，曾為奧匈帝國一部分。一戰時美軍曾占領其南部地區，戰後併入南斯拉夫；二戰時，克羅埃西亞被德國、義大利占領，遭受美軍強烈轟炸，戰後美國曾駐軍數年，直到被南斯拉夫重新合併。1991 年蘇聯解體後，南斯拉夫分裂，克國獨立，引發內戰，塞爾維亞人控制大部分土地，遭受北約和美國的強烈轟炸。

### 古巴（Cuba）

古巴在加勒比海，距美國佛羅里達州僅 90 海浬。自十九世紀初，美國便經常介入古巴，美國認為西班牙控制古巴是不自然的，古巴又沒有能力自理，所以只能由美國接收，就像蘋果必然會掉在地上一樣。1823 年門羅主義的意義就是干涉美洲國家事務符合美國的利益，美國有責任去教化這些不進步的國家，尤其是最接近的古巴。

1868 年和 1895 年古巴發生動亂，西班牙大力鎮壓，美國媒體鼓吹和西班牙戰爭。1898 年神祕的「緬因號」（USS Maine）被炸一事，使美國找到了藉口，向西班牙宣戰，美國封鎖並占領古巴，三個月便打敗了西班牙，古巴成了美國的殖民地。

第一次世界大戰期間，美國以受邀訓練溫帶作戰為名，重創古巴蔗糖事業，號稱「蔗糖干預」（Sugar Intervention）。二戰後，古巴首都哈瓦那（Harana）成為拉丁美洲的拉斯維加（Las Vegas）。

1953 年古巴左派人士卡斯楚（Fidel Castro）進行革命，1958 年推翻美國支持的巴提斯塔（Batista）政權。1960 年哈瓦那一艘滿載軍火的船隻爆炸，卡斯楚指控是美國的陰謀，投向蘇聯，要求軍援。

1961 年美國甘迺迪總統策動入侵古巴，號稱「豬灣之役」（Bay

of Pigs）但失敗。美國長期對古巴制裁，CIA 多次謀殺卡斯楚，均未成功。卡斯楚 2016 年以 90 歲過世，逝世前曾自嘲，「不是我活得太久，而是 CIA 一直放過我。」

1962 年 10 月的古巴飛彈危機為冷戰期間美蘇最接近核戰的一次，最後雙方私下協議，美國撤出在土耳其的飛彈及美國保證不入侵古巴，交換蘇聯不在古巴建立飛彈基地，結束了這一危機。歐巴馬總統於 2014 年開始與古巴改善關係。

## 塞普洛斯（Cyprus）

地中海東部島國，十九和二十世紀大部分時為英國控制，美國因此與該國有軍事合作關係。1956 年英法因蘇伊士運河問題與埃及開戰時，美國以 U2 高空偵察機飛越塞普洛斯偵查英國動向，由於該國靠近中東地區，美國長期保持在該國的通訊和情報工作。

土耳其和希臘在 1960-1970 年代為該國爭執不休，土耳其在 1974 年曾入侵，美國居中協調，也以海軍威攝，防止衝突升高。

## 捷克（Czech Republic）

在 1993 年前稱 Czeboslovkia，1918 年奧匈帝國瓦解後，由 Czechs 和 Slovaks 合併為一國。二戰爆發前，德國先占領蘇德臺（Sudetenland）後又占領 Bohemia 和 Moravia，英國未採取行動制止，被稱為姑息主義。二戰結束前，美國為是否先攻取捷克，軍方意見不一，巴頓（Patton）將軍主張先於蘇軍攻占，艾森豪主張先讓蘇軍攻占，結果蘇軍占領後，使捷克成為其勢力範圍。

冷戰時期，1966 年捷克發生革命，但被蘇聯鎮壓，1989 年「天鵝絨革命」（Velvet Revolution），捷克脫離蘇聯控制，1993 年捷克和平分割為 Czech Republic 和 Slovakia 兩國。

### 剛果民主共和國（Democratize Republic of the Congo）

曾為比利時殖民地，1960 年獨立，1971-1997 年稱為薩伊共和國（Republic of Zaire），1997 年改為現在的國名。

1879 年美國軍艦曾為貿易進入剛果河，二戰期間，美國在該國有二個空軍基地。1996-2003 年，九個非洲國家陷入內戰，號稱「非洲世界戰爭」（Africa's World War）造成暴力、疾病和貧饑，美國曾派軍機從事人道救援，也派軍從事訓練當地軍人。

### 丹麥（Denmark）

位於波羅的海（Baltic）出海口，包括一個半島和一些小島。二戰時曾被德國占領，但不包括當時的冰島和格陵蘭島（Greenland）。英國把冰島交給美國並允許美國在格陵蘭設立軍事基地，戰後美國曾想購買格陵蘭，但未成功。該兩地均成為美國的海空軍基地。

### 吉布地（Djibouti）

非洲角（Horn of Africa）上的小國，前法屬殖民地，1977 年獨立，極具戰略地位，世界 10%的石油經過其海域，附近又有索馬利亞（Somalia）海盜。附近的索馬利亞、葉門（Yemen）、蘇丹（Sudan）、南蘇丹（South Suden）均為伊斯蘭極端主義國家。美國有海軍遠征軍軍事基地，法國有駐軍。

### 多米尼克（Dominica）

地處東加勒比海中間位置，是加勒比海最後成為歐洲殖民地的島，原係英國殖民地，於 1978 年獨立並加入大英國協，人口約 7 萬多人。1983 年，多米尼克支持美國入侵格瑞那達。近年來，多明尼克與美國一起參與各種演習，例如打擊非法毒品和有組織犯罪的訓練。2012 年，美國提供了兩艘巡邏艇，以幫助執法和海上安全。

### 多明尼加共和國（Dominican Republic）

位於加勒比海島（Caribbean Island）東邊，西邊為海地（Haiti），與美國關係密切，是在美國棒球選手最多的國家，原因之一是美國曾在 1916-1924 年占領過該國。美國自十九世紀起，對該國干預不斷。二十世紀後，老羅斯福（Theodore Roosevelt）總統和威爾遜（Woodrow Wilson）總統均擴大解釋門羅主義，積極干預多明尼加，1960 年代多明尼加政變和內亂不斷，美國更加強烈干預。

### 厄瓜多（Ecuador）

國名在西班牙為「赤道」（equator）之意，位於南美洲西部。1812 年美國海軍便入侵，在二戰時，美國設有海空軍基地，1960-1970 年代兩國因捕魚經常發生衝突，有所謂「鮪魚之戰」（tuna war）。2009 年該國拒絕延長美國十年空軍基地租約，但雙方仍維持軍事關係。

### 埃及（Egypt）

埃及為非洲古國，1882 年埃及發生暴亂，美軍登陸維護秩序。1909 年美國「大白艦隊」（Great White Fleet）在環遊世界時，訪問蘇伊士（Suez）。二戰時，美軍坦克在埃及和德軍交戰，並在埃及取得軍事基地。

1956 年埃及將蘇伊士運河收為國有，引發英法聯軍攻擊，美國強力介入，迫使英法撤軍。1973 年以色列與巴勒斯坦戰爭後，埃及與以色列和解，美軍進駐西奈（Sinai）協助維持和平。自 1980 年後，美國與埃及維持密切軍事關係。

### 薩爾瓦多（El Salvador）

1906 年薩爾瓦多入侵鄰國瓜地馬拉（Guatemala），美國介入協

調停戰，1970 年末，為阻止薩國左派勢力，美國大力軍援薩國，薩國內戰一直到 1992 年才結束。2004 年美國支持右派人士執政。

### 赤道幾內亞（Equatorial Guinea）

非洲中部小國，曾為西班牙殖民地。1968 年獨立後與美國關係不佳，多次斷交和復交，但與美國維持一些軍事合作關係。

### 厄利垂亞（Eritrea）

非洲東北部國家，面對紅海，國名在希臘文為「紅色」（red）。二十世紀初為義大利殖民地，1941 年被英國占領，1952 年併入衣索比亞（Ethiopia），1993 年獨立。

二戰期間美國設有軍事基地，2008 年厄利垂亞與吉布地發生領土衝突，美國介入調處。

### 愛沙尼亞（Estonia）

波羅的海三小國之一，長期受瑞典、法國和俄國勢力競爭影響。對美國來說，它是一個距離較遠且不太重要的國家。1918 年從俄國獨立，美國軍艦在 1920 年便在其海岸外巡航，並建立基地，主要從事情報工作。美國蘇聯專家肯楠（George Kennan）和包倫（Chuck Bohlen）均在該國學習俄文。二戰時被蘇聯併吞，蘇聯解體後，美國於 1991 年與其重建軍事關係，該國於 2004 年加入北約。

### 衣索比亞（Ethiopia）

位於非洲東北角，面對紅海，美國南北戰爭後一些退伍軍人參加 1870 年代衣國內戰，1903 年美國海軍陸戰隊護送美國外交團到衣國。二戰時，衣國被義大利占領，後被英國擊退，1945 年美國與衣國建立密切關係，並成為衣國武器供應國，1974 年衣國政變後，倒

向蘇聯。1990 年美國與衣國改善關係，並逐漸恢復軍事關係，美國重視衣國的戰略地位。

## 斐濟（Fiji）

太平洋島國，為英國勢力範圍，美國在十九世紀中葉因護橋經常派軍艦聲討。二戰期間，美國在該國建立軍事基地。斐濟 1970 年獨立，1987 年和 2000 年發生政變，美國至為不滿，停止軍事合作。

## 芬蘭（Finland）

1917 年獨立被俄國控制，二戰時，芬蘭曾與法國合作對抗蘇聯，1944 年停戰後，不再對抗蘇聯，以協議達成內政自立，但外交上受蘇聯控制的安排，有所謂「芬蘭化」（Finlandization）之稱，冷戰後，與美國保持情報合作關係。

## 法國（France）

法國是美國海外軍人公墓最多的國家，有 11 個。美國獨立戰爭時，法國曾大力支持，出動陸軍和海軍，打敗英國。第一次大戰時，美國幫助法國打敗德國，第二次世界大戰時，美國和盟國在法國諾曼地登陸，為阻止德軍反守，美國在法國投下了 600 萬噸炸彈，光復法國，美軍傷亡達 134,000 人。

## 加彭（Gabon）

位於非洲西岸，曾為法國屬地。十九世紀中葉，因販奴問題，美國軍艦經常訪問該地。二十世紀末，因發現石油，引起美國重視，並建立軍事關係。

## 甘比亞（Gambia）

位於非洲西岸，是非洲最小的國家，面積僅 11,295 平方公里，

為前英國殖民地，1965 年獨立。早年該國奴隸問題引起美國海軍注意。1943 年羅斯福（Franklin Roosevelt）總統在參加卡薩布蘭卡（Casablanca）會議前，曾在甘國首都過夜。美國空軍在二戰時，曾使用該國機場，二戰後與美國維持軍事合作關係。

### 喬治亞（Georgia）

位於高加索（Caucasus），介於俄國與土耳其之間。1921 年成為蘇聯附庸國，史達林（Josef Stalin）為喬治亞人。1991 年蘇聯解體後獨立，1992 年蘇聯前外交部長史瓦納德茲（Eduard Shevardnadze）成為該國總統。

冷戰時期，喬治亞為美國空軍偵查對象；冷戰後，與美國建立密切軍事關係，由於對抗北約東擴，俄國於 2008 年重新控制喬治亞。

### 德國（Germany）

德國人曾為美國最大非英語系移民族群，一戰時，美國最後加入戰局，但並未參加歐洲陸戰，但戰後曾進駐，一直到 1932 年才完全撤出。1933 年希特勒（Adolf Hitler）執政，1939 年爆發第二次世界大戰，二戰時美軍名將艾森豪（Dwight Eisenhower）和尼米茲（Chester Nimitz）均有德國血統。

美國參加二戰後，先以空軍轟炸德國，造成德軍民 40 萬人死亡，750 萬人無家可歸，最慘烈的 Dresden 轟炸，炸死 25,000 人。1944 年 6 月諾曼第（Normandy）登陸戰，由美國策劃，反攻成功。1945 年 5 月 8 日結束歐洲戰爭，戰後德國為美、英、法、蘇四國占領。1948 年蘇聯封鎖柏林，美軍以空運打破長達一年之久的封鎖。1949 年西德獨立，1955 年加入北約，成為歐洲穩定力量。1989 年柏林圍牆瓦解後，東西德統一，成為歐洲大國。美國迄今一直維持在德

國駐軍，並有龐大軍事基地。

### 迦納（Ghana）

為非洲古國，位於非洲西岸，面對大西洋，曾為英屬「黃金海岸」（Gold Const）。1957 年獨立，因為總統恩克魯瑪（Kwame Nkrumah）左傾，1964 年被美國 CIA 推翻後，美國軍力進入建立廣泛關係，並在非洲「和平維護」工作上扮演重要角色。

### 希臘（Greece）

西方文明古國，被稱之為西方民主的搖籃。1821 年脫離奧圖曼帝國，美國曾協助希臘游擊隊。1825-1828 年，美國海軍長駐希臘海域。馬克吐溫（Mark Twain，本名 Samuel Clemens）曾寫《The Innocents Abroad》一書，形容希臘之美，希臘也是移民美國最多的國家之一。

一戰時，希臘成為美軍潛艇基地，二戰時被德國占領時被美軍轟炸。二戰結束前，美蘇協議由英國控制希臘，戰後爆發內戰，蘇聯企圖介入，英國要求美國出面制止。1947 年美國宣布「杜魯門主義」，以軍援支持希臘和土耳其，開啟了冷戰的序幕。在 1990 年，美軍在希臘駐軍 3,700 人，並有空軍和海軍深水港口。

### 格瑞那達（Grenada）

加勒比海小國，以「香料之島」（Island of Spice）知名，曾分別為法國和英國屬地，1974 年才正式獨立。在獨立前，美國便有商船到該國，二戰時軍艦「訪問」。越戰時為美國大規模干預時代，1983 年發生政變，美國出兵干預，三天平亂，聯合國譴責美國侵略，英國首相柴契爾（Margaret Thatcher）也對美國不滿。

## 瓜地馬拉（Guatemala）

位於中美洲，介於墨西哥、宏都拉斯和薩爾瓦多之間，被稱之為「美雅文化」（Mayan Culture）的代表。1821 年自西班牙獨立，1850 年代曾加入中美洲國家反抗美國侵略尼加拉瓜（Nicaragua），1920 年美國軍事干預該國。二戰時先中立，珍珠港事件後才加入盟國，但出力甚少，但美軍已在該國建立基地，主要是反潛工作。

1950 年代美國水果公司擁有 42%的瓜國土地，1953 年因該國開始左傾，美國實施武器禁運，轉送至宏都拉斯，並派軍應變。CIA 在 1954 年策動政變，推翻左傾政府，1960-1990 年代，瓜國政變，內戰不斷，左派勢力一直反抗政府，美國大力支持政府軍隊鎮壓，平民死傷慘重。1999 年柯林頓總統曾公開為此抱歉，聲稱美國不應再犯這種錯誤。

## 幾內亞（Guinea）

位於西非、大西洋沿岸，為前法國殖民地，1958 年獨立，歷經政變，專制統治。十九世紀中葉，美國軍艦曾抵此偵查追捕販奴。1960 年代，美國干預非洲政變、動亂，曾經由此地進行空運工作，與美國維持小規模軍事關係。

## 幾內亞比索（Guinea-Bissau）

位於西非太平洋沿岸，在幾內亞之北，前葡萄牙殖民地，1975 年獨立，也是美國軍艦在十九世紀巡戈之地。1986 年與美國簽訂軍事訓練協定，1998 年爆發內戰，美國曾在其鄰國賽內加爾密切監視。

## 蓋亞納（Guyana）

南美洲東北部小國，曾被法國、荷蘭控制，後成為英國殖民地，

為南美唯一英語系國家，為大英國協成員。十九世紀早期，美國與英國曾在此海戰，十九世紀末時，因與委內瑞拉（Venezuela）邊界糾紛，美國介入調處。二戰初期，根據美英租借法案，美國取得該國兩個基地。

蓋亞納於 1966 年脫離英國獨立後，因左派政府長期執政，美國 CIA 曾長期介入該國政治，1990 年後關係才開始改善，雙方才開始軍事合作。

### 海地（Haiti）

加勒比海國家，十八世紀為法屬最富有國家，生產全世界 60% 的咖啡和 40%的蔗糖，黑人和白人的比例為 10：1。1803 年美國自法國拿破崙手中購得 Louisiana，占當前美國土地 23%，代表法國勢力退出美洲。海地 1804 年獨立，但從此美國對海地干預不斷，1915-1934 年美國實際統治海地，美國當時海軍部長被稱為「海地之王」。

1960-2004 年期間，美國先後扶植 Duvalier 和 Aristide 兩個獨裁者，海地現在是世界上最貧窮的國家之一。

### 宏都拉斯（Honduras）

中美洲國家，位於瓜地馬拉之東和尼加拉瓜之北，為世界香蕉王國，1821 年自西班牙獨立。1860 年代，一位美國人沃克（William Walker）竟當選總統。美國十九世紀末到二十世紀初積極干預，美國扶植宏都拉斯對抗尼加拉瓜。美國支持反抗軍（Contras）對抗尼國桑定（Sandinista）政府，在 1988 年造成「伊朗門」（Iran-Contra）事件。

## 匈牙利（Hungary）

南歐內陸國，介於奧地利和羅馬尼亞之間，1867 年和奧地利成為奧匈帝國，但在一戰後瓦解。1920 年，匈牙利成為新國家。二戰時，美國一方面轟炸，另方面積極策反匈牙利脫離軸心陣營，但未成功。二戰後，匈牙利被蘇聯控制，1956 年爆發反蘇革命，美國暗中策劃，但不敢公開介入，結果被蘇聯鎮壓。冷戰後，匈牙利與美國建立軍事關係並加入北約。

## 冰島（Iceland）

位於世界最北端的國家，原屬丹麥。二戰時為防止德國占領，英國先行在 1940 年在沒有抵抗的情況下占領。1941 年由美國取代英國占領，並建立基地。1944 年冰島脫離丹麥獨立，冰島本身並無軍隊，1951-2006 年均由美軍駐守。在冷戰時期，冰島為北大西洋監視蘇聯潛艇的主要基地。

1986 年美蘇領袖在冰島首都雷克雅末克（Reykjavík）簽訂限制核武條約，蘇聯領袖戈巴契夫（Mikhail Gorbachev）說這是冷戰的轉捩點。

## 印度（India）

前英國屬地，1947 年獨立，號稱為世界上最大的民主國家（人口最多）。1962 年印度與中國爆發邊界戰爭，印度向美國求援，美國提供武器並派航空母艦，但戰爭不久就結束。

在對外關係上，印度以不結盟自居，在印度和巴基斯坦爭執中，美國和中國都支持巴國。1971 年孟加拉（Bangladesh）獨立危機，美國派出航空母艦支持巴基斯坦。

二戰時，為阻止日本入侵印度，並支持緬甸戰區，美國在印度駐

軍高達 35 萬人，並作為向中國運送戰略物資的基地。

## 印尼（Indonesia）

美國在十九世紀便經常有軍艦抵達印尼，目的在通商和報復美商船被印尼海盜搶劫。印尼為荷蘭殖民地，1941 年被日本占領，美、英、荷、澳聯軍抵抗失敗，但以後美軍自印尼反攻成功。

二戰後獨立，1950 年代印尼總統蘇卡諾（Sukarno）較為親共。1965 年美國以政變，支持蘇哈托（Suharto）執政，但於 1975 年為阻止東帝汶獨立，大肆屠殺，美國並未干涉，直到 1998 年才逼迫蘇哈托下臺。

## 伊朗（Iran）

在二十世紀初，伊朗夾在英國與俄國競爭之間。美國在二戰時，伊朗成為盟軍重要資產——石油和戰略地位，美國對蘇聯提供的 180 億美元援助多是經由伊朗。美國波斯灣司令部也設在伊朗，1943 年美、英、蘇為開闢反攻德國第二戰場的會議在伊朗首都德黑蘭（Tehran）舉行。

二戰後，伊朗成為世界第四大石油輸出國，提供歐洲 90%的需求。1953 年伊朗總統莫沙德（Mohammad Mosaddegh）決定將石油收歸國有，美國以政變推翻，並扶植親美的巴勒維（Reza Pahlavi）國王繼任。

1979 年伊朗革命推翻巴勒維國王，並綁架美國大使館人員，卡特總統的救援行動失敗，國防部長范錫（Cyrus Vance）辭職，為美國外交上一次重大挫敗。

1980-1988 年伊朗與伊拉克發生戰爭，美國支持伊拉克，轟炸伊

朗油田，重創伊朗海軍。1988 年因擊燬一架伊朗民航機，美國賠償
1.3 億美元，但拒絕道歉。

2002 年美國宣布伊朗、伊拉克和北韓三國為「邪惡軸心」（Axis
of Evil），2005 年美國與歐洲盟國曾與伊朗達成限制伊朗發展核武的
協議，但 2019 年美國總統川普宣布退出，2010 年美國和以色列曾以
飛彈摧毀伊朗核能工廠。

雷根總統時代，美國曾祕密以軍售伊朗武器的經費支持尼加拉瓜
叛軍，被揭發後幾乎被國會彈劾，成為雷根任內一大敗筆，稱之為
「伊朗門事件」（Iranian gate）。

## 伊拉克（Iraq）

世界文明古國，底格里斯—幼發拉底河谷（Tigris and Euphrates
River Valley），被稱為人類文明的起源。二戰時，為盟軍援助蘇聯的
基地，二戰後 1958 年親美的國王被政變推翻，鄰近的約旦（Jordan）
請求西方支援，英、美均出兵。1960-1970 年間，伊拉克又與庫德人
（Kurds）衝突不斷。1979 年海珊（Saddam Hussein）執政後，又與
伊朗戰爭，得到美國支持和大量武器，包括生化武器。當時美國主要
的目的除了對抗蘇聯之外，另外就是要保護阿拉伯半島的石油。

但 1990 年，伊拉克攻打科威特（Kuwait），美國以海灣戰役擊
潰伊拉克，在速戰速決之後，美國並未進軍伊拉克本土。但 1993
年、1996 年美國均對伊拉克發動攻擊。

九一一事件後，美國以反恐戰爭之名於 2003 年全面入侵伊拉
克，小布希總統聲稱「伊拉克自由行動」（Operation Iraqi Freedom）
的目的是解除伊拉克的「大規模毀滅性武器」（WMD），終止海珊
對恐怖主義的支持和給伊拉克人民自由。但事實證明伊拉克既沒有大

規模毀滅性武器，也沒有支持恐怖主義，美國更沒有給伊拉克人民帶來自由，美國公然說謊、公然侵略給伊拉克人民只有帶來災難。

美國入侵伊拉克，先進行猛烈轟炸，一天達 1,500 架次，18 天發射了 700 枚戰斧飛彈，然後近 15 萬大軍掃蕩。美軍入侵後，非但未帶來和平，反而造成內亂，搶劫不斷，到 2006 年美國人民已相當不滿，小布希不得不接受國防部長倫斯斐（Donald Rumsfeld）辭職，以蓋茨（Robert Gates）取代。蓋茨的名言是「今後有任何美國軍事將領主張派兵出國打仗，一定是他的頭腦有問題。」

2009 年歐巴馬（Barack Obama）總統就任後，宣布將從伊拉克撤軍，美軍於 2010 年 8 月 31 日結束在伊拉克的任務，美軍陣亡 4,427 人、傷兵 34,275 人，伊拉克軍民死傷至少 10 萬人。

伊拉克戰爭是美國歷史上最不名譽的戰爭。

### 愛爾蘭（Ireland）

在美國移民中，愛爾蘭人占 1/10，美國的海軍之父瓊斯（John Paul Jones）、甘迺迪和拜登總統均是愛爾蘭裔。

美國獨立戰爭和 1812 年美英戰爭時均與愛爾蘭有軍事上的接觸，一戰時有 400 萬美國人經由愛爾蘭海域前往歐洲，愛爾蘭也是潛艇基地。二戰時，北愛爾蘭成為英國一部分，愛爾蘭保持中立，一直到冷戰均是如此。北愛爾蘭反對併入英國的運動從 1969 年延續到 1997 年，美國在該國有空軍基地。

### 以色列（Israel）

1948 年 5 月 14 日在英美扶植下，以色列宣布建國，美國在 11 分鐘後承認，在軍事上大力支持，並擊退五個阿拉伯國家對以色列的

圍剿。1967 年以色列對埃及發動制先攻擊，摧毀在機場上的俄製戰機，並占領西奈（Sinai）半島。1973 年「贖罪日戰爭」（Yom Kippur War），以色列攻擊蘇伊士運河附近埃及軍隊，引發美蘇對抗，最後經由聯合國調處停戰。1978 年在美國調處下，達成大衛營協議，以色列歸還西奈半島給埃及，埃及斷絕與蘇聯關係。1994 年美國促成以色列與約旦和平協議；1995 年奧斯陸（Oslo）協議，促成以色列和「巴解」和解的協議；2006 年以色列與黎巴嫩（Lebanon）戰爭，美大力援助以色列。

在以色列和中東伊斯蘭國家的衝突中，美國從來不是一個公平的調人，只是以色列最忠實的支持者。

## 義大利（Italy）

早在 1801 年美國軍艦就到達義大利西西里（Sicily）對抗巴巴里海盜（Barbary pirates），也在十九世紀中葉協助義大利統一戰爭。一戰時，義大利先與奧匈帝國和德國結盟，後才參加盟國作戰。二戰時，義大利和德國合作，1943 年盟軍在義大利登陸打敗義軍。戰後，美、義建立密切軍事合作關係，美國海軍第六艦隊以那不勒斯（Naples）為母港。

## 象牙海岸（Ivory Coast）

位於西非，介於賴比利亞和迦納之間，美國軍艦在十九世紀中葉曾到其海岸展示武力。曾為法國殖民地，1960 年獨立。1997 年美在此作為空軍基地，2002 年爆發內戰，美國軍事介入。

## 牙買加（Jamaica）

加勒比海島國，美國獨立前後均有密切接觸，為英國屬地，1962 年獨立。二戰時，美國與英國以「租借法案」取得在該國基地，與美

國軍事合作密切。

## 日本（Japan）

1854 年「黑船事件」（Black Ships），美國海軍進入東京灣，打開日本門戶。1904-1905 年日俄戰爭，美國予以調處，1908 年美國「大白艦隊」訪問橫濱。

一戰後，日本取得德國在太平洋的一些島嶼。二戰時日本偷襲珍珠港，美國參加太平洋戰爭，先以「跳島戰役」（island hopping campaign）反攻，在海戰擊敗日本，再以空襲重創日本城市，最後以兩顆原子彈迫使日本投降。戰後美軍占領日本，一直到如今仍維持駐軍及甚多軍事基地，橫須賀為美國第七艦隊母港。

## 約旦（Jordan）

為中東最親西方的國家，也是美國最密切的夥伴。自 1957 年起便接受美國大量軍援，1974 年雙方成立聯合軍事委員會。

## 哈薩克（Kazakhstan）

中亞內陸國，為世界第九大國（土地），十三世紀時曾被蒙古統治，自十九世紀中葉起被俄國統治，1991 年獨立。由於蘇聯在該國有許多軍事基地，包括核武，冷戰時期為美國高空偵查的對象。如今，美國與該國有一些軍事合作關係。

## 肯亞（Kenya）

位於非洲東岸，在衣索比亞、索馬利亞、烏干達之間。在美國獨立前後，就有武裝商船和海盜船在印度洋出沒，二戰時，美國曾在其首都那洛比（Nairobi）建立空軍基地。

1963 年從英國獨立，肯亞為美軍打擊索馬利亞海盜和伊斯蘭極

端分子的主要基地。美國總統歐巴馬的祖先來自肯亞。

### 吉里巴斯（Kiribati）

位於太平洋的珊瑚環礁，人口 13 萬人，二戰前為英國屬地。根據 1856 年美國「海鳥糞島法」（Guano Islands Act），認為該島屬於美國。1938 年小羅斯福（Franklin Roosevelt）總統置於美國管轄權，後與英國達成協議共管。

二戰時，日本曾占領，但被美軍收復。戰後，美國在此設置飛彈追蹤站。1960 年代，美國在聖誕島試爆核戰，1979 年獨立，但美國仍控制若干島嶼。

### 科索夫（Kosovo）

巴爾幹小國，介於賽爾維亞、馬其頓、阿爾巴尼亞和門特內哥羅之間。南斯拉夫解體後賽爾維亞人和阿爾巴尼亞人的內戰不斷，北約介入調處失敗後，1998 年美國強力介入，以飛彈和轟炸打擊賽爾維亞，支持科索夫。科索夫於 2008 年宣布獨立，美國第二天便予以承認。

### 科威特（Kuwait）

面對波斯灣，介於伊拉克和沙特之間的小國，原英國屬地，1961 年獨立。伊拉克一向認為它擁有科威特，一直威脅其生存，美國繼英國之後成為科威特的主要保護者。在 1990 年伊拉克出兵入侵科威特，美國在 1991 年先以六週的空襲，再以 100 小時的陸戰，擊退伊拉克。此一「沙漠風暴行動」（Operation Desert Storm），美國結合了 34 個國家，在 600 億軍費中，沙特負擔了 360 億美元。

1993 年小布希訪問科威特時，據說伊拉克企圖謀殺，柯林頓下

令以飛彈攻擊伊拉克首都巴格達（Baghdad）。

2003 年美國入侵伊拉克時，大部分的軍隊集結在科威特。科威特是美國非北約的主要盟國。

### 吉爾吉斯（Kyrgyzstan）

中亞內陸國，介於哈薩克、烏茲別克、塔吉克（Tajikistan）之間，東面與中國接壤，過去被俄國統治，1991 年獨立，如今美俄均有軍事基地。

### 寮國（Laos）

東南亞內陸國，自 1893 年起與越南、高棉成為法國殖民地。二戰時被日本占領，但美國有情報站，1953 年獨立後，法國支持的政府和共黨支持的叛軍立即爆發內戰。當法國力量衰退後，美國立即介入，基於「骨牌理論」（domino theory），美國以 3 億美元援助寮國政府。

寮國與越南有很長的邊界，越戰時成為北越軍隊滲透到南越的重要道路，稱為「胡志明小徑」（Ho Chi Minh Trail），因此遭受美軍狂炸，成為地球上平均個人承受最多炸彈的國家。1971 年美國支持南越 1.5 萬軍隊進入寮國，但被北越五個重裝師打敗。

1975 年越南和寮國均陷於共黨統治，美國支持的苗族人（Hmong）慘遭殺害，其中一部分逃往泰國，約 25 萬人移民美國。

### 拉脫維亞（Latvia）

波羅的海三小國之一，1795 年後成為俄國一部分，1918 年一戰後宣布獨立，美國協助驅逐德國軍隊。1931 年美國外交官肯楠（George Kennan）曾任職美大使館並學習俄語。波羅的海三小國成

為白俄人民避難的地方。

1939 年俄德簽訂互不侵犯條約，波羅的海三小國又成為俄國的一部分。1941 年德國入侵俄國，又被德國占領。拉脫維亞的 7.5 萬猶太人被送入集中營。二戰後，三小國又被蘇聯占領。1991 年蘇聯解體後宣布獨立，與美國建立軍事關係，2004 年加入「北約」。

## 黎巴嫩（Lebanon）

位於東地中海的中東小國，介於敘利亞和以色列之間。1867 年美國作家馬克吐溫（Mark Twain）和旅行團「入侵」此地，稱讚該國的美麗。原為法國屬地，二戰時被英國攻占，戰後獨立。1958 年美國應該國之請干預伊拉克的威脅，美國派出三艘航母，化解危機。

但多方面的內戰始終困擾該國，從 1975-1990 年期間美國不斷介入。1982 年以色列為阻止「巴解」（PLO）遠離其邊界，曾入侵黎巴嫩，但美軍過多介入又引起黎巴嫩人反感，頻頻發生針對美國的暴炸事件。1982 年在黎巴嫩成立的「真主黨」（Hezbollah）極為反西方，反以色列。1986 年以色列曾對其發動攻擊，美國只能強化對黎巴嫩政府的支持，但對以巴衝突無解。

## 賴索托（Lesotho）

非洲南部的內陸小國，而且在南非共和國之內，除了一些軍事演習外，美國軍事介入較少。

## 賴比瑞亞（Liberia）

在非洲的「小美國」，1820 年代由美國回到非洲的黑人組成的國家。國家的名稱是「自由之地」（land of the free），地點也是美國海軍選定的。1847 年宣布獨立，根據美國憲法制定自己的憲法，與

美國保持密切合作關係。二戰時，與美國簽訂防務條約，美國可使用基地和當地資源（主要是橡膠）。1951 年美國軍事代表團成立，協助訓練軍隊。1980 年的一次政變，幾乎中止了美國對該國 133 年的主宰地位。1989-1996 年和 1999 年的兩次內戰，美國全力介入，一直到 2012 年才告一段落，如今雙方已恢復正常和穩定的關係。

## 利比亞（Libya）

位於北非，為非洲第四大國。在歷史上，該國首都德黎波里（Tripoli）是第一個對美國宣戰的國家（1801 年）。十八世紀末到十九世紀初，北非海岸海盜猖狂（Barbary pirates）。1785-1815 年間，有 600 多名美國公民被海盜侵襲、俘虜和傷害。1803 年美國曾派出軍艦進行了一次海盜之戰，1815 年又打了第二次海盜戰爭，主要對象是阿爾及利亞人。

二戰時，義大利以利比亞攻擊英屬埃及，1942 年美英聯軍收復利比亞，曾被英法共管，1951 年獨立。二戰後，美國曾與利比亞友好，但 1969 年利比亞強人格達費（Muammar Gaddafi）執政後，極為反美。1980 年代與美國衝突不斷，除在海上交鋒外，還一再襲擊美國兵營和使館，美國民意調查，77%的民意支持美國攻打利比亞。雷根總統稱格達費是中東的瘋狗（mad dog）。

2011 年格達費被叛軍謀殺，與美國脫不了關係，2012 年美國駐利比亞大使也在一次攻擊中被殺。

## 列支敦斯登（Liechtenstein）

位於歐洲中部的內陸小國，介於瑞士和奧地利之間，人口僅 4 萬人，土地 160 平方公里（62 平方英里）和美國華盛頓特區大小相似。由於地理位置關係，一戰時與美國敵對，在巴黎和會時，還對盟

國發出最後通牒。二戰時，保持中立，但成為國際情報中心。美國 OSS 曾運作使義大利的德軍投降。由於該國太小，盟軍經常「入侵」該國，破壞其中立地位。

### 立陶宛（Lithuania）

波羅的海三小國中最南部一國。一戰末時，1918 年宣布獨立，美軍在戰後將德國驅離。二戰時，該國被蘇、德、美三國夾擊後被德國占領，曾有 2,000 多名美國空軍人員被俘、監禁，有 20 萬猶太人被殺。

二戰後被蘇聯控制，蘇聯解體後，立陶宛是第一個宣布脫離蘇聯的國家（1990.3.11）。2004 年加入「北約」，與美國軍事關係密切。

### 盧森堡（Luxembourg）

介於德國、法國和比利時之間的歐洲小國。一戰時，曾被德國占領，但戰爭結束時，美軍已進駐該國。二戰時也被德國占領，但 1944 年底被美國收復，美國名將第三軍軍長巴頓（George Patton）將軍因車禍死在該國，並與其他 5,000 多名陣亡軍人，埋在該國。該國雖小，但為美國長期盟友，也是「北約」成員。

### 馬其頓（Macedonia）

巴爾幹小國，二戰時為美國轟炸地區，從 1944-1991 年為南斯拉夫的一部分，1991 年獨立。由於巴爾幹內戰，1993 年美國參加聯合國維和部隊，1994 年美國在其首都建立軍事基地。1999 年科索夫危機，聯合國維和部隊又進入馬其頓，美國提供空軍協助。近年來，雙方軍事合作日益密切。

## 馬達加斯加（Madagascar）

位於非洲東部海上，為世界第四大島，在美國獨立前，該島是美國武裝商船和海盜的主要港口，十九世紀曾為西方列強角逐之地。1860 年代美國曾與該國訂約，二戰時，1942 年成為法國屬地，但隨後英國入侵，美國從該國運送製造原子彈的原料「石墨」（graphite）回國。1970 年代，美國在該國設立太空追蹤站。

## 馬拉威（Malawi）

位於非洲西南部的內陸國，介於坦桑尼亞、剛果、桑比亞和莫三比克之間，美國軍事介入不深，只有借道和訓練工作。

## 馬來西亞（Malaysia）

曾為英國殖民地，二戰時為日本占領，美軍多擔任轟炸任務。當前兩國軍事關係密切。

## 馬爾代夫（Maldives）

位於印度洋的珊瑚島，在印度之南，斯里蘭卡之西，為英國前屬地，二戰時為美空軍基地。1971 年美國在其南方的 Diego Garcia 島建立空軍基地，與美國有軍事合作關係。

## 馬利（Mali）

位於非洲西北部，與許多國家接壤，為前法國屬地。九一一事件後，美國派遣特種部隊訓練該國軍人從事防恐工作。2012-2013 年爆發內戰，美國配合法國干預，但伊斯蘭極端分子獲勝，隨後美國結合多國力量又占上風，收復多處主要城市。

## 馬爾他（Malta）

位於地中海，與歐洲和非洲幾乎等距，具有關鍵戰略位置，也有一個血腥的歷史。從羅馬和迦太基的戰爭、拿破崙與英國戰爭、一戰時為美國海軍基地，二戰時美國在此軍事活動更多，是支援在北非作戰的主要供應站，是轟炸的重要目標，也是盟軍反攻西西里的基地。小羅斯福總統在 1943 年和 1945 年兩次到馬爾他。

1964 年馬爾他獨立，英國 1979 年撤出，美國海軍維持與該國軍事合作關係。

## 馬紹爾群島（Marshall Islands）

1799 年英國探險家 John Marshall 到此，以他為名。1885 年德國占領，一戰後由日本接收。1944 年二戰時美軍攻占，戰後交付託管，由美國統治，1986 年獨立。1950 年代，美國在此附近試爆核彈。

## 茅里塔尼亞（Mauritania）

位於西非，與阿爾及利亞、馬利、塞內加爾等國接壤，西瀕大西洋，為伊斯蘭民族，前法國屬地，1960 年獨立。二戰時，英軍在北非與法、義交戰，美軍在此建立基地。2003 年政變，美國派軍干預和護僑。2004 年美國派軍訓練該國部隊反恐，雙方建立軍事關係。

## 毛里求斯（Mauritius）

位於印度洋的島國，在馬達加斯加之東，美國在 1794 年便設有領事館，軍艦也經常造訪，從事修補和友好活動，並展示實力。1991年雙方開始軍事合作和交流，該國聲稱對查哥斯（Chagos Islands）享有主權，但美國從英國取得在 Diego Garcia 的軍事基地權利。

## 墨西哥（Mexico）

在美國南方，土地接壤，但人民未必接近。美國從獨立後便一直想取得墨西哥領土。1846 年發動對墨西哥戰爭，取得近 1/3 今日美國西南部領土。1821 年墨西哥獨立時，領土為現在的二倍。

1836 年原墨西哥領土德克薩斯（Texas）爆發革命，該國軍事強人山塔安那（Santa Anna）號稱墨西哥的拿破崙，曾 11 次當選總統。1939 年墨法戰爭，美國並未介入。1845 年美國併入 Texas，引發美墨戰爭，美雖取得大片土地，但也犧牲慘重，在 10 萬軍人中約 1.4 萬人陣亡，並在美國造成反戰運動。著名作家梭羅（Henry David Thoreau）、政治人物林肯（時為眾議員）和克萊（Henry Clay）均譴責此一戰爭，是邪惡的和錯誤的戰爭。身為美軍的格蘭特（Ulysses Grant）後擔任總統（1869-1877），曾在其回憶錄中稱此一戰爭為「以強欺弱最不正義的戰爭」。1876 年當選墨西哥總統的狄亞士（Porfirio Díaz）曾悲嘆，「為何墨西哥和美國這麼近，和天堂那麼遠？」1913 年美國駐英國大使（Walter Page）告訴英國外相（Edward Grey），美國對付墨西哥人的方法便是不斷的殺，殺到他們學會民主為止。

1830 年代，小羅斯福總統曾宣布對拉丁美洲的「睦鄰政策」（Good Neighbor Policy），1961 年甘迺迪總統曾提出對拉丁美洲的「進步聯盟」（Alliance of Progress），但事實如何，看當前拉美國家的狀況和與美國的關係，便可得知。

## 密克羅尼西亞（Micronesia）

西太平洋島國，有 607 個島嶼，702 平方公里，人口 12 萬，介於菲律賓和夏威夷之間。主要由四個大島組成，又稱 The Federated

States of Micronesia（FSM），這一島國有複雜的被西方殖民經驗，歷經西班牙、德國、日本和美國。二戰後成為美國託管地，1986 年獨立，與美國軍事關係密切。

### 摩爾多瓦（Moldova）

東歐小國，在二十世紀始終為羅馬尼亞和俄國輪流占領，1990 年獨立，與美國軍事合作。

### 摩納哥（Monaco）

位於西南歐洲的城邦國，南部面對地中海，北部為法國，人口 4 萬人，面積 2 平方公里，知名的是賭城 Monte Carlo 和美國女星 Grace Kelly 嫁給該國國王。二戰時先後被義大利、德國和美國占領，迄今美國軍艦偶然造訪。

### 蒙古（Mongolia）

成吉思汗的蒙古帝國在 1241 年曾抵達奧地利，1917 年俄國革命後，美軍曾干涉，到達西伯利亞和中國邊界，美國外交官在 1920 年到達蒙古首都。美國在 1945 年雅爾達密約中，將蒙古脫離中國交換蘇聯出兵攻打日本。但美國在日本投下原子彈後日本投降，蘇聯兵不血刃的即取得蒙古獨立，又進入中國東北，協助中國共產黨取得政權。1990 年蘇聯解體後，美國與蒙古建立軍事合作關係。

### 蒙特內哥羅（Montenegro）

巴爾幹小國，介於克羅埃西亞、阿爾巴尼亞和科索夫之間，國名意為「黑山」。2006 年獨立，曾為義大利、南斯拉夫和法國角逐之地。二戰後成為南斯拉夫一部分，1999 年南斯拉夫內戰時曾被美軍轟炸，現與美國維持軍事合作關係。

## 摩洛哥（Morocco）

北非西端君主立憲國家，面對地中海，海岸線長達 1,700 多公里，為最早承認美國獨立的國家（1777 年）並與美國簽訂友好條約（1786 年）。十九世紀曾為歐洲列強角逐之地，後為法國控制。二戰時，其首都 Casablanca 成為盟軍重要據點。1943 年的 Casablanca 會議決定要求軸心國無條件投降，戰後獨立成為美國盟友。Casablanca 為美國戰略空軍基地，冷戰後一直與美國維持密切軍事關係。

## 莫三比克（Mozambique）

位於非洲東部，面對印度洋，曾為葡萄牙屬地，1975 年獨立。一戰時，美國未介入非洲東部；二戰時，葡萄牙保持中立，美國也未介入其殖民地。1960-1992 年，莫國長期左右派內戰，最後聯合國介入停火，美國為停火委員會成員，提供財務支持，2010 年後兩國有一些軍事上的聯繫。

## 納米比亞（Namibia）

位於非洲南部，有一極長大西洋海岸，北邊與安哥拉，東面與波扎那，南部與南非接壤。十九世紀末為德國殖民地。一戰時被盟軍占領，戰後被國聯交由南非委任；二戰後南非依然控制，引發內戰，造成安哥拉和古巴的介入，最後由美國出面，由聯合國協助納米比亞獨立。2000 年後，美國與該國建立軍事合作關係。

## 諾魯（Nauru）

南太平洋島國，在赤道之南，在吉里巴斯之西，人口 1.3 萬人，土地 21 平方公里，是世界上最小的島國和第三小的國家。1880 年代被德國占領，一戰時被澳洲占領，二戰時被日本占領，二戰後被澳洲

重新占領，1960 年代獨立。二戰時被美軍轟炸和炮擊。

### 尼泊爾（Nepal）

喜馬拉雅山間小國，介於中國和印度之間，過去為王國，2008 年改為共和國。1950 年後，美國在尼泊爾訓練西藏游擊隊對抗中國，1970 年代美國與中國改善關係後停止，與美國保持軍事關係。

### 荷蘭（Nederland）

因荷蘭支持美國革命，英國向荷蘭宣戰。美國第二任總統 John Adams 曾任美駐荷蘭大使，並爭取荷蘭於 1782 年承認美國。一戰時保持中立，但二戰時被德國占領，遭美國空軍轟炸，1944 年美軍收復荷蘭 1/5 領土。由於德軍頑抗，在 1944-1945 年冬天造成 1.6 萬荷蘭人餓死的悲劇。戰後兩國一直維持密切軍事合作關係。

### 紐西蘭（New Zealand）

為英國屬地，十八、十九世紀美國補鯨船曾至紐國海域，1839 年派駐領事。二戰時美軍進駐，1943 年小羅斯福總統夫人訪問紐國慰勞美軍。二戰後 1951 年美國與紐西蘭簽訂安全條約，兩國一直維持軍事合作關係。

### 尼加拉瓜（Nicaragua）

位於中美洲地峽，北南介於宏都拉斯和哥斯大黎加之間，東西介於大西洋和太平洋之間，由於其戰略地位，為被美國干預最多的國家之一。

1821 年脫離西班牙獨立，由於 1848 年美國加州發現金礦出現淘金熱潮。當時美國東西橫貫鐵路尚未完成，巴拿馬運河也未開通，尼加拉瓜成為美國由東部到西部的交通要道。美國的交通企業在該國建

立了中美洲王國。1856 年美國人 William Walker 當選尼加拉瓜總統，但美國另一企業大亨 Cornelius Vanderbilt 卻結合其他中美洲國家反對和破壞他，最後美國海軍也加入對抗 Walker，結果 Walker 被暗殺。

由於美國在尼國的大量投資，包括交通、礦業、農業，美國為保護自己的利益，干涉不斷，結果是動亂和暴力盛行。到了 1914 年，美國已實際控制了尼國的財政。1925-1933 年美國海軍陸戰隊占領尼國；1936-1979 年是尼國「薩摩沙朝代」（Somoza dynasty），Somoza 父子相繼執政。小羅斯福有一次對其國務卿說 Somoza 是一個狗娘養的（a son of bitch）。他的國務卿說，即使是，也是你養的。

1970 年代尼國爆發內戰，Somoza 政權血腥鎮壓，1979 年卡特政府斷絕軍援後 Somoza 政權垮臺，反對派桑定（Sandinista）領袖 Daniel Ortega 於 1984 年當選總統。但桑定政府親共，並與古巴結合，雷根政府以軍售伊朗經費祕密支持反革命的勢力（Contras），造成醜聞，成為他任內最大敗筆。

### 尼日（Niger）

位於非洲西北部，介於利比亞、馬利、奈及利亞和查德之間。由於其周圍國家動盪不安，使美國重視尼日地位。2013 年美國加強在尼日軍事關係，尤其偵察工作。

### 奈及利亞（Nigeria）

為西非大國，是非洲摩門教徒最多的國家，估計超過 10 萬人。十九世紀美國因反奴行動到達奈國，二戰時美國在奈國有空軍基地。1967-1970 年奈國內戰（又稱 Biafra War），美國介入進行人道援助，1993 年美國對該國制裁，近年來雙方軍事關係密切。

## 北韓（North Korea）

美國與北韓關係一向不好，1866 年美國商船駛進靠近平壤，試圖通商，卻被燒毀。1950 年韓戰，雙方正式交戰，由於中國介入，陷於僵持，在 1953 年簽訂停戰協定。這是美國建國以來，第一次未能取勝的戰爭，美軍陣亡 36,000 人。從韓戰迄今，北韓與美國始終敵對，1960 年美軍艦 Pueblo 被北韓劫持，也是美國唯一被他國虜獲的軍艦。

## 挪威（Norway）

一戰時挪威中立，二戰時被德軍占領，美國在 1943 年炸毀德國在挪威的工廠，美國出動 143 架轟炸機造成極大損害。戰後，挪威加入「北約」，在冷戰時代，美國在該國有空軍和海軍基地，雙方軍事關係十分密切。

## 安曼（Oman）

1833 年美國與安曼簽訂友好與通航條約，安曼為英國殖民地，二戰英國空軍在安曼支援作戰。1980 年美國與安曼簽訂軍事合作協定，可使用空軍和海軍基地，在中東戰爭中發揮極大作用。

## 巴基斯坦（Pakistan）

位於西亞和中東之間，介於印度和伊朗之間，上有中亞，戰略位置極為重要，十九世紀時為英俄角逐之地。1947 年巴國領導人曾說：「美國需要巴國，重於巴國需要美國」。事實證明，美國一直支持巴國，無論在印巴爭執上和中東反恐上，在二戰時，美國已充分利用了這一重大軍事利益。1947 年英國勢力退出印度和巴基斯坦，美國立即填補，作為反制共產主義擴張的橋頭堡。冷戰時代，巴國為美國重要的空軍基地，以 U2 高空偵察機用來偵察蘇聯。

1959 年的中東組織（CENTO），包括巴國、土耳其、伊朗和美國。1971 年東巴基斯坦獨立為孟加拉國（Bangledash），美國派航母到孟加拉灣控制局面。同年美國以巴基斯坦為管道，與中國改善關係。1979 年蘇聯入侵阿富汗，美國大力軍援巴國，支持阿富汗的反抗軍（mujahideen）。

九一一事件後，美國為追捕賓拉登，特種部隊進入巴國擊斃賓拉登。美國揚言可對巴國採取片面行動和無人機攻擊，但雙方仍維持密切軍事關係。

### 帛琉（Palau）

西太平洋小國，在菲律賓之東，人口 2 萬人，土地 459 平方公里。十九世紀為西班牙屬地，1899 年賣給德國，一戰後成為日本屬地，二戰時被美國占領，戰後由美國託管，1994 年獨立，但由美國負責國防。

### 巴拿馬（Panama）

美國第六任總統小亞當斯（John Quincy Adams）在 1820 年代便認識到巴拿馬的戰略重要性，成立「地峽運河公司」，1846 年，美國與哥倫比亞簽約，以地峽的自由通行交換美國保證巴拿馬的中立和主權的尊重。1847 年美國成立巴拿馬鐵路公司，並於 1855 年通行。1856 年美軍進駐巴拿馬，美國本希望在尼加拉瓜建運河，但因法國建巴拿馬運河因資金不足，由美國接手。1903 年美國支持巴拿馬獨立，方便其建造運河，並與巴拿馬簽約，經營和控制運河。

二戰時，德國、日本均企圖攻打巴拿馬運河，美國強化軍事防務。1941 年巴拉馬政府有法西斯傾向，被美國推翻。1977 年美國卡特總統與巴拿馬簽訂於 1999 年將運河區歸還巴拿馬。1983 年巴拿馬

總統 Manuel Noriega 曾長期為美國 CIA 工作，但因販毒和槍殺美軍人，美國策動推翻未果。1989 年小布希總統派出 25,000 軍隊入侵巴拿馬，Noriega 到梵蒂岡大使館尋求庇護，仍被美軍逮捕，送回美國受審處死。

## 巴布亞紐幾內亞（Papua New Guinea）

在澳大利亞之北，新幾內亞的東邊一半，為前德國屬地。一戰時被澳大利亞占有，二戰時先被日本占領，後經美澳聯軍奪回，即「珊瑚海」（Coral Sea）之戰。1943 年美國總統下令，在此謀殺日本海軍大將山本五十六（Admiral Yamamoto）（破解日軍密碼得知其軍機飛往新幾內亞）。戰後，巴布亞紐幾內亞於 1975 年獨立，與美國維持軍事關係。

## 巴拉圭（Paraguay）

南美大國，面積和美國加州一樣大小。1855 年美國海軍測量航途經巴拉圭海域被炮擊，1868 年美國 19 艘軍艦前來要求巴國道歉和賠償，並交涉雙邊商務條約。

巴國受德國影響甚大，1932 年曾成立南美第一個納粹政黨，一直到 1946 年才解散，二戰結束前才加入盟國。巴國強人史托賽爾（Alfredo Stroessner）為德國人，執政長達 35 年（1954-1989），但得到美國軍援，與詹森總統友好，曾主動要求派軍赴越南作戰。1980年代，因巴國不滿美國大使批評巴國新聞管制，與美漸行漸遠，1989年後被美國政變推翻，迄今巴國與美國保持軍事合作關係。

## 秘魯（Peru）

秘魯為拉丁美洲「印加」（Incas）文化之發源地。十九世紀美軍艦曾多次抵達附近海域，十九世紀末，法國在秘魯有較大軍事影響

力。一戰後，美國協助秘魯建立海軍學校。二戰時，美加強軍事關係，建立基地。二戰後美國以軍事顧問團長駐，防止秘魯左傾。1970年代，秘魯出現左派政府並接受蘇聯軍援。1980年代，秘魯政權更迭，美國恢復與其軍事關係，並建立兩個雷達站，主要在對付毒品走私。

## 菲律賓（Philippines）

菲國過去為西班牙殖民地，1898年美西戰爭後，美國取得菲律賓，麥金萊（William McKinley）總統說這是上帝的禮物。但由於菲律賓人抵抗美國占領，美國花了三年的時間才平亂，美軍陣亡 4,324人，菲軍人陣亡 2 萬多人，平民死亡 20 萬人，麥克阿瑟元帥之父 Arthur MacArthur 少將是平亂指揮官。1908年「大白艦隊」到達馬尼拉（Manila），以 16 艘戰艦展示軍威。

二戰初，日本占領菲律賓，10 萬美軍被俘，1944年麥帥以 16萬部隊反攻，馬尼拉幾乎全毀。戰後 1946年獨立，美國在菲國擁有 Clark 空軍基地和 Subic Bay 海軍基地，但於 1992年關閉。1999年美菲簽訂軍事訪問協定，維持雙方軍事關係。

## 波蘭（Poland）

波蘭人曾幫助美國獨立戰爭，Casimir Pulaski 曾任美國准將，並救過華盛頓，被稱之為「美國騎兵之父」。1830年美國也幫助波蘭反抗俄國，但二戰時波蘭分別被德國和俄國占領。在 1939-1945年波蘭被德國占領期間，死亡了 600 萬人，占其人口 16%。冷戰時代，美國以經費支持在波蘭的「自由歐洲之聲」（Radio Free Europe）。1980年代「波蘭團結工聯」得到美國強力支持，蘇聯解體後，美國立即與波蘭建立軍事合作關係，波蘭 1999年即加入「北約」。

### 葡萄牙（Portugal）

十八世紀美國曾與葡國合作對抗海盜，1791 年葡國承認新獨立的美國，十九世紀美軍艦經常訪問葡國。一戰時，葡國大多數時間維持中立，二戰時仍然中立，但成為情報中心。美國在葡國屬地大西洋上的亞述島（Azores）設有基地，有 2,000 架戰機停駐。戰後葡國為「北約」創始國之一，與美國維持密切軍事關係。

### 卡達（Qatar）

中東波斯灣小國，但是世界上最富有的國家之一。1971 年前為英國屬地，1973 年美國勢力進入，1991 年波斯灣戰爭，卡達全力配合美國，戰後美國將在沙特若干基地轉移到卡達，2013 年雙方簽訂軍事合作協定。

### 剛果共和國（Republic of Congo）

原法國屬地，二戰時其首都 Brazzaville 為「自由法國」暫時首都。美國與該國軍事關係較少，1993 年和 1997 年美國空軍曾從事撤僑工作。

### 羅馬尼亞（Romania）

東歐國家，但人民的語言是拉丁文，美國 1880 年承認該國。一戰時多數時間保持中立，二戰時支持德國，美國曾轟炸該國油田和首都，但當時蘇聯反攻蘇軍進入該國後，於 1994 年對德國宣戰。

二戰後，該國成為蘇聯附庸國，也成為美蘇情報戰的所在。該國總統西賽斯庫（Nicolae Ceausescu）在華沙組織中較為獨立，曾對蘇聯 1968 年出兵鎮壓捷克事件予以譴責，受到西方歡迎。1989 年柏林圍牆倒塌，羅馬尼亞爆發革命，西賽斯庫被殺，美國立即與該國建立

軍事合作關係，並建立基地，該國 2004 年加入「北約」。

## 俄國（Russia）

美俄長期對抗，但美俄有一些相同特點：均認為自己有使命感，均有分別解放黑奴和農奴的歷史，以及均致力擴張疆土，美國是朝西，俄國是朝東。但在近代史上，因俄國先後被法國拿破崙和德國希特勒侵略，有深度的不安全感和對西方的不信任感，這是二戰後，美蘇由盟友變成敵人的原因。對美國來說，由於根深蒂固對社會主義，尤其是共產主義的敵視，也是無法與俄國和平相處的主要原因。

十九世紀時，美國尚未成為帝國主義之前，對俄國並不敵視，1867 年以 720 萬美元自俄國購買阿拉斯加（Alaska）。在 1853-1856 年的克里米亞戰爭（Crimean War）中，美國較同情和支持俄國，1877-1878 年的俄國與土耳其戰爭，美國也支援俄國。1904-1905 的日俄戰爭，由美國調處結束，老羅斯福總統還因此得到諾貝爾和平獎。

但 1917 年俄國革命，共產主義者推翻了沙皇，當俄國新政府與德國簽訂和約退出一戰後，美國參加「北極熊遠征軍」，對俄國軍事干預，但以失敗告終，從此雙方關係惡化。美國在 1933 年俄國革命後 16 年，才承認俄國新政府。

二戰德國入侵蘇聯後，美國大力軍援，美國利用烏克蘭空軍基地轟炸德軍，蘇聯在東戰場擊潰德軍，大傷德國元氣，為聯軍贏得歐洲戰場的重要因素。為抵抗德軍入侵，蘇聯以焦土政策犧牲 2,000 萬軍民，相對於美國在二戰犧牲 35 萬軍人，其貢獻和代價不能抹殺。

二戰後，由於雙方對彼此的不信任以及爭取對歐洲的控制，演變成長達 45 年的冷戰。美國對蘇聯實施圍堵政策，並進行軍備競賽，

最後蘇聯以經濟無力支持長期軍備競爭而解體。

　　蘇聯解體後，美國本有極好機會爭取俄國加入歐洲陣營，化解雙方對立，但美國反其道而行，以北約東擴，壓縮俄國的安全，終於造成俄烏戰爭。不但破壞歐洲安定與和平，也必將造成俄國對美國的長期敵意和對抗。

### 盧安達（Rwanda）

　　中部非洲內陸小國，為前比利時屬地，1963 年獨立。1994 年因內部種族內戰，發生種族滅絕悲劇，美國柯林頓政府例外未出兵干預，柯林頓總統在卸任前曾至該國表示歉意。美國軍事合作訓練該國參加維護和平工作。

### 薩摩亞（Samoa）

　　南太平洋島國，介於夏威夷和紐西蘭之間一島兩國，西邊為美屬薩摩亞。1962 年獨立的薩摩亞在東邊，人口 20 萬人，為大英國協成員。

　　1888 年第一次薩摩亞內戰，美國、德國、英國介入，但一場颱風造成各方重大損失，結束了內戰。1899 年又發生內戰，美英聯手對抗德國，由於僵持不下，最後達成和解，分成德美各占一部分，英國在別處分到土地。二戰時，美國建立海空軍基地，如今美國在薩摩亞仍維持軍事關係。

### 聖馬利諾（San Marino）

　　義大利東北部小國，人口 3.5 萬人，土地 61 平方公里，為歐洲第三小國，僅比梵蒂岡和摩納哥大，但是世界最老的共和國，建於西元前 301 年羅馬帝國時代。十九世紀便與美國接觸並授予林肯總統榮

譽公民；二戰時，該國中立，但在盟國轟炸義大利時，常被波及，盟軍最後也收復該國，美軍參與其中。迄今，美國與聖國維持友好關係。

## 聖多美普林西比（Sao Tome and Principe）

中非洲西部島國，人口 22 萬，土地一平方公里，為世界第二小國。十九世紀時，為美國軍艦巡航必經之地，現為非洲美國之音電臺所在，美國並在該國設有偵測站。

## 沙特、沙烏地阿拉伯（Saudi Arabia）

一戰時，英國協助阿拉伯民族對抗奧圖曼帝國，英國人勞倫斯（Thomas E. Lawrence）因美國電影而成名。1933 年美國與沙國合作生產石油，即後來的 ARAMCO 公司。二戰時，沙國名義上中立，但在石油上與盟國合作，但因義大利轟炸沙國油田，沙國允許美國在沙國建立基地，並接受美國援助。1945 年初，小羅斯福總統在參加雅爾達會議後，在美國軍艦上會晤了三位非洲和中東元首，即衣索比亞、埃及和沙烏地阿拉伯，從此與沙國建立了 70 多年的友誼關係。在該次會晤中，沙國國王曾警告美國，如果猶太人在美屬巴勒斯坦委任地區擴張其占領區，阿拉伯國家將開戰，這是 1948 年以色列建國後中東衝突的由來。但由於沙國與伊朗不合，美國利用這一矛盾，與沙國始終維持友好關係。例如在 1979-1988 年伊朗與伊拉克戰爭時，美國和沙國均支持伊拉克。1996 年伊拉克侵略科威特，威脅到沙國時，美國出兵大敗伊拉克，沙國的基地提供極大的作用，美國在沙國的軍隊多達 50 萬人。

2001 年九一一事件中，19 個劫持美國民航機的恐怖分子中，有 15 個是沙國人，幕後主謀賓拉登也是沙國人。1996 年和 2004 年在

沙國的美國人也遭受攻擊，使得多數美國軍事人員離開沙國。

美國與沙國的軍事合作自 1953 年迄今一直存在，沙國仍然是美國在中東最主要的盟友。

### 塞內加爾（Senegal）

位於非洲西岸，介於茅利塔里利和甘比亞之間。十九世紀時，美國反奴艦隊曾到達該國海域。曾為法國屬地，1960 年獨立。二戰時，美曾使用該國基地，與美國一直維持軍事合作關係，2013 年歐巴馬總統曾訪問該國。

### 塞爾維亞（Serbia）

巴爾幹中部內陸國，曾為南斯拉夫一部分，二戰時被德國侵入，美國援助該國反抗德國的勢力，並轟炸德軍。1990 年蘇聯解體後，南斯拉夫分裂成幾個勢力爭戰，其中塞爾維亞與科索夫領土之爭，聯合國介入干預，美國扮演重要角色猛烈轟炸和飛彈攻擊塞爾維亞，1999 年塞國撤軍，科索夫獨立。美國與塞國維持軍事關係。

### 塞席爾（Seychelles）

位於非洲東部，坦尚尼亞以東，印度洋的小國，為前英國屬地，1976 年獨立。美國在 1963 年在該國建立空軍追蹤站，海軍經常訪問並協助該國訓練海防人員。

### 獅子山（Sierra Leone）

位於非洲西部大西洋岸，與幾內亞和賴比瑞亞接壤，先後為葡萄牙和英國殖民地，1961 年獨立。美國海軍於十九世紀因反奴巡航至其海域，1991-2002 年內戰，美、英介入。與美國維持軍事關係。

## 新加波（Singapore）

中南半島最南端的城市國家，人口 600 萬，土地 734 平方公里，1836 年美國便設立領事館。二戰時曾被日本占領，也被美國轟炸。如今與美國軍事合作密切，美國第七艦隊支援設備和空軍均在該國有基地。

## 斯洛伐克（Slovakia）

中歐內陸國，介於波蘭和烏克蘭之間，早年為匈牙利一部分，一戰後為捷克一部分，1993 年分為捷克和斯洛伐克兩個國家。二戰時為德國盟友，曾向美國宣戰，戰後為蘇聯附庸國。2004 年加入「北約」，與美國軍事合作。

## 斯洛維尼亞（Slovenia）

介於奧地利和克羅埃西亞和義大利之間，一戰前曾為南斯拉夫一部分，也是奧匈帝國一部分。二戰時被美國轟炸，戰後被美國占領，1991 年獨立。2004 年參加「北約」，與美國維持軍事關係。

## 索羅門群島（Solomon Islands）

南太平洋島國，位於巴布幾尼亞之東，前英國屬地，1978 年獨立。十九世紀美國捕鯨艦曾到達該島海域，二戰時為美日激戰地區，1943 年日軍被擊敗後，美國在該島建立海空軍基地。1998 年內部衝突後，在 2003 年由澳大利亞和紐西蘭軍隊駐守，與美國維持較少的軍事關係。

## 索馬利亞（Somalia）

位於非洲之角（the Horn of Africa），極具戰略位置。1977 年衣索比亞和索馬利亞之戰，蘇聯、古巴支持衣國，美國支持索國，1991

年索國政變，美國介入。1993 年索國攻擊聯合國部隊，美國介入，但直升機被擊落，18 人死亡後，美國便撤出，1995 年美國協助救出聯合國部隊人員。2009 年索國海盜挾持美國商船，為美國立國 200 多年第一次，後被美國海軍救出。2000 年之後，索國與蓋達組織維持關係密切。2013 年美國海軍特種部隊企圖謀殺索國領導人士未果，美國以無人機攻擊，但 2014 年後雙方關係有所改善。

### 南非（South Africa）

為前英國屬地，曾因實施「種族隔離」（Apartheid，1948-1994），被世界譴責和孤立，但也因此發展了自己的軍火工業。二次世界大戰，均與同盟國協同作戰。1994 年民主化後，美國與其建立了密切的軍事合作關係，2013 年曾舉行大規模聯合軍事演習。

### 南韓（South Korea）

1853 年美軍艦到釜山想比照日本模式開港，但為韓國拒絕。1871 年美國軍艦又到仁川，爆發戰爭，美國雖戰勝，但仍未達到通商目的。1888 年美軍登陸漢城護僑，韓國成為中、日、俄、美四個國家角逐勢力範圍的所在。

1895 年中日之戰、1904 年日俄之戰，日本均獲勝，1910 年韓國成為日本殖民地。二戰後，韓國被分割為南北兩部分，分別為美國和蘇聯勢力範圍。1950 年爆發韓戰，由於中國介入，以停戰結束，這是美國第一次未打贏的戰爭。為了圍堵中國，南韓成為美國西太平洋防線第一島鏈的一部分，美國在南韓維持駐軍和基地，軍事關係密切。

### 南蘇丹（South Sudan）

非洲中部內陸國，2011 年從蘇丹獨立，為世界上最新的國家。

1899-1956 年為英國屬地，分為南北二區，從 1950 年後內戰，經公投後決定分為兩個國家，美國支持南蘇丹叛軍，由於美國支持 2005 年的和平協議，最後導致南蘇丹的獨立。2013 年南蘇丹內戰，美國又介入，在吉布地（Djibouti）美國有一支「東非反應武力」。

### 西班牙（Spain）

西班牙在歐洲海權競爭和美洲殖民時代扮演重要角色。1898 年美西戰爭後，西班牙勢力大減，早在 1818 年美國便攻占佛羅里達，西班牙被迫割讓。1936 年西班牙爆發內戰，在德國支持下，右派的佛朗哥（Franco）擊敗左派政府，美國有不少志願軍支持政府軍，這些志願軍很多人成為二戰時美國的情報工作者（OSS）。二戰時，西班牙支持德國，美國曾以情報工作策反推翻佛朗哥政府，但未成功。

二戰後，西班牙成為「北約」和「歐盟」成員，美國在該國建立基地，作為大西洋和地中海之間的橋樑。

### 斯里蘭卡（Sri Lanka）

前英國屬地，1972 年稱錫蘭（Ceylon），1948 年獨立。美國「大白艦隊」於 1909 年抵達錫蘭。二戰時為聯軍東南亞指揮司令部所在地，美國有海空軍基地轟炸日本控制的印尼油田以及在海上島嶼。當前，美國有特戰部隊在該國。

### 聖克里斯多福及尼維斯（St. Kitts and Nevis）

為加勒比海島國，人口 5 萬人，土地 261 平方里。St. Kitts 為 St. Christopher 的綽號，是 1623 年英國在加勒比海第一個到達的地方。1799-1800 年英法在此海戰，美國曾介入。1983 年獨立後，美軍事介入不多，只有友好訪問。

## 聖露西亞（St. Lucia）

加勒比海島國，人口 18 萬人，土地 617 平方公里，先後為法、英殖民地，1979 年獨立。二戰時，根據與英國的租借法案，美國取得海空軍基地，當前美國維持飛彈追蹤設施。

## 聖文森及格瑞那丁（St. Vincent and the Grenadines）

加勒比海小國，人口 11 萬人，土地 389 平方公里，簡稱聖文森，原為英國屬地，1979 年獨立，由美國軍事協助。

## 蘇丹（Sudan）

位於非洲東北部，介於埃及、查德和衣索比亞之間，東部面對紅海。1874 年前與埃及交戰，英國人戈登（Charles G. Gordon）曾為埃及軍將領，他因在中國參加過太平天國之戰，外號為「中國人」。

二戰時，蘇丹成為戰略要地，成為聯軍在北非、中東和太平洋的空中走廊，美國介入甚深。1956 年獨立後，兩場內戰造成國家巨大的傷害。美國在 1980 年代對蘇丹政府提供軍事援助，1993 年美國認定該國支持恐怖主義，以飛彈攻擊該國。美國在 2005 年調處南北蘇丹之戰，2011 年促成南蘇丹獨立，結束 Darfur 悲劇。

## 蘇利南（Suriname）

位於南美洲東北角，面對大西洋，介於圭亞那、法屬圭亞那和巴西之間，亦被稱之為荷蘭圭亞那。1667 年英國與荷蘭結束戰爭後，兩國分占各一邊，即今日的圭亞那和蘇利南。二戰時，美軍入侵，其鋁土礦（bauxite）提供美國 60%的鋁工業。1973 年獨立後，美國與之建立軍事合作關係。

## 史瓦濟蘭（Swaziland）

非洲南部小國，2009 年後美國與之進行軍事連絡。

## 瑞典（Sweden）

在十七世紀，瑞典參加 30 年戰爭，有軍事傳統，但兩次世界大戰和冷戰，均保持中立。在 1820-1930 年間，有 1/3 的瑞典人民到北美移民。二戰時，瑞典對德國提供鐵礦石，並允許德軍從挪威到芬蘭經過該國，但美國並未攻擊瑞典，只在戰爭末期，情報單位開始進入，目的是防止蘇聯入侵，美國海軍經常訪問該國港口。

## 瑞士（Switzerland）

有長期中立歷史，但是是世界情報中心。二戰後，美國 CIA 首任局長的 Allen Dulles（其兄為國務卿 John Dulles）長期在瑞士從事情報工作。在二戰時，美國空軍一天侵犯瑞士領空 30 幾次，也曾誤炸，德國也是如此。史達林曾建議美國攻占瑞士，但美國並未同意，美國與瑞士維持友好關係。

## 敘利亞（Syria）

位於西亞，面對地中海，與土耳其、伊拉克、約旦接壤，為阿拉伯國家，1944 年獨立，為文明古國，其首都大馬士革（Damascus）為世界最古老城市之一，有 4,000 年以上歷史。二戰時為法國屬地，但被美國攻占，1948 年被美國和以色列轟炸，美國 CIA 在 1957 年策動政變未果。2000 年後為了反恐，美國對該國不斷軍事干預，但並未入侵。

## 塔吉克（Tajikistan）

十九世紀、中亞為英俄勢力範圍競爭之地，後為俄國掌控，1992

年獨立。九一一事件後，美國積極爭取在該國建立基地。2001 年，美國防部長倫斯斐（Donald Rumsfeld）曾訪問該國。

## 坦桑尼亞（Tanzania）

非洲東部面對印度洋，與肯亞、烏干達、剛果共和國和莫三比克接壤。美國在十九世紀初在該國的影響力大於英國、法國和葡萄牙。1837 年，兩國簽訂友好通商條約。1880 年代，德國積極經營東非。一戰前，英法在非洲競爭，二戰後，英國取得大部分東非土地，1961年獨立。1960 年代該國與中國友好，美國勢力下降。1998 年，美國大使館被炸，美軍前往救援，重新與該國建立軍事關係。

## 泰國（Thailand）

1833 年美軍艦造訪，是亞洲第一個與美國建交的國家。一戰時與美國合作，二戰時與日本合作並對美宣戰，日本在該國建造的鐵路和知名的「桂河大橋」（Bridge on the River Kwai）被美軍炸毀。1944 年政變推翻親日政府，在美國入侵之前，日本投降。1946 年美國出生的蒲美蓬（Bhumibol）國王就任，1953 年美國任命前 OSS（CIA 的前身）局長 Donovan 為駐泰國大使，目的在東南亞布建反共產主義滲透工作。在冷戰時期，泰國成為美國重要的盟友。

## 東帝汶（Timor-Leste/East Timor）

位於大洋洲，澳大利亞之北，在 1974 年前為葡萄牙殖民地。二戰時，為防止日本占領，盟軍先行入侵，但仍被日軍擊退。二戰後，葡萄牙重新占領，1974 年左派軍事政變，結束葡國統治。1975 年，美國支持的印尼強人蘇哈托（Suharto）以近乎種族滅絕的方式，阻止東帝汶獨立，長達 20 多年。聯合國曾譴責並要求撤軍，印尼和美國均不予理會。1998 年在國際壓力下，美國迫使蘇哈托下臺並撤

軍，1999 年東帝汶經公投取得獨立。

## 多哥（Togo）

位於非洲西部，介於迦納和貝南之間，為前德國屬地，一戰後由法國占領，1960 年獨立。十九世紀中葉，美日軍艦到達多哥海岸，2000 年後與美國維持軍事關係。

## 東加（Tonga）

位於大洋洲，在紐西蘭東北部，為前英國屬地，1970 年獨立。美國在 1886 年與其簽訂友好通商條約，二戰時，美國曾協助東加抵抗日本並建立基地，與美國維持軍事合作。

## 千里達和托巴哥（Trinidad and Tobago）

位於加勒比海，靠近南美洲的委內瑞拉，在美獨立戰爭和 1812 年美英戰爭時，美國軍艦便經常至該國，原為西班牙屬地後被英國占領，1962 年獨立。二戰時成為美國軍事基地，冷戰時美設有飛彈追蹤站。

## 突尼西亞（Tunisia）

羅馬帝國最大和最富裕的城市迦太基（Carthage）便在今日的突尼西亞，位於非洲東部，在利比亞和阿爾及利亞之間，面對地中海，和義大利西西里島遙遙相對。十九世紀為海盜國家之一，成為美國威迫利誘的對象，曾為法國殖民地。二戰時，美英與德國的北非之戰不亞於蘇聯和德國的史達林格勒之戰，最後德軍 25 萬人投降，盟軍傷亡 7.6 萬人，其中美軍 1.8 萬人。1943 年在參加開羅會議之前，小羅斯福總統曾到突尼西亞訪問，1956 年獨立，美國立即承認。2011 年「茉莉花之春」，美國出資 3.5 億美元推翻了該國政權。

## 土耳其（Turkey）

首都伊斯坦堡（Istanbul），前為君士坦丁堡（Constantinople），為拜占庭（Byzantium）和東羅馬帝國古都。

1830 年，美國與土耳其便有貿易條約，美國也幫助土耳其建立現代化海軍。十九世紀末，奧圖曼帝國衰退。1912 年第一次巴爾幹戰爭，美軍曾進駐伊斯坦堡，一戰時，美國參戰後向奧圖曼帝國宣戰，一戰後，美軍進入土耳其，美國本可託管土耳其，但並未進行。1923 年凱末爾（Kemal Ataturk）成為土耳其共和國首任總統，被稱為土耳其現代化之父。

二戰時，土耳其大部分時間保持中立，但在美國 OSS 運作下，於 1945 年 2 月加入盟國。冷戰時代，土耳其為美國堅實盟國，1962 年古巴飛彈危機，美國以撤出在土耳其飛彈，交換蘇聯撤出在古巴的飛彈，結束這一危機。迄今，美國在土耳其仍有許多基地。

## 土庫曼（Turkmenistan）

中亞國家，與伊朗、阿富汗、哈薩克和烏茲別克交界。冷戰時，為蘇聯附庸國，美國從事高空偵察。冷戰後，該國維持中立，美國以援外方式與其保持接觸。

## 吐瓦魯（Tuvalu）

南太平洋島國，介於吉里巴斯和斐濟之間。十九世紀，德國與英國曾角逐競爭力，最後英國在 1892 年成為該島的保護國。1841 年，美國的探險遠征軍曾抵達該島。二戰時，美國進入該島防止日本入侵並建立基地。1978 年獨立後，美國放棄一些小島，並維持一些軍事關係。

## 烏干達（Uganda）

位於非洲中部，與肯亞、南蘇丹、剛果民主共和國和盧安達接壤，為前英國屬地，1962 年獨立。1972 年美國兩百年國慶日時，該國曾挾持美國人質，以色列發動攻擊予以救出。第 2 年又限制美國在該國行動，這兩次事件美國均派出航母戰鬥團隊去解除危機。1986 年該國叛軍殺害平民，政府軍與叛軍對峙多年，美國在 2010 年和 2014 年軍事干預，但烏國在打擊伊斯蘭極端主義分子和海盜上與美國配合，美國提供軍事援助和訓練工作。

## 烏克蘭（Ukraine）

前蘇聯加盟國，介於俄國、白俄羅斯、波蘭和羅馬尼亞之間。1850 年代克里米亞戰爭時，美國支持俄國，一戰後期美國在烏克蘭與俄軍作戰，二戰時，蘇聯允許美國在烏克蘭建立三個基地。二戰後，美國 CIA 曾企圖利用烏克蘭對抗蘇聯但未成功。

烏克蘭與俄國關係密切，有超過 300 年的歷史關係。聯合國成立時，蘇聯把烏克蘭和白俄羅斯一併加入。冷戰後，美國以北約東擴把前蘇聯附庸國一一納入北約，並在 2014 年發動顏色革命，推翻烏克蘭親俄政府。俄國一再要求美國不要將烏克蘭納入北約，因為會危及俄國的安全，美國拒絕。2022 年 2 月 24 日俄烏戰爭爆發，美國和北約盟國全力支持烏克蘭。

## 阿拉伯聯合大公國（United Arab Emirates）

位於中東，面臨波斯灣，與沙烏地阿拉伯和安曼接壤，前英國屬地。二戰時，美國曾利用該國基地，在 1980 年代兩伊戰爭和 1991 年海灣戰爭時和美國建立密切合作關係，美國在該國擁有海空軍基地。

## 英國（United Kingdom）

除獨立戰爭和 1812 年美英戰爭外，美國和英國是最親密的盟國，兩次世界大戰和冷戰，兩國合作無間，美國以軍援取得英國許多海外基地，使美國成為基地帝國。

## 烏拉圭（Uruguay）

位於南美東南部，與阿根廷、巴拉圭和巴西接壤，面對南大西洋。十九世紀時，美國軍艦經常訪問並登陸。一戰時，是南美洲少數對德國斷交（但未宣戰）的國家。二戰時，未對德國宣戰，但與盟國配合。冷戰時代，美國極為關心該國左派勢力，1973 年美國支持的軍人政府強力打擊右派力量，引發人權爭議。

## 烏茲別克（Uzbekistan）

中亞內陸國，是中亞人口最多的國家。俄國 1917 年革命後，美國曾在該國策動推翻布爾塞維克（Bolshevik）政權，美國在 2001 年入侵阿富汗後，曾利用該國空軍基地，由於美國干涉該國內政，被迫關閉基地，到 2012 年才恢復使用。

## 萬那杜（Vanuatu）

太平洋西南部島國，人口 32 萬，土地 1.2 萬平方公里，曾為英法共管地，1980 年獨立。二戰時，美作為海空軍基地，與日本交戰，如今僅維持較少軍事關係。

## 梵蒂岡（Vatican City）

在義大利羅馬的天主教皇國，人口約 800 人，多為神職人員，土地面積只有 0.44 平方公里。二戰時盟軍轟炸羅馬時雖盡量避免波及，但教皇在梵蒂岡之外的土地難以避免，引起教皇抱怨。盟軍收復

義大利後，美軍曾進入梵蒂岡，稱之為「友善的入侵」，教皇在一日之中曾接待 1,500 名盟軍。

### 委內瑞拉（Venezuela）

南美洲最北邊的國家，面對加勒比海，原為西班牙屬地，1811年獨立。1812 年在委國外海曾爆發英美海戰，1902-1903 年因債務問題，德國和英國聯合封鎖委國港口，美國支持德英行動。

老羅斯福總統對拉丁美洲國家積極干涉，進行「炮艦政策」（gunboat policy），委內瑞拉首當其衝。一戰時，委國發現石油，更引起美國重視。一、二次大戰，委國均保持中立，但在二戰時，經由租借法案與美國配合。

1958 年美國副總統尼克森訪問委國時遭到群眾抗議和攻擊，美國已準備軍事行動，但並未實施。1999-2013 年，委國總統 Hugo Chavez 強烈反美並與伊朗結合，他指責美國的反恐戰爭和企圖推翻他，但美國並未對委國進行軍事干預。

### 越南（Vietnam）

越南是美國的悲劇和災難，是美國對外軍事干預最大的失敗，越戰的結果是越南的統一和美國的分裂。美國在 1960 年代，可以登陸月球，卻在越南屠殺平民（美萊村事件）。

十九世紀中葉，美軍艦到越南尋求通商，但並不順利。越南成為法國殖民地後，美國對越南表示關切，自稱美國是越南人民的希望。越南領袖胡志明在 1919 年一戰後的巴黎和會上，曾去函美國代表團，希望得到美國的支持，但美國並未回應。二戰時，越南被日本占領，因饑荒造成 200 萬越南人民的死亡。小羅斯福總統對法國的殖民統治十分不滿，說「已爛到底」（rotten to the core），並對史達林

說：「經過一百年的法國統治，該地人民的生活反而不如從前。」

二戰末期，美國情報人員曾接觸胡志明和武元甲。1945 年越南獨立，曾引用美國獨立宣言──人生而平等。胡志明再度爭取美國支持，但美國在冷戰心態下，予以拒絕。1954 年越南被劃分為南北兩國，北越倒向蘇聯和中國，美國支持南越政府。在 1960 年代，蘇聯提供軍援和 3,000 多名顧問，中國有 30 萬軍人協助訓練和防禦工事。1954 年法國在奠邊府一役慘敗，美國軍方建議使用原子彈，但被艾森豪總統否決，但接替法國對抗北越。1961 年甘迺迪總統繼任後，開始升高越戰，兩年內美軍從 800 人增加到 16,000 人，到了詹森總統從 1964-1968 年，美軍增加到 50 多萬人。越共利用從北越經高棉、寮國長達 600 公里的「胡志明小徑」（Ho Chi Minh Trail）滲透到南越，美國予以猛烈轟炸，投下的炸彈，超過二戰盟軍的總和，仍無法阻止北越的攻勢。1968 年春節，北越 8 萬軍隊發動全面攻擊（the Tet offensive），美軍傷亡達 1.7 萬人，為政治上不可承受之重，美國新聞報導稱美國已「深陷泥淖」（mired in stalemate）。當年 3 月，詹森總統宣布不再競選連任，以平息國內反戰情緒。1968 年秋天尼克森為參選總統，提出「越戰越南化」主張。1973 年美國把徵兵制改志願役，3 月底美軍全數撤出越南。1975 年 4 月 30 日越南淪陷，目睹的是美方撤離悲劇和越南的海上難民慘劇。

美軍在越戰陣亡 58,193 人，越南死亡 330 萬人，其中 1/3 為軍人，事後雙方都認為從事崇高任務，但事實上，只是一場災難。美國和北越最後以和談結束戰爭，北越黎德壽和美國季辛吉得到了諾貝爾和平獎，也是一大諷刺。

美國當初以「骨牌理論」正當化其參戰理由，但越南淪陷後，中南半島國家並未「共產化」，反而和平、安定、繁榮。美國當時國防

部部長麥納馬拉（Robert McNamara）在回憶錄中，承認美國把民族主義誤認為共產主義，犯下大錯。

### 葉門（Yemen）

位於中東半島的北邊，靠近紅海和亞丁灣，南葉門於 1967 年獨立，南北葉門於 1990 年合併。從 1960-2000 年，每次葉門內戰，美國均派軍艦干預或應變，在二戰時美國利用葉門基地作補給和運送兵員之用。

葉門對美國極不友善，2000 年曾攻擊美國軍艦，2008 年攻擊美國大使館，美國也一再以飛彈報復，並謀殺葉門政要。2013 年葉門國會通過決議，禁止美國使用無人機攻擊。

### 桑比亞（Zambia）

位於非洲南部的內陸國，與剛果民主共和國、安哥拉、博茨瓦納、辛巴威和坦尚尼亞接壤，為前英國屬地，1964 年獨立。1964-1991 年的總統 Kaunda 左傾，不結盟，與美國軍事關係較少，近年來才有所改善。

### 辛巴威（Zimbabwe）

位於非洲南部內陸國，與桑比亞、博茨瓦納、南非、莫三比克接壤，為英前屬地，前稱羅德西亞（Rhodesia），1965 年獨立。因實施種族隔離政策，英國要求聯合國出面干預，美國支持，但均未出兵。獨立後發生內戰，各受共產主義集團和非共產集團支持。1977 年美英聯手干預促成和解，但與美國關係冷淡，2000 年後才有改善，建立軍事關係。

# 第五章

# 流氓帝國

## ● 一、從孤獨的強權到流氓帝國

美國是不是一個「流氓國家」，早在 1999 年杭廷頓（Samuel Huntington）便給了我們答案，他在《外交事務》（Foreign Affairs）上撰文「孤獨的強權」（The lonely superpower），列舉美國的罪狀為：

1. 在其他國家行使治外法權。
2. 把其他國家分類，對不符合美國要求者，予以制裁。
3. 以自由貿易和開放市場為名，為美國爭取利益，制定或修改國際經濟體系的規則來配合美國的利益。
4. 禁止其他國家銷售武器，但自己卻大量銷售。
5. 堅持聯合國必須要配合美國政策，否則就予以抵制。
6. 堅持北約東擴，壓迫和削弱俄國。
7. 對伊拉克的侵略和制裁。
8. 把拒絕服從美國的國家，列為「流氓國家」。[1]

杭廷頓撰寫本文時，美國尚未以反恐為名，全力推動美國霸權。在 2001 年九一一事件後，美國的外交政策不但否定其他國家的主權，堅持採取片面主義，並把國內法取代國際法和條約。美國不僅是日益孤獨，而且已進一步成為真正的「流氓國家」。[2]杭廷頓是位保守主義的學者，他一生為美國的外交政策辯護，但他不失智識分子的良知，也經常提醒美國的自大、虛偽和缺失。例如他在 1981 年《美國政治：不和諧的承諾》（American Politics: The Promise of Disharmony）一書中，便指出美國自認是先天免疫可不受國際法的約

---

1　Samuel P. Huntington, "The lonely superpower," Foreign Affairs (Mar/Apr. 1999).
2　Alexis Shotwell, Against Purity: Living Ethically in Compromised Time (Minnesota: Univ Of Minnesota Press, 2016), pp.38-39.

束，以及美國的權力必須在黑暗中，才能發揮最大的力量。在 2004 年《我們是誰：美國國家認同面對的挑戰》（Who Are We?: The Challenges to America's National Identity）一書中，他明確的指出美國在二十一世紀初採取的新帝國主義政策，要依美國的力量和價值去改造世界，不但將失去其國家的認同，也不可能有太大的作為。他在早先 1996 年《文明的衝突與世界秩序的重建》（The Clash of Civilizations and the Remaking of World Order）一書中，已提醒美國將面對中國和伊斯蘭國家基於不同文明的衝突和西方文明的三大缺失：不道德、錯誤和危險，以及美國人民並不認同美國政治菁英那麼重視推銷美國的民主，反而會造成世界反美的力量。他的邏輯是如果美國自認是例外的，我沒有理由在其他國家推動民主和人權；如果其他國家都與美國一樣了，美國又有何「例外」可言？！

　　美國在反恐戰爭中宣稱伊拉克、伊朗和北韓為「流氓國家」（Rogue States）。但在九一一事件前一年，美國學者杭士基（Noam Chomsky）就出版一本以美國為主題的《流氓國家》（Rogue States: The Rule of Force in World Affairs）。2005 年另一位學者布魯姆（William Blum）又出版了一本《流氓國家》（Rogue State: A Guide to the World's only Superpower），列舉了美國作為「流氓國家」的八項暴行（violence），包括干預、包庇和訓練恐怖分子、刑求、謀殺、使用不人道武器、監聽、戰爭犯罪、綁架。這兩位作者是左派學者，尤其杭士基（麻省理工學院榮譽教授）被認為是「美國最偉大的異議分子」和當代最重要的「公共知識分子」，為「美國人的三大良心」之一（另兩位是 Robert Nozick 和 John Rawls）。他著作超過等身，包括一百多本的專書和超過千篇的文章。這兩位作者的作品雖極具批判性，但特點是均有證據和依據，有強大的說服力。

　　美國從「孤獨的強權」走上「流氓國家」最主要的原因是「美國的心態」（American Mind），美國認為它擁有這個世界，它必須要全面控制這個世界。美國明確的宣示，它不准許任何國家挑戰美國的權力和地位，它認為美國已強大到可以為所欲為。它不但無視國際法、國際公約和條約的義務，並把它一手打造的聯合國和相關的國際組織不屑一顧，聲稱「能用則用，無用則棄」。甚至對西方盟國也極盡輕視和羞辱，說「任務決定聯盟，而非聯盟決定任務」，認為「北約」盟國在「搭美國的便車」（free-riding），在「文明上有缺陷」（cultural deficience）。

　　美國從建國以來，一貫的心態便是美化（甚至神化）自己，貶低他人。以「善意無知」（benign ignorance）和生存習慣（habit-of-being）造就了美國人的「教化使命」（civilizing mission）。[3]使美國以「例外主義」（exceptionalism）和「清白（無辜）」（innocence）賦予自己強大的力量去掩飾它血淋淋的不堪歷史——種族滅絕印第安人 2,000 萬人、奴隸壓迫黑人 400 年（包括建國之前）。看美國歷史、政治和文化的書，可說極盡吹捧自己成就之能事，美國政治人物的政治正確便是「美國第一」、「美國偉大」，否則便會失去民意支持。但近年來已有一些學者開始「糾正」這種把美國神話的論述，如英國學者哈奇森（Godfrey Hodgson）寫的《美國例外主義的神話》（The Myth of the American Exceptionalism, 2009）和美國學者格倫汀（Greg Grandin）寫的《神話的終結》（The End of the Myth, 2019）。他們指出美國是基於意識型態來美化自己，醜化他人，以渲

---

3　Boyd Cothran, "Enduring legacy: U.S.-indigenous violence and the making of American innocence in the gilded age," Journal of the Gilded Age and Progressive Era, No.14 (2015), p.567.

染誇大自己的成就來蒙蔽和麻醉美國人民。美國的神話使美國陷於困境，絕對主義成為向外擴張的極端主義，追求擴張成了使命，結果便是無止境的戰爭。神化自己養成的傲慢和自大，使美國無視世界的變化，也看不清自己的角色，結果便是以不斷的謊言來掩飾自己的缺失和錯誤。他們對美國的忠告是：民主不是美國去決定其他國家的命運，自由不是美國的干涉和占領，其他國家的主權不是美國可以剝奪的，世界的繁榮不是美國去壟斷世界的資源。

美國一向標榜自己是善良的、純潔的、品德高尚、高人一等，追求的是正義、和平和真理。美國入侵其他國家，是為了穩定區域和平；其他國家抵抗美國的侵略，則是破壞區域穩定。一位美國學者說：「美國擁有這個世界，它有權這樣做，美國對自由和人類福祉的貢獻，有目共睹。美國與其他國家不同，其他國家是為了自己的利益，美國是為了促進普世原則。」[4]但美國政治學會會長傑維斯（Robert Jervis）在 2001 年稱美國為「超級流氓大國」。[5]

聽其言，不如觀其行，讓我們看看美國的真實面目吧！

## ● 二、流氓帝國的暴行（violence）

### （一）干預（interventions）

學者加爾通（John Galtung）在 2002 年指出美國的干預是無所不在，[6]布魯姆（William Blum）在其《流氓國家》（Rogue State）一

---

4　Jessica Mattews, "The road from Westphalia," New York Reviews of Books (2015.3.19).

5　Robert Jervis, "Weapons without purpose?" Foreign Affairs (July/August, 2001).

6　Johan Galtung, Search for Peace (London: Pluto, 2002). Cited in ibid., p.68.

書中，列舉了 57 個國家被美國干預的歷史（見附錄）。[7]凱利（Christopher Kelly）和雷科克（Stuart Laycock）合寫的《美國侵略》（America Invades）書中，稱在 194 個國家中，美國入侵了 84 個國家，軍事介入了 191 個國家（見本書第四章）。[8]

美國暴行最頻繁、最惡毒的地方在拉丁美洲，1823 年美國宣布門羅主義（Monroe Doctrine）把整個美洲劃為美國的勢力範圍，不准其他國家干預，但美國卻不斷干預。學者克勞斯曼（Zoltan Crossman）根據美國國會的紀錄，在 1890-2001 年期間，美國對拉丁美洲國家干預了 134 次，平均一年 1.15 次，冷戰時代，平均為 1.29 次，冷戰後平均為 2 次。[9]

美國對拉丁美洲極盡粗暴和蠻橫的程度，令人難以想像。美國學者科茨沃斯（John Coatsworth）指出美國在 1960-1990 年代在拉丁美洲干預所殺害的人數，遠超過蘇聯和東歐殺害的人數。[10]捷克總統哈維爾（Vaclav Havel）曾質問美國為什麼缺乏「能把道德提升到超越

---

7　William Blum, Rogue State: A Guide to the World's Only Superpower (Monroe, Maine: Common Courage Press, 2005).

8　Christopher Kelly and Stuart Laycock, America Invades: How We've Invaded or been Militarily Involved with Almost Every Country on Earth (Bothell, WA: Book Publishers Network, 2014).

9　Zoltan Crossman, A Century of U.S. Military Interventions from Wounded Knee to Afghanistan. http://www.zmag.org/crises cur-eots/interventions.htm. Cited in Ziauddin Sandar and Merryl Wyn Davies, Why Do People Hate America? (New York: Disinformation, 2002), pp.92-101.

10　John Coatsworth, "The Cold War in central America, 1975-1991," Melvyn P. Leffler and Odd Arne Westad eds., The Cambridge History of the Cold War: Volume 3, Endings (Cambridge: Cambridge University Press, 2000). Cited in Noam Chomsky, Who Rules the World (New York: Henry Holt, 2016), p.11.

自我利益的知識分子」？[11]

　　拉丁美洲為美國的近鄰且均為弱小的國家，理應被美國保護和照顧，但這些國家卻被美國不停的打壓和干預。墨西哥總統狄亞士（Porfirio Diaz）在美墨戰爭時說：「為什麼我們離天堂那麼遠，距美國這麼近？」2013年美國駐英國大使佩吉（Walter Page）對英國外相格雷（Edward Grey）說：「美國對付墨西哥的辦法是干涉，美國將留在那裡 200 年，殺死不服從的人，直到他們學會選舉和管理自己。」（The United States will be there for two hundred years and it can continue to shoot men for that litter space till they learn to vote and for rule themselves.）[12]小羅斯福（Franklin Roosevelt）總統在 1930 年代曾提出對拉丁美洲的「睦鄰政策」，1961 年甘迺迪（John Kennedy）也曾提出「進步聯盟」的主張，但真實的狀況是如何？古巴被美國殖民了 61 年，又接著制裁了 55 年。尼加拉瓜、哥倫比亞和巴拿馬被美國不斷地干預、占領，兩個美國人還當上了尼加拉瓜和宏都拉斯的總統。美國可以把巴拿馬總統抓到美國去審判處死、1973 年美國以政變推翻了智利民選的阿葉德（Salvador Allende）總統，理由是如果美國不能控制拉丁美洲的政治，就不能在世界其他地方維持秩序。[13]海地本來是一個富裕的國家，如今成了世界上最窮的國家。瓜地馬拉的媒體人戈多伊（Julio Godoy）說，美國對中美洲的殘忍，可以得到

11　Mary McGrory, "Havel's gentle rebuke," Washington Post (1990.3.2). Cited in ibid., p.15.
12　President Porfirio Diaz, "Alas, poor Mexico! So far from God and so close to the United State." John S. D. Eisenhower, So Far from God: The U.S. War with Mexico, 1846-1848 (Oklahoma City: University of Oklahoma Press, 1989), p. XVIII. Niall Ferguson, Colossus: The Rise and Fall of the American Empire (New York: Penguin, 2004), p.53.
13　Noam Chomsky, Who Rules the World?, p.19.

世界的冠軍。[14]美國黑人民權運動的領袖馬丁路德金恩（Martin Luther King, Jr.）說，美國是世界上最大的暴力供應者（The world greatest purvey of violence）。[15]

## （二）包庇和訓練恐怖分子

小布希在 2001 年 11 月 2 日宣稱：「美國向世界鄭重宣告，如果你包庇恐怖分子，你就是恐怖分子；如果你訓練或武裝一個恐怖分子，你就是恐怖分子；如果你供養或資助一個恐怖分子，你就是恐怖分子，你就會被美國和其朋友們制裁。」[16]

但美國是包庇恐怖分子最大的國家，美國利用古巴在美國的流亡人士，在拉丁美洲大量從事顛覆和暗殺的活動。許多拉丁美洲國家的恐怖分子到美國受到保護，也包括非洲、亞洲一些國家的恐怖分子。

2014 年 10 月 14 日《紐約時報》報導 CIA 在全球進行恐怖行動，主要地點在古巴、尼加拉瓜和安哥拉。[17]2013 年 7 月的民調也顯示，在威脅世界和平上，美國遠遠領先其他國家。[18]

美國在 1980 年代為打擊蘇聯出兵阿富汗曾在阿富汗訓練「穆斯

14　Greg Grandin, The End of the Myth: From the Frontier to the Border Wall in the Mind of America (New York: Holt, 2019), pp.204-205.

15　Julio Godoy, "Torture in Latin America," Latin American Documentation (Lima, Peru: Nation, 1990). Cited in Noam Chomsky, Hegemony or Survival: America's Quest for Global Dominance (New York: Henry Holt, 2003), p.10.

16　Cited in William Blum, Rogue State, p.106.

17　Mark Mazzetti, "CIA study of covert aid fueled skepticism about helping Syrian rebels," New York Times (2014.10.14). Noam Chomsky, Pirates and Emperors, Old and New: International Terrorism in the Real World (Chicago: Haymarket, 2015), p. XIII.

18　WIN/ Gallop International, "End of Year Survey 2013".

林聖戰士」（Mujahideen）從事恐怖行動，當時稱他們為「好的恐怖分子」，因為是美國訓練的恐怖分子，但未想到這些「聖戰」（jihad）者後來會變成「壞的恐怖分子」，專門對付美國。

1996 年在沙特就有約 15,000 人的聖戰士。美國宣稱恐怖分子是伊斯蘭原有的，事實上是美國一手訓練的，包括賓拉登（Osama bin Laden）在內。[19]

1993 年在 CIA 總部殺害 4 名美國人的 AKA Kasi（Mir Aimar Kanei）自稱是 CIA 的孩子。[20]1993 年以炸彈攻擊紐約世貿中心的人，也是這批人。1996 年計劃炸毀 12 架美國巨無霸民航機和 4,000 名旅客的 3 個人，也是在阿富汗學會爆炸的。[21]他們在其他地區的恐怖行動：

1. 1994 年炸毀一架菲律賓民航機。[22]
2. 1995 年巴基斯坦，2 名美國外交官被害，1 名受傷。[23]
3. 1995 年沙烏地阿拉伯，5 名美國人和 2 名印度人在美國軍營外被汽車引爆炸死；另 19 名空軍人員被炸死。[24]
4. 1995 年法國火車站遭 8 個炸彈襲擊，死亡 8 人、受傷 160 人。[25]

這些恐怖分子均為美國當年在阿富汗為對抗蘇聯時所訓練出來的，他們接受各種破壞和謀殺的技術，10 年後他們由小公雞變成大

---

19　Washington Post (1996.8.15), p.32.
20　Los Angeles Times (1993.8.2), p.12.
21　Washington Post (1996.9.6).
22　Los Angeles Times (1993.8.6), p.12.
23　New York Times (1995.3.8), p.12.
24　Los Angeles Times (1996.8.4), p.1.
25　Ibid., p.17.

公雞，成為最激烈的反美分子和力量。

從事情報需要線民，美國 CIA 線民（informants）的來源包括前敵國的戰犯、異議人士、破壞分子。與 CIA 合作不但可避免受到處罰，還可擔任智庫工作人員和競選的幹部，有些人還被挑選去美國軍校深造。只要能得到情報，出賣他們自己的國家，這些線民都會得到很多的照顧和福利並被選拔成為恐怖分子。他們接受訓練，學習使用武器、製作炸彈、謀殺方法、刑求手段；CIA 則包庇他們殺人、販毒、販賣人口、綁架和性交易。[26]

美國在喬治亞州的本寧堡（Fort Benning）陸軍官校（The School of the Americas）是所專門訓練拉丁美洲軍人和警察的學校，他們被訓練從事對付共產黨人、恐怖分子和異議人士。這所學校被拉丁美洲稱為「政變學校」（Coup School）。[27]2002 年委內瑞拉總統 Hugo Chavez 被推翻就是該校畢業生的傑作。[28]在 1960 年代，該校校友謀殺了數以千計的人士，「聯合國真相委員會」（UN Truth Commission）和「美國觀察學校」（School of the Americas Watch）均有大批相關資料。

美國十分重視軍事援助、軍事演習和軍艦訪問，這些均與其他國家合作有關，所以要建立人事資料、人事情報和國家的基礎資料庫（database），這些與政變、反政變、革命、反革命和軍事入侵相關。為了達到上述目的，美國在 1999 年成立「美洲安全合作中心」，後改名為「西半球安全合作研究所」擴大訓練第三世界的軍人和警察，約訓練 100 萬警察，到美國深造的有 1 萬多人。主要的課

26 William Blum, pp.81-84.
27 Washington Post (1968.2.5).
28 Washington Post (1999.11.16).

程是刑求、炸藥製作和暗殺，在德克薩斯州的 Los Fresnos 有所「炸彈學校」，在國防部和聯邦調查局共同支持的「毒品執行署」（Drug Enforcement Admonition）也是一個訓練機構。[29]

## （三）刑求（torture）

從第二次世界大戰後，美國刑求的紀錄可說無所不在，刑求多在國外進行，並有訓練刑求的單位。刑求的方式慘不忍睹，一位美國專家說：「在精準的地方，以精準的力道，達到精準的痛苦，就可以達到預期的效果。」[30]

刑求的方式包括：[31]

1. 針對身體上的 35 神經點，予以電擊。
2. 長期疲勞審問，不准睡覺。
3. 在密室中，播放震耳欲聾的聲音，以巨光照射。
4. 以家人被迫害的聲音、影片，迫使人犯認罪。
5. 脫光衣服、冷凍或熱烤。
6. 放狗咬人。
7. 水牢、倒吊、鞭打。
8. 用松子油塗在睪丸上。
9. 以釘子穿耳。
10. 木桿塞肛門。

---

29 Micheel Klare and Nancy Steiro, "Police terrorism in Latin America," NACLA's Latin America and Empire Report (January 1974), pp.19-23.

30 被稱之為 Mitrione's Motto, William Blum, p.67. Also see A. J. Langguth, Hidden Terrors (New York: 1978), pp.285-287. Cited in ibid., p.67.

31 William Blum, pp.64-76.

11. 強姦女性囚犯、輪姦，以各種不堪方式凌虐。

12. 迫使回教徒吃豬肉。

13. 砍斷肢體、燒焦皮膚。

在刑求中，許多人傷重而死，通常以自備焚化爐處理之。美國刑求早期在希臘、伊朗、越南、玻利維亞、烏拉圭、巴西、瓜地馬拉、薩爾瓦多、宏都拉斯、巴拿馬等地，2000 年後增加伊拉克、阿富汗和古巴關它那摩基地，最惡名昭彰的是在伊拉克的阿布格萊比（Abu Ghraib）監獄和古巴的關它那摩（Guantanamo）監獄。

小布希總統在 2004 年宣稱：「海珊不在了，世界變美好了，因為我們採取行動了，刑求室已關閉了，強姦室是已不存在了。」[32]好像這些都是海珊的罪行。國防部發言人惠特曼（Brian Whitman）2005 年說：「美國在對囚禁的人犯上是給予尊嚴和尊重的。」[33]多麼無恥的謊言！

美國辯稱 CIA 的刑求方式並未違反 1984 年聯合國反刑求公約（United Nations Convention against Torture），但美國最高法院在 2008 年 Boumediene V. Bush 一案中，裁決美國政府聲稱在關它那摩囚犯不具有人身保護狀（habeas corpus）的權利是違憲的。[34]

根據歷史學者麥考伊（Alfred McCoy）的研究，在過去 60 年全世界的受害人都領教了 CIA 的刑求，每年的經費達 10 億美元。[35]另

32　White House Press Release (2004.5.3). Cited in ibid., p.77.

33　Associated Press (2005.2.10). Cited in ibid., p.77.

34　Linda Greenhouse, "Justice, 5-4, back detainee appeals for Guantanamo," New York Times (2008.6.13).

35　Alfred McCoy, A Question of Torture: CIA Interrogation, from the Cold War to the War on Terror (New York: Metropolitan, 2006).

一位作者指出在刑求上，使美國的反恐戰爭迷失了方向。[36]

## （四）謀殺（assassinations）

說起謀殺，美國的經驗最為豐富，CIA 稱這種行為是「非自願性執行的自殺」（suicide involuntarily administered），由 CIA 的「健康改變委員會」（Health Alternation Committee）執行。美國的特種作戰部隊在 147 個國家進行謀殺的工作。[37]

2011 年 5 月美國在巴基斯坦捕捉、格殺九一一事件嫌犯賓拉登（Osama bin Laden），2020 年 1 月以飛彈格殺伊朗軍事強人蘇里曼尼（Qassem Soleimani）。這兩件事均是違反國際法的罪行，但美國毫不介意。[38]

1975 年美國參議院「邱池委員會」（Church Committee）發表了一篇謀殺報告，指出該委員會調查結果，相信謀殺行為並不能代表真實的美國性格，也不能反映美國人民的理想和世界追求的更好、更圓滿和更公平的生活。該委員會認為謀殺的計劃只是一種「脫軌」（aberrations）的行為。[39]該委員會發表這篇報告時，已知道美國已有20 幾次謀殺的紀錄，面對這個謀殺事實，他們只能以「脫軌」來開釋嗎？從杜魯門到小布希十一任的美國總統可以用這種方式來說他們

---

36　Jennifer Harbury, Truth, Torture, and the American Way: The History and Consequences of U.S. Involvement in Torture (Boston: Beacon, 2005).

37　William Blum, p.49.

38　Nick Turse, "Iraq, Afghanistan, and other special ops 'success'," TomDispatch (2015.102.5).

39　The Select Committee to Study Governmental Operations with Respect to Intelligence Activities (US Senate), Interim Report: Alleged Assassination Plots Involving Foreign Leaders (1975.11.20), p.285.

是「脫軌」嗎？

邱池報告發表後，美國也曾力圖澄清，1974 年福特總統、1978 年卡特總統、1981 年雷根總統都曾以行政命令禁止政治謀殺，但 1984 年雷根為對抗「國際共產主義陰謀」取消了他先前的行政命令，媒體稱之為「殺人執照」（license to kill）。[40]小布希曾發布了一個法律備忘錄，允許在美國安全受到威脅下，可以「意外」（accidental）殺人。但九一一事件後，小布希下令 CIA 對蓋達（al-Quade）組織人員格殺勿論。[41]

事實上，早在 1954 年，美國就有一份白宮委員會研究 CIA 的祕密行動報告，稱為「杜立德報告」（Doolittle Report）。其中指出美國為了生存，必須重新考慮「公平遊戲」（fair play），美國必須採取一切有效手段去顛覆、破壞美國的敵人，美國必須習慣、了解和支持這種行動。[42]

美國軍中和中央情報局（CIA）有許多訓練手冊，可以證明他們對於謀殺是多麼的熱衷。[43]如：

1950 年代的「謀殺研究」（A Study of Assassination）。

1960 年代美國陸軍的「恐怖主義和城市游擊戰」（Terrorism and the Urban Guerrilla）。

1960 年代美國陸軍「處理消息來源」（Handling of Sources）。

1963 年 7 月 CIA「庫巴克反間偵訊」（KUBARK Counter

---

40 "CIA reported by got license to kill terrorists," Los Angeles Times (1988.10.5).

41 Council on Foreign Relations Study.

42 William Corson, The Armies of Ignorance: The Rise of the American Intelligence Empire (New York: Dial Press, 1977), p.347.

43 William Blum, pp.56-62.

Intelligent Interrogation）。

1983 年 CIA「人力資源利用訓練手冊」（Human Resource Exploitation Training Manuel）。

1984 年 CIA「自由戰士手冊」（Freedom Fights Manuel）。

1984 年「游擊戰爭中的心理行動」（Psychological Operation in Guerrilla Warfare）。

1986 年國際法院針對美國上述的手冊予以譴責，指稱違反了國際法的普遍原則，包括 1949 年的日內瓦公約。[44]

## （五）使用不人道武器

### 1. 無差別轟炸（bomb-o-grams）

為了避免美軍傷亡，美國在冷戰結束後對外軍事干預，多以空中轟炸為主要手段，因此造成的傷害，尤其是平民的傷亡更大，有人說恐怖分子和美國的不同是他們沒有空軍。

從 1950 年代到二十一世紀初，美國轟炸過的國家將近 30 個，最慘重的國家是北韓、越南、南斯拉夫和伊拉克。美國對轟炸國家一律平等，只要符合二個條件：1.對美國構成威脅或妨礙，2.防禦空襲能力不足。[45]

美國無差別的空轟除造成立即傷害外，還產生一種「創傷後壓力症候群」（Post-traumatic stress disorder, PTSD），有近一半倖存者會產生這種症狀。[46]

---

44　New York Times (1984.10.17). Holly Sklar, Washington's War on Nicaragua (Boston: South End Press, 1999), p.186.

45　William Blum, p.126.

46　Journal of the American Medical Association (1999.8.25), p.761. Cited in ibid., p.126.

## 2. 貧鈾彈

嚴格地說，美國自 1945 年之後已打了 5 次核戰，1945 年日本、1991 年科威特（海灣戰爭）、1999 年南斯拉夫、2001 年阿富汗和 2003 年伊拉克，因為美國使用了高輻射性的「貧鈾彈」（depleted uranium）。

貧鈾彈有低當量的輻射性和化學毒性，可霧化到空氣中，造成大量和持久性的傷害，不但害人也害己。1991 年海灣戰爭後美軍有 10,051 位退伍軍人感染病症，其中有 82%是因為進入被擊毀或被擄獲的敵軍車輛之中，他們自己也不知道美軍使用的是貧鈾彈，沒有任何警覺。1995 年伊拉克發現有大量的怪異病症出現，特別是兒童，如血癌、肺癌、無腦畸形、消化系統症狀，胎兒變形等疑難雜症，經權威醫界專家證實為貧鈾彈造成。[47]2003 年 1 月歐洲議會呼籲暫停使用此種武器。[48]

美國曾在德國、南韓、琉球和美國加州、內華達、新墨西哥、華盛頓州等地試驗此種武器，也產生不少後遺症。法國人曾質疑是否這種化學核武可以在道德上被允許使用，但國際機構認為即使禁止，美國也不會同意遵守。[49]

## 3. 集束彈

集束彈（cluster bombs）又稱子母彈，是一個大炮彈中有 200 多個小炮彈（bomblets），像飲料罐大小。美國國防部列為「合併效果軍火」（combined effects munitions），製造商形容為「全方位，空

---

47　The Washington Report on Middle East Affairs (1955 July/Augus). Cited in ibid., p.128.
48　New Yorks Daily News (2004.4.3). Cited in ibid., p.128.
49　Radioactive Battlefields, p.3. Cited in ibid., p.131.

中投射的集束武器系統」，它的威力可穿透坦克，引發大火，造成人員屍骨無存，對摧毀機場和飛彈基地非常有效。[50]

美國在過去 40 年中已投下了數以千百萬個集束彈，從越南、高棉、寮國、科威特、伊拉克、南斯拉夫到阿富汗。1965-1973 年美國在寮國投下 200 萬噸集束彈，其中有 30%未爆彈，造成寮國人 11,000 人死傷，其中 30%為兒童。1991 年海灣戰爭中也有 200 萬個未爆彈。據美國國防部統計，1999 年在南斯拉夫投下 1,100 枚，每個有 202 個小炸彈的集束彈，總計為 222,200 個。集束彈平均未爆者約 5-10%，代表至少有 11,100 個有如地雷遺害未來。[51]聯合國 1999 年通過反地雷公約，美國拒絕參加。[52]

### 4. 生化武器

1952 年，中國控訴美國在韓戰時使用細菌戰，由 36 名俘虜的美軍口供中得知並公布照片。該年 8 月成立的「國際科學委員會」在經過 2 個月調查後完成一份 600 頁的報告，證實美國對中國和北韓進行細菌戰。[53]

根據美方資訊，1950 年 11 月美國國防部長下令美軍在使用生化武器上要儘快，空軍參謀長回報說這種能力正快速發展中。[54]在韓戰時美軍使用了大量的燒夷彈（napalm bombs），在 1952 年平均一天

---

50　Rachel Stohl, "Cluster bombs leave lasting legacy," Center for Defense Information (1999.8.5). Cited in ibid., p.132.

51　Washington Post (1999.8.3). Cited in ibid, p.133.

52　Christian Science Monitor (1999.8.3), p.11. Cited in ibid., p.133.

53　Stephen Endicott and Edward Hagerman, The United States and Biological Warfare: Secrets from the Early Cold War and Korea (Indianapolis: Indiana University Press, 1998), pp.248-49. Cited in ibid., p.137.

54　Ibid., pp.49-50, 218.

投下 7 萬加侖（gallons）。[55]在 1967-1969 年越戰時，美軍又在越南投下大量的「橙劑」（Agent Orange）化學炸藥，在南北越交界處約 23,607 英畝的土地上造成 200 萬人的傷亡，其中 50 萬為兒童。[56]

在越南使用的「橙劑」，主要成分是戴奧辛（dioxin），其毒性據說只要用 3 盎司（ounces）在水中，便可消滅整個紐約市的人口。[57]美軍使用的毒氣還有 CS、DM 和 CN 等，用來可令人窒息或嘔吐致死。

1970 年 9 月，美軍在寮國進行「尾風行動」（Operation Tailwind）使用沙林神經毒氣（Sarin nerve agent）。1998 年 6 月 1 日美國電視節目《News Stand: CNN & Time》製作人奧立佛（April Oliver）和史密斯（Jack Smith）安排訪問了一些美軍人士，包括 1970 年時的聯參主席摩爾（Thomes More），他們對此問題並沒有迴避。[58]為了管控傷害，若干有力人士，如季辛吉、鮑爾等都出來反駁，結果兩位製作人被電視臺開除，並進行訴訟。[59]但兩位製作人不服，發表了一份 78 頁的文件，以實際採訪軍方人士的證詞證實美軍的確使用這種毒氣。[60]

1960 年代美國不斷以生化毒劑破壞古巴的農業和經濟，1997 年古巴向聯合國控訴美國對古巴進行生物戰侵略，並提出詳細資料，但沒有得到任何結果。[61]

---

55　Ibid., p.63.

56　Washington Post (1997.11.17). Cited in ibid., p.139.

57　Guardian (London)(1984.2.17). Cited in ibid., p.139.

58　William Blum, pp.140-141.

59　The Washington Post Magazine (1998.11.29), p.20. Cited in ibid., p.141.

60　"Tailwind: Rebuttal to the Abrams/Kohler Report," (1999.7.22). Cited in ibid., p.141.

61　Human Rights Watch Report on CBW (1999). Cited in Ibid.

2005 年 3 月 3 日，伊拉克公布美軍在 2003 年入侵伊拉克時，曾使用芥子氣神經毒氣等。[62]1990 年 6 月 18 日《洛杉磯時報》（Los Angeles Times）以首頁報導美國在海外進行的污染工作。[63]1992 年，一位學者舒曼（Seth Schulman）寫了一本美軍毒化的歷史，書名是《國內的威脅：面對美國軍方毒化的傳統》。[64]

## （六）戰爭罪（war criminals）

1945 年美國空軍轟炸日本東京的指揮官李梅（Curtis LeMay）說：「如果美國輸掉戰爭，我將被當作戰犯審判。」[65]

美國在第二世界大戰後，曾在東京審判日本戰犯，但對在中國東北製造細菌戰，以中國人民做試驗的日本「731 部隊」的負責人和其主要幹部卻豁免其罪，以交換與美國合作從事生化戰研究。[66]

如以戰爭犯定罪，美國上至總統下至軍中將領和士兵可說無人可以倖免。在紐約堡軍事審判時，日軍將領山下奉文（Tomoyuki Yamashita）以在菲律賓屠殺平民被判絞刑。山下在答辯時說當時因通訊不良，未能阻止。如今美軍到處屠殺平民應無通訊不良問題，為何均能逍遙法外？[67]美國還辯稱在空中轟炸和戰場上殺人不同，請問就殺害的人數和殺傷的程度，轟炸難道比槍枝、炮彈造成的傷害會少嗎？

---

62 https://www.aljazeera.com (2005.3.4). Cited in ibid., p.146.

63 Los Angeles Times (1990.6.18), p.1. Cited in ibid., p.146.

64 Seth Shulman, The Threat at Home: Confronting the Toxic Legacy of the US Military (Boston: Beacon, 1992).

65 The New Yorker (1995.6.19), p.48. Cited in William Blum, p.93.

66 Leonard A. Cole, Clouds of Secrecy: The Army's Germ Warfare Tests Over Populated Areas (Maryland: University of Maryland Press, 1990), pp.12-14. Cited in ibid., p.93.

67 New York Times (1971.1.9), p.3. Cited in ibid., p.97.

在東京國際軍事法庭上，日本首相東鄉（Hideki Tokyo）的辯護律師問到他的罪行會比美國在日本投下兩顆原子彈重嗎？當場被法庭打斷日文翻譯並在正式紀錄上刪除這段口供。[68]

戰後聯合國於 1948 年通過的「反種族滅絕（Genocide）公約」中並未列入因不同意識型態的種族滅絕。德國因將猶太人列入共產主義而進行種族滅絕，美國不是同樣因反對社會主義和共產主義進行種族滅絕嗎？只是換了一個名詞「政治清洗」（politicide）而已。

針對美國 1999 年對南斯拉夫的無差別轟炸，加拿大、英國、希臘和美國一些法學家向「國際刑事法庭」（ICC）對北約國家 68 位領袖提出告訴，包括美國總統柯林頓、國務卿奧布萊特、國防部長柯恩（William Cohen）、英國首相布萊爾（Tony Blair）、加拿大總理克瑞強（Jean Chretien），北約官員索拉納（Javier Solana）、克拉克（Wesley Clark）和謝伊（Jamie Shea）等。但「國際刑事法庭」明顯偏袒北約和美國，理由是他們是該法庭出錢最多的國家。美國當時（1998 年）因要求具有否決權未遂而未參加，但該法庭對未參加國家違反戰爭罪也擁有管轄權。[69]

## （七）監聽（eavesdropping）

美國有 17 個情報機構，可掌握 10 億人民的資訊。為了管控軍事技術和高科技產品，美國早在 1949 年便在巴黎設置的一個「巴統委員會」，對中國和蘇聯嚴格管制，1994 年改名為「瓦森納協定」。

68　Washington Post (1998.5.25), p.B4. Cited in ibid., p.98.
69　William Blum, p.100.

史諾登（Edward Snowdon）說自 2007 年起，美國的「稜統計劃」（Prism）將網路公司全部納入。「維基解密」揭發 CIA 的惡意軟體（malware），代號為大理石（Marble）。

世界上最大的經濟間諜網路是美國的「梯隊」（Echelon），有 4 萬名員工。美國在 1970 年代便以「梯隊」來偵測蘇聯衛星通訊，「梯隊」由五眼聯盟（美、英、加、澳、紐）組成。1999 年美國眾院情報委員會想要了解該梯隊的運作情況是否符合美國的法律，但被拒絕。[70] 它是在政府不公開承認下運作，它的總部設在英國（Menwith Hill, North Yorkshire），占地 560 英畝，它有自己的小鎮及必需設備，包括永不停斷的發電供應。[71]

歐洲議會在 1990 年代末期認為該機構已入侵歐洲事物，曾提出報告要求美國公開和負責，並指責英國扮演雙面間諜，監聽自己歐洲的夥伴。[72] 但美國不但不予理會，反而擴大其對歐洲的監控，「梯隊」也從事商業間諜行為，德國和日本企業均受其害。

1950 年代瑞士的「加密」（Crypto）AG 公司便與美國合作出售世界上最尖端的密碼（encryption）科技。1986 年 NSA 轉與另一家瑞士公司 Gretag Data System AG 合作，1999 年 NSA 和微軟（Microsoft）合作，美國國防部成為微軟最大客戶。[73]

中國「國家電腦病毒應急處理中心」於 2023 年 5 月和 360 個網路安全公司聯合發布調查報告，揭發美國 CIA 以網路攻擊他國事

---

70　Washington Post (1999.11.13). Cited in ibid., p.272.

71　Sunday Times (London)(1998.5.31), p.11. Cited in ibid., p.273.

72　Telegraph (London)(1997.12.16). Cited in ibid., p.274.

73　Wayne Madsen, "Crypto AG: The NSA's Trojan Whore?" Covert Action Quarterly, No.63 (Winter 1998), pp.36-42. Cited in ibid., p.277.

蹟，指出 CIA 在全球 50 個國家策動顏色革命，包括 2014 年臺灣的「太陽花運動」。該報告也強調 CIA 使用嚴密的間諜系統可以覆蓋全球所有網路竊取資料，投入的經費、人力和技術十分龐大，美國可當之無愧的被稱之為「駭客帝國」。[74]

美國始終對監聽否認，2013 年史諾登（Edward Snowdon）揭發監聽的資料多達 1 億多筆。美國政府事後辯稱，監聽防止了 54 次的恐怖活動。經過深入調查，發現只有一次，只是一筆匯到索馬利亞 8,500 美元而已。[75]

# （八）綁架（kidnapping）[76]

1962 年美國 CIA 與南非政府合作誘捕反種族隔離黑人政治家曼德拉（Nelson Mandela）監禁 28 年（1962-1990）。[77]

1962 年美國從多明尼加綁架了 125 名人員。

1989 年 12 月美國綁架巴拿馬總統 Manuel Noriega 到美國受審。

1990 年 4 月美國綁架墨西哥醫生 Humberto A. Machine。

1992 年美國綁架利比亞商人 Hossein Alikhani。

2005 年美國壓迫哥倫比亞政府放棄引渡權，將 239 名販毒官員送到美國受審。

---

74 「中國發布 CIA 黑客帝國報告，不軌之心中、美都有」（遠見，2023.5.9），檢自 https://www.gvm.com.tw/article/102449。

75 Justin Elliott and Theodoric Meyer, "Claim on 'Attacks Thwarted' by NSA Spreads Despite Lack of Evidence," Pro Public (2013.10.23). Cited in Noam Chomsky, Who Rules the World, p.158.

76 美國綁架紀錄。William Blum, p.280.

77 William Blum, "How the CIA Sent Nelson Mandela to Prison for 28 Years," ibid., pp.288-290.

2018 年美國唆使加拿大軟禁中國企業人士孟晚舟女士並提出告訴，企圖壓迫中國在貿易談判上讓步。[78]

## 三、霸凌弱小的國家：古巴、越南、伊拉克

為證明美國霸凌弱小國家，以最不人道、最殘暴和最大謊言侵略的三個國家為例，分別簡要敘述如下：

### （一）美國最不人道干預的國家：古巴（Cuba）

沒有任何一個國家像古巴受到美國如此長期的壓迫和制裁。美國從建國初期，就認為占有古巴是天經地義的事。美國第六任總統小亞當斯（John Quincy Adams）認為古巴是美國的「天然附屬品」（natural appendage）並說：「取得古巴對美國的政治和經濟的未來是極其重要的。」（transcendent importance）[79]1888 年美國國務卿布萊恩（James Blaine）說，三個地方是極有價值，必須儘快取得：海地、古巴、波多黎各。[80]1989 年參議員洛奇（Henry Cabot Lodge）說：「美國征服、殖民和領土擴張的紀錄，是十九世紀任何民族都不可企及的。」他還說：「美國不能停止，因為古巴人民正在懇求美國

---

78　2018 年 12 月 1 日孟晚舟在加拿大轉機時，被加拿大以「應美國要求」拘捕並軟禁。2019 年 1 月 28 日美國司法部提出控告，但孟晚舟無罪可認，美國勒索不成，經中國強烈抗議，美國於 2022 年 9 月 24 日撤回告訴和對加拿大的引渡要求，孟女士於 9 月 25 日回國。本案為一政治勒索陰謀，事發後川普曾表示他可以介入，但中國政府未予理會。

79　Louis A. Perez, Jr., Cuba between Empires, 1878-1902 (Pittsburg: University of Pittsburg Press, 1983), p.211.

80　Noam Chomsky, p.110.

去拯救他們。」[81]

　　美國沒有正式取得古巴和加拿大是受到英國和蘇聯的牽制，但1898 年美西戰爭後，美國已實際控制了古巴，從 1898-1959 年的 60年，古巴是美國的實質殖民地（virtual colony）。在二十世紀初，在老羅斯福總統的「砲艇外交」（gunboat policy）和「巨棒政策」（big stick policy）下，古巴成為美國為所欲為的地方。在對門羅主義的必然推論（corollary）下，美國已建立在加勒比海統治的權力。美國把這種權力解釋為「除非願意為偉大理想而戰，這個理想便會消失」。[82]在這種理念下，美國對拉丁美洲國家進行不斷的干預，稱之為「新人道主義」（new humanism）。

　　1898 年的美西戰爭與古巴有關，原因是：

1. 十九世紀末為西方帝國主義的巔峰時代，美國馬漢（Alfred Thayer Mahan）的海權理論，鼓舞了美國的帝國主義，古巴在加勒比海的戰略地位至為重要。

2. 「種族家長主義」（racial paternalism）盛行，1897 年英人吉伯林（Rudyard Kipling）發表「白人的負擔」（The White Man's Burden）主張，強化了美國對教化拉丁美洲國家的責任感，認為美國有義務去協助這些國家建國，因為他們沒有能力自理（self-rule）。

3. 利益取向，1894 年美國與古巴的貿易，進口和出口分別占古巴的 40% 和 90%。[83]

---

81　Lars Schoultz, That Infernal Little Cuban Republic: The United States and the Cuban Revolution (Chapel Hill: University of North Carolina Press, 2009), p.4.

82　Ibid., p.108.

83　Alan McPherson, ed., Encyclopedia of U.S. Military Interventions in Latin America, vol.2 (ABC-CLIO, 2013), p.748.

在 1899-1992 年之間，美國對古巴進行了四次干預。第一次干預（1899-1902）在美西戰爭後，美國占領古巴，到 1905 年時，美國已占有古巴 60%的土地。

1901 年美國政府策動國會通過「普拉特修正案」（Platt Amendment），其內容為：[84]

1. 不能與其他國家簽訂條約影響古巴主權。
2. 不能負債。
3. 同意美國租借礦權和海軍設施（取得關它那摩灣的使用權）。
4. 美國有權利干預古巴。

美國並要求將此修正案列入古巴憲法，古巴在被美國併吞和維持獨立之間只能選擇接受，古巴成為美國的被保護國（protectorate）。[85]

第二次干預（占領）（1906-1909 年），1905 年因選舉糾紛，美國應古巴政府之請出兵干預，美國戰爭部長塔夫特（William Howard Taft）成為古巴臨時總督，1908 年由反對派贏得選舉，美國才撤出。[86]

第三次干預（1917-1922 年），1916 年又因選舉引發暴亂，這次是反對派請求美國介入，美國派出 2,500 軍隊登陸，主要為保護美國財產。當時，美國在古巴的投資已超過 10 億美元，占整個拉丁美洲的 1/4。在美國的監督下，1920 年的選舉順利完成，美軍於 1922 年撤出。[87]

84　Alan McPherson, A Short History of U.S. Interventions in Latin America and the Caribbean (New York: John Wiley & Sons, 2016), pp.36-37.
85　Louis A. Perez, Jr., p.327.
86　Ibid., pp.49-50.
87　Ibid., pp.51-52.

在第二次和第三次干預之間，美國在 1912 年 5-7 月還有一次短期的干預，因為古巴爆發內亂，美國派出三艘炮艦保護美國的僑民和財產。[88]古巴是美國在拉丁美洲「大美和平」（Pax Americana）的樣板，但古巴始終不願接受並拒絕美國的控制。

美國對古巴最不人道的打壓是用盡一切辦法去破壞古巴的經濟，甚至使用生化武器，尤其是人民賴以為生的農業。1962 年 8 月美國曾在一艘從古巴運送蔗糖到俄國的貨輪上以毒藥污染，但被甘迺迪總統發現後下令不准該船開出，以免製造冷戰話題，令美國難堪。[89]1962 年一名加拿大農業專家被美方收買，在古巴毒死了 8,000 隻古巴火雞；[90]1969-1970 年，美國以高科技破壞古巴的甘蔗來削弱古巴的經濟；[91]1971 年以非洲豬瘟屠殺了古巴 50 萬隻豬；[92]1981 年以登革熱（dengue hemorrhagic fever）使 30 萬人感染，158 人喪生；[93]1996 年在古巴上空灑下農藥，破壞古巴農業，1997 年古巴向聯合國控訴美國對古巴進行生物戰侵略，並提出詳細資料，但沒有得到任何結果。[94]1977 年的 CIA 文件證實美國在 1960 年代從事祕密的破壞其他國家農業的研究計劃。[95]

1959 年 1 月古巴巴蒂斯塔（Batista）政權被卡斯楚（Fidel Castro）

88　Ibid., pp.50-51.

89　New Yorks Times (1966.4.28), p.1.

90　Washington Post (1977.3.21), p.A18.

91　Warren Hinckle and William Turner, The Fish Is Red: The Story of the Secret War Against Castro (New York: Harper & Row, 1981), p.293.

92　San Francisco Chronicle (1977.1.10).

93　Bill Scharp, "The 1981 Cuba Dengue Epidemic," Covert Action Information Bulletin, No.17, (1982 Summer), pp.28-31.

94　William Blum, pp.142-146.

95　Washington Post (1977.9.16), p.2.

領導的游擊隊推翻，美國中央情報局支持流亡在美國的古巴人開始攻擊新政府。1960 年 7 月古巴向聯合國提出控訴，美國駐聯合國的大使洛奇（Henry Cabot Lodge）保證美國並沒有侵犯古巴的意圖，但事實上，美國已準備進攻古巴。[96]美國總統顧問小史勒辛吉（Arthur Schlesinger, Jr.）曾建議美國設計古巴進攻海地，使美國有藉口入侵古巴，但因美國當時支持海地的獨裁者杜瓦里（Francois Duvalier）而作罷。[97]

由於卡斯楚政府的民意支持度高，美國必須以祕密方式來進行，甘迺迪總統就任後，策劃以組織流亡在美國的古巴人士在 1961 年 4 月的「豬灣入侵」（The Bay of Pigs Invasion）失敗，令美國極為難堪和沮喪。甘迺迪下令成立「貓鼬行動」（Operation Mongoose）由其弟司法部長 Robert Kennedy 負責，列為美國最高優先工作，決心不計代價要推翻卡斯楚政權，日期訂在 1962 年 10 月。[98]

1962 年 2 月軍方已擬定計劃，先製造古巴內部革命，以炸毀美國在關它那摩（Guantanamo）軍艦事件，激起美國人民的公憤，再製造在美國本土炸毀美國的民航機事件，務必要設計成為「人類歷史上最危險的時刻」。[99]

甘迺迪總統被刺殺前 10 天，批准了中央情報局全面摧毀古巴的行動計劃，他被刺當日，啟動謀殺卡斯楚的計劃。[100]此一計劃在

96　Noam Chomsky, Hegemony or Survival, p.80.

97　Arthur Schlesinger, Jr., "Memorandum for the President" (1961.2.11). Cited in Noam Chomsky, ibid., pp.81-82.

98　Arthur Schlesinger, Jr., Robert Kennedy and His Times (New York: Ballantine, 1978), pp.477-480.

99　Mark White, The Kennedys and Cuba: The Declassified Documentary History (Chicago: Ivan R. Dee, 2001), pp.71, 106, 115.

100　Noam Chomsky, p.85.

1965 年取消，但 1969 年尼克森（Richard Nixon）就任總統後第一個命令便是指示中央情報局加強對古巴的祕密行動，[101]1970 年代，美國對古巴的制裁和恐怖行動繼續不斷。

但美國對古巴的制裁幾乎被全世界譴責，包括美洲國家組織（OAS）、歐盟（EU）和世界貿易組織（WTO）。美國柯林頓總統指責歐洲挑戰美國 30 年的古巴政策，美國的目的只是要改變古巴的政府，並反駁 WTO 無權干涉美國的法律。[102]

古巴卡斯楚政府的政績和成就受到世界的肯定，尤其是它的健保制度非常成功，美國的制裁對古巴影響也不大，反倒是美國的出口和投資受到傷害。[103]古巴與蘇聯合作，在 1975 年曾在非洲安哥拉（Angola）擊敗美國支持的南非入侵。[104]

美國對古巴長達 55 年的制裁和禁運，直到 2014 年歐巴馬總統時才解除。美國說制裁古巴因為古巴是蘇聯的盟友，古巴危機後，又說是為了推動民主。[105]自 1980 年代始，美國對古巴進行一個「增強民主」（democracy enhancement）計劃，主持人為國務院顧問學者卡羅瑟斯（Thomas Carothers）。[106]

美國對古巴的嚴厲制裁曾在世界貿易組織（WTO）中引起歐盟的指控，認為違反世界貿易組織的規則，美國提出反駁的理由居然是

---

101 Ibid., p.85.
102 David Sanger, New York Times (1997.2.21). Cited in Noam Chomsky, ibid., p.89.
103 Morris Monley and Chris Mc Gillion, Unfinished Business (Cambridge, Mass.: Harvard University Press, 2002), p.223.
104 Piero Gleijeses, Conflicting Missions: Havana, Washington, and Africa, 1959-1976 (Chapel: University of North Carolina, 2002), p.16.
105 Noam Chomsky, Rogue States, p.116.
106 Ibid., p.117.

古巴威脅美國的安全，基於國家安全的理由，美國不能接受世界貿易組織的管轄。當美國要求墨西哥大使參加對古巴的集體安全防禦時，該大使予以拒絕，他說如果他告訴墨西哥人，古巴是美國的威脅時，4,000 萬墨西哥人都會笑死。[107]

對美國來說，古巴最大的罪惡是以它的成就否定了美國 150 年來的門羅主義。南非總統曼德拉（Nelson Mandela）稱，古巴是粉碎美國白人主義不可戰勝神話的鼓舞力量。[108]

## 古巴飛彈危機

1962 年的古巴飛彈危機是美蘇在冷戰時代最接近核武戰爭的一次，經私下祕密交涉，美國以撤出在土耳其的飛彈基地交換蘇聯停止在古巴部署飛彈，同時美國保證不入侵古巴，古巴因禍得福，解除了被美國併吞的命運。

在古巴危機時，因為美國已宣布對古巴海上「封鎖」（blockade），但採用了較為緩和的「隔離檢疫」（quarantine），用以阻止和攔截蘇聯正在運送飛彈到古巴的軍艦。如果蘇聯強行通過，便可能爆發戰爭，並可能升高為核戰。經過 13 天的堅持，最後蘇聯軍艦停止了前進，才告解除危機。[109]

---

107 Ibid., p.107.

108 William Blum, pp.288-290.

109 有關古巴危機的書可參閱：Raymond Garthoff, Reflections on the Cuban Missile Crisis (Washington, D.C.: Brookings Institution, 1987). Graham T. Allison, Essence of Decision: Explaining the Cuban Missile Crisis (New York: Harper Collins, 1971). Ernest May and Philip Zelikow, eds., The Kennedy Tapes: Inside the White House during the Cuban Missile Crisis (Cambridge, Mass: Harvard University Press, 1998). Thomas Paterson, ed., Kennedy's Quest for Victory: American Foreign Policy, 1961-1963 (Oxford: Oxford University Press, 1989).

　　小史勒辛吉在 2002 年 10 月古巴危機 40 週年研討會上指出，1962 年古巴危機是最接近世界毀滅的一刻，距離核武戰爭只有一步之遙。[110]另根據美國國家安全檔案局（National Security Archives）一位官員布蘭頓（Thomas Blanton）的說法，是一位蘇聯潛艇的軍官阿卡希波夫（Vasili Arkhipov）在 1962 年 10 月 27 日在被美國驅逐艦攻擊時，拒絕發射魚雷的命令，因而避免了戰爭。[111]

　　蘇聯在古巴部署飛彈是為了阻止美國進攻古巴。在此一事件中，雖被美國逼退，但取得了美國不進犯古巴的保證，以及撤出在土耳其的飛彈，可說是失了面子，贏了裡子。蘇聯決定在古巴部署飛彈可能已從情報中得知美國將在該年 10 月進攻古巴，決心挑戰美國在拉丁美洲的霸權。事實證明，美國雖然逼退蘇聯的「冒進和不理性行為」，但也是美國在拉丁美洲 100 多年來干預最大的失敗。

　　美國事後為挽回面子，一方面表示美國已做好應變準備，只要蘇聯拒絕撤出飛彈，必將攻打古巴；同時解釋美國早已決定以「北極星」（Polaris）核子潛艇取代在土耳其的木星（Jupitar）中程飛彈，並說已將木星飛彈交由土耳其政府接管，而非撤出。[112]

　　甘迺迪總統在處理古巴危機上的表現得到美國朝野一致的高度肯定，認為重挫了蘇聯的挑戰。但經歷了這次接近核戰的危機，美國體會到核戰的高度危險，開始與蘇聯進行有關核武的限制談判，並在 1970 年代採取與蘇聯緩和關係的「低盪」（detente）和解政策，以期避免再次引發核戰危機。

---

110 Kevin Sullivan, Washington Post (2002.10.13). Cited in Noam Chomsky, Hegemony or Survival, p.74.

111 Marion Lloyd, Boston Globe (2002.10.13). Cited in Noam Chomsky, ibid., p.74.

112 Noam Chomsky, Hegemony or Survival, pp.78-79.

在這一事件中，歐洲對美國極不滿意，認為美國未與他們商量，也怕升高為核戰，卻無力阻止。美國認為歐洲國家只能追隨美國，沒有發言權。歐洲認為他們可以跟蘇聯和平共存，為什麼美國不可以，美國指責歐洲無知和自私，有「文化上的缺陷」（cultural deficiencies）。[113]

古巴危機的真正原因是美國一心要摧毀古巴的政權，包括軍事戰和經濟戰，美國認為古巴是對美洲最大的安全的威脅，因為古巴「自我作主」的模式已成為拉丁美洲的病毒（virus），其擴散的後果必將傷害美國在拉丁美洲的地位和影響力。所以美國對古巴的打壓可說無所不用其極，尤其對卡斯楚更是恨之入骨、芒刺在背，必欲去之而後快。在公開的紀錄中，CIA 策劃謀殺了 638 次，但均未成功，成為世界的傳奇，2011 年列入金氏世界紀錄。英國在 2006 年曾製作一記錄片《638 種刺殺卡斯楚的方法》（638 Ways to Kill Castro）。古巴首都有一個博物館，專門介紹 CIA 企圖謀殺卡斯楚的經過。卡斯楚於 2016 年過世，享耆壽 90 歲，他生前說：「我活了這麼久，但錯不在我，只是 CIA 一再放過我。」[114]

## （二）美國最殘暴的戰爭：越南（Vietnam）

越南是美國的悲劇和災難，是美國對外軍事干預最大的失敗，越戰的結果是越南的統一和美國的分裂，重創美國在冷戰時代的聲望和形象。

---

113 Noam Chomsky, Rogue States, pp.79-80.
114 Ignacio Ramonet and Fidel Castro, Fidel Castro: My Life: A Spoken Autobiography (New York: Scribner, 2008). John Dower, The Violent American Century (Chicago: Haymarket Books, 2017).

　　十九世紀中葉，美軍艦到越南尋求通商，但並不順利。越南成為法國殖民地後，美國對越南表示關切，自稱美國是越南人民的希望。越南領袖胡志明在 1919 年一戰後的巴黎和會上，曾去函美國代表團，希望得到美國的支持，但美國並未回應。二戰時，越南被日本占領，因饑荒造成 200 萬越南人民的死亡。小羅斯福總統對法國的殖民統治十分不滿，說「已爛到底」（rotten to the core），曾對史達林說：「經過一百年的法國統治，該地人民的生活反而不如從前。」[115]

　　1945 年法國重返越南繼續其殖民政策受到越南人民抗拒，法國在南越扶植政權，但北越胡志明領導的游擊隊反抗法國的統治。美國本同情並支持越共的反殖民鬥爭，但杜魯門總統基於反共的意識型態，在韓戰時便對越南保大政府提供軍援，另一個私下的理由是交換法國同意在歐洲接受西德重整軍備。

　　1952 年艾森豪政府正式提出「骨牌理論」（domino theory），強調自由不可分割，保衛越南，才能避免東南亞被赤化，美國曾倡議西方聯合行動，並未成功。1954 年法國在奠邊府一役慘敗，在日內瓦會議上決定將越南以 17°為界劃分為南北兩個越南，蘇聯和中國支持北越，美國支持南越。美國本反對日內瓦協議的政治解決方案，美國軍方曾建議使用原子彈打擊北越但被艾森豪否決，但他決心接替法國對抗北越。[116]由於東南亞缺乏組織「北約」的條件，美國促成「東南亞公約組織」（SEATO）作為反共象徵。[117]

---

115 Christopher Kelly and Stuart Laycock, America Invades, pp.321-327.

116 Kelly and Laycock, p.324.

117 美國真正的意圖是在韓戰失利後，希望在越南扳回一城。美國擔心中國的力量會進入東南亞，除在西太平洋對中國圍堵外，並計劃武裝日本，並以泰國為基地，擴大在東南亞的顛覆活動。Daniel Ellsberg, Papers On the War (New York: Simon & Schuster,1972). Secrets: A Memoir of Vietnam and the Pentagon Papers (New York: Penguin, 2003).

在日內瓦會議上決議兩年後以選舉決定越南的統一，因估計北越會贏得選舉，南越和美國都反對而未能舉辦，北越支持南越的「民族解放陣線」（NLF）以推翻南越政府為目的，美國支持南越政府，但不得人心。1959 年開始，北越對南越發起「人民戰爭」並經由寮國、高棉的「胡志明小徑」積極向南越滲透。

1961-1962 年甘迺迪總統任內，先促成寮國（Laos）組成聯合政府，使其信心大增，為彌補對進攻古巴「豬灣事件」的失敗，開始升高越戰。兩年之內，駐越美軍從 800 人增加到 16,000 人，當時美國十分樂觀認為可擊退北越的游擊戰，到 1963 年美軍顧問團的人數已達 17,000 人。

1961 年美國以「戰略村」（strategic hamlet）方式對抗 NLF，但效果不彰，1967 年美國以「搜索和摧毀」（search and destroy）作戰方式，也無法阻止北越和 NLF 的攻勢。

由於越南總統吳廷琰不認同美國直接介入和主導南北越戰爭，1962 年 11 月 1 日美國策動越南政變將其殺害。三週後甘迺迪被刺殺後，繼任的詹森總統為了使美國全面介入，於 1964 年 8 月製造了「東京灣事件」，指稱北越在公海攻擊美國軍艦，美國舉國譁然，國會立即通過決議，授權總統採取一切必要手段予以報復。美國對北越以代號「滾雷行動」（Rolling Thunder）進行「無差別轟炸」（Bomb-0-gram），在 3 年內投下超過二戰盟軍在歐洲投下炸彈的總和，美國認為此一戰術可以令北越屈服，但反而增加北越作戰士氣。美國作家菲茨杰拉德（Frances Fitzgerald）稱美國在進行種族滅絕。[118]

---

118 「滾雷行動」長達 3 年 8 個月，以 30 萬架次飛機投下 86 萬噸炸彈。Carl Benger, ed., The United States Air Force in Southeast Asia, 1961-1973 (Washington D.C.: Office of Air Force History, 1977), p.366.

美國也在南越對越共和 NLF 轟炸，投下 100 萬噸炸彈，使許多平民受害。美國防部長麥納馬拉（Robert McNamara）事後檢討，認為此舉使美國失去了越南的民心，為北越打下了勝利的基礎。事實上，轟炸既未能阻止北越的滲透，也未能打擊北越的決心，只能使美國在越南戰爭上的道德性喪失殆盡。

為了爭取勝利，美國不斷增兵，1966 年增至 38 萬人，1967 年增至 48 萬人，到 1968 年已增至 54 萬人，但北越並無失敗跡象。由於戰爭進展不利，美國在 1966-1967 年期間，曾三次試圖與北越提出停火和談判的建議，北越非但不予理會，並在 1968 年 1 月 30 日發動「新春大攻擊」（the Tet offensive），重創越南和美軍。此時，美國國內的反戰聲勢不斷上升，美國進退失據，詹森總統於 1968 年 3 月宣布不再競選連任，一方面平息國內紛爭，另方面決定自越南撤軍。

1966 年詹森總統在美國國殤日（memorial day）演講時說世界和平是美國的責任，「和平必須以戰爭維護，侵略必須以戰爭阻止，否則將無國際社會可言。」問題是誰是侵略者？事實上，如何區別內戰和共產主義侵略，美國並無明確定義。美國一方面反殖民主義，另方面又要反共，不無矛盾。美國未能了解越南戰爭的本質，卻大力介入，從以戰止戰，到以戰逼和，最後到被迫放棄越南，可說一敗塗地。事後美國檢討，左派說越戰不該打，右派說打得不夠狠。國務卿魯斯克（Dean Rusk）說，美國犯了兩個錯誤：低估了北越的韌性，高估了美國人民的耐心。國防部長麥納馬拉（Robert McNamara）說，美國錯估了越戰的本質，民族主義大過共產主義。

北越在美國優勢兵力下，始終屹立不搖，除了本身的決心和意志外，也得到蘇聯和中國的支持。蘇聯提供武器和戰略物資，多由海上

運輸，中國協助空防和戰備，有 17 萬部隊在北越，並經由陸上提供物資。毛澤東告訴北越領導人和美軍作戰要有耐心，「飯要一口一口地吃。」中國也警告美國不可以軍隊進攻北越，否則中國將可能參戰。

在中東戰爭之前，越戰是美國歷史上最長的戰爭，長達 14 年之久；最失敗的戰爭——一事無成，一無所獲；付出代價最大的戰爭——南北越統一，美國的分裂；而且是最殘忍的戰爭——美軍陣亡 58,000 人，傷兵 30 萬人，飛機損失 7,936 架（為二戰的兩倍），使用軍火 1,500 萬噸（為二戰的兩倍），投下的炸彈 700 萬噸（為二戰的三倍），對北越空襲 107,000 架次，北越平均每平方公里承受 16.2 萬噸的炸藥。據說再炸五年，北越將變成沙漠。美軍使用的炸彈包括燃燒彈、貧鈾彈和集束彈，甚至生化武器，殺傷力和後遺症極大。為了防止北越軍人利用森林行軍，使用的化學「橙劑」（Agent Orange），造成 300 萬越南人民的感染，迄今美國對受害人既沒道歉，也未賠償。

戰爭結果，北越軍人傷亡 150 萬人，南越 25 萬人，最不人道的是美軍屠殺無辜軍民。1968 年的「美萊村事件」，美軍竟屠殺 400 多名平民，引發公憤和爭議。

越戰不但是美國歷史上最大失敗的戰爭，也是在道德上最不堪的結局：暗殺吳廷琰，屠殺平民，背棄越南。有人說越戰由「牙痛」變成「絕症」是美國五位總統的集體傑作：杜魯門誤把越南當作歐洲國家，艾森豪誤判中國會介入，甘迺迪想把越南建國，詹森認為轟炸可以屈服北越，最後尼克森相信會有光榮的和平，結果沒有一項成功！

美國打越戰完全是基於冷戰心態，一方面要反共，阻止共產主義

勢力擴張；另方面又恐共，擔心引發核戰。美國國務卿魯斯克（Dean Rusk）事後曾說在核子時代打有限戰爭有如「用冷血去做一件只能用熱血才能辦到的事」。加上美國以傳統方式對抗北越游擊戰，更加難以取勝。

美國國內反戰聲勢強烈，有 175 個城市發生暴亂，有 7 萬人在華府抗議，包括 2 萬人包圍國防部。

詹森是位好的總統，重視國內改革，1964 年推動民權法案成功，廣受國內外肯定和推崇，但對外交事務涉入不深。其任內（1963-1968）被軍方挾持，不斷升高介入，勞而無功，造成國內反戰運動，為平息國內分裂和希望結束越戰，不得不放棄競選連任。

國防部長麥納馬拉最後因主張結束越戰，與軍方不和，辭去部長轉任世界銀行總裁。他曾遭受國內反戰人士的嚴厲批評，有人稱越戰為「麥納馬拉的戰爭」。越戰之後他曾發表回憶錄，提出他的檢討，要點為：

1. 錯估了北越和南越的力量，基本上是美國對越南無知。
2. 低估了民族主義的力量，被反共思想誤導。
3. 越南與美國並無淵源，也未構成對美國安全的威脅。
4. 未能使美國人民了解越戰的正當性，也未能凝聚國內的共識。[119]

---

119 Robert S. McNamara & Brian VanDeMark, In Retrospect: The Tragedy and Lessons of Vietnam (New York: Random House, 1995). Robert S. McNamara, James Blight & Robert K. Brigham, Argument Without End: In Search Of Answers To The Vietnam Tragedy (New York: Public Affairs, 1999). Deborah Shapley, Promise and Power: The Life and Times of Robert McNamara (Boston: Little Brown, 1993).

# （三）美國最大謊言的戰爭：伊拉克（Iraq）

2001 年的九一一事件給了美國一個機會可以貫徹其長期目標：控制全世界，以反恐為名，動員全國和全世界去達成這一目標。

在 1980 年代的兩伊戰爭中，美國曾支持伊拉克對抗伊朗，美國提供大量軍援，包括生化武器。1990 年 4 月美國參議員還組團訪問伊拉克，由杜爾（Bob Dole）帶隊，杜爾說美伊關係不好是因為美國媒體的關係，而不是美國政府的問題。另一位參議員辛普森（Alan Simpson）建議海珊（Saddam Hussein）應邀請美國媒體到伊拉克親自考察，改變他們的不正確觀點。[120]

九一一事件後，小布希的反恐戰爭雖一時得到美國人民的高度支持，但一年後民意支持度開始下降。小布希的政治顧問羅夫（Karl Rove）建議為轉移國內政治問題的壓力，應對外採取較激進的作法，他說美國人民在國家安全問題上較信任共和黨。[121]2002 年 9 月公布的美國「國家安全戰略」便開始營造外在環境對美國的威脅，激發人民的恐懼。同年 10 月聯合國通過兩個決議：防止太空競賽和禁止生化武器，美國和以色列均棄權，美國表示不能接受使美國安全受到限制的國際公約，[122]一時之間美國情報機關如 CIA、FBI 和戰略學者紛紛表示，美國遭受到「大規模毀滅性武器」（WMD）攻擊的危險性已愈來愈大。

美國的新型大戰略已經成型，重點是尋求永遠主宰世界。參與這

---

120　Miron Rezun, Saddam Hussein's Gulf Wars: Ambivalent Stakes in the Middle East (New York: Praeger, 1992), p.58.

121　Martin Sieff, "American Conservative" (2002.11.4). Donald Grech and Eric Schickler, New York Times (2002.11.12).

122　Noam Chomsky, p.123.

一大戰略的強硬人士，被媒體稱為「白宮的野人」（The wild men in the wings）。[123]但美國開始討論進攻伊拉克時，有 30 個國家在瑞士舉行了一個會議，警告可能造成嚴重人道的的災難，美國不予理會。[124]

當時國際媒體、聯合國機構和世界人權組織對伊拉克的狀況多保持關心和正面的觀點，主要的內容有三點：1.對伊拉克政府的表現多予肯定，2.對伊拉克的悲慘狀況表示同情，3.對美國的制裁表示不滿。[125]

自 1991 年海灣戰爭美國打敗伊拉克後，對伊拉克實施嚴格的制裁，使得該國已接近生存的絕境。聯合國兒童基金會（UNICEF）2003 年的報告，指出過去 10 年在 193 個國家中，伊拉克是退步最嚴重的國家，嬰兒死亡率從 1,000 人中的 55 人升高到 133 人，經濟制裁造成的死亡人數也是歷史上最多。美國甚至拒絕放行進口疫苗，經聯合國和人道機構抗議後才勉予同意。在伊拉克 2,200 萬人口中，死亡人口達 750 萬人，有人稱為「無聲的種族滅絕」（silent genocide）。[126]美國將這個不幸歸罪於海珊的暴政，這是「邏輯上的不合邏輯」，倒因為果。

兩位聯合國人權問題專家哈利戴（Dennis Hallday）和斯波內克（Hans von Sponeck）因抗議美國對伊拉克的制裁而辭職。他們說美國在十二年中對伊拉克的制裁只有強化了海珊的政權，並使伊拉克人

---

123 Ibid., p.125.

124 International Physicians for the Prevention of Nuclear War and Medact, Collateral Damage: The Health and Environment Costs for War on Iraq (2002.11.12). Cited in Noam Chomsky, p.126.

125 Noam Chomsky, pp.126-127, 129.

126 Frances Williams, Financial Times (2002.12.12).

民更加依賴該政權，使得任何改變伊拉克政權的「建設性方案」
（constructive solution）變得不可能。[127]

　　美國希望發動一個它可以控制的政變，但伊拉克人民支持的政權
不會接受美國的控制。在 2003 年亞速爾（Azores）高峰會上，小布
希重申美國的立場，即使海珊下臺，美國也要入侵。[128]伊拉克反對派
希望由聯合國來處理戰後伊拉克的政局，他們堅決反對美國對伊拉克
的主張。小布希的國安顧問史考克羅夫特（Brent Scowcroft）明確表
示，如果在伊拉克選舉中，偏激分子獲勝，美國絕不讓他們接管政
權。[129]美國鐵了心要決定伊拉克的命運，國務卿賴斯（Condoleezza
Rice）強調伊拉克不是東帝汶、科索夫和阿富汗。對美國來說，伊拉
克是主菜，其他都是小菜。伊拉克的未來只有美國有權決定，不是聯
合國，也不是伊拉克人民。[130]

　　美國有一個「戰後伊拉克的民事管理」檔案（Civil Administration
of Post War Iraq）有 16 箱文件，全部都是美國人，包括 7 位將軍。
還有另一個箱子，是伊拉克部會顧問的名單。[131]

　　2002 年美國國家安全戰略和入侵伊拉克的決定是國際政治上一
個分水嶺。季辛吉說「這個新方式是革命性的」（The new approach
is revolutionary），他支持但是有個但書，「不能成為對其他國家的
普遍原則」（a universal principle available to every nation）。[132]小史勒

---

127 Thomas Patterson, Boston Globe (2000.12.15).
128 Noam Chomsky, p.141.
129 Bob Herbert, New York Times (2003.4.10).
130 Daivd Sanger and John Tagliabue, New York Times (2003.4.5).
131 New York Times (2003.5.7). Source: Department of Defense, Office of Reconstruction
　　and Humanitarian Assistance.
132 Chicago Tribune (2002.8.11).

辛吉（Arthur Schlesinger, Jr.）說他同意季辛吉所說這是一個革命性的作為，但他引述羅斯福總統對日本偷襲珍珠港的說法，「這是一個將永遠存在的惡行日子」（a date which will live in infamy），美國也將如此。他還說小布希把一個對美國同情的全球浪潮（global wave of sympatry）變成一個「對美國傲慢和軍國主義仇恨的全球浪潮」（global wave of hatred of American arrogance and militarism）。[133]

　　一如預期，恐怖的威脅增加了，蓋達組織的成員擴大了，伊拉克本身成為恐怖分子的庇護所。2003 年的自殺性攻擊達到最高點，也造成了「大規模毀滅性武器」（WMD）的擴散。入侵伊拉克一週年時，西班牙馬德里火車站被炸，死了 200 多人。美國紐約中央車站，警察以輕機槍巡邏。小布希宣稱因為改變了伊拉克的政權，使世界變得更安全了。這是謊言，但他的團隊認為只要不斷重複謊言，謊言也會變成真實。

　　對蓋達組織有研究的勃克（Jason Burke）指出，美國每一次使用武力便是賓拉登的一次勝利，無論他生或死，他都是贏家。美國使用武力會有效，但代價驚人。[134]2004 年 2 月，俄國進行了一次 20 年來最大的軍演，作為對美國在伊拉克行動的回應，並聲言已部署世界最先進的飛彈。[135]

　　美國入侵伊拉克真正最主要的目的是在波斯灣建立強大的軍事力量，為達到這一目的，必須解除伊拉克的武裝力量。如果不是為了這個目的，美國不入侵伊拉克也可推翻海珊政權，一如在其他國家的作法，如羅馬尼亞、印尼、菲律賓、古巴、南韓等。

---

133　Noam Chomsky, p.237.
134　Jason Burke, Al-Qaeda (New York: Tauris, 2003).
135　Kim Murphy, Los Angeles Times (2004.2.17).

美國還聲稱入侵伊拉克是為了給伊拉克帶來民主，但蓋洛普（Gallup）在伊國的民調只有 1%的人相信這種說法。[136]美國戰後在伊拉克大使館的人數多達 3,000 多人，為美國在全世界最大的大使館，此外還有 30 萬駐軍。民調顯示 79%的伊拉克人民反對美國的軍事占領。[137]事實上美國國防部和中央情報局均不認為伊拉克構成對中東地區的威脅，更不要說對美國了。

加拿大的一個民調顯示，認為對世界和平最大的威脅，美國是 36%、伊拉克是 17%、北韓是 14%、其他 21%。[138]2003 年 3 月 24 日美國《新聞周刊》（Newsweek）的標題是「未來的危險：世界認為小布希總統是威脅」（Danger ahead? The world sees president Bush as a threat）。三週後，又一封面故事，報導全球討論的不是海珊，而是美國與伊拉克的戰爭。即使解決了伊拉克的問題，也不能解決美國的問題，世界最擔心的是生活在美國主宰的世界中。[139]

根據歷史學者貝西維奇（Andrew Bacevich）的說法，美國使命至關重要的是作為歷史的先鋒，改變全球的秩序。為達此目的，必須永久維持美國的主宰，重要的是軍事上優越的永續性和在全球投射的能力。[140]

基於這種認知，美國充滿了正義感，美國是善良的和崇高的。美國的干預是必要的，因為美國是無私的，為了世界的和平和安全，美

---

136 Walter Pincus, Washington Post (2003.11.12).

137 Robin Wright, Washington Post (2004.1.2).

138 Hans von Sponeck, Guardian (2002.7.22).

139 Ken Warn, Financial Times (2003.1.21).

140 Andrew Bacevich, American Empire (Cambridge, Mass.: Harvard University Press, 2003), p.215.

國也神化自己的使命，因為是上帝召喚美國從事改變世界的責任。

———— ● ————

　　美國 2002 年「國家安全戰略」中指出：「世界上歷史最強大國家的目的是以威脅和使用武力來維持美國的霸權，美國的武力將強大到足以阻止任何潛在的敵人建立軍力來超越，或趕上美國的力量。」[141]美國學者伊肯貝利（John Ikenberry）說，這是一個維持單極世界的宣告，使聯合國憲章中第 51 條變為無意義，也使國際法和國際組織無足輕重，其結果只能使美國更不安全，使世界更危險及分裂。[142]

　　預防性戰爭和制先攻擊不同，前者無需證據，但會構成戰爭罪，小史勒辛吉稱有如日本偷襲珍珠港。[143]學者福爾克（Richard Falk）說美國入侵伊拉克是戰爭罪。[144]格蘭農（Michael Glennon）指出美國把武力超越法律，表示美國為了維持其霸權可以為所欲為。[145]國務院法律顧問索弗（Abraham Sofer）說美國已成為國際恐怖主義，非法使用武力。[146]但美國早已明確表示它在必要時，有權片面使用武力來維護其重大利益，確保不受限制的取得關鍵市場、能源供應和戰略資源。[147]

　　美國在國內擴大和渲染伊拉克的罪行十分成功。根據民調，90%的美國人相信伊拉克協助恐怖主義分子，60%的認為伊拉克構成對美

141 White House, The National Security Strategy of the United States of America (2002.9.17).

142 John Ikenberry, "America's imperial ambition," Foreign Affairs (Sept-Oct, 2002).

143 Arthur Schlesinger, Jr., Los Angeles Times (2003.3.23).

144 Richard Falk, Frontline (India) vol. 20, no.8 (12-15).

145 Michael Glennon, "Why the security council failed," Foreign Affairs (May/June, 2003).

146 Abraham Sofaer, Current History, no.769 (December, 1985).

147 Address by President Bill Clinton to the UN General Assembly (1993.9.27).

威脅，應當儘快摧毀，50%認為海珊與九一一事件有關。[148]儘管在戰後未發現伊拉克有大規模毀滅性武器，但仍有 1/3 的民眾認為美軍已發現大規模毀滅性武器，20%以上認為伊拉克在戰爭中已使用大規模毀滅性武器。[149]

哈佛大學中東歷史學者歐文（Roger Owen）說伊拉克戰爭已改變國際共識，今後世界上只有美國議程和美國目標。[150]在 2002 年 12 月伊拉克曾向聯合國提出其軍備和武器報告，令美國十分憤怒，認為在嘲笑美國，更加堅定美國使用武力決心。[151]國家安全顧問賴斯說，即使伊拉克擁有大規模毀滅性武器也沒有用，因為美國會先行摧毀伊拉克。[152]

1998 年 4 月美國宣稱伊拉克為一流氓國家，是對其鄰國和整個世界的威脅，是一個不守法的國家。但根據聯合國憲章，除非安理會授權或自衛，不得對其他國家使用武力，但美國國務卿奧布萊特（Madeleine Albright）稱，對美國重大利益，不接受外來限制，美國有權採取片面行動。[153]《紐約時報》的標題是「美國堅持有權懲罰伊拉克」。美國參議員洛特（Trent Lott）、馬侃（John McCain）和凱瑞（John Kerry）等重量級人士均支持美國採取片面行動，並說符合國際法。[154]但學者史蒂爾（Ronald Steel）反駁說，世界其他國家並未

148 Christian Science Monitor-TIPP Poll, Christian Science Monitor (2003.1.14).

149 Program on International Policy Attitudes, news release (2003.6.4).

150 David Sanger and Steven Weisman, New York Times (2003.4.10).

151 Comment and Analysis, Financial Times (2003.5.27).

152 Condoleezza Rice, "Campaign 2000: Promoting the national interest," Foreign Affairs (January/February, 2000).

153 Noam Chomsky, Rogue State, pp.16-17.

154 Ibid., p.18.

賦予美國權力去決定他們的利益，美國宣稱是世界警察是對警察的侮
辱，因為警察是執法的，不是破壞法律的。[155]

## ● 四、霸凌聯合國

### （一）不尊重國際法和國際組織

「美國國際法學會」（American Society of International Law,
ASIL）在 1999 年稱，「今日國際法之不受重視是美國歷史上僅
見。」美國國際法期刊的主編稍早也說：「美國對條約義務之不尊重
令人震驚。」[156]美國前國務卿艾其遜（Dean Acheson）在 1963 年對
「美國國際法學會」表示：「任何對美國的權力、地位和尊嚴的挑
戰，都不是法律問題。」[157]

對聯合國的自衛權和集體安全防衛的原則，美國也不尊重。1993
年美國通知聯合國，美國「在可能時可以多邊行動，但必要時將單邊
行動」。1994 年美駐聯合國大使奧布萊特（Madeleine Albright）和
1999 年美國防部長柯恩（William Cohen）均宣稱：「為了維護美國
的利益，美國將堅持片面使用武力。」[158]

---

155 Ibid., p.19.

156 American Society of International Law (ASIL), Newsletter (March-April, 1999).

157 Marc Trachtenberg, "Intervention in Historical Perspective" in Laura and Carl Kaysen,
eds., Emerging Norms of Justified Intervention (American Academy of Arts and
Sciences, 1993).

158 William Cohen, Annual Report to the President and Congress:1999 (US Department
of Defense, 1999). Madeleine Albright's Statement cited by Jules Kagian, Middle East
International (1994.10.21).

美國對國際法的藐視似乎根深蒂固，1988 年國際法庭判決美國對尼加拉瓜非法使用武力，但美國參議院立即授權增加 1 億美元加強對伊國使用武力。當聯合國安理會擬通過尊重國際法時，美國竟使用否決權。國務卿舒茲（George Shultz）說：「如果權力不放在談判桌上時，談判只是投降的代名詞而已。」他譴責那些忽視權力因素的聯合國和國際法院。[159]

美國既不尊重國際法，也不尊重聯合國，但卻口口聲聲要求其他國家必須接受和遵守「以規則為基礎的國際秩序」（rule-based international order）。事實上就是以美國的國內法和美國認定的規則，但冠上「國際秩序」，似乎就是國際社會共同應遵守的規範，這是故意魚目混珠，掛羊頭賣狗肉的作法。

美國不僅不尊重國際規則，而且是破壞國際規則最嚴重的國家。自 1994 年以後，美國沒有批准過任何一項聯合國通過的重大公約。它根據自己的法律，對全世界一半的人民進行經濟制裁，它強調航行自由，但它是全世界極少數迄今未通過接受 1982 年國際海洋法公約的國家，因為不利它在海外眾多的基地和在其他國家領海「灰色地帶」（美國與海洋法對領海的定義不同）軍事航行的自由。又例如在與中國外交關係上，它以國內法（臺灣關係法）優於國際條約（中美建交公報）來解釋「一中原則」，這是標準的以自己的利益來踐踏國際法的行為。

---

159 Noam Chomsky, Culture of Terrorism, p.67.

## （二）美國在聯合國的投票紀錄[160]

以聯合國的投票紀錄來看，美國是聯合國最孤立的國家。以1978-1987 年 10 年的投票紀錄來看，在 138 次大會投票中，多數為93-154 票，平均在 120 票左右。少數 1 票者 70 次，2 票有 51 次，3票有 17 次；1 票者為美國，2 票者為美國和以色列，3 票者為美國、以色列加上英國或法國或加拿大，其中瓜地馬拉、阿爾及利亞、巴西、土耳其、馬紹爾群島和帛琉各出現過 1 次。

主要議題：第一名，以色列、巴勒斯坦問題 33 次；第二名，經濟發展問題 25 次；第三名，裁軍、反核武生化等問題 21 次；第四名，南非種族隔離問題 20 次；第五名，社會福利、人權、婦女、兒童等問題 14 次。

另在停止對古巴禁運議題上，自 1992-2004 年 13 次投票中，多數支持者為 59-179 票，平均為 150 票左右。反對者只有 2-4 票 13 次均是美國和以色列、馬紹爾群島 5 次，烏茲別克 3 次，阿爾巴尼亞、巴拉圭、帛琉各 1 次。

投反對票的主要是美國和以色列，一票者是美國，二票者是美國和以色列，三票者加上英國，四票者多為搭配，甚至收買一些小國，如馬紹爾群島（Marshall Islands）、吐瓦魯（Tuvalu）和帛琉（Palau）。

美國也是聯合國會員中使用否決權最多次的國家，在 1984-1987年動用否決權 150 次。在 1972-2006 年為支持以色列，投下了 42 次的否決票。

---

160 William Blum, Rogue State, Chapter 20, "The Us Versus the World at the United Nation," pp.244-263.

## （三）美國對聯合國的輕視和羞辱

美國毫不掩飾它對聯合國的輕視，1983 年美國駐聯合國副代表李奇敦士頓（Charles Lichtenstein）說：「美國不會阻止聯合國搬離美國，美國會在碼頭歡送。」[161]雷根總統說：「即使聯合國 100 個國家不同意我們的意見，絕對不會影響我吃早餐的心情。」[162]川普總統說：「聯合國是一個反美和無效率的地方，既不是民主和自由之友，也不是美國之友，只是個供人聊天的俱樂部而已。可悲！」[163]美國駐聯合國大使波頓（John Bolton）說：「對世界其他國家，國際法的約束力是理所當然的，但對美國則不適用，條約對美國而言，不具法律性，至多只是政治上的承諾而已。」他還說：「沒有聯合國這種事，國際社會是由美國領導的，即使聯合國大樓倒塌了 10 層，也不會有什麼差別。」[164]

美國有關官員在言談中對聯合國的羞辱更是家常便飯，如：

1. 我們不需要安理會，如果它要有作用，它必須給我們可以自由使用武力的權力。

2. 聯合國不重要是因為它沒有盡到它的責任，那就是聽從美國的命令。

3. 即使全世界都反對，美國也會執行應該做的事。

4. 當我們強烈認為此事必須由美國領導，即使其他的人不支持我們，我們也會行動。

---

161 The Guardian (London)(1983.9.20). Cited in ibid., p.270.

162 New York Times (1983.11.4). Cited in ibid., p.245.

163 Ivo Daalder and James Lindsay, The Empty Throne: America's Abdication of Global Leadership(New York: PublicAffairs, 2018).

164 Washington Times (1998.10.16) and The New Yorker (2002.3.21).

5. 我們來參加安理會不是我們必須要來，而是我們想來。

6. 聯合國可以開會和討論，但我們不需要它的同意。[165]

　　美國在川普的時代片面決定將以色列首都遷都耶路撒冷，此舉違反了聯合國的共識和決議，經投票後，安理會以 14＞1（美國投下否決票），大會以 128＞9，另 35 國棄權。美駐聯合國大使海莉（Nikki Haley）口出狂言說：「聯合國任何投票都不能改變美國的決定，這個投票將影響美國人民對聯合國的看法以及不尊重美國人，我們會記得這次投票。」[166]

　　學者們對聯合國和美國的關係較有共識，1980 年代杭廷頓（Samuel Huntington）就指出：「美國是先天免疫的國家，可不受國際法的約束。」[167]1990 年代，他的學生福山（Francis Fukuyama）說：「聯合國完全是美國單邊主義的工具。」[168]2000 年代，哈佛大學歷史學者歐文（Roger Owen）說：「世界上沒有國際共識，只有美國議程。」[169]另一學者伊格里斯阿斯（Matthew Yglesias）說：「國際體制已成為美國侵略或暴力行為合法化的工具。」[170]總而言之，美國對聯合國的立場是「用之則用，不用則棄」。

---

165　Dong Sanders, Toronto Globe and Mail (2002.11.11). Daivd Sanger and Warren Hoge, New York Times (2003.3.17). Neil King Jr., and Jess Bravio, Wall Street Journal (2003.5.5). Alan Cowell, New York Times (2003.1.23).

166　Jeffrey D. Sachs, A New Foreign Policy: Beyond American Exceptionalism (New York: Columbia University Press, 2018).

167　Samuel Huntington, American Politics: The Promise of Disharmony (Cambridge, Mass.: Harward University Press, 1981).

168　Cited by Mark Curtis, The Ambiguities of Power (London: Zed, 1995).

169　David Sanger and Steven Weisman, New York Times (2003.4.10).

170　Mathew Yglesias. "International law is made by powerful states," Think-Progress (2011.5.13).

## （四）冷戰後美國與聯合國關係的變化[171]

　　蘇聯在 1989 年瓦解後，美國曾揚言要進入一個國際主義的新時代，1991 年老布希在聯合國的背書下進行了波斯灣戰爭並說要推動「新世界秩序」。1992 年柯林頓總統繼位後，更進一步說要強化聯合國的角色，並表示要成立聯合國快速打擊部隊來應付區域性的危機。1991 年聯合國的新任祕書長蓋里（Boutros Boutros-Ghali）被賦予改革聯合國的責任，聯合國一時之間變的非常重要起來。

　　但事實上，聯合國並沒有這麼幸運，首先是美國的獨大使聯合國更加依賴美國的善意，使聯合國受制於美國。其次是美國並不希望聯合國自行其事，如果聯合國能配合美國的利益，美國會尊重聯合國，如果相反的話，美國便不會理會聯合國。

　　柯林頓政府一開始就是要求聯合國瘦身，並且拒絕支付聯合國的經費。美國積欠的聯合國會費到了 1999 年已達 16 億美元，美國每年只付僅足以保持其會籍的經費而已。為什麼美國要如此杯葛聯合國呢？主要的原因便是對聯合國的維持和平工作不滿。

　　柯林頓政府任內有兩件事足以說明美國對聯合國的不尊重，一是禁止地雷公約，二是國際刑事法庭。美國先對此種構想表示支持，然後對過程不滿，最後對協議拒絕接受。1994 年 9 月柯林頓在聯合國大會中指出全世界有 8,500 萬個地雷，平均地球上每 50 個人分到一個地雷，消除這種武器可以拯救成千上萬的男女和兒童的生命。但美國隨後並未積極召開會議，最後由加拿大帶頭去開會討論並達成協議。到了 1997 年將近 100 個國家已同意接受，但美國拒絕接受。美

171 本段內容摘錄自英國歷史學者作品，Nicholas Guyatt, Another American Century: The United States and the World since 9/11 (London: Zed, 2003).

國拒絕的理由是因為在韓國的 37,000 美軍，為了避免北韓南侵，地雷在韓國有其需要。事實上，美國在韓國的軍事優勢足以抵抗北韓的軍事行動。面對國際的壓力，柯林頓作了一項狡猾的決定，他承諾美國在 2003 年停止在韓國之外使用地雷，在 2006 年自韓國撤出地雷。柯林頓的任期在 2001 年 1 月終止，而他又未採取任何具體的措施來保證他的「承諾」。事實上，在 1999 年 2 月，美國國會又撥款 5,000 萬美元去發展新的地雷，美國宣稱這是比現有的地雷較為人道的選擇。

1999 年「禁止地雷公約」生效，聯合國祕書長安南（Kofi Annan）宣稱這是世界上弱小國家的歷史性勝利。這個成功不是因為美國的行動，而是沒有美國行動的結果。

第二是有關聯合國設立「國際刑事法庭」（International Criminal Court, ICC）的經過。由於盧安達（Rwanda）的「種族滅絕」（genocide）和波斯尼亞（Bosnia）的「種族清洗」（ethnic cleansing）事件相繼發生，美國表示願意支持成立這種處理戰爭罪行的法庭。但當 1998 年 120 個國家在羅馬簽約時，美國卻拒絕參加。美國拒絕的理由是不能允許美國的公民接受國際組織的調查和起訴。參議員赫姆斯（Jesse Helms）揚言，只要他一息尚存，就絕不會允許任何國際法庭來判決美國國家安全的決定。

從美國拒絕「國際刑事法庭條約」的事件可看出美國與國際社會的距離是多麼的遙遠。聯合國祕書長安南說，這是未來世代希望的禮物，人權和法治的一大步。但美國的赫姆斯參議員說，這是一個怪獸（monster），美國有責任在它吞掉美國之前把它殺掉。倒底是怪獸還是國際對全球正義的共識，美國已說明自己是多麼的與眾不同。

在禁止地雷公約和國際刑事法庭的例子上，證明美國對建立有約束性的國際法和放棄它在聯合國安理會的否決權上是不肯作讓步的。諷刺的是一個沒有美國參與的國際組織在為人權而奮鬥；但一個與美國立場不同的國際組織也將徒勞無功。

## 美國和聯合國維持和平行動

冷戰結束，美國不必再打代理戰爭，如果需要採取干涉行動，也只是為了人道和區域的穩定，尤其透過聯合國，這是合乎邏輯的想法。1991 年新任的聯合國祕書長蓋里（Boutros Boutros-Ghali）提出「和平的議程」（An Agenda for Peace）建議由多邊合作來防止衝突的發生和擴大，並授權聯合國成立一支快速打擊部隊。他認為因為已無美蘇的勢力競爭，由聯合國來處理爭議或衝突較易被國際社會接受。1992 年為美國總統大選年，蓋里的主張得到兩黨候選人老布希和柯林頓的支持，柯林頓還表示要建立一個新的美國和聯合國的夥伴關係。

1991 年非洲索馬利亞（Somalia）發生種族衝突，造成大量災民，老布希立即採取行動對該國進行人道援助，救助災民。他並建議聯合國成立「統一特遣部隊」（United Nation Unified Task Force, UNITAF），美國派出 3 萬名海軍陸戰隊參加，初期頗有成效。

1992 年柯林頓就任總統後，一開始還繼續執行老布希的政策，但他的外交幕僚，國務卿克里斯多夫（Warren Christopher）、國安會議顧問雷克（Anthony Lake）和駐聯合國大使奧布萊特（Madeleine Albright）主張美國應採取「主導式的多邊主義」（assertive multilateralism）。換言之，不是美國主導的多邊行動，美國就不要過於介入。在他們為柯林頓準備的「總統檢討指令」（Presidential

Review Directive）第 13 號報告中，就特別強調這點。

到了 1993 年，聯合國的 UNITAF 已改稱「聯合國索馬利亞行動」（UNOSOM）。美國在解除各派武裝和政治解決兩個途徑之中猶豫不決，但最後為了反對其中一派，開始升高衝突。對索馬利亞人民來說，美國的人道援助已變成武力入侵，結果造成美軍的傷亡，經過媒體報導，美國民意開始不滿。柯林頓於 1994 年 3 月將美軍全部撤出，並把失敗的責任指向聯合國。在美國公開對外發表的聲明中，表示今後美國如參加聯合國的維持和平工作，美軍將由美國自己直接指揮。這種說法好像美軍在索馬利亞是由聯合國指揮似的，事實上，美國只是在推卸責任，聯合國成了美國的代罪羔羊。

自索馬利亞撤軍之後，美國也修改了 PRD-13，建議美國不再參加聯合國的維持和平工作，所以當盧安達發生種族暴亂之時，美國便寧可袖手旁觀。

## 美國對 1994 年盧安達的種族滅絕袖手旁觀

1993 年的 PRD-13 在 1994 年被修正為「總統決定指示第 25 號」（President Decision Directive 25, PDD25），國安會議顧問雷克在向外界說明此一新政策時，強調美國人民願意去救每一個孩子，但美國不可能去為其他國家建國。美國新的政策是阻止聯合國的維持和平工作，要求聯合國減少花費，更要「務實以對」（hard questions and hard answer）。柯林頓上任時的「多邊主義」已被修正為：

1. 美國的個別行動（片面主義）優於多邊主義。
2. 反對聯合國成立特遣打擊部隊。
3. 阻止聯合國從事與美國利益無關的行動。

在這種情況下，美國與聯合國的關係開始冷淡，美駐聯合國大使

奧布萊特甚至與聯合國祕書長交惡。奧布萊特曾說，蓋里不能否決美國的政策，但美國卻可否決聯合國的行動。

美國放棄「多邊主義」以及與聯合國的背道而馳表現在 1994 年盧安達（Rwanda）的種族滅絕事件上。盧安達為非洲小國，1994 年爆發種族衝突，執政的胡圖斯（Hutus）族企圖一舉將另一種族土特西斯（Tutsis）族完全消滅。「聯合國在盧安達的援助團」（UNAMIR）事先得到消息，希望聯合國派軍 5,000 人前往阻止此一種族滅絕。但美國始終不為所動，甚至威脅使用否決權來阻止強化 UNAMIR 的行動。美國官方一直在淡化有關盧安達的報導，奧布萊特宣稱美國不會被強迫去做與美國利益無關的事。

種族滅絕（genocide）是國際法下的罪行，1948 年通過的「防止種族滅絕公約」（Convention Against Genocide），美國是簽字國。但美國在盧安達事件中，一方面避免使用「種族滅絕」這一名詞，另方面強調該一公約並無強制性。由於美國的拒絕合作和刻意杯葛，造成了 50 萬人的死亡。當 20 萬人被屠殺後，蓋里沉痛宣布聯合國的任務失敗。在美國歷史上，這可能是對人權和法治最黑暗的一頁。

### 美國與聯合國決裂：驅逐聯合國祕書長

大體而言，1992-1993 年的聯合國維持和平的工作，美國是支持的；但 1994 年美國修正其政策後（PDD-25），便不再支持了。1995 年奧布萊特在國會作證時說：「因為美國有否決權，可以阻止不符合美國利益的任何和平行動。美國認為 1992-1993 年聯合國維持和平工作成長的太快了，美國對新的維持和平工作採取了最嚴格的標準，所以兩年來（1994-1995）此項工作已告減少。」

奧布萊特明白表示了美國反對「多邊主義」，除了配合美國之

外，聯合國不應發揮自己的力量和作用。在這種情況下，美國和聯合國的關係急速惡化。1991 年爆發的南斯拉夫內戰，美國前國務卿范錫（Cyrus Vance）曾擔任調人並提出和平方案，但柯林頓政府拒絕接受，主要是因為不是美國主導介入。聯合國一直希望美國參加聯合國的維和與救濟工作，但美國既不派兵，也不出錢。等到情勢危急，美國在國際壓力下派出空軍轟炸，但聯合國以危及聯合國軍隊而反對。直到 1995 年夏天，聯合國軍隊（2 萬多人，由歐洲國家組成）已精疲力竭，重要據點淪陷後，美國才表示願意派遣地面部隊促成談判解決。

1995 年秋，美國安排南斯拉夫內戰各方人士，波斯尼亞—黑森柯維那（Bosnia—Herzegovina）、克羅西亞（Croatia）和塞爾維亞（Serbia）到美國，並邀請歐盟和俄羅斯參加達成「但頓和平解決方案」（the Dayton Agreement）。負責出面協調的賀爾布魯克（Richard Holbrooke）和奧布萊特以避免使問題複雜為理由，排除了聯合國的參加。

在波斯尼亞事件中，我們可以清楚看到美國的政策是：貫徹美國的「片面主義」，只有美國才能主導國際和平的工作。美國與聯合國誓不兩立，並展開驅逐聯合國祕書長蓋里的行動。

1996 年蓋里任期屆滿，依例可以連任，多數國家支持蓋里連任，但美國堅持反對，即使安理會以 14 票對 1 票的懸殊比例支持蓋里，美國仍不為所動。美國揚言如蓋里連任，美國將退出聯合國，最後其他國家只得妥協，接受美國推薦的人選安南（Kofi Annan）繼任。《紐約時報》稱之為柯林頓總統第二任的「重要政治任命」，聯合國已經成為美國政府的一部分。驅逐蓋里有功的人員也紛紛升官，奧布萊特出任國務卿，賀爾布魯克出任駐聯合國大使。

　　蓋里日後在其回憶錄中指出波斯尼亞事件中，聯合國只是被美國利用，變成了聯合國是多事、製造問題，而只有美國才能解決問題。美國以弱小的聯合國部隊去「製造和平」，再以自己強大的力量去「維持和平」，其結果是犧牲了許多無辜的人民和聯合國。波斯尼亞事件使聯合國負債 30 億美元，但美國卻贏得了和平的美譽。[172]

　　美國在 1999 年決定以四年為期償還積欠聯合國會費 16 億美元中的 10 億美元，美國真的這麼窮嗎？同年，美國通過高達 8,800 億美元的減稅方案。1997 年美國媒體鉅子 CNN 的老闆特納（Ted Turner）捐了 10 億美元給聯合國以救其燃眉之急，由於經費的短缺，聯合國被迫在教育、衛生和協助發展中國家等項目上大幅縮水。[173]

---

172 關於美國驅逐聯合國祕書長蓋里（Boutros Boutros-Ghali）經過，見蓋里的回憶錄：Unvanquished: A U.S. - U.N. Saga (New York: Random House, 1999).
173 聯合國一年的經費僅是美國國防經費的 0.4%，相當國防部 32 個小時的開銷。Niall Ferguson, Colossus: The Rise and Fall of the American Empire (New York: Penguin, 2004), p.134.

# 第六章

# 謊言帝國

## ● 一、美國為何要說謊？

　　一個如此幸運、富裕和強大的國家，為什麼要以虛偽、欺騙和謊言來面對世界呢？

　　基本上，美國是一個矛盾的國家，它是宗教的，也是世俗的；講究理想，也重視實用；傾向孤立，也喜歡干涉；崇尚法治，又違法亂紀；主張融合，又經常排外；口喊道德，但又十分功利。對美國來講，理想主義和現實主義可相互為用，但又希望這兩者是一件事。

　　由於美國人是一個內向的民族，對外交問題既無興趣，也缺乏認識，所以美國的外交菁英必須要以利他主義來包裝自私和自利。他們必須要告訴美國人民，美國在海外打仗都是不得已的，不是為了權力和財富，也不是取得土地和資源，而是為了民主和自由，為了解放被壓迫的人民。

　　加上美國的自大、自負和傲慢，對批評美國的錯誤、缺失和不是是聽不進去的，他們認為因為美國是善良的、無私的，甚至是無辜的，美國和其他國家不同的是其他國家只有利益，美國卻有責任和使命，甚至一如拜登最近強調的「美國只做好的事」。

　　美國人宗教性強烈，從建國到今天，一直把自己「神化」。美國對世界充滿了幻想，但幻想和現實的差距愈來愈大。事實上，美國的作法很多是醜惡的、非法的和欺騙的，原因是：

1. 美國自認與眾不同、高人一等，以不平等對待其他國家和人民。

2. 美國在肯定自己的成就之時，貶低他國的成就和貢獻。

3. 美國以基督教文明和白人至上的種族主義為普世價值，對非基督教文明和非白人種族予以歧視和排斥。

4. 美國自認是善的力量，往往以善惡去區別其他國家，例如對它不喜歡的國家稱之為「流氓國家」或「邪惡帝國」，甚至指稱「站在歷史錯誤的一邊」。

5. 為了維護自己的霸權，美國把自己的安全、權力和利益極大化；為了這個目的，必然以犧牲他國的安全、權力和利益為代價。

6. 為了保持主宰世界的地位，美國過於依賴武力和暴力，不但濫用其權力，並且濫殺平民，製造難民。

7. 為了維持世界最大的軍力，美國已成為軍國主義和「警備國家」，並以軍事基地遍布全世界。

8. 為了維持世界第一的軍力，美國在國內必須支持它「軍工複合體」，結合軍方、軍火商和企業界。這一複合體成為美國發動戰爭的機器。

9. 為了維持「軍工複合體」和龐大軍事預算，美國政府必須不斷恐嚇美國人民，告訴他們世界極不安全，美國面對的威脅有增無減。

10. 為了證明美國面對的威脅，美國政府必須「製造」一個主要敵人，為了醜化這個敵人，就不得不以欺騙和謊言來「正當化」美國的政策。

針對美國的自大、傲慢、虛偽和欺騙，僅舉幾個具體的例子說明：

1. 1962 年古巴飛彈危機時，甘迺迪總統的國安顧問彭迪（McGeorge Bundy）說：「美國是好人，所以可以攻打不友善的國家，世界必須明白，強大的美國以飛彈對付蘇聯，不是對

和平的威脅，因為我們是好人。」[1]

2. 1963 年美國在越戰初期，因不滿越南總統吳廷琰抵制北越不力，並拒絕美國壓力，美國以 CIA 謀殺吳廷琰全家，事後辯稱是越南軍方政變的結果。[2]

3. 1968 年 3 月 16 日美軍凱萊（William Calley）中尉帶領部屬在越南廣義省美萊村（My Lai）屠殺平民 500 多人，為越戰最駭人的暴行。凱萊被軍法判罪，但尼克森總統說：「大多數人不會在乎這些人是否被殺。」參議員艾藍達（Allen Ellender）說：「那些村民罪有應得。」[3]

4. 1962-1972 年越戰期間，美國為了阻止越共利用森林躲避美軍襲擊，以化學毒劑「橙劑」（Agent Orange），又稱「落葉劑」噴灑，使森林、樹林枯竭。此種毒劑毒性甚強，滲透到土地、水源，人民受到感染後會發育不全、肢體殘廢或癌症，甚至遺傳到下一代。美軍投下了近 8,000 萬公升「橙劑」，有 300 萬人受害，約有 15 萬嬰兒生下來為畸形，美國對美軍受害人予以賠償，但對越南受害人迄今未予賠償。[4]

5. 1973 年美國以軍事政變推翻智利左派阿葉德（Salvador Allende）政府，事後解釋說如果美國不能控制拉丁美洲，就不能在世界其他地方維持秩序。[5]

---

1　Sheldon Stern, he Week the World Stood Still: Inside the Secret Cuban Missile Crisis (Palo Alto: Stanford University Press, 2005).

2　Papers of John F. Kennedy, National Security Action Memorandum, no.263. Cited in Noam Chomsky, Who Rules the World? (New York: Henry Holt, 2016), p.203.

3　Greg Grandin, The End of the Myth: From the Frontier to the Border Wall in the Mind of America (New York: Henry Holt, 2019), p.210.

4　"Facts about Agent Orange and Dioxin," War Legacies Organization (2013.6.28).

5　Chomsky, Chapter 1, p.19.

6. 1988 年美國軍艦文生尼斯號（USS Vincennes）在伊朗上空擊落伊朗民航機，造成 290 人喪生，美國說該艦作業完全符合程序，該艦艦長被授勳表揚。1996 年國際刑事法庭判決美國賠償伊朗 1.3 億美元，但美國拒絕道歉。老布希（George H. W. Bush）總統說，美國絕不會道歉，因為美國不是那種人。[6]

7. 2003 年美國在入侵伊拉克時，曾對涉嫌的人犯予以非法刑求，美國政府辯稱並未違反 1984 年聯合國反刑求公約。但美國聯邦最高法案在一判例（Boumediene Vs. Bush, 2008）中，判決美國的行為違憲。[7]

    對美國侵略伊拉克，美國學者麥休斯（Jessica Matthews）說：「美國擁有世界，它有權這樣做，美國對自由和人類福祉的貢獻有目共睹，美國與其他國家不同，其他國家是為了自己的利益，美國是為了促進普世原則。」[8]

8. 2011 年 5 月美國在巴基斯坦捕捉、格殺九一一事件嫌犯賓拉登 （Osama bin Laden），2020 年 1 月以飛彈格殺伊朗軍事強人蘇里曼尼（Qassem Soleimani），這兩件事均是違反國際法的罪行，但美國毫不介意。在美軍特種部隊格殺賓拉登時，歐巴馬總統和重要閣員在電視上全程觀看。對謀殺蘇里

6　Michael Kinsley, "Rally Round the Flag, Boys," Time (1988.9.2). Cited in Chomsky, Chapter 14, p.163. UPI, "Vincennes too aggressive in downing jet, officer writes," Los Angeles Times (1989.9.2). David Evans, "Vincennes medals cheapen awards for heroism," Daily Prest (1990.4.15). Cited in Chomsky, pp.162-164.

7　Linda Greenhouse, "Justices, 5-4, back detainee appeals for Guantánamo," New York Times, (2008.6.13).有關美國虐囚和不人道刑求的真相，見 Jennifer Harburg, Truth, Torture, and the American Way: The History and Consequences of U.S. Involvement in Torture (Boston: Beacon, 2005). Cited in Chomsky, pp.38-39.

8　Jessica Matthews, "The road from Westphalia," New York Review of Books (2015.9.19). Cited in Chomsky, pp.216-217.

曼一事，川普總統說：「美國是為了阻止戰爭，而不是去發動戰爭。」美國經濟學者克魯曼（Paul Krugman）說，如果外國以這種方式謀殺美國官員，美國將如何反應？[9]

9. 2013 年揭發美國對全世界監聽的史諾登（Edward Snowdon）原為 CIA 的電腦專家，因為愛國熱情從軍。但在中東服役期間，目睹美國以飛彈濫殺平民，氣憤之下，竊取了上億件的美國監聽的資料，透過英國《衛報》記者格林華德（Glenn Greenwald）公諸於世。美國政府除了否認之外，以叛國罪通緝他。史諾登到俄國申請政治庇護，他的說法是，重要的不是美國說了什麼，而是它做了什麼。[10]

10. 以色列在巴勒斯坦人的加薩地區以屯墾區為名，非法占領並造成事實。美國既不反對，也不擔心巴勒斯坦人的反抗和仇恨，因為以色列軍力強大，美國全力支持。美國為自己和以色列在中東的暴行辯稱說：「美國和以色列是民主國家，不會故意殺人。即使殺人也純屬偶然，因為沒有意圖殺人，所以不算是國際罪行。」[11]

美國名記者兼作家伍華德（Bob Woodward）指出，美國政府有一個原則，即是「不調查自己所犯罪行」。[12]杭廷頓

9    Mark Mazzetti, Helene Cooper and Peter Baker, "Behind the Hunt for Bin Laden," New York Times, (2011.5.2).全文見，蘇言、賀瀕，《維基解密：你不知道的事實真相》（修訂版）（臺北：大都會，2011），頁 46-49。

10   Glenn Greenwald, No Place to Hide: Edward Snowden, the NSA, and the U.S. Surveillance State (New York: Henry Holt, 2014).

11   Idith Zertal and Akiva Eldar, Lord of Land: The War for Israel's Settlements in the Occupied Territories, 1967-2007 (New York: Nation, 2007, p.xii. Chomsky, pp.29-30.

12   根據 CIA 局長凱斯（William Casey）的指示，"We do not investigate our won crimes"。Bob Woodward, Veil: The Secret Wars of the CIA, 1981-1987. Cited in Chomsky, Chapter, 2, p.26.

（Samuel Huntington）講得比較含蓄，他說：「美國是先天的免疫，不受國際法的約束，因為美國的權力只有在黑暗中，才能發揮最大的作用。」[13]政治學會會長傑維斯（Robert Jervis）說，美國已成為頭號流氓的國家。[14]

## 二、俄烏戰爭的真相

2022 年 2 月 24 日，俄國對烏克蘭採取「軍事特別行動」，爆發俄烏戰爭，美國協同北約國家立即軍援烏克蘭，對俄國全面經濟制裁，並發動「認知戰」，全面醜化俄國，聲言俄國不但不會得逞，還會慘敗，成為俄國的「滑鐵盧」（waterloo），普丁成為全球的「賤民」（pariah）。

誠然，俄烏戰爭是冷戰後歐洲的第一次戰爭，結束了歐洲的「和平紅利」。但真正的原因，不是俄國的侵略，而是美國的陰謀，這是美國一手策劃的「劇碼」，是極不道德的罪行。

俄國被迫出兵的原因有二：一是美國的背信，在蘇聯解體前，東西德合併時，美國曾向蘇聯保證「北約」不會東擴，「一吋都不會」，但後來卻食言。二是美國不斷進行「北約東擴」，將蘇聯前衛星國一一併入西方陣營，由於烏克蘭和俄國有密切的關係，不但與俄國領土接壤，烏克蘭境內也有 1/5 人口為俄人。俄國一再要求美國不要把烏克蘭納入「北約」，認為會危及俄國的安全，但美國悍然拒絕。俄國退無可退，只得正面迎戰美國的挑戰。

---

13　Samuel P. Huntington, "The lonely superpower," Foreign Affairs (March/ April, 1999).

14　Robert Jervis, "Weapons without purpose? Nuclear strategy in the Post-Cold War era," Foreign Affairs (July/ August, 2001).

　　美國一手挑起這一危機，自己不出兵，唆使「北約」盟國全力支持烏克蘭，自己只提供軍事援助，使烏克蘭和歐洲國家陷於被俄國報復的險境之中，這是美國擅長的伎倆，借刀殺人，自己置身事外，還可以發戰爭財。

　　其實美國真正的目的還不是烏克蘭本身，而是要阻止歐洲的團結，尤其是法國和德國的合作，法國一直想擺脫美國的控制，堅持歐洲自主，德國希望與俄國合作，在能源上依賴俄國，與俄國合作興建北溪 1 號、2 號的天然汽油管，並以歐元結算，美國全力阻止未果。美國策劃這一戰爭有三個目的：一是削弱俄國， 二是分化歐洲，三是維護美元霸權。

　　這場戰爭有三個輸家：烏克蘭為美國打代理戰爭，成為犧牲品；歐洲國家經濟受損；美國在戰略上失敗。俄國是核武大國，不會屈服，打持久戰反而會重挫西方。俄烏戰爭使俄國和中國更密切合作，加上中東國家形成反美大聯盟，加速東升西降的速度，美國的如意算盤會得逞嗎？

### 美國欺騙俄國的經過

　　1989 年蘇聯解體時，美國曾向俄國保證，「北約」不會東擴，「一吋都不會」。1990 年 1 月 31 日西德外長根舍（Hans-Dietrich Genscher）建議美國「北約」不宜東擴，美國國務卿貝克（James Baker III） 2 月 9 日赴俄國，向戈巴契夫（Mikhail Gorbachev）鄭重保證，「北約」的管轄或軍力均不會東擴（iron-clad guarantees that NATO's jurisdiction or forces would not move eastward）。

　　但國家安全會議（NSC）認為「北約」必須包括全部合併後的德國，因為「北約」軍力可以不東擴，但管轄權不能被排除。貝克接受

這一更正，不再使用「管轄權」一辭。當年 5 月，貝克又去俄國，並提出九點保證，包括美國同意在德國併入「北約」後，在東德的俄軍可以在過度時期保留，在離開之前，「北約」軍隊不會進駐。戈巴契夫同意，德國統一的條約在 1990 年底完成時，東德不准外國駐軍，但在 1994 年底俄軍撤離時，德國軍隊將可在此部署，在條約中沒有任何「北約」東擴的規定。

國安顧問賴斯（Condoleezza Rice）回憶說，當時尚不知蘇聯會解體，也不知華沙公約會解散，只是討論東西德國統一的事，在 1990-1991 年時，「北約」東擴並不在議程上。戈巴契夫事後也說：「當時完全未討論『北約』東擴的問題，這是以後發生的事。」7 年後，俄國干預烏克蘭時，他接受訪問說，問題是外國軍隊在東德的事，貝克也的確說過，「不會有一吋東擴」的話。但所有必須要做的和未完成的政治責任，他都達成了，而且實現了。但戈巴契夫指出，「北約」東擴是不必要的挑釁，絕對違反了 1990 年協議的精神，以及違背對我們的保證。[15]

美國會允許其他國家在美國邊界部署軍隊嗎？1962 年蘇聯曾企圖在古巴部署飛彈，幾乎引起核子大戰，最後經由私下談判，美國以撤銷在土耳其的飛彈來換取蘇俄停止在古巴部署飛彈，才能解除危機。美國在蘇聯解體後，一再北約東擴，先後五次。俄國總統普丁（Vladimir Putin）曾在 2007 年慕尼黑安全會議（Munich Security

---

15　美國出賣俄國的經過，見 Robert Baker, "Dispute over a vow that was never made," New York Times, 2022.1.1. 有關美國對俄國的保證北約不會東擴，見《戈巴契夫冷戰回憶錄》（臺北：好優文化，2022 年），頁 208。有關北約東擴，見 John Mearsheimer, "Why the Ukraine crisis is the west's fault: The liberal delusions that provoked Putin," Foreign Affairs (Sept/ Oct, 2014).

Conference）上提出質疑，他說北約東擴是針對哪一國呢？在華沙公約（Warsaw Pact）解散時，西方國家對俄國的保證到哪裡去了呢？但以美國為首的歐洲國家，非但不予理會，仍然繼續東擴，連門特內格羅（Montenegro）這個小國都不放過。俄國一再提醒美國，烏克蘭和俄國有 300 年之久的歷史淵源，境內有 1/5 的俄國居民，如烏克蘭納入北約，將直接威脅俄國的安全。[16]在警告無效後，俄國在 2008 年出兵喬治亞，2014 年占領克里米亞，已經兩次嚴重警告美國不能再染指烏克蘭。但美國一意孤行，目的在削弱俄國和阻止歐洲團結。俄國和烏克蘭的戰爭是美國一手打造的，肯楠（George Kennan）曾上書白宮，指稱這是歷史性的重大錯誤。[17]美國除大力軍援烏克蘭外，對俄國全面經濟制裁，並發動輿論戰，醜化俄國。但美國不會得逞，因為除了北約被美國挾持，配合軍援烏克蘭之外，世界絕大多數國家會同情俄國，俄國也有韌性和美國打持久戰。美國終將因正當性不足，無以為繼，烏克蘭成為犧牲品。

## ● 三、美國對中國政策的虛偽

　　拜登政府的外交政策主要發言人為拜登本人、國務卿布林肯（Antony Blinken）和國安顧問蘇利文（Jake Sullivan），謹列舉過去三年他們三人對中國政策的重要講話或文章，並予以分析和評論。

---

16　Richard Sakwa, Frontline Ukraine: Crisis in the Borderlands (New York: Tauris, 2016), p.46.

17　Jeffrey D. Sachs, A New Foreign Policy: Beyond American Exceptionalism (New York: Columbia University Press, 2018), pp.72-73.

### 拜登

1. 2021 年 3 月 26 日與英國首相強森通話。

2. 2021 年 5 月 G7 峰會。

3. 2021 年 11 月 16 日與習近平視訊會談。

4. 2022 年 4 月美國「商業圓桌會議」。

5. 2022 年 6 月 16 日在白宮接受訪問。

6. 2022 年 9 月 21 日在聯合國大會演講。

7. 2022 年 11 月 14 日印尼 G20 會議拜習會談。

8. 2022 年 12 月 14 日美非峰會。

9. 2023 年 2 月 7 日國情咨文。

10. 2023 年 4 月 25 日宣布競選連任。

另在臺灣問題上，拜登曾有 4 次所謂「口誤」的紀錄：

1. 2021 年 8 月 19 日阿富汗撤軍後接受訪問。

2. 2021 年 10 月 21 日在美國有線電視新聞網舉辦的市民大會上。

3. 2021 年 10 月 27 日在東亞峰會視訊上。

4. 2022 年 5 月 23 日在美日峰會記者會上。

### 布林肯

1. 2022 年 5 月 26 日「美國對中國政策」演講。

2. 2023 年 4 月 5 日「北約」外長會議後對媒體發言。

### 蘇利文

1. 2019 年 9-10 月專文：「不會造成災難的競爭：美國如何同時挑戰並與中國共存」。

2. 2022 年 12 月 10 日在「阿斯本安全論壇」演講。

3. 2023 年 11-12 月專文：「美國力量的來源：在變動世界中美國的外交政策」。

## 拜登、布林肯、蘇利文的中國政策言論

### 拜登對中國的政策和言論

1. 拜登就職後不久，於 2021 年 3 月 26 日和英國首相強森（Boris Johnson）通電話，建議要仿照中國「一帶一路」（BRI），提出一個民主版本的一帶一路。他說中國在基建上的投資是美國的 3 倍，美國基建在世界上排名只在第 13 名，他又說中國的目標是成為世界上最富有的和最強大的國家，但在他任內不會發生，因為美國將繼續發展和壯大。

2. 2021 年 G7 峰會，提出「重建世界美好」（Build Back Better World）構想，但無具體內容。

3. 2021 年 11 月 16 日和習近平進行「視訊會談」，強調雙方有責任確保競爭不會演變成衝突，美國重申以「臺灣關係法」為首的「一中政策」。在會談時，習近平稱拜登為老朋友，拜登在會後被問到時，卻說他和習不是老朋友，只是工作上的關係而已（It's just pure business）。事實上，拜登在擔任副總統時，在 2011-2012 年曾與習會面 8 次，習曾陪拜到四川訪問。2020 年大選後，在談到新疆人權問題時，拜曾說習是「流氓」（thug）。

   ※ 美國在 2021-2022 年在印太地區先後成立「美日印澳聯盟」（QUAD）、「美英澳聯盟」（AUKUS）和「印太經濟架構」（IPEP），均係針對中國。

   ※ 2022 年 2 月，中國舉辦冬季奧運，美國帶頭抵制。

4. 2022 年 4 月在美國「商業圓桌會議」，宣稱要實現「世界新

秩序」，以民主對抗專制。

5. 2022 年 6 月 16 日在白宮接受訪問時，宣稱「本世紀第二個
  25 年屬於美國」。（2022.7.14《紐約時報》民調：人民對政
  府的支持度為 13%，對拜登的滿意度為 32%，支持拜登連任
  為 24%）。

  ※ 2022.8.9 簽署「晶片與科學法案」，以 390 億美元補助美
  國晶片工業，但接受補助者 10 年內不得在中國興建晶片廠
  （毒丸條款），禁止 14 奈米以下半導體出口中國。美國聯
  合日本、南韓和臺灣，成立「四方晶片聯盟」（Chip 4）
  共同抵制中國。

  ※ 2022 年 9 月，國會通過「臺灣政策法」，提升美臺關係。

6. 2022 年 9 月 21 日，在聯合國大會演講提到臺灣問題時，說
  美國的「一中政策」不變，不尋求與中國衝突或新冷戰，也
  不要求他國選邊。

  ※ 2022 年 10 月 3 日，美國公布「國家安全戰略」，指出未
  來 10 年，中國是美國地緣政治上最大挑戰，美國要全面戰
  勝中國。美國的戰略是：投資、聯盟和競爭，內容還包括
  提升科技和臺灣問題國際化。

7. 2022 年 11 月 14 日，在印尼的 G20 會議上拜習會談，中方
  公布的內容是：美國表達「五不四無意」，「五不」為不企
  圖改變中國體制，不尋求新冷戰，不從事聯盟抗中，不支持
  臺獨，不支持兩個中國和一中一臺；「四無意」為無意與中
  國衝突、脫鉤、阻撓中國經濟發展和圍堵中國。美國對上述
  說明，未予否認。

  ※ 2022 年 11 月 29 日，國防部發布「2022 年中國軍力報
  告」，指中國對侵臺有四個劇本，指中國現有世界最大的

海軍、第三大空軍（但在區域最大）。2035 年將擁有 1,300 枚核彈，2049 年將成為世界一流軍隊。

8. 在 2022 年 12 月 14 日的「美非峰會」上，拜登說：「非洲贏，美國就贏了，世界也贏了。」這是集大話、錯話和謊話之大成。美國放棄非洲久矣，除了設立軍事基地，其他什麼都不做，美國成立「非洲司令部」，沒有一個非洲國家願接納，只好設在德國。以 2022 年計算，中國在非洲的投資是美國的 2 倍，貿易是美國的 4 倍。美國卻說中國在非洲是製造陷阱，給非洲帶來不安定。

9. 2023 年 2 月 7 日，在國情咨文中，拜登說：

(1) 過去兩年，民主政體變得更強大，專制政體變得更虛弱。

(2) 告訴我，有沒有一位世界領導人，想和習近平換位置？有任何一位嗎？

(3) 那些與美國對賭的人正在認識到他們錯得有多離譜，與美國對賭從來不是好賭注。

(4) 在他上任前，人們談的都是中國如何偉大，美國是如何的衰落，但再也不是這樣了。

(5) 美國一直做最好的事。

10. 諷刺的，拜登在 2020 年大選時，曾說他為美國的靈魂而戰，2023 年 4 月 25 日，他宣布競選連任，又提出這一口號。一般美國人不太注意，認為是選舉的語言，但極為討厭川普的《紐約時報》專欄作家布魯克斯（David Brooks）解釋說，拜登和川普相比是道德和非道德之爭，稱讚拜登比較有道德。但 NBC 在拜登宣布競選連任當日的民調：70%認為拜登不應連任，60%認為川普不應參選。看來二人半斤八兩，誰也道德或不道德多少！

※ 2023 年 2 月 16 日，媒體人尼克森（Garland Nixon）稱，拜登有一「毀臺計劃」。臺灣《中國時報》2023 年 2 月 28 日社論中，引述拜登說在臺海戰爭中，臺灣人民在一週內全部死亡。

註：※為美國政府重大政策文件和方案，供參考。

### 拜登對臺灣問題的所謂「口誤」？

從 2021-2022 年，不到兩年的時間內，在被問到臺海危機時，拜登曾四次違反美國的「戰略模糊」（strategic ambiguity）說出美國將出兵保臺，但每次均立即被白宮發言人「澄清」，聲明美國對中政策未變。

1. 2021.8.19 阿富汗撤軍後接受訪問時。
2. 2021.10.21 在美國有線電視新聞網舉辦的市民大會上。
3. 2021.10.27 在東亞峰會視訊上。
4. 2022.5.23 在美日峰會記者會上。

是「口誤」，還是拜登真正的想法，對不同立場的人會有不同的解讀，一位美國的將領就曾表示這是拜登真正的用意。對這個問題我有下列的分析：

1. 在心理學上，沒有口誤這種事，只有不該說而說溜了嘴的事。
2. 由於拜登自己沒有立即更正，表示他不在乎，是他故弄玄虛或有意製造猜忌？
3. 一位國家元首在如此重大問題上，不應與自己國家既定政策，做出相反的發言，以拜登的閱歷（36 年參議員、8 年副總統）的確不能以輕率視之。

4. 不過拜登過去有大嘴巴，亂講話的習慣和風評。是他積習難改或是年老昏庸，語無倫次？不無可能。

5. 以美國政治傳統，政治人物以誇大或不實言詞用來恐嚇、威脅和欺騙是慣用手段。以拜登老狐狸的個性，他是否刻意來製造猜忌，來困擾對手？如此，只能坐實了美國外交政策上言行不一和欺騙的本質，對美國只有傷害。

6. 使中國更加堅定因應美國的挑戰和挑釁。「放棄幻想、勇於鬥爭」是中國的回應。面對一個強大、不妥協的對手，美國的日子會更好過嗎？

## 拜登的政績

國內：

1. 在能源和移民問題上造成民怨，油價大漲，非法移民增加。

2. 大撒幣，以 1.9 兆美元刺激經濟復甦，但造成通貨膨脹，物價高漲，83%對經濟不滿；免除 1,250 億大學生貸款，但年輕選民對拜登支持度不到 30%。

3. 政策左傾，對同婚、變性、墮胎無限制，使中間選民不滿。

4. 基建毫無起色，貧富差距擴大，政黨惡鬥無解。

國外：

1. 拜登一手策劃俄烏戰爭，使歐洲回到冷戰時代，美國企圖削弱俄國的目的不可能達成，只能削弱歐洲，犧牲烏克蘭。

2. 在歐洲、亞洲和中東的外交均無成就，第三世界和美國漸行漸遠。美國曾在 2021-2022 年先後舉辦民主峰會、美洲峰會和非洲峰會均無實質成果。

3. 以貿易戰、經濟戰和科技戰打壓中國，效果不彰。美國把

「脫鉤」改稱「去風險」，只能證明心虛而已。

4. 以阿衝突再起，在中東問題上，美國從來不是公正的調人，美國將為袒護以色列，在中東付出更大的代價。

## 對拜登言論的批評

拜登的特點是說大話、說錯話和說謊話，以他 2023 年 2 月 7 日的國情咨文為例：

他的「大話」是說：「過去兩年，民主政體變得更強大，而不是更虛弱；專制政體變得更虛弱，而不是更強大。」他還脫稿激動豎起食指說：「告訴我有沒有任何一位世界領導人，想和習近平換位置？告訴我有任何一位嗎？有任何一位嗎？」以及：「那些與美國對賭的人正在認識到他們錯得有多離譜，與美國對賭從來不是好賭注。」

事實是所有政治學者對世界民主的評價都在倒退，非民主的國家在政治上、經濟上和文化上都比民主國家表現更好，更有自信，影響也愈大。對美國一手製造的烏克蘭戰爭，除了北約國家被美國挾持，不得不支持外，其他廣大的亞拉非開發中國家很少支持美國的作法。美國企圖削弱俄國的目的也沒有達到，俄國不僅挺過美國和西方龐大的經濟制裁，2023 年的經濟成長還比美國好。民主政體強大了嗎？專制政體虛弱了嗎？拜登老糊塗了，可能弄錯了吧！2023 年的經濟成長，開發中國家都比美國和歐洲國家好，這又如何解釋呢？

他老先生拿習近平開玩笑，是妒忌、還是心虛？在民調中，習近平的聲望超過拜登太多。一個對世界經濟成長貢獻超過 G7 總和的國家會比美國弱勢嗎？「一帶一路」有 150 個國家參與會比美國不受歡迎嗎？中國內部的問題會比美國多嗎？

為什麼不能與美國「對賭」呢？中國在 1950 年就和美國在韓國

賭了一次，美國贏了嗎？越南在 1960-1970 年和美國又賭了一次，美國贏了嗎？美國在 2001-2021 年在中東打了 20 幾年仗，結果如何？2021 年 7 月被塔利班趕出了阿富汗，美國不羞愧嗎？美國人健忘，但全世界都會記得「美國錯得多離譜」！

他的「錯話」是說在他上任前，「人們談的都是中國如何偉大，美國是如何地衰落，但再也不是這樣了。」有什麼事實和數字可以證明過去 2 年多，美國力量在增加，中國力量在減少？是新冠疫情中國死的人數比美國多嗎？美國當前對中國的打壓和醜化，不正是對中國超越美國的恐懼嗎？美國對中國 5G 的抵制，對臺灣半導體的強取豪奪不是自己心虛的表現嗎？美國國內貧富差距減少了嗎？槍枝暴力、毒品氾濫緩和了嗎？基礎建設、教育改革，政黨惡鬥改善了嗎？

他的「謊話」是「美國一直做最好的事」，是指美國對全世界的監聽嗎？是以無人機屠殺平民嗎？是炸掉北溪油管嗎？是不斷散布假新聞，謊報俄烏戰爭的軍情嗎？是以國內法對其他國家經濟制裁嗎？是以武力威脅其他主權國家的安全嗎？是要把臺灣變成「豪豬」或「軍火庫」嗎？是想要摧毀臺灣的臺積電嗎？

### 國務卿布林肯

美國國務卿布林肯（Antony Blinken）於 2022 年 5 月 26 日在喬治華盛頓大學發表「美國對中國的政策」演說，要點為：

1. 美國對臺政策並未改變，仍信守「一個中國政策」承諾及「臺灣關係法」，中美三個「聯合公報」和「六項保證」，美國不支持臺獨，也反對任何一方改變現狀。

2. 美國沒有要遏制中國崛起，更不是要引發一場新的冷戰，但中國必須一起遵守及維護國際秩序。

3. 美國不會要求各國孤立中國，也不準備將世界劃分為僵化的意識型態集團。

4. 美國要維護的國際秩序，使中國取得了非凡的成就，中國是這個秩序最大的受益者。

5. 美國將提供臺灣防衛自己的能力，臺灣安全若受威脅，美國將依「臺灣關係法」行事。

6. 美國與中國的經濟無法脫鈎，但美國不會犧牲原則以換取合作。

7. 美國會增加競爭力，並與盟邦合作，來與中國進行競爭。

8. 美國的作法是要形塑中國的周邊環境，而不是意圖直接改變中國的政治體系。

9. 中國不斷進行軍事現代化，並想將軍事影響力投射到全世界。中國對內壓制，對外更強勢，現在世界局勢相當緊張。

10. 美國希望跟北京更直接交流，接下來的 10 年將相當關鍵，美國將透過各種資源與中國進行競爭。

布林肯最大的謊言就是：1.說美國的中國政策從未變過，變的是中國。2.指責中國破壞國際秩序。3.美國堅持要遵守以規則為基礎的國際秩序，但規則是美國的國內法。

布林肯指稱中國崛起受益於國際秩序提供的穩定和機遇，如今卻破壞現有的國際秩序。言外之意，是以犧牲美國的利益為代價。

美國對中國的抱怨是在掩飾真相和模糊焦點：

1. 冷戰後美國推動全球化是符合美國的利益，美國希望把全球化變成美國化。

2. 中國的崛起是對外開放，對內奮發圖強，不是靠對外擴張、

殖民和干涉他國內政。中國沒有威脅和霸凌任何國家，在支持聯合國和國際法上，中國的表現遠超過美國。中國以經濟開發與他國合作，從未以武力欺負弱小國家。中國對世界經濟的貢獻從 2013 年起，遠超過美國和西方主要工業國家（G7）的總和（35.8>25.7），中國有哪裡不負責任了？

3. 布林肯口口聲聲講以規則為基礎的國際秩序，但在規則不符合美國利益時，美國從不尊重國際秩序，美國自 1994 年以來從未接受聯合國通過的國際公約。美國 2003 年侵略伊拉克，竟否定其他國家主權並違反聯合國憲章對自衛權的規定，採取制先攻擊。反觀中國自 1971 年進入聯合國後，在遵守聯合國憲章、國際法和國際關係基本規則上，是紀錄最好的國家。美國對聯合國是合則用，不合則棄，是誰在破壞國際秩序，全世界都看得很清楚，不容布林肯隻手遮天。

4. 美國仇視中國是因為中國的強大，超出了美國的想像。但中國無意與美國為敵，雙方有許多共同的利益可以合作，和平相處，共享繁榮。美國擔心自己霸權地位不保，才會全力打壓和醜化中國。

5. 美國在臺海問題上，挑戰中國的主權和領土完整，甚至企圖以犧牲臺灣為代價來阻止中國和臺灣的統一。但美國有必要與中國發生戰爭嗎？這個選擇符合美國的重大利益嗎？

6. 若干美國人士的「反中」已近於失去理性，竟說出被中國「欺騙」了，被中國「利用」了，甚至被中國「強暴」了。事實上，雙方合則兩利，美國當年與中國建交是為了脫身越戰，共同對抗蘇聯的威脅，結果也有助於美國贏得了冷戰。美國當年並沒有因共產主義而排斥中國，也沒有以意識型態來看待中國，奈何如今在中國採取市場經濟，擁抱資本主

義，不以意識型態與世界交往之後，反而指責中國不符合美
國的期望呢？

7. 美國為了在臺海製造危機，刻意掏空「一中原則」，但「一
中原則」是美國與中國建交的基礎，是美國接受的條件，不
是中國強加給美國的。美國還堅持說其「一中政策」未變，
這不是謊言，什麼才是謊言？！

———— ● ————

　　布林肯在 2023 年 4 月 5 日「北約」外長會議後對媒體說，如中
國對臺灣採取行動導致的危機將對世界上每一個國家造成惡果，對全
球經濟帶來可怕的破壞性影響，並強調美國對臺灣的政策幾十年來都
是一致的，他又在公然恐嚇和說謊。臺海是區域性的問題，是美國與
中國之間的問題，他偏要危言聳聽，把它「國際化」要全世界「共襄
盛舉」為美國背書、撐腰，並把責任推給中國，好像中國要侵占美國
領土一樣。1972 年美國與中國簽訂上海公報，1979 年與中國建交公
報， 1987 年的軍售公報均確定美國的「一個中國」政策，如今不但
掏空「一中政策」，還以美國國內法「臺灣關係法」凌越三個公報，
居然謊言政策不變，美國有何誠信可言。他還說：「只要是公平的，
與中國競爭並沒有錯。」問題是美國是和中國公平競爭嗎？從 1950
年起到今日，美國對中國的圍堵從未停止過，這幾年，對中國的造
謠、抹黑、醜化、打壓不斷加碼，美國在霸凌中國，全世界看不到
嗎？！

### 國安顧問蘇利文
歐巴馬總統任內的國務院太平洋事務助理國務卿坎貝爾（Kurt

Campbell）和副國安顧問蘇利文（Jake Sullivan）在 2019 年 9-10 月號《外交事務》（Foreign Affairs）上曾發表一文「不會造成災難的競爭：美國如何同時挑戰並與中國共存」（Competition without catastrophe: How America can both challenge and coexist with China），可視為拜登政府對中國政策的一個基本方向。這二人在拜登政府分別擔任國安會印太事務協調官（近已升任副國務卿）和國安顧問。

這篇文章的要點：

1. 美中關係不是新冷戰。
2. 中國經濟力量強大，未來將領導全球。
3. 美對中應先競爭，再合作。
4. 美中可和平共存，但應有危機管控機制。
5. 認為川普政府對「華為」的作法，過於激烈和草率。
6. 美不應把自己的價值，作為外交上區別敵我的手段。
7. 美應重視同盟關係，並深化投資和善治。

在 2022 年 12 月 10 日蘇利文在「阿斯本安全論壇」（Aspen Security Forum）上演講的要點：

1. 中國在區域內與多國交惡。
2. 中國經濟被疫情拖累。
3. 中國的軟實力已不如過去。
4. 中國最不希望與美國敵對。
5. 中國希望有一定程度的可測性和穩定性。
6. 臺海有事不會是單一事件，將產生戰略與商業可怕後果，不符合任何一方的利益。
7. 美國在確保臺海和平穩定有壓倒性利益。

8. 對中國在太平洋地區的非法捕魚行動，美國將予以制裁（凍結在美資產、禁止入境和美國進行業務往來）。

蘇利文在 2019 年的文章成為拜登政府對中國戰略的主軸：「投資、結盟和競爭」，缺點是：1.經濟誘因不足，2.共同利益不同，3.競爭實力不夠，但不失為一個穩健的戰略。但在 2022 年 12 月 10 日的演講中，便開始走調了，增加了對中國的敵意，也多了一些謊言和栽贓。

1. 「中國在區域內與多國交惡」，這不是美國製造的嗎？「QUAD」、「AUKUS」、「IPEP」，哪一個不是針對中國？中國一向推動「睦鄰政策」對邊界 14 個國家、臨海 7 個國家，全力友善經營，只有美國的圍堵和打壓中國，才去拉幫結派，組織「抗中聯盟」。中國不會去威脅區域內的國家，區域內的國家也沒有必要與中國為敵，彼此只有經濟上的利益。習近平有句名言：「鄰居是搬不走的。」美國搬弄是非、挑撥離間，只怕白忙一場。

2. 「中國經濟被疫情拖累」，中國 2023 年經濟成長 5.2%，美國只有 2.5%、歐洲 0.6%，是誰被拖累了呢？他為什麼不說疫情重創美國呢？死了 100 多萬人，高居世界第一，美國不慚愧嗎？

3. 「中國的軟實力已不如過去」，中國沒有美國富裕、強大，也沒有話語權，從來沒有想過自己的軟實力，也無從與過去和現在如何比較的問題。但中國的歷史和文明是中國的底氣，美國無法與中國相比。中國的硬實力和影響力只有愈來愈大，軟實力也將水漲船高，日益增大。或許蘇利文未注意到一個訊息，2023 年初，美國下載的 APP，前四名均為中國

電商，分別是網購平臺 Temu，字節跳動的 Capcut 和 TikTok 及時尚網購平臺 Shein，第五名才是美國的 Facebook。為什麼美國要封殺中國的「抖音」（TikTok）呢？

4. 「中國最不希望與美國敵對」，問題是美國最希望與中國敵對，因為這是美國要主宰世界的最大阻力。他講這句話是意有所指，轉移焦點，暗示如果中國要與美國敵對，責任不在美國。

5. 「臺海是否有事」是美國的決定。臺海本無事，是美國在干涉中國的內政，阻止中國的統一，不尊重中國的主權和領土完整。全世界只有美國把臺灣當作自己的利益，但美國把臺灣問題國際化，大打認知戰，企圖拖世界下水。既然後果可怕，為什麼美國要賭上自己的國運，除了霸權和霸道，沒有其他的理由。

6. 「美國在臺海有壓倒性的利益」，能與中國的核心利益——主權和領土完整——相比嗎？為什麼美國的利益要大於他國的利益？為什麼美國可以不尊重其他國家的利益？

7. 「非法捕魚也要制裁」？如何判斷合法與非法？是由美國決定嗎？美國是世界上極少數不接受 1982 年國際海洋法公約的國家，美國一直在濫用「公海自由航行」和「無害通行權」侵犯其他國家的領海和經濟區。美國是最應該被制裁的國家。

蘇利文在 2023 年 11-12 月《外交事務》（Foreign Affairs）上，又發表「美國力量的來源：在變動世界中美國的外交政策」（The sources of American power: A foreign policy for a changed world）一文，要點為：

首先他指出美國的基本優勢巨大，但若干重要力量在萎縮。原因是對國際社會變化的反應不夠，以及川普對國際秩序的破壞。接著他說拜登政府的目標在重建美國實力，包括國內投資、擴大結盟和捍衛聯合國憲章。

他列出美國外交政策的重點：

1. 幫助弱小國家處理債務問題。
2. 重視全球衛生和防疫。
3. 健全國際組織。
4. 與中國「一帶一路」競爭。
5. 遏止中國侵略：美國有能力戰勝任何國家。在這部分，他列舉：

   (1) 中國在臺海和南海的軍事挑釁。
   (2) 俄國野蠻入侵烏克蘭。
   (3) 清除中東恐怖主義。他說美國對緩和中東衝突有貢獻。

對美中關係，他說：

1. 不尋求脫鉤，而是「去風險」和「多樣化」。
2. 與中國進行高風險的技術競爭。
3. 中國反對美國的「護欄」認為會助長競爭。

他也說：

1. 美中有根本不同的願景。
2. 美國尊重其他國家的主權和利益。
3. 美國樂見中國促成沙伊和解，也不反對在俄烏戰爭上勸和促談。

最後，他提出美國的「未盡事業」（up to us）：

1. 確保烏克蘭主權。
2. 強化臺海和平與穩定。
3. 推進中東一體化。
4. 遏止伊朗。
5. 實現美國軍事現代化。
6. 兌現對南方國家在發展上的承諾。

在文中，他有二句話，最令人不解，他說：「美國幫助其他國家變得更強大，將使美國更強大、更安全」，以及「盟友抱怨美國做得太少」。

同樣的，他這篇政策宣示有大話、有謊言，也有美國真正的意圖。首先就大話而言：

1. 「幫助弱小國家處理債務問題」

    (1) 美國是已開發中國家對外經濟援助最少的國家。
    (2) 美國自己債臺高築，應先處理自己的問題。
    (3) 美國濫用美元特權，實施掠奪性的資本主義是弱小國家債務的主要原因。

2. 「重視全球衛生和防疫」

    (1) 美國處理 COVID-19 的成績能作為其他國家的借鏡嗎？
    (2) 美國在戰爭中濫殺平民，造成的死傷和難民是對世界人民衛生和疫情最大的傷害。

其次就謊言而言：

1.「健全國際組織」

   (1) 自冷戰結束後，美國已自大到視國際組織為無物，「合之則用，不合則棄」，美國在聯合國是濫用否決權最多的國家。美國曾驅逐聯合國祕書長，拒絕繳納聯合國會費。自1994年之後，美國從未批准過聯合國的公約，美國聲明不能接受高於美國法律的規則。美國 2003 年侵略伊拉克公然違反聯合國憲章有關自衛權的規定。

   (2) 美國今日口口聲聲講的「以規則為基礎的國際秩序」，指的是美國的規則，不是國際組織的規則。

   (3) 請美國先恢復對聯合國憲章的尊重，再談如何健全國際組織。

2.「尊重其他國家的主權和利益」

   (1) 美國自 1898 年成為帝國主義後，從未尊重過其他國家的主權和利益。

   (2) 美國有紀錄的對外軍事干預 400 多次，美國學者在《美國侵略》一書中，指出全世界沒受到美國軍事介入的國家只有三個，這些被軍事介入國家的主權和利益在哪裡？

   (3) 在臺灣問題上，美國尊重中國的主權和利益嗎？！

3.「美國幫助其他國家變得更強大，將使美國更強大、更安全」

中國強大了，不是使美國更強大、更安全嗎？為什麼美國要全面打壓，是美國不再強大了嗎？不安全了嗎？這個邏輯請蘇利文解釋一下。

最後，美國真正的意圖，他也說的很明白：

1. 「遏止大國侵略」

　　(1) 先要講清楚是誰在侵略？美國對海外出兵 400 多次不是侵略是什麼？這個紀錄誰能和它相比？

　　(2) 誰在臺海、南海挑釁？誰在中國沿海軍機，軍艦不斷航行？

　　(3) 美國如何欺騙俄國又如何威脅俄國的安全，美國一手製造俄烏戰爭，倒過來說俄國野蠻，美國在中東打了 20 年仗，製造的混亂、傷亡和難民無法數計，難道還不夠野蠻？

　　(4) 中東如果有恐怖主義，不就是美國侵略、濫殺平民造成的嗎？美國要用什麼方式清除呢？要以包庇和縱容以色列繼續侵占巴勒斯坦人土地，違反戰爭罪的殺戮平民來消除嗎？

　　(5) 美國還好意思說對緩和中東衝突有貢獻，當前中東所有的「衝突」都是美國的「貢獻」！這又是天大的謊言！

　　(6) 遏止大國侵略，首先就是美國不再侵略。

　　(7) 美國為了維護自己的霸權，只有它自己可以侵略他人，當然不允許其他國家侵略。問題是，什麼是侵略，也要由它界定。

2. 「盟友抱怨美國做得太少」

　　這句話富有玄機，也是美國「偽善」的看家本領。其涵義有二，一是對盟友援助的太少，二是美國還不夠強勢。套用錢尼（Dick Cheney）的話，就是：「錢花的不夠多，打得不夠狠。」

★ |第七章| ★

# 美國與世界

## ● 一、世界看美國：想像多於真實

對多數世界人民而言，美國是想像多於真實，或許大多數人沒親自見到美國也沒有機會到美國一遊，但對美國仍然很有興趣。有人認為美國是美麗的，也有人認為美國是醜惡的，有人羨慕美國，也有人討厭美國。

美國人又如何看待世界呢？一般來說，美國人不太了解外在的世界，也不太關心世界的事，美國人有護照的只有 14%。[1]美國人對外在世界興趣不大是有原因的，一是地理上，美國在大西洋和太平洋之間，南北只有兩個鄰國——加拿大和墨西哥。美國從建國以來幾乎沒有受到外來的威脅和入侵，唯一的例外是 2001 年的九一一事件，受到恐怖分子的自殺式攻擊。二是美國地大物博、富裕自足，如作為一個正常國家，足可不依賴外來資源。美國是個移民國家，是民族的大熔爐，對其他國家和民族並不好奇。相反的，由於美國的富足和強大，反而養成內向、偏狹和自我中心的心態。凡事，以美國的歷史、傳統和價值來看待世界，認為世界應該和美國一樣，否則便是落後、愚昧和無知。加上美國是一個種族主義的國家對非白人歧視，以及美國本身的成功和成就，往往以不平等對待其他的國家。

美國從十九世紀末期成為帝國主義，二十世紀兩次世界大戰，美國均以戰勝國主導世界的權力結構。1990 年蘇聯解體，美國贏得冷戰，成為世界單一超強，自認「大美盛世」或「大美和平」可垂諸永遠，在志得意滿之餘，更不在意其他國家對它的看法。因為美國已認定它已擁有和統治這個世界，它決心不允許任何國家挑戰美國的權威

---

1　Rudy Mara, "The Savvy Traveler," (2001.4.13). Cited in Mark Hertsgaard, The Eagle's Shadow: Why America Fascinates and Infuriates the World (New York: Picador, 2002), p.10.

和地位。

　　但美國這個空前的優勢地位在二十一世紀不到 20 年的時間便已動搖，三件大事改變了美國，也改變了世界對美國的看法。分別是 2001 年的九一一事件、2008 年的美國金融風暴，以及 2020-2022 年的新冠疫情重創美國，美國死亡的人數比例高居世界第一，代表了美國政府的無能和社會的失序，美國在世界上的聲望已大幅滑落。

　　美國過去不太注意世界對美國的觀感是因為沒有這個必要，身為世界上最富有、最強大的國家，美國認為它可以為所欲為，這是美國的神話，也是美國的幻想。自第二次世界大戰以後，除了 1999 年的波斯灣戰爭，美國以絕對優勢的兵力，速戰速決打敗伊拉克之外，幾乎在其他所有重大的戰爭中沒有打過勝仗。例如 1950 年初期的韓戰，美國打贏了嗎？1960-1970 年代的越戰，美國慘敗，加上 1970 年代中東石油國家的禁運，1979 年伊朗綁架美國人質事件，美國都是灰頭土臉，認賠了事。美國自我吹噓的無所不能，業已禁不起考驗。

　　問題是美國不但是表裡不一，而且還十分健忘。或許這也是美國人的一個優點，天生樂觀、永遠向前看。美國人認為過去的錯誤可以用未來的成功來彌補，甚至美國還會自我解嘲，說美國夠強大，可以容忍犯錯的空間，但美國太過自負，不會認真檢討自己所犯的錯誤，甚至承認了錯誤又很快忘記。例如在韓戰失利之後，美國聯參主席布萊德雷（Omar Bradley）曾說韓戰是「錯誤的時間、錯誤的地點、錯誤的敵人和錯誤的戰爭」。[2]但 10 年之後又在越南打了一場更大錯誤

---

2　Cited in Niall Ferguson, Colossus: The Rise and Fall of the American Empire (New York: Penguin, 2004).

的敗仗，事後國防部長麥納馬拉（Robert McNamara）說美國失敗是未能了解民族主義勝過共產主義的原因。接著美國於 2001-2021 年在中東又打了 20 年勞而無功的戰爭，最後恥辱的退出，能看出美國記取了什麼教訓嗎？

美國始終不了解民族主義的意義和力量，低估一個民族為了保家衛國不惜犧牲和代價的精神和意志。一位中東學者說美國在和萬有引力對抗，當然必敗無疑。美國拜登政府常警告其他國家不要和美國對賭，因為不會有勝算。問題是自二戰結束後，美國打仗的勝算有多少？美國只會欺負、霸凌弱小國家，沾沾自喜，認為攻無不克、戰無不勝。事實上，自越戰慘敗後，美國已不敢派軍隊出國打仗。前國防部長蓋茨（Robert Gates）曾說，今後如有美國軍事首長還想派軍到他國打仗，一定是頭腦出了問題。川普政府第一任的國防部長馬提斯（James Mattis），因為擔心美國和北韓打仗，經常晚上去教堂禱告不要發生戰爭。雷根總統時代大力建軍並企圖建立衛星防禦體系，但在其任內只派兵攻打一個加勒比海沒有軍隊的小國格瑞那達（Grenada），目的只是因在黎巴嫩首都貝魯特美軍機場被襲擊，死傷近 300 人，為挽回面子的一個象徵性的行動而已。

美國是一個複雜和難以描述的國家。它過於自大、自滿和自戀，聽不進，也不會接受世界對它的批評，但它對世界的影響又非常大。一位埃及的媒體人說，美國的選舉應開放給外國人投票，因為美國政府的政策會影響全世界。雖然這是一個笑話，但也反映了外國人對美國的期望和焦慮。[3]

---

3　Abdel Monem Said Aly, director of the Al-Ahram Center for Political and Strategic Studies. Cited in Mark Hertsgaard, ibid., p.22.

## ● 二、美國的理念和成就

基本上，美國是一個令許多人羨慕的國家，美國是一個富裕、有冒險精神，充滿了活力和想像力的國家。美國的工業化、資本主義和民主制度三位一體，在建國 100 多年後成為世界強國，再過 100 年成為世界強權。在 1945-1973 年間，美國的基建、石油、汽車、製造業、電視、電影、產業成為全世界的標竿，影響無所不在。

美國人是工作狂，認為時間就是金錢，這是清教徒的工作倫理。早期在美國大陸拓展的時代，主要的目的是淘金、發財，到美國的移民也是如此。美國人喜歡使用武力也與金錢有關，美國人鼓勵創業，白手成家是美德！有了錢炫富是因為錢是自己賺的，不是靠繼承得來，這點和歐洲人不一樣，美國社會流動性大，也與工作勤奮有關，與努力賺錢有關。美國人喜歡競爭，也鼓勵競爭，早期的重商主義和以後的企業發展息息相關，在美國這是正道。

美國的實用主義哲學可稱之為美國唯一的本土哲學，其中最具體的意義便是不賺錢，人有何用？1907 年詹姆斯（William James）寫的《實用主義》（Pragmatism）在美國風靡一時。美國商業的精髓是推銷（salesmanship），為了推銷產品，廣告公關和市場連成一體，美國知名的作家米勒（Arthur Miller）所寫的《推銷員之死》（Death of a Salesman）成為暢銷書。

在這種環境之下，帶動美國的科技發展，在十九世紀美國出現了幾個大發明家，如 1807 年的富爾敦（Robert Fulton）的氣船（steam boat）、1834 年麥考密克（Cyrus McCormick）的收割機（reaper）、1836 年迪爾（John Deere）的鋼犁（steel plow）、1844 年摩斯（Samuel F. B. Morse）的電報（telegraph）、1876 年貝爾（Alexander Graham

Bell）的電話（telephone）和 1879 年愛迪生（Thomas Edison）的電燈（electric lamp）。

到了二十世紀，萊特兄弟（William and Orville Wight）在 1903 年製造成飛機。1911 年泰勒（Frederick Taylor）發明了生產線（assembly line），使福特（Henry Fore）成為汽車大王，接著陸續發明的收音機、電視、電影、塑膠、抗生素、X 光、核能等，使美國成為生產科技大國，提升人民的生活品質，加強外銷，成為現代化文明的典範。

1969 年美國登陸月球成功，為美國科技領先世界的頂峰，接著在衛星、計算機、電子科技、遺傳學、生化醫學等方面的進步，使美國更加卓越。1990 年代的矽谷（Silicon Valley）已成為美國的商標，比爾蓋茨（Bill Gates）成為世界的偶像。[4]

說起來很諷刺，為什麼美國這麼宗教性強烈的國家會在科技上有這麼大的成就？新教徒的倫理是反對致富的，他們有一個諺語，富人進入天堂比駱駝穿過針孔還要困難，但在美國賺錢致富發展科學卻和宗教信仰並行不悖。通常在工業先進國家，宗教影響力會下降，但美國卻不是如此。在西方國家中，美國迄今仍是宗教信仰最強烈的國家，估計信仰上帝的人占 94%，其中 85% 是基督徒，在基督徒中又有 50% 為「再生教徒」（born again Christians）。[5]美國是世界上宗教圖書最大的市場，曾經也是教堂最多的國家，但如今已被槍枝店和購物中心取代。

美國在立國時，先賢們有鑒於歐洲的宗教戰爭頻繁，決定採取政

---

4　Mark Hertsgaard, pp.122-124.
5　Ibid., p.125.

教分離和完全的宗教自由。在美國所有的宗教財產都是免稅的，在每種錢幣上都有「我們信仰上帝」（In God We Trust）的座右銘。在1999 年英國名著《哈利波特》（Harry Porter）流行之際，美國教會曾主張禁止，因為他們認為其中有些「撒旦的內容」（Satanist content）。[6]由於政教分離，學校本不准「禱告」（prayer），但換個名稱「片刻安靜」（a moment of silence）便可通融。小布希總統便是一位「再生」的宗教信徒，基督教右派在美國南部勢力非常龐大，如今成為共和黨的主要支持者。

　　基督教教義對美國人民的心態影響極大，他們認為自己的成就是因為努力工作。美國人不太同情窮人，因為那是他們自己的錯，富有是得到上帝的恩寵，貧窮是失去了上帝的恩寵。新教徒受喀爾文（Calvin）教派影響很大，他們認為對上帝堅定的信仰是得到永生的唯一途徑。美國是一個在宗教上非常包容的國家，據說美國有37,000 個不同的宗教信仰，但沒有宗教戰爭，也沒有宗教迫害。[7]

　　美國有一個笑話形容老布希和小布希父子，「他們是生在三壘，但認為他們打了一個三壘安打」，嘲笑他們父子生來幸運，但自認是自己努力奮鬥有成。[8]

6　Beverly Becker of the American Library Association, www.education-world.com. Cited in ibid., p.127.

7　Diana L. Eck, A New Religious America: How a "Christian Country" Has Become the World's Most Religiously Diverse Nation (San Francisco: Harper San Francisco, 2001).

8　Ibid., p.129.

## 三、美國的變化：從機會之土變成投機之國

最能代表美國社會的小說是《綠野仙蹤》（The Wizard of Oz），這部 1939 年改編成為電影和電視的小說幾乎是美國人從小到大必看，而且一看再看的作品。這部電影適合各種年紀，不分種族和階級。它能歷久不衰是它的內容代表了美國的基本國家信仰，代表一顆年輕的心，雖然有時天真，但永遠樂觀正向，追求好的結果。對年輕人來說，這是一個幫助你成長的過程；對大人而言，有幽默、幻想、挑戰和道德目標。劇中角色代表了美國各行各業的人，比如農民、工人、士兵、資本家和地主；主題是相信自己，忠於朋友，堅持做對的事，一切便會更好。這部片子也有深刻的政治意涵，鼓勵在大蕭條的時代，人們應追求屬於他們更好的生活，敢於築夢，夢想就會實現。[9]

對外國人而言，美國是一個什麼都有可能發生的地方。為什麼外國人想盡辦法要去美國，因為美國的條件比他們自己國家的條件好太多了，即使批評美國的人也不代表他們不想去美國。對移民來說，到美國的確可以改善他們的生活，美國代表機會和希望，移民即使多辛苦一些，也可投資在下一代身上。在 2000 年代，墨西哥的移民平均一年寄回祖國 93 億美元，他們在美國平均每週只賺 100 美元，在只有一個床的公寓中住 4 個人，他們這麼辛苦只希望他們的家人能夠過較好的日子。[10]

美國也是一個貧富不均的社會，89%的股票為最富有的 10%的人擁有。1999 年比爾蓋茨一個人的財富是美國底層 40% 人財富的總

---

9　　Mark Hertsgaard, pp.132-135.
10　Ibid., pp.135-137.

和。[11]1990 年代末期時，美國工人實質的所得比 1973 年時還少，美國的中產階級在萎縮。40%的兒童生活在貧窮線上。美國當時對貧窮的定義是 4 口之家一年收入為 16,400 美元。[12]英國媒體人柯恩（David Cohen）說，美國的貧富差距不但嚴重，而且日益加劇。他說美國政府不是沒有能力去處理這一個問題，只是沒有意願而已。[13]

2001 年美國爆發安隆（Enron）事件，一個名列美國第七大的能源和電訊公司，營業額達 1,010 億美元，號稱美國最大僱主（員工 21,000 人）的公司竟然宣布破產，客戶損失達 250-500 億美元，造成加州電力公司 500 億美元的損失。事發之前，該公司高層主管已掏空公司資產，在破產之前已 4 年未付所得稅。在 1995 年一年，大公司的逃稅竟高達 1.95 億美元，主要原因是政策鬆綁。自雷根政府以來，小布希和柯林頓總統都採取放寬管制，減少社會福利支出，對大企業減稅的政策。「雷根經濟學」是相信供給側的減稅，認為如此可鼓勵企業投資，但結果反而鼓勵企業合併（1980 年代為 1970 年代的 4 倍），失去的稅收造成政府預算的赤字不斷增加，雷根時代已經創下歷史的新高。[14]

在 1980 年代美國最低收入 1/5 的人口的收入減少了 11.6%，最高收入的 1/5 人口的收入增加了 20%。[15]除了「雷根經濟學」的原因之外，全球化使美國的製造業失去競爭力，造成美國企業不得不壓低

11　Thomas Frank, One Market Under God: Extreme Capitalism, Market Populism, and the End of Economic Democracy (New York: Anchor, 2000), pp.12, 96-97.

12　Doug Henwood, "Spreading the wealth," The Nation (2002.1.8-15).

13　David Cohen, Chasing the Red, White, and Blue: A Journey in Tocqueville's Footsteps Through Contemporary America (New York: Picador, 2001).

14　Mark Hertsgaard, p.141.

15　Ibid., p.142.

工資，否則便威脅要出走，但雷根堅持不干預市場，無法阻止這種趨勢。

雷根認為以政府經費補助窮人是浪費的和不道德的。他喜歡講一個故事，說一位福利皇后開輛凱迪拉克汽車到雜貨店，以政府食物券買了一瓶酒，快樂的開走後喝醉了。[16]這是他捏造的故事，但代表的意義是他多麼堅持他的理念，他堅持政府是社會的病源，他常說美國最大的笑話是：「我來自政府，我能為你做什麼？」他堅持市場是最好的解方，只要讓市場自由運作，每個人都會得利，變得更好。[17]投資專家索羅斯（George Soros）說，美國市場基本教義派和美國最討厭的伊斯蘭基本教義派是一樣的固執和主張無所不包。[18]雷根上任半年內做了三件大事：一、大砍政府社會福利支出，二、減少所得稅10%，三、大量增加軍費，4年內增加軍費一倍以上。[19]

在美國，「社會階級」是個禁忌，美國人認為美國根本不存在這個問題。新聞評論者科爾克（Andy Kolker）卻說美國是一個分離（divided）的國家，不但有種族的分離，也有階級的分離。美國不承認有社會階級是因為認為美國是一個中產階級的國家。大多數美國人認為美國的成功是美國天生就有這種條件和機會。儘管人人平等，社會流動性和美國夢都是神話，但美國人相信這些神話。[20]這些神話也定義了美國人是什麼人，只能說明美國人太陶醉在資本主義的成就上了。

美國以自由放任主義主宰資本主義，使得資本主義變成掠奪式

---

16 Ibid., p.142.
17 Ibid., p.144.
18 Ibid.
19 Ibid.
20 Ibid., pp.148-150.

的、狗咬狗式的制度。1980-1990 年代，這種無法約束的市場力量已高於一切的社會價值，結果造成對基礎建設、公共衛生和健康、教育、就業和社會流動力的流失，不斷升高貧富差距，擴大貧窮人口，甚至造成許多無家可歸的遊民。美國當前面對中國的挑戰，聲言為了國家安全，寧可犧牲經濟的成長，難道不可緩和一些經濟的成長來促成社會的平等，多照顧一些弱勢人民嗎？外在的威脅真的比國內的危機嚴重嗎？這不是本末倒置嗎？

　　2008 年美國的金融風暴幾乎造成美國經濟的崩解，2010 年歐洲的金融危機也嚴重傷害了若干國家的經濟，如希臘、義大利、冰島和愛爾蘭，南歐的國家幾無一倖免。這種經濟上的災難大為扭曲了美國的「世界新秩序」，也減弱了美國的政治影響力。

　　2000-2007 年是全球經濟最繁榮的時代，全球 GDP 從 36 兆美元上升到 70 兆美元，但這一榮景卻幾乎在一夜之間變成災難。美國政府要負最大的責任，因為它放任美國的金融業（銀行為主）把服務業變成投機者斂財的工具，允許以擴大信用貸款，並以衍生性商品來賺取暴利。衍生性商品市場最高的時間超過百兆美元，雷曼兄弟（Lehman Brothers）公司因為大到不能倒，所以才會爆發銀行信用破產。這個問題不是一天造成的，是美國政府長期放任金融界的不務正業。這個現象能夠長期存在是美國政府、國會和金融業共同創造出來的，因為大家都會得到好處。在 1985 年前，金融界的年獲利不超過 16%，但到了 2007 年已達到了 181%。在 1980-2007 年之間，美國最有錢的 0.1% 的人的所得成長為 700%。「信用違約交換」（CDS，即證券化包裹，把違約保險打包，賣給投資人）的市場總值

從 2001 年的 9,200 億美元衝高到 2007 年的 62 兆美元。[21]

美國聯儲會主席葛林斯潘（Alan Greenspan）說，2008 年金融風暴是百年一見的大災難，但他本人難辭其咎，美國政府所有主管財經官員都應為此事負責，因為他們放任和包庇金融業幾乎無限制的槓桿化，把退休基金和住宅貸款抵押都變成了衍生性商品。國會議員被金融界收買，通過對他們有利的法律，金融界有恃無恐，才敢愈來愈大膽。從美國的金融風暴可以證明美式的資本主義不是重視財富的公平分配，而是贏者通吃。

柯林頓卸任時留下 2,560 億美元的預算盈餘，但到了 2007 年時美國的財政赤字已達 7 兆美元，2012 年又增高為 15 兆美元，2021 年已超過 30 兆美元。美國到全世界去找「大規模毀滅性武器」（WMD），但真正的大規模毀滅性武器卻在美國內部，美國資本主義最大的敵人就是自己。

從 2001 年的安隆事件到 2008 年的金融風暴，已充分證明美國放任性資本主義政策的弊端。美國如不懸崖勒馬，必將自食其果，害人害己，禍及全球。

## ● 四、美國民主的倒退：金權政治和選舉舞弊

許多人對 2000 年小布希的當選總統有些疑惑，一、小布希在選票上輸給高爾 50 多萬票；二、佛羅里達州計算有問題，有嚴重缺失；三、選舉結果由聯邦最高法院判定小布希勝出，大法官多數為共

---

21　John Lanchester, Whoops! Why Everyone Owes Everyone and No One Can Pay (New York: Penguin, 2010).

和黨提名的保守派人士，並有違反利益迴避的嫌疑。小布希之當選被認為不合法，成為笑柄，落實了美國選舉制度之不合理和政治的腐敗。2000 年大選到底是笑話還是舞弊，一般認為小布希偷了選舉，這是不是美國政治制度的敗壞？[22]

2000 年的大選結果的確是疑點甚多，例如：

1. 由於佛羅里達州選票計算有誤，遲遲不能公布得票結果，在當天晚間新聞先播出高爾當選，又說無法判斷輸贏，最後到清晨 2 點 16 分由右派的福斯（Fox）電視宣布小布希勝出。小布希的侄子艾利斯（John Ellis）說，根據「出口民調」（exit poll）判斷小布希當選，但佛羅里達州遲遲不肯公布選舉結果。

2. 由於佛羅里達州州務卿哈里斯（Katherine Harris）是小布希在佛州競選總部的共同主席，堅決反對重新計票，她認為人工計票易生錯誤，同時要求高爾承認敗選，以免影響國家安定。

3. 由於計票有問題的選區是 Palm Beach County，有 8,000 多張選票，遠超過小布希領先的 537 張選票。另一參選人布坎南（Pat Buchanan）在電視上說該選區選票多數不屬於他，但他被共和黨人猛烈攻擊後不再多說。

4. 選後發現佛羅里達州先取消了不少黑人的投票權，甚至在投票時發現名字不在名冊上，還有人被阻擋投票。由於高爾在佛州得到黑人的選票高達 93%，估計有 54,000-60,000 票未出現在選票上。

---

22　有關 2000 年小布希和高爾的選舉糾紛與經過，見 Mark Hertsgaard 書中第八章「美國民主的悲劇」（The Tragedy of American Democracy），pp.153-174.

5. 在聯邦法院 9 名大法官中，有 3 人與小布希有利益衝突問
   題，應予迴避，但沒有迴避，他們是芮恩奎斯特（William
   Rehnquist）、托馬斯（Clarence Thomas）和史卡利亞
   （Antonin Scalia）。在以 5＞4 判定小布希勝出後，大法官史
   卡利亞說明大法官們不能接受重新計票的理由是不利於新總
   統當選的正當性。

結果，高爾以尊重大法官解釋和以維護國家安定為理由宣布承認
敗選，結束了這一僵局。一年後一個由媒體和專業人士組成的調查團
宣布當時大法官並沒有投下決定勝負的關鍵票，他們認為小布希業已
以些微差距贏得選舉。這一說明並不公平，因為在 175,010 張未計算
的選票中，應包括 60,000 張應重計選票。黑人被排除的選票也未提
及，這一報告在九一一事件後 2 個月公布，用意在說明總統選對了
人，一切到此為止。

2000 年的大選，投票率只有 51%，扣掉另外兩位參選人布坎南
（Pat Buchanan）和納德（Ralph Nader）拿了 3%選票，小布希和高
爾各拿到的選票不到 25%。美國總統選舉投票率過低，在世界排名
為第 114 名，平均只有 48.3%，其他國家平均在 60%左右。美國一
位作家海托爾（Jim Hightower）寫了一本書《如果上帝要我們去投
票，祂應給我們好的候選人》（If the Gods Had Meant Us to Vote,
They'd Have Given Us Candidates），有夠諷刺！[23]

2000 年的選舉另一個問題出在選民普遍認為兩位主要參選人沒
有什麼不同，唯一不同的只是募款能力。2000 年大選小布希募了

---

23　Jim Hightower, If the Gods Had Meant Us to Vote They Would Have Given Us
　　Candidates (New York: Harper Collins, 2001).

1.91 億美元，高爾只有 1,330 萬美元，高下立判。美國的選舉是由富人決定，因為 4%最有錢的人幾乎提供了所有的競選經費，傳統上工會也是募款的主要對象，但大企業捐款是工會的 7 倍。既然參選人的政策都是偏向大企業，選民認為就由大企業決定好了，投不投票都不重要了。[24]

在這種情況下，國會議員的選舉對現任者爭取連任十分有利，他們通常募款的能力為新人的 10 倍，連任的比例高達 98-99%。有人說國會議員死在任上的比落選的多。現任者連任和選區劃分也有關，在他們選區的劃分或調整，現任者有較大的發言權，在選舉過程中和媒體的效應也對現任者有利。

美國的政黨幾乎沒有左派的空間，民主黨和共和黨只是名稱不同，在本質上都是右派政黨。在傳統上，民主黨被認為是偏左，較重視平等和弱勢族群，支持大政府；共和黨被認為偏右，較重視自由和大企業，支持小政府。但在選舉中均需要財團支持，提出的政見大同小異，所以美國人會問到為什麼有錢的人需要兩個政黨？

在兩大黨夾殺和輪流執政下，第三黨幾乎沒有生存的空間，但民主、共和兩黨愈來愈接近，和人民的距離也愈來愈遠。在 1999 年時，有 38%的選民自認不屬於任何一黨。[25]2002 年為了想擺脫安隆弊案的陰影，小布希說他要鼓勵大企業多負起社會責任，當場被群眾嗤之以鼻，說他在講笑話。

為減少政黨被財團綁架的形象，2002 年國會曾通過法案

---

24　Charles Lewis and the Center for Public Integrity, The Buying of the President 2000 (New York: Avon, 2000).

25　Mark Hertsgaard, p.172.

（McCain-Feingold Act），企圖限制財團的捐款，但效果不彰。此外，一些主張如公費選舉、二輪投票過半選票才能當選，擴大參與機制和限制廣告費用等，但終究有聲無影，沒有下文。[26]

美國人經常自誇是一個有自我改正機制的國家，但如今愈來愈多的人認為美國業已背離了林肯總統的民有、民治、民享的理念。或許一如經濟學者史提格里茲（Joseph Stiglitz）所說，今日的美國只剩下1%的民有、民治和民享了。[27]

## ● 五、美國的軟實力：「文化超級帝國主義」

儘管在世界上不少人批評美國，討厭美國，甚至仇視美國，但世界的美國化也是事實。在世界任何地方，很難看不到美國的形象和影響力，甚至有些地方，猶如置身美國沒有兩樣。

全球化就是美國化，美國以自由主義的市場經濟向全世界推廣，即使為了美國的利益，也使許多國家受益。批評全球化的說法是破壞了當地文化、物質主義氾濫破壞了社會風氣以及造成了經濟上的不平等。但從正面上來說，加速了國家的現代化，與世界接軌擴大了視野，提高了不少人的生活水準。事實上，全球化已深入最窮困的地方，無論如何，是好是壞，美國已把世界徹底的美國化了。

以日本為例，日本是個非常保守、重視自己文化和價值，團體意識很強的國家，但世界上，沒有任何國家比日本更熱心「複製」美

---

26　Ibid., p.173.

27　Joseph E. Stiglitz, The Price of Inequality: How Today's Divided Society Endangers Our Future (New York: Norton, 2012).

國，也可說是最徹底美國化的國家。這與二戰後美國占領日本，麥克阿瑟高壓統治日本有關，麥帥讓日本人承認要為自己的戰敗負責，並徹底讓日本去軍事化，並在經濟上扶持日本重建和壯大。由於韓戰和越戰，日本成為美國在西太平洋最重要的基地和補給站，並使日本快速崛起成為僅次於美國的世界第二大經濟體，直到 2010 年被中國超越和取代。即使在冷戰高峰時期，美國有意要重新武裝日本，也被日本拒絕，日本似乎樂意在美國保護之下，做一個經濟大國，在文化上，日本和美國已愈來愈接近。

在全球化過程中，美國的軟實力居功厥偉，滲透力既廣又深，美國透過市場和螢幕把消費、市場、溝通成為一體化。美國的電視、電影和 MTV 對年輕人最具吸引力，加上體育、速食、飲料和時尚成為全世界共同的喜好，例如麥可傑克森（Michael Jackson）和瑪丹娜（Madonna）以及當前的泰勒絲（Taylor Swift）成為全球的偶像。以MTV 為例，1998 年在全球 83 個國家中有 2 億 7,350 萬戶使用，85%的年輕人每日觀看。紐約廣告界創造了一個名詞「新世界年輕人」（New World Teen），聲稱為歷史上最大的機會市場。[28]

根據麥克切斯尼（Robert W. McChesney）在其《Rich Media, Poor Democracy》一書中統計，在 1990 年代末期，美國電影、音樂和電視產業的收入，50-70%來自出口外銷。[29]根據巴勃（Benjamin Barber）的估計，1998 年美國電影壟斷歐洲前 10 名的票房紀錄，在法國占 60%，在英國占 95%，在亞洲、非洲、拉丁美洲也有類似的

---

28　Naomi Klein, No Logo: Taking Aim at the Brand Bullies (New York: Picador, 1999).

29　Robert W. McChesney, Rich Media, Poor Democracy: Communication Politics in Dubious Times (New York: New Press, 2000).

紀錄。[30]歐盟曾企圖限制美國的節目在 50%以下，但被業者強烈反對，未能成功。有人稱，如今歐洲人對美國熟悉的程度已超過對歐洲自己。

最足以代表美國軟實力的是麥當勞（McDonald），美國人平均一週吃 3 個漢堡，麥當勞一年賣出 380 億個漢堡，占美國三明治的 60%，1/10 的美國人在速食店工作，7%的美國人第一個工作在麥當勞，麥當勞平均賣給全世界每一個人 12 個漢堡。[31]

這是美國的全球文化（McDonaldization），任何當地的文化都不可能和它競爭，他們為了生存，還必須要學習，甚至模仿做出一些自己的品牌，但基本上還是麥當勞的方式，如貝魯特的 Juicy Burger、俄國的 Russkoye Bistro。[32]

英國把這種現象稱之為「看不見的入侵」（invisible inclusion），1995 年曾指控麥當勞虐待童工、廣告不實、低薪、違反工會等，提出訴訟稱之為「麥當勞毀謗」（McLibel trial），審判長達兩年半，造成一股巨大的反麥當勞運動。[33]法國在 1999 年也發生反麥當勞運動，並出版一本暢銷書（Jose Bove, The World Is Not for Sale: Farmers Against Junk Food, 2001）指出美國文化在世界上已污名化。[34]

澳大利亞作家韋特海姆（Margaret Wertheim）稱美國文化已成為

---

30　Benjamin r. Barber, Jihad vs. McWorld: Terrorism's Challenge to Democracy (New York: Ballantine, 2001).

31　Ziauddin Sardar and Merryl Wyn Davies, Why Do People Hate America? (New York: Disinformation, 2002), pp.114-115.

32　George Ritzer, "Obscene from any angle: Fast food, credit cards, casinos and consumers," Third Text (2000 Summer), pp.17-28. Cited in ibid., pp.114-116.

33　Ibid., p.116.

34　Ibid., p.117.

病毒（virus）。她說如果連高度發達的英國、法國、澳大利亞為了保存自己的文化都反對美國的文化入侵，其他感受到威脅的開發中國家又如何能不起而反抗呢？[35] 美國的漢堡文化被視為消滅第三世界的文化。被毀滅的不只是文化，而且還包括民族認同。這種「不正當的權力」（obscene power）置當地文化有如進入「魔掌」（vice-like grip）。[36]

美國的文化入侵，加上美國的價值——民主、自由、人權——使當地文化，即使不被消滅，也會被邊緣化。這種文化上的「自由貿易」是單行道，只有美國輸出到外國，沒有他國能夠國輸出到美國。

但這種「文化超帝國主義」（culture hyper-imperialism）會產生對美國極深的仇恨，包括在美國認為親密的盟國中，當世界其他國家在美國文化壓力下被窒息的情況中，美國卻完全不受該國文化的影響。這正是為什麼美國人民不能想像他們招致的憤怒和仇恨程度。在這種情況下，美國人民反而會成為「文化超級帝國」之下的犧牲者。

美國人民太少了解世界上還有其他文化的選擇，太少知道其他國家人民的想法，他們只知道照自己的方式生活。有的時候，無知可能是好事，但九一一事件後，美國人民不得不嚴肅面對一個他們不太了解的這個世界了。

35　Margaret Wertheim, personal e-mail interview with the authors (2001.12.12). Cited in ibid., pp.117-120.

36　Ibid., p.121.

## ● 六、「為什麼他們仇恨我們？」

2001 年九一一事件後，小布希總統第一時間的反應是：「為什麼他們仇恨我們？」（Why do they hate us?）一時間，朝野上下異口同聲，幾乎成為全國共同的心聲。

2002 年 4 月，一位英國長期報導中東問題的資深記者，在美國演講時說：「關於九一一事件，大家問到底是誰幹的，為什麼不問為什麼呢？」這是在過去一年間，第一次有人提出這一個問題，令人震驚的是竟然有許多人認同他的說法，不再相信美國政府的說法，認為政府在說謊，他們被騙了。他們開始問到：「為什麼我們的媒體未能公平報導中東問題？」以及「如何使我們的政府能反映我們的看法？」一些退伍軍人說：「當我們在電視上看到我們的飛機和坦克在攻擊巴勒斯坦人時，我們能了解為什麼他們會仇恨我們美國人。」[37]

九一一事件後，一位媒體人指出：「仇恨我們的人是來自一個我們不知道和不了解以及從未重視過的文化。」他說：「這種仇恨與其他仇恨不同，我們自己也有仇恨的人，他們攻擊黑人、同性戀者、天主教人和猶太人。但這種仇恨是針對所有美國人，因為這種充滿了憤怒的仇恨是經過計算爆發出來的，無論代價有多大，他們都要做。」[38]

但多數美國人民對美國的政策和美國文化對世界的影響是不了解的，更多的美國人民相信美國是不會做不好的事。根據 2001 年 12 月的一份民調，非美國人有 58%認為美國的政策是造成反美的主要

---

37　Robert Fisk, "Fear and learning in America," The Independent (2002.4.17). Cited in Sardar and Davies, p.6.

38　Beverley Beckham, Boston Globe (2001.9.21), p.35. Cited in ibid., p.8.

原因，但只有 18% 的美國人認為是美國的錯。此外，90% 的美國人認為美國的力量和富裕是不受歡迎的原因，但非美國人一面倒的認為世界的貧富差距是美國一手造成的。[39]

為什麼美國人的認知和世界相差這麼大？為什麼認為自己無辜和自以正義感對美國人的自我形象如此深刻？這與美國建國的神話和歷史論述有關。美國有獨特的理念，對與世界的關係有不同的想法，美國把自己的理念過於理想化，在目的和手段上造成反常的、殘暴的和破壞性的結果。把美國的理念當作世界的未來是對其他人民的否定，只能逼使世界其他人民和美國愈來愈遠。

沒有任何國家比美國的社會更開放，有更多的資源去學習、去成長、去表達意見，但這種巨大的結構——媒體——基本上是內向和內銷的（inward looking and self-absorbed）。透過媒體，主要是電視和電影，形塑美國人的意識和觀點，說美國的媒體使美國人民的視野日益狹隘，只關心自己和對世界的無知，並不為過。這是美國和世界之間最大的問題。

九一一事件重創美國人民的心理，他們動員整個國家體系去尋找答案，發現美國與世界的關係中有一個「知識上的無知」（knowledgeable ignorance），意思是認為自己知道，但事實上是不知道。用來形容美國對伊斯蘭（Islam）和穆斯林（Muslim）的關係尤其貼切，事實上是對非西方或「東方主義」（orientalism）的無知。[40]

---

39  "US policy played significant role in terror attack," International Herald Tribune (2001.12.20). Cited in ibid., p.10.

40  Ibid., p.12.

對美國來說，它一向是以自己的理念和歷史來看世界，以自己的價值來衡量世界，並對其他文明以自己的標準來區別善惡。由於完全是基於自己的利益必然會產生雙重標準。但非西方的文明也是以自己的條件——經驗、價值和理念——回應和發展的。如果美國不知道非西方的文明如何看待自己，是不可能相互瞭解的。

在九一一事件後，美國創造了一個「邪惡軸心」（axis of evil）的名詞來形容它的敵人，這是一種「絕對主義」（absolutism），是製造災難的方式。對一個日益連結的世界是破壞性的；以不平等和「妖魔化」（demonizing）對待其他國家、民族和人民是「無人性的」（de-humanizing）。

美國是一個不會自我反省的國家，因為它太強大、太富裕，可以奢侈到無需理會外在世界對它的批評和反感。就是因為美國不會反省，所以不能理性的看待這個世界。但仇恨不能使世界和美國安全，如果美國不能改變世界對美國的仇恨，世界就不會有和平共存的機會。

仇恨是人類的動機之一，通常是在防衛下的反擊。仇恨可區別彼此，產生距離，不信任和反感，也容易產生為暴力和罪行。為什麼美國成為被仇恨的對象？美國有沒有想到是它把自己製造成為仇恨的對象？美國被仇恨的原因有以下幾項：

# （一）醜化他人，不公平對待他人

在 2000 年美國拍了一部電影《Rules of Engagement》，是一部最邪惡仇視阿拉伯的種族歧視電影。描述美國在葉門（Yemen）大使館被抗議者包圍，美國陸戰隊前去救援，屠殺抗議者的故事。這部電

影是由美國國防部委託製作，當被批評時，國防部發言人說這部電影只是在對美國軍人提供一個公平、正確的形象，至於內容如何是電影公司的權力。

這部電影提供的訊息是美國殺死阿拉伯人，包括兒童、婦女，是應該的。美國前駐葉門大使魯夫（William Rugh）說，這部電影對阿拉伯人充滿了偏見，是一部無知的作品。類似電影，如《Iron Eagle》、《Delta Force》、《The Hanan》、《The Siege》，均以伊斯蘭恐怖主義為主題。

美國人民並不真正了解美國在海外的作為，譬如在中東問題上，聯合國通過很多決議，認為以色列在約旦河西岸、加薩走廊和東部耶路撒冷的占領是非法的。但在美國的支持下，以色列卻不斷擴大其占領區。為什麼美國要支持以色列壓迫阿拉伯人呢？

美國在對外援助上，以色列占了 40%。近年來一年平均 35 億美元，以色列人民一人平均可分到 500 美元。美國對伊拉克的制裁在 1999 年造成 5 歲以下兒童 50 萬人的死亡。以色列無視聯合國第 242 號決議，要求退出自 1967 年戰爭後占領的土地，長達 40 多年。美國一直在協助以色列迫害阿拉伯人，阿拉伯人認為美國仇恨他們，所以他們才會仇恨美國人。[41]

康奈爾大學教授赫林（Ronald J. Herring）認為美國濫用其權力，是世界對美國不滿的原因。美國不認真檢討自己，只能使情況更壞。[42]加州大學教授達爾（Len Duhl）對美國的神話和自我認知的批

---

41　Chris Toensing, Boston Globe (2001.9.16). Cited in ibid., p.48.
42　Ronald Herring, International Education Week, "Freedom and terror". Cited in ibid., p.58.

評是：1.稱讚自己偉大，領導世界是理所當然的。2.貶低他人，不需要其他國家的配合。3.只有美國才重要，為了自己的利益才合作。4.美國是不受限制的。[43]

## （二）認為自己主宰世界，可以為所欲為，強取豪奪

世界就是美國，美國就是世界，美國主宰世界，可以為所欲為。美國的利益就是世界的利益，反對美國的利益就是世界的敵人，就應當被懲罰甚至被消滅。這就是美國軍事干預他國的邏輯，也是美國軍力在全球部署的原因。

美國在國際社會上製造的問題比解決的問題多，尤其對開發中國家極盡壓榨和欺負之能事。兩位學者列舉了美國強取豪奪的八種方法：[44]

1. 以它國儲蓄支持美國經濟：製造債務陷阱。
2. 為了經濟目的，以非民主方式控制世界 2/3 人民。
3. 以貿易自由化圖利美國。
4. 以經濟自由摧毀他國的貧窮人民的經濟。
5. 有計劃的破壞貧窮國家的發展。
6. 拒絕履行對落後國家的承諾。
7. 不斷壓低發展中國家的商品價格。
8. 對 100 多國進行制裁，二戰後有 104 國，占世界人口 52%。

---

43　Len Duhl, personal e-mail interview with the authors (2002.2.22). Cited in ibid., p.60.
44　Sardar and Davies, pp.74-79.

## （三）唯我獨尊，壟斷世界資源

美國認為世界的資源是屬於美國的。美國社會是近代殖民主義成功的產物，靠著無限的礦產資源、未經開墾的土地和已經脫貧的外來移民在過去將近三個世紀的飛躍發展。但美國沒有認識到它的成功是來自對上述資源幾無成本的開發、利用和消費，而這些資源並不是它自己創造的。[45]

根據聯合國的報告，美國消費了世界一半的貨品和服務。一年花在寵物食物（pet food）上達 100 億美元，比全球健康和營養的經費多出 4 億美元。美國一年花在化妝品上的經費為 80 億美元，比全球基礎教育的經費多出 20 億美元。美國最富有前三名的財富超過世界48 個低度開發國家的 GDP。美國掠奪式的行為不僅剝削了其他國家人民應有的權利，也製造了破壞性的後果，尤其在拉丁美洲。[46]

## （四）雙重標準，極限打壓

自由貿易是美國的基本國策，全球化就是美國化。2000 年，世界一天的貿易量是 1949 年一整年的貿易量。對不配合美國政策的國家，美國予以打擊、制裁或推翻。美國不准許其他國家有選擇自己生活方式的自由。

如今世界上一半的人口，國家的經濟政策是被美國有效地掌控，也有一半的人口受到美國的經濟制裁，這是經濟壓迫（economic coercion），是對國家主權的嚴重傷害，對被壓迫國家來說，這是

45　Emmanuel Todd, After the Empire: The Breakdown of the American Order (New York: Columbia University Press, 2003).

46　Sardar and Davies, p.82.

「沒有選擇的」（There is no alternative, TINA）。[47]

以美國對拉丁美洲的政策來說，總結有二個指導原則：一是可以自由行動，但不能違背美國的利益；二是有自由，但必須是正確選擇的自由。[48]1945 年美國宣布的「美洲國家經濟憲章」（Economic Charter for the American），要求拉美國家停止任何形式的經濟民族主義（主權），不能過度發展工業，只能生產低階產品，[49]但拉美國家為了提高人民生活水準，認為應為人民發展國家資源，這是不能被美國接受的，所以干預不斷，政變頻繁。拉美國家始終停留在低開發國家的階段上，就連「北美自由貿易協定」（NAFTA），對加拿大和墨西哥，也是美國壓迫他們和美國合作，但不准挑戰美國利益的安排。所謂自由貿易，70%的貿易是被集中管制的。[50]美國在與拉美國家的貿易上只重視自己企業的利潤和投資者的權益，不重視對方的利益，甚至限制它們的成長和創新。美國曾反對瓜地馬拉（Guatemala）計劃發展減少嬰兒出生率的藥品，並向「世界貿易組織」（WTO）施壓並威脅予以制裁。[51]委內瑞拉（Venezuela）和巴西（Brazil）曾抱怨美國對它們的石油出口予以不公平的管制，但為怕美國制裁而不敢採取行動。[52]美國透過「世界貿易組織」的規則，保障美國企業壟斷

---

47　"There is no alternative, TINA,"是英國首相柴契爾夫人（Margaret Thatcher）的說法。Noam Chomsky, Rogue States: The Rule of Force in World Affairs (Cambridge, Mass: Harvard University Press, 2000), p.258.

48　Robert A. Pastor, Condemned to Repetition: The United States and Nicaragua (Princeton: Princeton University Press, 1987). Cited in Noam Chomsky, Rogue States, p. 258.

49　Noam Chomsky, Rogue States, p.260.

50　Noam Chomsky, Profit Over People: Neoliberalism and Global Order (New York: Seven Stories, 1998), Chap.4.

51　Noam Chomsky, Rogue States, p.264.

52　Ibid., pp.264-265.

性的「定價權利」（pricing rights），等於變相打擊新興國家的研發和創新的權利。在 1998 年，美國還曾以撤銷經費，來威脅「世界貿易組織」不得對有關健康方面從事貿易調查。[53]

美國為了自己的利益，經常與多數國家站在對立面。在 2000 年一項有關生物食品安全的蒙特婁（Montreal Meeting）會議上，130 個國家都贊成對可能引起安全顧慮食品進口可採取預防性措施時，只有美國反對，堅持一定要有科學上的根據才能禁止進口。[54]

美國在 50 年前也對農產品進口徵收高關稅，但如今卻反對它國對農產品徵收高關稅，不是原則變了，而是美國力量變大了。在貿易上，只有一個不變的原則，就是有權力者可以為所欲為。過去美國堅持自由貿易，如今卻採取保護主義，不但提高關稅、限制出口，而且還對企業予以補貼。美國過去曾支持「世界貿易組織」，如今卻譴責該組織，川普時代還威脅退出。美國一手建立的「布列頓森林」（Brenton Woods）規範和精神已面貌全非了。聯合國何嘗不是如此？是世界拋棄了美國，還是美國拋棄了世界？美國曾自認擁有這個世界，當它無法控制這個世界時，它寧可放棄這個世界！

根據世界銀行的統計，世界頂層 5%和底層 5%的人口差距在 1998 年是 78>1；到 1993 年是 114>1；世界 1%人口的收入等於底層 27 億人口，即 57%的總和。[55]

另實務和價值之間的矛盾造成了雙重標準，這是美國被仇視的另

---

53 Shawn Crispin, "Global trade: New world disorder," Far Eastern Economic Review (2000.2.17). Cited in Noam Chomsky, Rogue States, p.265.

54 Andrew Pollack, "130 nations agree on safety rules for biotech food," New York Times (2000.1.30). Cited in ibid., p.266.

55 Doug Henwood, Left Business Observer, no.93 (February 2000). Cited in ibid., p.269.

一個主要原因。以「正義」（Justice）來說，美國宣稱美國代表正義，但一直指責其他國家不正義。小布希總統 2002 年 2 月在國情咨文中說，美國的武力已明確告訴美國的敵人，不會逃避美國的正義。在美國轟炸阿富汗的時候，美國說阿富汗人民將不會得到美國人民所享有的正義。換言之，就正義而言，美國人和非美國人的待遇是不同的。[56]

英國《衛報》（The Guardian）記者克萊因（Naomi Klein）說由於美國的野蠻和虛偽，問題不是品牌（brand）而是產品（product）。[57]

## （五）傲慢自大，虛偽欺騙

2001 年 9 月 20 日，小布希總統對為什麼有人仇恨美國提出了他的答案。他說：「他們仇視我們的自由——宗教自由、言論自由、選舉自由、集會自由，彼此不同意見自由。」他也說：「美國被攻擊是因為美國是世界上最自由和機會最明亮的燈塔，沒有任何力量可以阻止它發光發亮。」[58]

九一一事件後，美國大力宣揚美國的理念，這是美國國家意識的中心思想。沒有任何國家像美國這樣在語言、歌聲和象徵上充滿了愛國情緒。沒有任何國家如此運用圖示來表達對歷史、社會和國家使命的自我理念。美國的辭彙和對歷史的論述敘述是由神話想像所形成的，是一種有意識的創造，不斷的教導，也是對新移民必然的要求。但這種美國的神話也產生了對討論的限制，製造了反對和強化了對

---

56　New York Times (2001.11.15). Cited in ibid., p.106.

57　Naomi Klein, "America is not a hamburger," Guardian (2002.3.14). Cited in ibid., p.114.

58　Ibid., p.137.

抗。

此外，在美國之外，從世界其他國家的歷史經驗中，對美國這種正統的論述卻有不同的解讀。非但不肯定美國是人類最後、最好的希望，反而認為美國是世界不平等、被奴役、被統治的最大受益者。美國是新的帝國主義、超級帝國主義，為了美國的利益將全世界納入美國的勢力之下。

美國《Harper》雜誌的主編拉燔（Lewis Lapham）在 1997 年指出：「我懷疑一個社會如何能長期承受把接受不真實定義為真實，去通過不能執行的立法，或者認為從國家誕生以來傳承的自由可以當做信託基金可以永遠使用……。」[59]

英國文學家蓋斯凱爾（Elizabeth Gaskell）女士說，美國的愛國教育有仇恨外國的成分，視外國不是失敗的國家便是極為落後的國家。因此扭曲了自己和世界其他國家的關係和形象，使得美國更不易了解其他國家。其他國家認為美國是一個充滿矛盾的國家。[60]如果在行為上既不純潔、完美和善良，又如何自認是自由、正義和公平呢？

在越戰後，美國產生了一場文化論戰、一場自由主義者和反文化者的戰爭，對美國新社會秩序的批判。批判者指出美國的主張是矛盾的，不具說服力的。美國成為世界的問題，美國的傲慢製造了世界對美國的反感、挫折和敵視。對第三世界國家而言，美國並不是神話，美國從開始便是帝國主義，美國的誕生是由於西方的分裂。

美國的歷史是歐洲歷史的一部分，歐洲的歷史很重要的一部分是

---

59　Lewis Lapham, Waiting for the Barbarians (London: Verso, 1997), p.220. Cited in ibid., p.139.
60　Ibid., p.140.

長達 700 多年的宗教戰爭，在中世紀基督教和伊斯蘭教的戰爭。歐洲曾在貿易上依賴伊斯蘭國家，也曾被伊斯蘭國家統治。從西元 718-1492 年長達 774 年的「復國運動」（Reconquista），天主教終於在西班牙打敗了伊斯蘭（東方人）的統治，西方文明戰勝了東方文明。[61]

接著是西方的宗教戰爭，新教挑戰天主教的神權。基督教在歐洲分為兩派，英國的新教和歐洲大陸的天主教相互對立。英國的新教徒到北美洲移民，美國以新教建國，自稱為上帝的選民，美國為上帝製造的國家。美國一開始便和歐洲區別，認為歐洲是腐敗的、封建的和混亂的，美國是純潔的、正義的和公正的。

在否定自己身分和來源的前提上，美國有天生的罪惡感。美國自認是發現了新大陸，但事實上只是占有；美國高舉自由和人權，但卻對印第安人趕盡殺絕，甚至否認他們是人類。

美國對宗教的信仰和狂熱，受到中世紀基督教和伊斯蘭教鬥爭的影響，在自我正義感和自認清白的神話驅使下，走上侵略暴力和殺戮的途徑。

## （六）暴力、好戰、「強權即公理」

暴力是美國自我認同的核心理念。「明示命運」美國的使命是由暴力來進行的，用暴力來維持美國文明。[62]美國在成長過程中，培養的理念是邪惡是不能改正的，只能被消滅。正義要靠流血來得到，暴力是解決衝突的合法和唯一有效方法。

---

61　Ibid., p.149.

62　John L. O'Sullivan, "The great nation of futurity," United States Magazine and Democratic Review, vol.6, Issue 23 (1839 Summer), pp.426-430. Cited in Sardar and Davies, p.178.

在美國歷史上，沒有英雄就沒有西部，英雄都是拿著槍，以暴力來解決問題。西部電影裡的英雄明星約翰韋恩（John Wayne）在戲中有句名言：「有些事，人不可能一走了之。」（There are somethings a man just can't walk away from）[63]面對一個美國擁有的世界，美國怎麼可以一走了之呢？

美國是一個好戰的國家，自認是「誕生於戰爭，成長於戰爭，壯大於戰爭」。美國的歷史就是一部戰爭史，歷史學者史都特（Harry S. Stout）說，美國有超過 280 次的戰爭，還不包括對印第安種族滅絕的 291 次戰爭。[64]老羅斯福（Theodore Roosevelt）說：「沒有任何和平的勝利能比得上戰爭上的勝利。」[65]

以暴力表達立場是美國的傳統，是美國政治的一部分。1995 年在美國奧克拉荷馬市爆炸大樓事件，犯者認為暴力可以阻止美國分裂（內戰）。[66]美國迄今是世界上，人民擁有槍枝最多的，也是槍殺事件最多的國家。為什麼到了二十一世紀，美國還停留在十八、十九世紀「槍擊」的時代？生活在槍殺的恐懼中？

美國從不在意使用暴力對一般人民的影響和反應。以「無差別轟炸」的方式和「附帶損害」（collateral damage）的理由，在軍事行動中無視對無辜平民的傷害來貫徹美國的意志和證明美國的價值。

美國以世界警察自居，還虛偽的說自己是一個「勉為其難」的警長（reluctant sheriff）。美國有人說，這是對警察的侮辱，因為警察是執法的。但在世界人民心目中，美國是一個「壞警察」。

63　Sardar and Davies, p.177.

64　Harry S. Stout, Upon the Altar of the Nation (New York: Penguin, 2006).

65　Gore Vidal, The Decline and Fall of the American Empire (Chicago: Odonian, 2000), p.16. Cited in Sardar and Davies, p.180.

66　Ibid., p.188.

# 美國當前的困境

## ● 一、價值認知的錯誤

美國神化自己，認為自己高人一等，認為自己的價值是世界上的普世價值。事實上，由於文化的差異、宗教信仰的不同，世界上沒有普世價值這回事，也從來沒有發生過，只是美國自己堅信不移而已。世界上把民主當作外交政策主要目標的國家，也僅有美國。

再說，一方面要推動普世價值，另一方面要堅持「例外主義」，這根本是矛盾的。美國希望其他國家都和美國一樣，但如果全世界國家都和美國一樣，美國又有何例外可言？相反的，如果其他國家和美國不一樣，美國又何來普世價值？結果這兩者同時並存，就是衝突和災難。

更嚴重的是美國自認掌握真理，認為自己是善的力量，並以善惡去區別敵我，這是美國在外交上失敗和給世界帶來不幸的最大的禍源。有哪一個國家認為自己是惡的力量？又有哪一個國家沒有自己的立場和尊嚴？美國以利益不同去醜化其他國家是促進和諧或是製造衝突？美國這種作法能有利合作和妥協嗎？在國際關係中，合作和妥協可調合彼此的利益，美國不明白這個道理嗎？抑或是只有美國的利益，其他國家都沒有自己的利益，或根本沒有資格來追求和維護自己的利益？

美國在冷戰後，奉行「自由主義霸權」政策，把自由主義冠在霸權之前，表示美國是代表公平正義的，是追求和平安定的。這個政策有三個理論基礎：一是民主國家不會打仗，二是經濟互賴可避免戰爭，三是國際秩序可維持和平。

但這三個前提，證明都是錯誤的。

1. 第二次大戰，德國和日本都是民主國家，英國、法國、美國

也是民主國家；1980 年代，英國與阿根廷也都是民主國家，還是避免不了戰爭。

2. 美國和中國經濟高度互賴，美國還是要以戰爭威脅中國。

3. 美國是對國際秩序破壞最嚴重的國家，但卻指責其他國家不遵守國際秩序義務。事實上，美國業以國內法取代國際法和國際條約，當前只有美國秩序，何來國際秩序可言？

## ● 二、自大和野心造成失控

國際社會中，各國的安全應該是相對的，維護國家安全要靠實力，同時也需要免於被其他國家威脅。任何國家如追求絕對安全，便會威脅其他國家的安全。

國際社會中，國家有大小強弱之別，大國之間應該維持權力平衡，避免衝突；小國應受到尊重和保障，避免被大國欺壓、侵略。大國的權力平衡可保障小國的生存和安全。

國際社會的權力結構有多極，雙極和單極。二次大戰前是多極，有 5-6 個國家相互制衡；二戰後是雙極，是美蘇競爭和對抗；冷戰後成為美國單極。在美國單極時代，沒有任何國家可以牽制美國、威脅美國，美國也自認可以為所欲為，並誓言不准任何國家挑戰美國的霸權地位。

但美國的單極時代只維持了大約 20 年，三件大事結束了美國的單極霸權：1. 九一一事件的反恐戰爭，美國陷於中東泥淖 20 年，一事無成，無功而返。2. 2008 年的美國金融風暴，暴露了美國掠奪性資本主義的本質，震垮了美國的經濟，禍及全球。3. 2020-2022 年的

新冠疫情，證實了美國政府的失序和無能，重創美國的形象。

2010 年中國經濟總量超過日本，成為僅次於美國的大國，美國視中國為其最大的挑戰，世界重回冷戰。當前的世界權力結構是美國和西方 G7 國家和以中國為首的東方和南方國家集團對立的形勢。美中進入長期競爭階段，世界分裂為東西兩極。

為什麼美國的單極霸權會在短短 20 年的時間便結束了呢？除了上述三大事件之外，深層的原因為美國的自大和野心造成的失控。美國追求的不是世界秩序，也不是世界和平，美國追求的是自己的安全極大化、權力的極大化和利益極大化。

從美國建國以來，一直以擴張為其國家的天定命運，在完成美洲大陸的擴張後，開始向外擴張。第二次世界大戰後，美國認為已贏得整個世界，美國的疆界開始向全球擴張，除了俄國和中國之外，美國已將全球納入美國的國界。美國說，只有全世界安全了，美國才會安全。冷戰結束後，美國又把自己的權力更進一步極大化，聲言美國要維持最強大的力量，不允許任何國家挑戰美國的地位。在世界全球化的過程中，美國以戰爭資本主義，把美國的利益極大化。換言之，全球化就是「美國化」。

布里辛斯基在冷戰後曾警告美國追求極大安全，反而會不安全；追求全面控制，就會失控。但美國充耳不聞，結果不但造成世界反美勢力興起，美國在外交上也一再失敗。

## ● 三、永遠需要敵人

冷戰結束後，美國有個笑話，說美國失業了。沒有了強大的敵人，美國有何理由來保持其強大的軍力，繼續維持其聯盟體系，又如何凝聚國人支持它向外擴張的動力？美國的因應之道，一方面是繼續以俄國為假想敵，拒絕與俄國和解；另一方面開始尋找新的敵人。

九一一事件給了美國好戰分子一個藉口，以反恐為名，行霸權擴張之實。2001 年之後對阿富汗和伊拉克的戰爭使美國的戰爭機器重新運作，但在中東的戰爭並不成功。2010 年之後，美國開始警覺中國的崛起，2012 年國務卿希拉蕊（Hillary Clinton）發表「重返亞洲」的文章。2015 年白邦瑞（Michael Pillsbury）和前副總統錢尼（Dick Cheney）以專書指責中國欺騙了美國，並在軍事上構成對美國的威脅。2016 年川普競選時，指責中國「強暴」了美國，造成美國產業空洞化、工廠關閉、人民失業，把美國的衰退歸罪中國。川普當選後，在 2019 年開始對中國打貿易戰，2020-2022 年新冠疫情重創美國，川普又甩鍋中國，稱被中國所陷害。2022 年拜登就職總統後，一方面從中東撤軍，一方面加強對中國的打壓，以科技戰企圖壓制中國的成長，形成美中新冷戰。

美國在打壓中國上，表面有許多理由，也有一些辯解，如「四不一無意」表示不尋求與中國新冷戰，也無意與中國衝突，但真正的目的只有一個，就是阻止中國超越美國，取代美國的霸權地位。為了達到這一個目的，中國已成為美國最大的敵人，中國希望合作，美國只重視競爭，而且是激烈的競爭，這不是新冷戰，是什麼？

美國把中國當作敵人，認為有其正當性：

1. 中國是非西方的，非基督教文明，非白人，非美國的（社會

主義和共產主義），非民主的，美國為保衛西方文明，不得
不挺身而出。

2. 中國夠強大，對美國構成真實的威脅，可凝聚國內的危機意
識，轉移焦點，一致對外。

3. 可強化美國的聯盟體系，不但可鞏固「北約」，還可在印太
地區打造「亞洲小北約」，組成全球抗中陣線。

4. 符合美國「軍工複合體」的利益，維持美國強大軍備。

5. 以臺灣問題來牽制中國，製造戰爭危機，消耗中國國力，使
中國永遠無法超越美國。

這是美國的如意算盤，但不會得逞。如果美國在臺海戰爭中失
敗，美國的霸權將一夕瓦解。中國警告美國「玩火者必自焚」，但希
望「不戰而屈人之兵」。有一點可以確定的是，一旦美中在臺海爆發
戰爭，無論勝負，中國都不會退卻、不會屈服，一定要打到底。即使
升高為核武，中國還有機會存活，但美國將從地球上消失。

## ● 四、缺乏遠見和大戰略

在冷戰結束時，布里辛斯基提出了一個大戰略的構想──在西方
團結大聯盟，把俄國納入；在東方，推動大和解，與中國合作。美國
非但沒有接受他的「遠見」，反而背道而馳，在西方以「北約東擴」
壓迫俄國，逼使俄國反抗，造成俄烏戰爭。在東方，全面打壓中國，
加強對中國的嚇阻和威攝，使歐洲和亞洲重新成為新冷戰的「熱
點」。不止於此，在中東挑起戰爭之後，如今中東已成為反美的先
鋒。布里辛斯基還有一句警告，如果中國、俄國和伊朗結合在一起，
將是美國的「夢魘」（nightmare），不幸而言中，經由美國的「不

懈努力」，已促成了這一「準聯盟」。

戰略是國家追求長期目標，實現國家利益的一個思維和規劃，是結合各種主客觀因素，做出的一個重大選擇。季辛吉早就說過，「外交是限制權力行使的藝術」以及「核子時代選擇的必要」。美國這種毫無限制的濫用權力以及對任何國家無所不用其極的打壓，是真正符合美國的利益嗎？

面對世界正在進行中的「權力轉移」和「東升西降」的趨勢，美國沒有感覺嗎？對一個擁有核武的大國，美國肆無忌憚的挑釁，是準備打核武戰爭嗎？對一個擁有 14 億人口和製造業超過美國二倍的中國，竟然挑戰它的主權和領土完整，美國認為它會屈服嗎？美國連一個它心目中第三流的國家越南都打不贏；對它心目中落後貧窮無比的阿富汗和伊拉克都控制不了，還奢想去挑戰中國，是不是得了精神分裂症！？哈佛大學教授艾利森（Graham Allison）說，美國最大的利益便是避免與中國發生戰爭。美國能不三思嗎？短視近利、貪小失大，美國不加克制的濫用其權力，只能使它日趨孤立，重蹈帝國敗亡的歷史。

## ● 五、無法安內，何以攘外？

儘管美國的國力和影響力業已下降，但畢竟美國還是個第一大國，仍然可以在國際社會興風作浪，只是不再可以呼風喚雨而已。如果選擇做一個正常的國家，沒有任何國家可以輕視它。

只不過當前美國真正的問題不在國外，而在國內。很不幸的美國國內正在走向從內爭到內戰的過程中。這不是危言聳聽，這是美國政

治領袖、知識界和媒體的看法：

2022 年美國前總統卡特（Jimmy Carter）說：「美國已瀕臨深淵的邊緣，將面對內部衝突的危險。」2021 年拜登總統在就職演說中，指出「使美國分裂的力量根深蒂固」，他誓言「要結束這種不文明的交戰」，但半年後，竟被媒體形容為「一個脆弱的總統，主持一個脆弱的國家」。

美國學者福山（Francis Fukuyama）說，美國的民主模式已經衰落，且無法自我改革。戴雅門（Larry Diamond）指出，美國政治和社會的兩極化是南北戰爭以來最嚴峻的情況。政治評論家派克（George Packer）在 2020 年稱美國已是一個失敗的國家。他指稱美國在 20 年間腐朽和崩潰的過程，是一個悲劇。他形容當前的美國是腐敗的菁英階層、僵化的官僚體制、冷酷無情的經濟和分裂與抱怨的民眾。他說造成這種結果的原因有四：極端的個人主義、無限制的資本主義、產業空洞化和政治人物的短視近利與人民脫節。根據美國「皮優」（PEW）研究中心 2021 年的民調，有高達 70% 的美國人民不認同美國的民主。蓋洛甫（Gallop）2023 年的民調，75% 的人民對美國現狀不滿。

美國政黨的惡鬥業已造成了「兩個美國」，以各自控制的州分為民主黨藍色的美國和共和黨紅色的美國。連續三屆總統，民主黨的歐巴馬被共和黨認為是非美國公民，共和黨的川普被民主黨認為是分裂了美國，民主黨的拜登被共和黨認為是偷竊了選舉。

美國的選舉制度已不合時宜，本世紀已出現了兩位選民票落後但以選舉人票當選的例子（2000 年的小布希和 2016 年的川普）。國會的結構也不合理，小州的參議員控制參院所有重要的委員會，影響美

國的外交、軍事、情報、經濟和科技政策。選區劃分的不合理破壞制度的公平性，尤不可取。但在現行的憲法下，幾無改變的可能。

無限制的資本主義不僅造成產業空洞化，並使美國經濟貧血化和泡沫化。2008 年的金融風暴就是美國金融業不務正業追求暴利的結果，重創美國的經濟和世界的地位。美國政府放任金融界不斷擴大信用貸款將財富集中在頂尖少數人之時，不但剝削了勞動階級，也摧毀了中產階級，使美國一向引以為傲的強大中層階級如今在消失中，並使貧富差距一直在擴大。這是川普在 2016 年大選，能夠動員廣大不滿選民，取得勝選的主要原因。

美國的窮兵黷武、驚人的浪費和政府預算的浮濫使美國政府的債務不斷攀升，從 2012 年的 15 兆美元到 2023 年已高達 34 兆美元，超過 GDP 的 130%。債務增長超過經濟成長是很嚴重的事，但美國似無對策，只能坐待情勢惡化。

當前的美國是人民對國家無信心，對政府不信任，對兩位年長的老人參選總統感到失望。根據民調，美國人民是世界上壓力感最大的，美國人民「絕望死」的比例，也是世界最高的。

英國《經濟學人》稱，美國今後對世界的影響力將取決是否能夠解決國內問題，而不是它的外交政策。2014 年 5 月美國前國防部長蓋茨（Robert Gates）在 CBS《面對國家》（Face the Nation）節目上，被問到當前俄國是不是美國最大的國家安全威脅時，蓋茨回答說，當前美國最大的國家安全威脅是在國會和白宮之間的 2 平方英里之間。蓋茨曾任職於八位美國總統，包括中央情報局長和國防部長，他說，如果美國能處理好若干國內問題，白宮和國會能共同推動國家進步，國外的威脅將微不足道。蓋茨不但有智慧和勇氣，言人所不敢

言，而且有遠見，預見了美國政治上的危機。

2024 年 1 月 8 日美國政治風險顧問公司「歐亞集團」（Eurasia Group）公布的 2024 年全球十大風險，列為第一名的是美國的政治惡鬥，並指出美國已是全球最分歧、最失衡的先進工業民主政體。

美國第六任總統小亞當斯（John Quincy Adams）曾警告美國「不要到國外去尋找怪獸去摧毀」（She goes not abroad in search of monsters to destroy）。如今美國應發現最大的怪獸是在國內，當務之急便是應先摧毀這個危及美國安全的怪獸，而不該在國外去尋找和製造敵人。

— ★★★ —

# 附 錄

## ● 一、美國全球干預的歷史

中國 1945-1951

馬紹爾群島 1946-1958

義大利 1947-1970s

希臘 1947-1949、1967-1974

菲律賓 1945-1953、1970s-1990s

韓國 1945-1953、南韓 1980

阿爾巴尼亞 1949-1953、1991-1992

東歐 1948-1956

德國 1950s

伊朗 1953

瓜地馬拉 1953-1990s

哥斯達里加 1950s、1970-1971

中東 1956-1958

印尼 1957-1958、1965

海地 1959、1987-1994、2004

西歐 1950s-1960s

英屬圭亞那 1953-1964

伊拉克 1958-1963、1972-1975、1991-2003~

蘇聯 1940s-1960s

越南 1945-1975

高棉 1955-1973

寮國 1957-1973

泰國 1965-1973

厄瓜多 1960-1963、2000

剛果 1960-1965、1977-1978

阿爾及利亞 1960s

巴西 1961-1964

秘魯 1965

多明尼加 1963-1965

古巴 1959~

迦納 1966

烏拉圭 1969-1972

智利 1964-1973

南非 1960s-1980s

玻利維亞 1964-1973

澳大利亞 1972-1975

葡萄牙 1974-1976

東帝汶 1975-1999

安哥拉 1975-1980s

宏都拉斯 1980s

尼加拉瓜 1979-1981

塞席爾 1979-1981

迪哥加西亞 1960s~

南葉門 1979-1984

查德 1981-1982

格瑞那達 1979-1983

蘇利南 1982-1984

利比亞 1981-1989

斐濟 1987

巴拿馬 1989

阿富汗 1979-1972、2001-2021

薩爾瓦多 1980-1992

保加利亞 1990-1991

索馬利亞 1993

哥倫比亞 1990s~

南斯拉夫 1995-1999

委內瑞拉 2001-2004

## 推翻民選政府

伊朗 1953

瓜地馬拉 1954

剛果 1960

厄瓜多 1961

玻利維亞 1964

希臘 1967

斐濟 1987

William Blum, Rogue State: A Guide to the World's Only Superpower (Monroe, Maine: Common Courage Press, 2005), pp.162-220.

## ● 二、美國軍事干預拉丁美洲國家的次數

美國在其短短 248 年的歷史中，前 100 多年以「明示命運」在美洲大陸進行擴張和軍事干預，後 100 多年則以「例外主義」在全世界進行干預和戰爭。以拉丁美洲為例就軍事干預了 100 多次，分別是：

阿根廷（Argentina）
　1833、1852、1890、1976、1982
玻利維亞（Bolivia）
　1920、1967、1970
巴西（Brazil）
　1812、1826、1845、1864
智利（Chile）
　1811、1891、1908、1964、1973
哥倫比亞（Colombia）
　1741、1856、1885、1899、1903、1970、1990、2003、2009
哥斯達黎加（Costa Rica）
　1857、1921、2010
古巴（Cuba）
　1820、1898、1906、1909、1912、1917、1952、1958、
　1960、1961、1962
厄瓜多（Ecuador）
　1812、1842、1963、1971
瓜地馬拉（Guatemala）
　1850、1920、1954、1960、1996、2012
海地（Harti）
　1800、1817、1818、1821、1888、1914-1934（占領）、

1994、2004、2010

宏都拉斯（Honduras）

1860、1903、1907、1911、1912、1919、1924、1925、
1970、1980

墨西哥（Mexcio）

1836、1846-1848（戰爭）、1859、1860、1866、1913、
1916、1918

尼加拉瓜（Nicaragua）

1854、1894、1898、1909-1912、1925、1933、1984

巴拿馬（Panama）

1856、1860、1865、1873、1885、1901、1903、1918、
1925、1941、1988、1909

巴拉圭（Paraguay）

1858、1943、1989、1996、2005

秘魯（Peru）

1813-1816、1873、1965、1929

薩爾瓦多（El Salvador）

1906、1986

烏拉圭（Uruguay）

1855、1858、1868、1944

委內瑞拉（Venezuela）

1898、1903、1958、1999-2013

---

Christopher Kelly and Stuart Laycock, America Invades: How We've Invaded or been Militarily Involved with almost Every Country on Earth (Chicago: Book Publishers Network, 2015).

# ● 三、與美國州政府國民軍（State National Guard）建立「夥伴關係」（Partnership）的國家

| 國家 | 州 |
|---|---|
| 1. Armenia | Kansas |
| 2. Azerbaijan | Oklahoma |
| 3. Bahamas | Rhode Island |
| 4. Bangladesh | Oregon |
| 5. Belize | Louisiana |
| 6. Bosnia and Herzegovina | Maryland |
| 7. Columbia | South Carolina |
| 8. Costa Rica | New Mexico |
| 9. Czech | Texas, Nebraska |
| 10. Ecuador | Kentucky |
| 11. El Salvador | New Hampshire |
| 12. Estonia | Maryland |
| 13. Guatemala | Arkansas |
| 14. Haiti | Louisiana |
| 15. Honduras | Puerto Rico |
| 16. Hungary | Ohio |
| 17. Indonesia | Hawaii |
| 18. Jamaica | District of Colombia |
| 19. Kazakhstan | Arizona |
| 20. Kosovo | Iowa |
| 21. Kyrgyzstan | Montana |
| 22. Latvia | Michigan |
| 23. Liberia | Michigan |
| 24. Macedonia | Vermont |

| 25. Monaco | Alaska |
| 26. Montenegro | Maine |
| 27. Morocco | Utah |
| 28. Nicaragua | Wisconsin |
| 29. Nigeria | California |
| 30. Panama | Missouri |
| 31. Paraguay | Massachusetts |
| 32. Peru | West Virginia |
| 33. Philippines | Guam, Hawaii |
| 34. Poland | Illinois |
| 35. Romania | Alabama |
| 36. Senegal | Vermont |
| 37. Serbia | Ohio |
| 38. Slovakia | Indiana |
| 39. Slovenia | Colorado |
| 40. South Africa | New York |
| 41. Surname | South Dakota |
| 42. Tajikistan | Virginia |
| 43. Thailand | Washington |
| 44. Trinidad and Tobago | Delaware |
| 45. Tunisia | Wyoming |
| 46. Ukraine | California |
| 47. Uruguay | Connecticut |
| 48. Uzbekistan | Mississippi |

Christopher Kelly and Stuart Laycock, America Invades: How We've Invaded or been Militarily Involved with almost Every Country on Earth (Chicago: Book Publishers Network, 2015).

# 四、美國干預介入選舉的歷史

菲律賓 1950s

義大利 1948-1970

黎巴嫩 1950s

印尼 1955

越南 1955

英屬圭亞那 1953-1964

日本 1958-1970s

尼泊爾 1959

寮國 1960

巴西 1962

多明尼加 1962

瓜地馬拉 1963

玻利維亞 1966、2002

智利 1964-1970

葡萄牙 1974-1975

澳大利亞 1974-1975

牙買加 1976

巴拿馬 1984、1989

尼加拉瓜 1984、1990、2001

海地 1987-1988

保加利亞 1990-1991

阿爾巴尼亞 1991-1992

俄國 1996

蒙古 1996

波斯尼亞 1998

史洛瓦基亞 2002

薩爾瓦多 2004

阿富汗 2004

William Blum, Rogue State: A Guide to the World's Only Superpower (Monroe, Maine: Common Courage Press, 2005), pp.221-237.

# ● 五、美國政治謀殺的人物（包括未遂的）

1. 1949 年，韓國反對黨領袖金九。

2. 1950s，西德 200 名政治人物。

3. 1950s，中國的周恩來。

4. 1950s、1962 年，印尼的總統蘇卡諾（Sukarno）。

5. 1951 年，北韓總理金日成（Kim Il-sung）。

6. 1952 年，伊朗總理莫薩德（M. Mossad）。

7. 1950s，菲律賓反對黨領袖雷克多（Claro Rocto）。

8. 1955 年，印度總理尼赫魯（J. Nehru）。

9. 1957 年，埃及總統納瑟（G. A. Nasser）。

10. 1959 年、1963 年、1969 年，高棉領袖施亞努（N. Sihanouk）。

11. 1960 年，伊拉克領袖卡信（A. K. Kassem）。

12. 1950-1970 年，哥斯達黎加總統費格累斯（J. Figueres）。

13. 1961 年，海地總統杜瓦里（François Duvalier）。

14. 1961 年，剛果總統魯蒙巴（P. Lumumba）。

15. 1961 年，多明尼加領袖杜吉羅（P. Trujillo）。

16. 1963 年，越南總統吳廷琰。

17. 1960-1970 年，古巴總統卡斯楚（F. Castro）。

18. 1960 年，古巴高官 Paul Costco。

19. 1965 年，多明尼加反對黨領袖卡瑪洛（F. Camano）。

20. 1965-1966 年，法國總統戴高樂（C. de Gaulle）。

21. 1967 年，古巴領袖格維拉（Che Guecera）。

22. 1970 年，智利總統阿蘭德（A. Allende）。

23. 1970 年，智利陸軍總司令史奈德（R. Schneider）。

24. 1970 年、1981 年，巴拿馬總統吐雷季斯（O. Torrijos）。

25. 1972 年，巴拿馬情報首長諾里加（M. Noriega）。

26. 1975 年，薩伊（Zaire）總統斯古（M.S. Seko）。

27. 1976 年，牙買加總統曼雷（M. Manley）。

28. 1980-1986 年，利比亞領袖格達費（M. Qaddafi）。

29. 1982 年，伊朗總統柯米尼（A. Khomeini）。

30. 1983 年，摩洛哥陸軍司令帝里米（A. Dlimi）。

31. 1983 年，尼加拉瓜外長底斯克圖（M. d'Escoto）。

32. 1984 年，尼加拉瓜執政團 9 位指揮官。

33. 1985 年，黎巴嫩什葉派領袖費德拉拉（S. M. M. Fadlallah）。

34. 1991 年，伊拉克總統海珊（S. Hussein）。

35. 1993 年，索馬利亞派系領袖艾迪（M. F. Aideed）。

36. 1998 年、2001-2002 年，伊斯蘭領袖賓拉登（O. bin Laden）。

37. 1999 年，南斯拉夫總統米洛賽維奇（S. Milosevic）。

38. 2002 年，阿富汗領袖漢克馬特（G. Henkemeyer）。

39. 2003 年，海珊的兩個兒子（Busay and Uday Hussein）。

---

William Blum, Rogue State: A Guide to the World's Only Superpower (Monroe, Maine: Common Courage Press, 2005), pp.221-237.

# ● 六、美國拒絕參加的聯合國公約

1979　Convention on the Elimination of All Forms of Discrimination Against Women, signed but not ratified

1989　Convention on the Rights of the Child, signed but not ratified

1989　Basel Convention on Transboundary Hazardous Wastes, signed but not ratified

1991　United Nations Convention on the Law of the Sea, not signed

1992　Convention on Biological Diversity, signed but not ratified

1996　Comprehensive Test Ban Treaty, signed but not ratified

1997　Kyoto Protocol, signed with no intention to ratified

1997　Ottawa Treaty（Mine Ban Treaty）, not signed

1998　Rome Statute of the International Criminal Court, not signed

1999　Criminal Law Convention on Corruption, signed but not ratified

1999　Civil Law Convention on Corruption, not signed

2002　Optional Protocol to the Convention Against Torture, not signed

2006　International Convention for the Protection of All Persons from Enforced Disappearance, not signed

2007　Convention on the Rights of Persons with Disabilities, signed but not ratified

2015　Paris Climate Agreement, signed but declared intention to withdraw in 2020

---

Jeffrey D. Sachs, A New Foreign Policy: Beyond American Exceptionalism (New York: Columbia University Press, 2018), p.178.

「沒有人好到可以不需要他人的同意，就可以統治他人。」

「一個分裂的房子是站不起來的。」

「沒有任何外力可以毀滅我們，只有我們自己可以毀滅我們自己。」

——林肯

"No man is good enough to govern another men without other's consent."

"A house divided against itself cannot stand."

"It cannot come from abroad. If destruction be our lot, we must ourselves be its author and finisher."

——Abraham Lincoln

歷史與現場 360

強權即公理：這就是美國

作　　者—關　中
責任編輯—陳萱宇
主　　編—謝翠鈺
行銷企劃—鄭家謙
封面設計—陳文德
美術編輯—菩薩蠻數位文化有限公司

董 事 長—趙政岷
出 版 者—時報文化出版企業股份有限公司
　　　　　108019 臺北市和平西路三段二四○號七樓
　　　　　發行專線—（○二）二三○六六八四二
　　　　　讀者服務專線—○八○○二三一七○五
　　　　　　　　　　（○二）二三○四七一○三
　　　　　讀者服務傳真—（○二）二三○四六八五八
　　　　　郵撥——九三四四七二四時報文化出版公司
　　　　　信箱——○八九九 臺北華江橋郵局第九九信箱
時報悅讀網—http://www.readingtimes.com.tw
法律顧問—理律法律事務所 陳長文律師、李念祖律師
印刷—勁達印刷有限公司
初版一刷—二○二四年六月二十八日
定價—新臺幣五五○元
缺頁或破損的書，請寄回更換

時報文化出版公司成立於一九七五年，
並於一九九九年股票上櫃公開發行，於二○○八年脫離中時集團非屬旺中，
以「尊重智慧與創意的文化事業」為信念。

強權即公理 : 這就是美國/關中著. -- 初版. -- 臺北市 : 時報文化
　出版企業股份有限公司, 2024.06
　　面；　公分. -- (歷史與現場 ; 360)
　ISBN 978-626-396-334-4(平裝)

　1.CST: 美國外交政策 2.CST: 霸權主義

578.52　　　　　　　　　　　　　　　　　　113007142

ISBN 978-626-396-334-4
Printed in Taiwan